Zu den Entscheidungsnormen
bei Aussage gegen Aussage

Europäische Hochschulschriften

European University Studies

Publications Universitaires Européennes

Reihe II **Rechtswissenschaft**

Series II Law

Série II Droit

Band/Volume **5920**

Eliane Haustein

Zu den Entscheidungsnormen bei Aussage gegen Aussage

PL ACADEMIC RESEARCH

Bibliografische Information der Deutschen Nationalbibliothek
Die Deutsche Nationalbibliothek verzeichnet diese Publikation in der Deutschen Nationalbibliografie; detaillierte bibliografische Daten sind im Internet über http://dnb.d-nb.de abrufbar.

Zugl.: Marburg, Univ., Diss., 2016

D 4
ISSN 0531-7312
ISBN 978-3-631-72130-8 (Print)
E-ISBN 978-3-631-72131-5 (E-PDF)
E-ISBN 978-3-631-72132-2 (EPUB)
E-ISBN 978-631-72133-9 (MOBI)
DOI 10.3726/b11043

PL Academic Research ist ein Imprint der Peter Lang GmbH.
Peter Lang – Frankfurt am Main · Bern · Bruxelles · New York · Oxford · Warszawa · Wien

Diese Publikation wurde begutachtet.

www.peterlang.com

Vorwort

Die vorliegende Dissertation wurde im November 2016 vom Fachbereich Rechtswissenschaften der Philipps-Universität Marburg angenommen. Die zitierte Literatur ist auf dem Stand Januar 2017.

Herzlich bedanken möchte ich mich bei meinem Erstgutachter Prof. Dr. Dr. h.c. Georg Freund, der jederzeit für Gespräche zur Verfügung stand und mir gleichzeitig alle für das Verfassen wissenschaftlicher Arbeiten notwendige Freiheiten ließ. Prof. Dr. Stefanie Bock danke ich für die wertvollen Anregungen im Zweitgutachten.

Große Verbundenheit gebührt zudem der Friedrich-Ebert-Stiftung für die Förderung meines Studiums sowie meiner Promotion. Ihre Stipendien ermöglichten es mir, meine Ausbildungsabschnitte zügig abzuschließen und gleichzeitig über das eigene Fachgebiet hinaus in wissenschaftlichen Austausch zu treten.

Bei Dr. Janina Konze bedanke ich mich für die kritischen Erörterungen zum Thema meiner Arbeit und ihre Freundschaft. Meiner Familie danke ich für ihre anhaltende Unterstützung.

Der tiefste Dank gilt meinem Verlobten Patrick Kindervater für die zahlreichen wissenschaftlichen Diskussionen sowie seinen uneingeschränkten Rückhalt.

Inhaltsverzeichnis

A. Einführung

I. Die Bedeutung des rechtsgenügenden Beweises im Strafverfahren

> „Die Frage ist aber, ob sich die Strafprozeßordnung damit befassen sollte, die Kraft der Beweise, die Bedingungen, unter welchen eine Thatsache ein Richter als wahr anzunehmen befugt sein solle, durch spezielle Regeln genauer zu bestimmen."[1]

So lautet eine zentrale Frage *Friedrich Carl von Savignys,* die dieser in seiner Abhandlung „Über Schwurgerichte und Beweistheorie im Strafprozesse" von 1858 aufwarf. Es handelt sich dabei um eines der zentralen Themen des Strafprozesses: den *rechtsgenügenden Beweis.* Dieser wird in der Wissenschaft auch oftmals unter dem Namen des Beweismaßes diskutiert. Der vorliegenden Untersuchung soll indes der Begriff des rechtsgenügenden Beweises zugrunde gelegt werden, da er die wesentliche Fragestellung deutlicher zum Ausdruck bringt: In welchen Fällen genügen die vorliegenden Beweise den Anforderungen, die das Recht an eine Verurteilung stellt? Ist insoweit ein regelhafter Umgang möglich? *Von Savigny* griff das Thema allerdings nicht erstmalig auf. Die Anforderungen an eine zur Verurteilung genügende Beweislage waren bereits in der Frühen Neuzeit wegen des formellen Beweisrechts der Constitutio Criminalis Carolina (CCC) von Interesse. *Von Savignys* Abhandlung war vielmehr eine bedeutende Stellungnahme zu der im 19. Jahrhundert höchst umstrittenen eingangs zitierten Fragestellung. Damit war er Wegbereiter für die heute geltende Fassung des § 261 StPO. Die Frage nach dem rechtsgenügenden Beweis ist damit allerdings längst nicht beantwortet.

II. Regeln über den rechtsgenügenden Beweis als Alternative zum traditionellen Konzept

Das bisherige Konzept bezieht sich im Wesentlichen auf die Auslegung des § 261 StPO. Danach entscheidet das Gericht über das Ergebnis der Beweisaufnahme nach seiner freien, aus dem Inbegriff der Verhandlung geschöpften Überzeugung. Damit wurde der Grundsatz der freien Beweiswürdigung normiert. Mehrheitlich setzt sich die Forschung damit auseinander, welcher Stellenwert der persönlichen Überzeugung zukommt und inwieweit diese durch eine objektive

1 *Von Savigny*, GA 6 (1858), 469, 481.

Beweisgrundlage ergänzt werden muss.[2] Soweit hierzu Vorgaben entwickelt werden, handelt es sich dabei hauptsächlich um die Möglichkeit korrigierender Eingriffe, in denen das Revisionsgericht die Beweiswürdigung für fehlerhaft erklärt. Es werden jedoch in den meisten Fällen keine Entscheidungshilfen gegeben, wie das Gericht in bestimmten Fällen urteilen kann. Dadurch wird deutlich, dass die Auseinandersetzung mit dem rechtsgenügenden Beweis im Vergleich zum materiellen Strafrecht nur wenig Raum einnimmt.[3]

Diesem Defizit will die vorliegende Arbeit zumindest ansatzweise abhelfen, indem sie ein anderes Konzept für den rechtsgenügenden Beweis verfolgt. Der Verweis auf die Überzeugung des Gerichts birgt die Gefahr, dass die Entscheidung in bestimmten Fällen in die eine oder andere Richtung ausfallen kann. Letztlich könnte somit ein nicht unerheblicher Bereich des rechtsgenügenden Beweises regellos bleiben. Ein solcher regelloser Raum ist jedoch vor dem Hintergrund eines fairen, rechtsstaatlichen Verfahrens eine schwer hinnehmbare Situation. Es soll deshalb untersucht werden, ob es möglich ist, in diesen offenen Beweissituationen Entscheidungshilfen zu formulieren.

Eine Möglichkeit hierfür bietet die Einführung von *Regeln über den rechtsgenügenden Beweis.* In Rechtsprechung und Literatur wird insoweit häufig der Begriff der „Beweisregeln“ verwendet, dem jedoch unterschiedliche Bedeutungen beigemessen werden.[4] Darunter werden oftmals ungenau Regeln zur Beweiserhebung sowie zum Beweismaß gleichermaßen erfasst.[5] Mit den Regeln über den rechtsgenügenden Beweis sind im Folgenden nur diejenigen Vorgaben gemeint, die auch als *Beweismaßregeln* bezeichnet werden. Dies sind Normen darüber, wann ein Beweis durch mittelbare oder unmittelbare Tatsachenfeststellung als erbracht gilt.[6] Der Begriff der „Beweisregeln“ wird daher nur dann eingesetzt, wenn er als Oberbegriff für Beweiserhebungsregeln und Regeln über den rechtsgenügenden Beweis gemeint ist. Entsprechend dem üblichen Sprachgebrauch sollen auch die aus der CCC bekannten Regeln hier als „Beweisregeln“ bezeichnet werden. Dies verfolgt auch den Zweck, eine Abgrenzung zwischen den hier zu entwickelnden Regeln und den „starren“ Beweisregeln der CCC zu unterstreichen. Da die Regeln über den rechtsgenügenden Beweis als Entscheidungsregeln

---

2 S. dazu näher unten B. II. 2.

3 MünchKomm.StGB/*Freund,* Vor §§ 13 ff. Rn. 402.

4 Vgl. ausführlich zur Verwendungsweise des Begriffs *Meurer,* FS Oehler, S. 357, 360 ff.

5 Die Notwendigkeit dieser Differenzierung stellt auch *Meurer,* FS Oehler, S. 357, 364 heraus.

6 *Meurer,* FS Oehler, S. 357, 363.

für das Gericht dienen, können sie auch als *Entscheidungsnormen* bezeichnet werden.[7]

Historisch sieht die Strafprozessordnung eine Abkehr von starren Beweisregeln vor.[8] Dabei werden freie Beweiswürdigung und Regeln über den rechtsgenügenden Beweis oftmals als Antagonisten aufgefasst.[9] Bei der Entwicklung soll allerdings nicht pauschal auf starre Beweisregeln zurückgegriffen werden, wie sie etwa das Gemeine Deutsche Strafrecht kannte. Die Regeln müssen vielmehr anhand des Verhältnismäßigkeitsgrundsatzes für den jeweiligen Fall diskutiert werden. Im Folgenden soll dargelegt werden, dass sie nicht nur mit dem geltenden Verfassungsrecht kompatibel sind, sondern ein faires Strafverfahren solche sogar erfordert. Zur Herleitung existieren bereits einige wenige Untersuchungen in der Literatur, auf denen insoweit aufgebaut werden kann.[10] Bei den meisten dieser Abhandlungen handelt es sich aber nur um grundlegende Erwägungen, die noch der Konkretisierung bedürfen.[11]

III. Die Sonderstellung der Aussage gegen Aussage-Fälle

Aufgrung ihrer Vielfalt ist es schlicht nicht möglich, sämtliche Beweiskonstellationen in dieser Arbeit zu untersuchen. Daher soll eine Fokussierung auf die Verfahrenssituation „Aussage gegen Aussage“ erfolgen. Es handelt sich um eine der prozessual anspruchsvollsten Konstellationen, da sie von nur einem einzigen Beweismittel, dem Zeugenbeweis, abhängt. Erschwerend kommt hinzu, dass dieser gemeinhin als das schlechteste Beweismittel verrufen ist. Gerade aufgrund der Defizite menschlicher Wahrnehmungs- und Erinnerungsfähigkeit haben sich Rechtsprechung und Literatur aber besonders intensiv mit dieser

7 Diese Begrifflichkeit findet sich auch bei *Freund,* FS Meyer-Goßer, S. 409, 426; *Stein,* „Gewißheit“ und „Wahrscheinlichkeit“, S. 233, 244.

8 Eine Darstellung der historischen Entwicklung von Beweisregeln und Regeln über den rechtsgenügenden Beweis findet sich bei *Sarstedt,* FS Hirsch, S. 171 ff.; *Meurer,* FS Oehler, S. 357 ff.; vgl. zur aktuellen Rechtslage BGH Beschl. v. 19.8.1993 – 4 StR 627/92, NJW 1993, 3081, 3082: „An gesetzliche Beweisregeln ist er [der Richter, Vf.] nicht gebunden.“.

9 S. zum Verhältnis der beiden Ansätze zueinander näher unten B. III. 3. f).

10 *Freund,* Normative Probleme der „Tatsachenfeststellung“, S. 1 ff., *ders.,* FS Meyer-Goßner, S. 409 ff., *Sommer,* FS Rieß, S. 585, 600; *Stein,* „Gewißheit“ und „Wahrscheinlichkeit“, S. 233 ff.

11 Eine Ausnahme stellt insoweit *Freund,* Normative Probleme der „Tatsachenfeststellung“, dar, der die Fragestellung in Bezug auf den subjektiven Tatbestand untersucht.

Prozesslage befasst. Insofern wird eine nähere Untersuchung der speziellen Problematik erleichtert.

Arbeiten, die sich mit der Aussage gegen Aussage-Konstellation im Zusammenhang mit § 261 StPO befassen, legen den Fokus vor allem auf Fragen der Beweiswürdigung. Die Ausführungen erschöpfen sich meist in Angaben dazu, welche Probleme sich bei der Beurteilung der Glaubwürdigkeit von Zeugenaussagen stellen. Mit der Akzentuierung auf den rechtsgenügenden Beweis verfolgt diese Arbeit aber einen anderen Ansatz. Genauso wie es rechtliche Regelungen dazu gibt, wann ein festgestellter – erwiesener – Sachverhalt die Voraussetzungen einer Straftat erfüllt, werden Regeln dafür benötigt, wann der Beweis als erbracht anzusehen ist. Die Aussage gegen Aussage-Fälle unterscheiden sich insoweit von anderen Prozesslagen, als die Rechtsprechung hierzu teils sehr konkrete Vorgaben für die Beweiswürdigung entwickelt hat. Über deren rechtliche Einordnung herrscht aber Unklarheit. Es wird mehrheitlich geleugnet, dass es sich dabei um Regeln über den rechtsgenügenden Beweis handele.[12] Die vorliegende Untersuchung verfolgt damit auch das Ziel, die Rechtprechung daraufhin zu überprüfen, ob sie – ohne dies auszusprechen – Regeln über den rechtsgenügenden Beweis verwendet. Erweist sich dies als richtig, muss umso eher eine Auseinandersetzung mit vorhandenen Widersprüchen sowie einer dogmatischen Begründung der Vorgaben erfolgen.

IV. Methoden zur Entwicklung von Regeln über den rechtsgenügenden Beweis und Gang der Untersuchung

Im ersten Teil soll auf die Notwendigkeit von Regeln über den rechtsgenügenden Beweis unter Einbeziehung des historischen Hintergrunds sowie einer Analyse der Rechtsprechung eingegangen werden (B.). Die Darstellung erscheint vor dem Hintergrund unverzichtbar, als sie eine Abgrenzung zu den starren Beweisregeln der frühen Neuzeit ermöglicht. Dies hilft, den Charakter der Leitlinien herauszustellen. Im zweiten Teil soll die spezielle Verfahrenssituation „Aussage gegen Aussage" untersucht werden (C.). Hierbei wird eine kritische Analyse der Rechtsprechung erforderlich sein. Da die Beurteilung des Zeugenbeweises hier einen breiten Stellenwert einnimmt, soll insbesondere auf aussagepsycholgische Grundsätze eingegangen werden. Im dritten Teil (D.) wird die Frage aufgeworfen werden, wie Regeln über den rechtsgenügenden Beweis in den Aussage gegen Aussage-Fällen entwickelt werden könnten. Dabei wird zunächst zu untersuchen

12 S. dazu näher unten C. III. 3.

sein, ob mit Mitteln der Psychologie – wie etwa Gutachten oder Polygraphentests – ein regelhafter Umgang mit den Aussage gegen Aussage-Fällen geschaffen werden könnte (D. II. und III.).

Neben diesem naturwissenschaftlich beeinflussten Ansatz soll auch eine Untersuchung anderer Rechtsordnungen alternative Herangehensweisen beleuchten (D. IV. 2.). Hierbei ist in erster Linie die schottische Rechtsordnung zu nennen. Sie sieht für das gesamte Strafverfahren vor, dass ein Beweismittel immer durch mindestens ein weiteres Beweismittel bestätigt werden muss (sogenannte „Corroboration"-Regel). Als gleichermaßen wertvoll können sich Untersuchungen des US-amerikanischen Rechts erweisen. Dort findet sich in einzelnen Rechtsordnungen in Bezug auf bestimmte Prozesssituationen oder Delikte das Erfordernis bestätigender Beweismittel. Der Analyse werden dabei Gesetzestexte, Rechtsprechung, Aufsätze sowie Monographien zugrunde gelegt, die größtenteils im Rahmen eines Aufenthalts an der Library of Congress in Washington, D.C. recherchiert wurden.

Alternativ zum generellen Erfordernis eines die belastende Zeugenaussage irgendwie bestätigenden Beweismittels soll im letzten Abschnitt die Frage aufgeworfen werden, ob der Zeugenbeweis regelmäßig eine Verurteilung tragen könnte, sofern nicht besondere Gründe dagegen sprechen. (D. V.). Dieser Teil erfordert eine dogmatische Herangehensweise, indem die Bedeutung des Zeugenbeweises innerhalb der StPO genauer beleuchtet werden muss.

B. Erster Teil: Notwendigkeit intersubjektiv begründeter Regeln über den rechtsgenügenden Beweis

I. Historischer Hintergrund

Die freie Beweiswürdigung gilt im Allgemeinen als Reaktion auf die gesetzlichen Beweisregeln des Inquisitionsprozesses.[13] Wenn es um die Einführung von Beweisregeln gleich welcher Art geht, wird in der Diskussion regelmäßig auf das Beweisrecht der Consitutio Criminalis Carolina von 1532 (CCC oder Carolina) hingewiesen. Bevor auf die Entwicklung solcher Regeln eingegangen werden kann, ist deshalb eine Einordnung in den historischen Kontext unerlässlich.

1. Die Constitutio Criminalis Carolina

a) Die Entstehungsgeschichte

Das Strafverfahren, das vor der Entstehung der CCC in der zweiten Hälfte des Mittelalters vorherrschte, war geprägt durch willkürliche Zustände.[14] Diese hatten sich als staatliche Reaktion auf gestiegene Kriminalitätsraten durch die zunehmende Verstädterung entwickelt.[15] Die Strafverfolgung war stark vereinfacht. Auf formale Vorgaben wurde weitestgehend verzichtet und die Folter übermäßig angewandt.[16] Ferner berichtete das Reichskammergericht im Jahr 1496, dass zahlreiche Beschwerden über unrechtmäßige Todesurteile eingegangen seien.[17] Deshalb beschloss der Reichstag zu Freiburg im Jahr 1498, eine Reform des Strafprozesses vorzunehmen, was als Grundstein für die CCC gilt.[18]

Die Reformbestrebungen gingen einher mit der im 15. und 16. Jahrhundert einsetzenden Rezeption des römischen Rechts. Dieses beruhte auf dem corpus

---

13 *Fezer*, StV 1995, 95; *Küper*, FG Peters, S. 23, 25; *Meurer*, FS Oehler, S. 357, 358.

14 *Kroeschell/Cordes/Nehlsen-von Stryk*, Deutsche Rechtsgeschichte 2, S. 293; *Schroeder/Verrel*, Strafprozessrecht, Rn. 390 f.; *Rüping/Jerouschek*, Strafrechtsgeschichte, Rn. 94 f.

15 *Schroeder/Verrel*, Strafprozessrecht, Rn. 390.

16 *Rüping/Jerouschek*, Strafrechtsgeschichte, Rn. 95; *Eisenhardt*, Deutsche Rechtsgeschichte, Rn. 444.

17 *Kroeschell/Cordes/Nehlsen-von Stryk*, Deutsche Rechtsgeschichte 2, S. 293; *Rüping/Jerouschek*, Strafrechtsgeschichte, Rn. 94.

18 *Kroeschell/Cordes/Nehlsen-von Stryk*, Deutsche Rechtsgeschichte 2, S. 293; *Rüping/Jerouschek*, Strafrechtsgeschichte, Rn. 94.

iuris und dessen Bearbeitung durch (Post-)Glossatoren und Kommentatoren.[19] Es hatte gegenüber dem zuvor geltenden Recht den Vorteil, dass es stärker wissenschaftlich geprägt und deutlich systematischer war.

Die Grundsätze der Rezeption wurden zunächst 1507 in der Bamberger Halsgerichtsordnung (Consititutio Criminalis Bambergensis) umgesetzt, die als Vorbild für die CCC gilt.[20] Die Carolina selbst wurde 1532 beschlossen. Man bezweckte mit ihr, die zuvor herrschenden willkürlichen Zustände im Strafprozess zu beheben.[21] In erster Linie sollte dies durch strafverfahrensrechtliche Normen geschehen, weshalb die CCC auch nur einen geringen Anteil an materiell-rechtlichen Normen enthielt.[22] Erklärtes Ziel des Verfahrens war das Finden der materiellen Wahrheit und die Feststellung der Schuld des Angeklagten.[23] Dabei sah die CCC sowohl Elemente des Akkusations- als auch des Inquisitionsprozesses vor.[24] Bekanntheit erlangte die CCC aber vor allem dadurch, dass sie den Inquisitionsgrundsatz prägte. Kennzeichnend für diesen ist, dass die Strafverfolgung von Amts wegen erfolgt und eine Ermittlungspflicht für die Strafverfolgungsbehörden besteht.[25] Das Verfahren war schriftlich und geheim.[26] Die CCC gilt als erstes gesamtdeutsches Strafprozessrecht und stellt daher die Grundlage für den Gemeinen Deutschen Strafprozess dar.[27] Ihre Wirkung wurde jedoch dadurch geschmälert, dass sie nur subsidiär gegenüber dem Landesstrafrecht galt.[28] Dennoch behielt sie lange Zeit Geltung. Die letzten Fälle, die auf der Grundlage der CCC abgeurteilt wurden, sind aus den 1870er Jahren bekannt.[29]

---

19 *Eisenhardt,* Deutsche Rechtsgeschichte, Rn. 444.
20 *Rüping/Jerouschek,* Strafrechtsgeschichte, Rn. 97 f.
21 *Eisenhardt,* Deutsche Rechtsgeschichte, Rn. 448.
22 *Eisenhardt,* Deutsche Rechtsgeschichte, Rn. 448.
23 *Schlosser,* Neuere Europäische Rechtsgeschichte, Kap. 5 Rn. 26; *Roxin,* Strafverfahrensrecht[25], § 67 Rn. 7.
24 *Rüping/Jerouschek,* Strafrechtsgeschichte, Rn. 104; *Eisenhardt,* Deutsche Rechtsgeschichte, Rn. 470.
25 *Eisenhardt,* Deutsche Rechtsgeschichte, Rn. 469.
26 *Schroeder/Verrel,* Strafprozessrecht, Rn. 393; *Schlosser,* Neuere Europäische Rechtsgeschichte, Kap. 5 Rn. 26.
27 *Schroeder/Verrel,* Strafprozessrecht, Rn. 394.
28 *Schlosser,* Neuere Europäische Rechtsgeschichte, Kap. 5 Rn. 29.
29 *De With,* NJW 1982, 1440.

b) Das Beweisrecht

Von besonderem Interesse für diese Arbeit ist das Beweisrecht der CCC. Dieses ist dadurch gekennzeichnet, dass eine Bindung an starre gesetzliche Beweisregeln bestand.[30] Damit bezweckte der Normgeber, Willkür bei der Rechtsanwendung zu verhindern.[31] Voller Beweis konnte nur durch das Geständnis des Angeklagten (Art. 60, 48 ff. CCC) oder durch zwei einwandfreie Zeugen (Art. 60 ff. CCC) erbracht werden.[32] Art. 67 CCC lautet wörtlich: „Item so eyn missethat zum wenigsten mit zweyen oder dreien glaubhafftigen guten zeugen, die von eynem waren wissen sagen, bewiesen wirdt, darauff soll, nach gestalt der verhandlung mit peinlichen rechten volfarn vnd geurtheylt werden." Ferner enthielt die CCC Regelungen darüber, wer als Zeuge zugelassen werden konnte. So besagt Art. 66 CCC: „Gnugsame zeugen seindt die, die vnbeleumdet, vnd sunst mit keyner rechtmessigen vrsach zuuerwerffen sein." Nicht zulässig waren hingegen „vnbekannte zeugen" (Art. 63 CCC), „belonte zeugen" (Art. 64 CCC), sowie Zeugen, die „vonn frembbden hören sagen würden" (Art. 65 CCC). Das Vorhandensein nur eines Zeugen ermöglichte aber den Weg zur Folter, der sogenannten „peinlichen Befragung".[33] Der Beschuldigte musste das unter Folter erwirkte Geständnis später wiederholen. Tat er dies nicht, drohte ihm die erneute Folterung.[34]

c) Die Bedeutung

Die CCC war insofern fortschrittlich, als die Anordnung von Folter das Vorhandensein bestimmter Verdachtsgrade bzw. Indizien voraussetze[35] und Rechtsgelehrte in das Verfahren einbezogen wurden.[36] Andererseits hielt sie aber auch nach wie vor an der Folter fest.[37] Dem Verhörenden wurde zudem in Art. 58 CCC

30 *Roxin/Schünemann*, Strafverfahrensrecht[28], § 45 Rn. 42.

31 *Sarstedt*, FS Hirsch, S. 171, 172; *Roxin/Schünemann*, Strafverfahrensrecht[28], § 45 Rn. 42.

32 Vgl. hierzu ausführlich *Sarstedt*, FS Hirsch, S. 171, 172; ferner *Kotsoglou*, Erkenntnistheorie, S. 131.

33 *Roxin/Schünemann*, Strafverfahrensrecht[28], § 45 Rn. 42.

34 *Eisenhardt*, Deutsche Rechtsgeschichte, Rn. 475.

35 *Schlosser*, Neuere Europäische Rechtsgeschichte, Kap. 5 Rn. 26; *Gmür/Roth*, Grundriss der deutschen Rechtsgeschichte, Rn. 329; *Roxin*, Strafverfahrensrecht[25], § 69 Rn. 7; *Schroeder/Verrel*, Strafprozessrecht, Rn. 392.

36 Schmoeckel/Stolte/*Maetschke*, Rechtsgeschichte, S. 32.

37 Schmoeckel/Stolte/*Maetschke*, Rechtsgeschichte, S. 32. Indes erweise sich nach *Schlosser*, Neuere Europäische Rechtsgeschichte, Kap. 5 Rn. 27 die Forschungsthese, die CCC habe keine Trennung zwischen Ermittler, Ankläger und Richter vorgesehen, als veraltet.

das Ermessen hinsichtlich Art, Dauer und Intensität der Folter eingeräumt.[38] Da die Beweisregeln nicht flexibel waren, entwickelte sich im 17. Jahrhundert die Tendenz, ihren Anwendungsbereich zu umgehen. Sie waren nur noch für die „poena ordinaria" erforderlich, die bei schweren Delikten galt, bei denen auch die Folter möglich war. Die „poena extraordinaria" galt für leichte Delikte und der Beweis konnte bereits durch starke Vermutungen geführt werden.[39]

2. Die Entstehung des Grundsatzes der freien richterlichen Beweiswürdigung

a) Humanisierungstendenzen in der Aufklärung

Bedeutende Veränderungen erfuhr das Strafrecht im Zeitalter der Aufklärung.[40] Dieses war unter anderem von dem Gedanken der Humanisierung des Strafrechts sowie der Rationalisierung des Strafprozesses geprägt.[41] In diesem Zuge ordnete Friedrich der Große 1740 per Einzelgesetzgebung an, die Folter nicht mehr anzuwenden.[42] Die Beweisregeln, die letztlich auf ein notfalls durch Folter erwirktes Geständnis abzielten, wurden damit zunehmend als nicht mehr zeitgemäß erachtet.[43] Im 19. Jahrhundert kam daher die Diskussion über die Abschaffung der gesetzlichen Beweisregeln des Inquisitionsprozesses und die schrittweise Einführung des Prinzips der freien Beweiswürdigung auf.[44]

b) Entstehung der freien richterlichen Beweiswürdigung in Frankreich

Das Prinzip der freien richterlichen Beweiswürdigung selbst wurde zuerst in Frankreich entwickelt. Während der Aufklärung herrschte zunächst die auf *Montesquieu* zurückzuführende Vorstellung, der Richter sei lediglich „bouche de la loi".[45] Der Richter sollte demnach nur als Sprachrohr des Gesetzes agieren,

---

Aufgrund der Aktenversendung habe es nur noch eine Personalunion von Ermittler und Ankläger gegeben.

38 *Rüping/Jerouschek*, Strafrechtsgeschichte, Rn. 106.

39 Vgl. zu dieser Entwicklung SK/*Velten*, Vor § 261 Rn. 30.

40 *Roxin*, Strafverfahrensrecht[25], § 70 Rn. 1. Aufgrund der vielen unterschiedlichen Strömungen ist es nicht möglich, sämtliche Neurungen in dieser Dissertation darzulegen. Im Folgenden sollen nur einige übergeordnete Prinzipien aufgezeigt werden.

41 Vgl. hierzu ausführlich *Eisenhardt*, Deutsche Rechtsgeschichte, Rn. 459 ff.

42 *Eisenhardt*, Deutsche Rechtsgeschichte, Rn. 466.

43 *Jerouschek*, GA 1992, 493, 502; vgl. auch SK/*Velten*, Vor § 261 Rn. 31.

44 *Fezer*, StV 1995, 95.

45 Zu Deutsch „Mund des Gesetzes"; vgl. dazu SK/*Velten*, Vor § 261 Rn. 32.

weitestgehend ohne eigene Wertungen vorzunehmen. Diese Interpretation veränderte sich indes im Laufe der Revolution von 1789. Zu dieser Zeit wurde ein Strafverfahren entwickelt, das die Grundsätze der Öffentlichkeit und der Mündlichkeit sowie die Einrichtung von Schwurgerichten vorsah.[46] Hierauf beruhend wurde 1808 der „Code d'instruction criminelle" erlassen. Nach diesem Gesetz, das auch in den von Napoleon besetzten deutschen Gebieten galt, waren die Geschworenen nicht mehr an Beweisregeln, sondern nur noch an ihre „intime conviction" gebunden.[47] Die freie Beweiswürdigung wurde in dieser Auslegung als höchstpersönliche Gewissensentscheidung aufgefasst.[48] Dem lag der Gedanke der Revolution zugrunde, dass die Richterbeamten durch vom Volk berufene und nur ihrem Gewissen verpflichtete Richter ersetzt werden sollten.[49]

c) Die Rechtslage in Deutschland: Theorienstreit

In Deutschland setzte sich die Idee der freien Beweiswürdigung erst wesentlich später durch. Noch bis in die 1830er Jahre herrschte in der Rechtslehre die gesetzliche Beweistheorie vor, da die freie Beweiswürdigung untrennbar mit dem Typus des Laienrichters verbunden worden war.[50] Der gesetzlichen Beweistheorie liegt die These zugrunde, dass bei der Verurteilung eine Bindung des Richters an bestimmte Beweise besteht.[51] Ihre Vertreter unterteilen sich in diejenigen der positiven und der negativen Beweistheorie.[52] Nach ersterer werden die Regeln positiv und vollumfänglich vorgeschrieben, eine Verurteilung hat auch bei verbleibenden Zweifeln zu erfolgen. Dabei ist es das Ziel, sowohl die Allgemeinheit als auch den Angeklagten vor einer befürchteten Unfähigkeit oder Parteilichkeit des Richters zu schützen. Die negative Beweistheorie bezweckt lediglich den Schutz des Angeklagten. Sie unterscheidet sich von der positiven dadurch, dass die Beweisregeln nicht vorgeben sollten, wann der Richter überzeugt sein soll, sondern wann er nicht überzeugt sein darf.[53] Sie wird daher zum Teil als im

46 *Schroeder/Verrel,* Strafprozessrecht, Rn. 397.

47 Zu Deutsch „höchstpersönliche Überzeugung"; vgl. dazu *Jerouschek,* GA 1992, 493, 495 f.; *Roxin,* Strafverfahrensrecht[25], § 70 Rn. 6 f.; *Kotsoglou,* Erkenntnistheorie, S. 142 ff.; *Schweizer,* Beweismaß und Beweiswürdigung, S. 55. ff.

48 SK/*Velten,* Vor § 261 Rn. 32.

49 *Küper,* FG Peters, S. 23, 27.

50 *Küper,* FG Peters, S. 23, 31 f.

51 *Jerouschek,* GA 1992, 493, 497.

52 Vgl. zur Übersicht über den damaligen Meinungsstand *von Savigny,* GA 6 (1858), 469, 482 f.

53 Vgl. dazu SK/*Velten,* Vor § 261 Rn. 31.

Zuge der Reformdiskussionen entstandene, abschwächende Modifikation der ursprünglichen gesetzlichen Beweistheorie verstanden.[54] Später habe sich die negative Beweistheorie sogar noch weiter an die freie Beweiswürdigung angenähert, indem die Überzeugung zusätzliche Voraussetzung für eine Verurteilung werden sollte.[55]

Trotz der starken Anhängerschaft der gesetzlichen Beweistheorie in der Wissenschaft setzte sich in Deutschland die freie Beweiswürdigung als Konzept durch.[56] Maßgeblich war hierfür die eingangs bereits erwähnte Abhandlung *Friedrich Carl von Savignys* „Ueber Schwurgerichte und Beweistheorie im Strafprozesse" aus dem Jahr 1846.[57] Auch *von Savigny* sprach sich indes nicht für eine nahezu grenzenlose Freiheit der Beweiswürdigung aus, wie sie das französische Institut der „intime conviction" vorsah. Vielmehr forderte er, dass der Richter die gefundenen Ergebnisse begründe und eine Appellationsinstanz bestehe, welche die Urteile überprüfe.[58] Freie Beweiswürdigung unterscheidet sich seiner Ansicht nach nur dadurch von den gesetzlichen Beweistheorien, dass der Richter die Beweisregeln anhand von Denkgesetzen, Erfahrung und Menschenkenntnissen selbst ermitteln muss, während die gesetzlichen Beweistheorien dies im Gesetz vorgeben.[59]

Die Abhandlung *von Savignys* legte den Grundstein für die erstmalige Kodifikation des Grundsatzes der freien Beweiswürdigung in § 19 der Verordnung für die Gerichte zu Berlin vom 17.7.1846.[60] In der Folge wurden in den meisten

54 SK/*Velten,* Vor § 261 Rn. 31.

55 Vgl. hierzu *Küper,* FG Peters, S. 23, 39.

56 Die Ursache hierfür ist nicht abschließend geklärt. Sie wird entweder in einer Übernahme des französischen Rechts aus politischen Gründen gesehen oder aber darin, dass das durch die Revolution beeinflusste Rechtsdenken sehr dogmatisch geprägt und um Reformern bemüht gewesen sei; vgl. dazu ausführlich *Küper,* FG Peters, S. 23, 32 f.

57 Veröffentlicht in GA 6 (1858), 469 ff.

58 *Von Savigny,* GA 6 (1858), 469, 485.

59 *Von Savigny,* GA 6 (1858), 469, 484; vgl. zu dieser Entwicklung auch *Fezer,* StV 1995, 95. Dieser Grundgedanke ist gut und zeigt, dass irrationale Elemente bei der Urteilsfindung nicht zulässig sind. *Von Savigny* geht aber nicht darauf ein, dass ohne normative Aspekte bei der Regelbildung nicht ausgekommen werden kann. Entsprechende Ansätze hierfür finden sich bei *Ortloff,* GA 8 (1860) 461, 596, der zwar von der Freiheit der Beweiswürdigung ausging, sich gleichzeitig aber auch für eine Systematisierung bereits vorhandener Erfahrungssätze aussprach. Solche Ideen wurden aber in der Literatur nicht weiter vertieft; vgl. dazu auch *Küper,* FG Peters, S. 23, 42 f.

60 *Herdegen,* NStZ 1987, 193, 194; *Küper,* FG Peters, S. 23, 41; nach SK/*Velten,* Vor § 261 Rn. 31 m.w.N. wird zum Teil schon Sachsen als erster Staat angesehen, der 1838 die Bindung an Beweisregeln abgeschafft habe.

Gebieten Deutschlands nach 1848 Strafprozessordnungen eingeführt, welche die Grundlage für den sogenannten „reformierten deutschen Strafprozess“ bildeten.[61] Dieser setzte das Vorhandensein von Staatsanwaltschaften, Berufs- und Laienrichtern sowie die Freiheit der Beweiswürdigung voraus.[62] 1877 wurde die Strafprozessordnung (damals Reichsstrafprozeßordnung) ausgefertigt. Sie trat am 1.10.1879 in Kraft. Die heutige Fassung des § 261 StPO geht in ihrem Wortlaut auf diese zurück.

d) Fazit

Zusammenfassend wird daher mancherorts vertreten, dass sich gesetzliche Beweistheorie und freie Beweiswürdigung in Deutschland nicht diametral gegenüber gestanden hätten.[63] So wird zum Teil darauf hingewiesen, dass bereits vor Einführung des Grundsatzes in den deutschen einzelstaatlichen Gesetzen ein gewisser Freiraum bei der Glaubwürdigkeitsprüfung von Zeugen bestanden habe.[64] Andererseits sah aber auch *von Savigny* stets vor, dass die Beweiswürdigung an den Denkgesetzen und der Erfahrung zu messen sei. Im Rahmen der näheren Untersuchung der Rechtsprechung zu § 261 StPO wird sich zeigen, dass diese Entwicklung keineswegs zum Stillstand gekommen ist, sondern die Anforderungen an die Beweiswürdigung im Laufe der Jahre weiter konkretisiert wurden. Festzuhalten ist daher, dass § 261 StPO historisch als Ablehnung der gesetzlichen Beweistheorie zu verstehen ist.[65] Keineswegs sollte damit aber die Beweiswürdigung gänzlich frei von Vorgaben und Bindungen sein.

3. Das Verständnis des § 261 StPO in der Rechtsprechung des Reichsgerichts

§ 261 StPO enthält weder Vorgaben zum rechtsgenügenden Beweis[66] noch zur Begründungspflicht oder Revisibilität.[67] Die Norm ist insoweit auslegungsbedürftig.

---

61 *Schroeder/Verrel*, Strafprozessrecht, Rn. 397; *Roxin*, Strafverfahrensrecht[25], § 70 Rn. 8.

62 *Rüping/Jerouschek*, Strafrechtsgeschichte, Rn. 243.

63 *Jerouschek*, GA 1992, 493, 502; *Meurer*, FS Oehler, S. 357, 374 f.

64 *Meurer*, FS Oehler, S. 357, 364 Fn. 29, 374. *Meurer* verweist auf § 359 PrCO von 1805, nach welcher der Richter jeweils im Einzelfall beurteilen musste, ob der Zeuge als glaubwürdig einzustufen sei.

65 *Kindhäuser*, Jura 1988, 290, 291; *Schäfer*, StV 1995, 147, 148; KMR/*Stuckenberg*, StPO, § 261 Rn. 19 (Stand: 68. EL August 2013).

66 *Kindhäuser*, Jura 1988, 290, 291.

67 *Schäfer*, StV 1995, 147, 148.

Hierzu vertrat die Rechtsprechung bereits unter dem Reichsgericht (RG) unterschiedliche Ansichten. Zum Verständnis der aktuell vertretenen Beweismaßtheorien sollen im Folgenden die Leitlinien der reichsgerichtlichen Rechtsprechung kurz skizziert werden. Auffällig ist dabei, dass nicht nur die Rechtsprechung unterschiedliche Formulierungen verwendete, sondern die Urteile in der Literatur bis heute in vielfältiger Weise interpretiert werden.

Als erste bedeutende Entscheidung des Reichsgerichts zum Maßstab der Beweiswürdigung wird zumeist RGSt 15, 151 genannt. Danach ging das Gericht zunächst davon aus, dass „Gewißheit, oder, [...], ein an Gewißheit angrenzender Grad von Wahrscheinlichkeit" erforderlich sei, um den Beweis erfolgreich zu führen.[68] Hierin wird eine strenge Anforderung an das Beweismaß gesehen.[69] Von dieser wich das Reichsgericht später – zunächst in Zivilsachen – ab.[70] So heißt es in RGZ 15, 338 ff., dass ein hoher Grad von Wahrscheinlichkeit als Wahrheit gelte und das Bewusstsein von jener Wahrscheinlichkeit als die Überzeugung von der Wahrheit zu verstehen sei.[71] Das Reichsgericht stellte damit geringere Anforderungen an die Wahrscheinlichkeit als noch in RGSt 15, 151. Während zuvor an Sicherheit grenzende Wahrscheinlichkeit erforderlich war, sollte bereits hohe Wahrscheinlichkeit genügen. Der 1. Strafsenat schloss sich mit RGSt 61, 202 ff. den Ausführungen des Reichsgerichts in Zivilsachen weitestgehend an.[72] Darin wiederholte er z.T. die Ausführungen aus RGZ 15, 338 ff. und warf der Vorinstanz vor, diese habe „zu hohe Anforderungen" an die Überzeugungsbildung gestellt.[73]

Diese Urteile können aus heutiger Sicht nicht als Standards für den rechtsgenügenden Beweis herangezogen werden, da die Begriffe Wahrheit, Wahrscheinlichkeit und Überzeugung nicht sauber voneinander getrennt werden. Es wird nicht deutlich, wie die drei Begriffe definiert werden und wie sie sich voneinander abgrenzen. Wahrheit und Wahrscheinlichkeit sind jedoch grundlegend andere Begrifflichkeiten.[74] Wahrscheinlichkeitsrechnungen ist es geradezu immanent, dass

68 RG Urt. v. 20.12.1886 – 2779/86, RGSt 15, 151, 153. Ferner findet sich die Formulierung „an Sicherheit grenzende Wahrscheinlichkeit" bei RG Urt. v. 25.6.1917 – III 213/17, RGSt 51, 127.

69 *Kindhäuser,* Jura 1988, 290, 291.

70 Vgl. dazu *Kindhäuser,* Jura 1988, 290, 291.

71 RG Urt. v. 14.1.1885 – I 408/84, RGZ 15, 338, 339.

72 *Geipel,* Handbuch der Beweiswürdigung, Kap. 6 Rn. 85.

73 RG Urt. v. 15.2.1927 – I 2/27, RGSt 61, 202, 206.

74 Vgl. zum Wahrscheinlichkeitsbegriff ferner unten B. II. 2. b). Kritisch gegen die Gleichsetzung von Wahrheit und Wahrscheinlichkeit spricht sich auch *Kindhäuser,* Jura 1988, 290, 292 ff. aus.

bei jeder Wahrscheinlichkeit unter 100 % (unabhängig von der Frage, wie diese zu bestimmen ist, dazu sogleich unten B. II. 2. b) die Möglichkeit besteht, dass die Annahme gerade nicht der Wahrheit im Sinne des wirklichen Geschehens entspricht. Diese Urteile differenzieren nicht im Einzelnen zwischen dem Ziel, das anscheinend in der Wahrheitsfindung liegen soll, und den für dessen Erreichen maßgeblichen Kriterien.

Als kennzeichnend für die reichsgerichtliche Rechtsprechung wird ferner RGSt 66, 163 ff. angesehen. Wie sich dieses Urteil zu seinen Vorgängern verhält, ist umstritten.[75] Das Reichsgericht äußerte sich dahingehend, dass ein Zweifel, „und sei es auch der leiseste", einer Verurteilung entgegenstehe.[76] Zum Teil wird angenommen, das Reichsgericht habe sich damit von dem Urteil RGSt 61, 202 ff. des 1. Strafsenats wieder distanziert.[77] Nach anderer Ansicht bestätige das Reichsgericht lediglich die auch schon in RGSt 61, 163 ff. enthaltene Aussage, der Richter könne keine absolute, sondern allenfalls eine relative Wahrheit finden.[78] Wieder andere sehen in dem Verweis auf die Überzeugung in RGSt 66, 163 ff. bereits Ansätze der später durch den Bundesgerichtshof (BGH) vertretenen subjektivistischen Theorie.[79] Eine abschließende Bewertung, wie sich subjektive Überzeugung und Wahrscheinlichkeit nach diesem Urteil zueinander verhalten, ist daher nicht möglich. Ein Urteil, aus dem sich nicht eindeutig ergibt, worauf es nun bei der Beweiswürdigung maßgeblich ankommt, kann aber nicht überzeugen.[80]

Aufgrund der zu den einzelnen Urteilen vertretenen unterschiedlichen Ansichten fällt auch ein Fazit zur reichsgerichtlichen Rechtsprechung insgesamt unterschiedlich aus. Nach einer Ansicht sei das RG davon ausgegangen, dass Gewissheit nicht zu erreichen sei, aber bloß hohe Wahrscheinlichkeit nicht ausreiche. Eine Überzeugungsbildung sei zusätzlich erforderlich.[81] Nach anderer Ansicht sei die volle Überzeugung des Gerichts das letztlich ausschlaggebende Kriterium gewesen.[82]

---

75 Vgl. zu den unterschiedlichen Ansichten zu der Rechtsprechung des Reichsgerichts *Schmidt*, Grundsätze der freien richterlichen Beweiswürdigung, S. 79 ff.

76 RG Urt. v. 14.3.1932 – III 52/32, RGSt 66, 163, 164.

77 *Kindhäuser*, Jura 1988, 290, 291.

78 *Geipel*, Handbuch der Beweiswürdigung, Kap. 6 Rn. 87 ff.

79 *Herdegen*, NJW 2003, 3513, 3514. In FS Hanack, S. 311, 312 spricht *Herdegen* von einer „Wahrheitstheorie sui generis".

80 Ferner bedient es sich mit dem Rückgriff auf Termini wie die „leisesten Zweifel" nur Worthülsen, s. dazu näher unten B. II. 2. a) bb).

81 *Geipel*, Handbuch der Beweiswürdigung, Kap. 6 Rn. 100.

82 *Schmidt*, Grundsätze der freien richterlichen Beweiswürdigung, S. 89.

Zusammenfassend kann zu der reichsgerichtlichen Rechtsprechung festgehalten werden, dass sich jedenfalls die Anforderungen an den Grad der Wahrscheinlichkeit geändert haben. Während zunächst eine an Sicherheit grenzende Wahrscheinlichkeit gefordert wurde, reichte später schon eine hohe Wahrscheinlichkeit für eine Verurteilung aus. Wie die dargelegten Ansichten zeigen, ist aber im Übrigen die Bedeutung der Urteile für den rechtsgenügenden Beweis unklar und umstritten. Dies liegt daran, dass das Reichsgericht teilweise zustimmend auf andere Entscheidungen verweist, dann aber völlig andere Begrifflichkeiten und Argumentationen zur Begründung heranzieht.[83] Ob das Reichsgericht ausschließlich auf die subjektive Überzeugung abstellte oder doch auch objektive Elemente für maßgeblich hielt, wird nicht deutlich.

II. Das Verständnis des § 261 StPO in der aktuellen Rechtsprechung und Lehre

1. Anforderungen an den rechtsgenügenden Beweis

Aus § 261 StPO selbst ergeben sich nur in begrenztem Umfang Anhaltspunkte dafür, was das Gericht bei der Entscheidungsfindung berücksichtigen muss. Lediglich aus der Zusammenschau mit §§ 264, 155 StPO ergibt sich, dass die in der Anklage bezeichnete Tat sowie der Täter ermittelt werden müssen.[84] Unter dem Beweis wird die „überzeugende Begründung der Richtigkeit oder Unrichtigkeit von Tatsachen“[85] verstanden. Diese Tatsachen müssen im Strafverfahren festgestellt werden. Dabei nimmt das Tatgericht die Beweismittel wahr und bewertet sie, häufig indem es Erfahrungssätze berücksichtigt.[86] Die Feststellung der Tatsachen muss unter Beachtung der Anforderungen an den rechtsgenügenden Beweis erfolgen. Es gilt, die vorhandenen Beweismittel unter diesem Blickwinkel zu würdigen.

Die Differenzierung zwischen den Anforderungen an den rechtsgenügenden Beweis einerseits und der Beweiswürdigung andererseits ist für die vorliegende Untersuchung von entscheidender Bedeutung. Im Rahmen der Bestimmung der Kriterien des rechtsgenügenden Beweises wird abstrakt festgelegt, unter welchen

---

83 Vgl. dazu beispielsweise den umstrittenen Verweis in RG Urt. v. 14.3.1932 – III 52/32, RGSt 66, 163, 165 auf RG Urt. v. 14.1.1885 – I 408/84, RGZ 15, 338, 339, in dem der 3. Strafsenat die Formulierungen des RG in Zivilsachen zur Gleichsetzung von Wahrheit und Wahrscheinlichkeit als „schief und ungenau“ bezeichnet.

84 L-R/*Gössel*, StPO, Einl. L Rn. 1.

85 *Peters*, Strafprozeß, § 37 I, S. 286.

86 L-R/*Gössel*, StPO, Einl. L Rn. 3. Demnach sind bereits die Feststellungen nicht frei von Wertungen des Tatrichters; vgl. dazu auch *Freund*, FS Meyer-Goßner, S. 409, 418.

Voraussetzungen ein Beweis als erbracht anzusehen ist[87], während das Gericht mit der Beweiswürdigung prüft, ob diese Voraussetzungen im konkreten Fall erfüllt sind.[88] Um einen Beweis zu würdigen, müssen demnach zunächst die Anforderungen an den rechtsgenügenden Beweis festgelegt werden.[89] Es muss vorab abstrakt-generell bestimmt werden, welche Anforderungen an die Verurteilungsvoraussetzungen zu stellen sind.[90]

In der Literatur wird vor diesem Hintergrund oftmals eine Differenzierung dergestalt vorgenommen, dass der rechtsgenügende Beweis eine Rechtsfrage darstelle, während die Beweiswürdigung eine Tatfrage zum Gegenstand habe.[91] Diese Trennung erweist sich indes als ungenau. Vielmehr ist auch die Beweiswürdigung von rechtlichen Erwägungen abhängig.[92] Aufgrund des Charakters als Rechtsfrage ist daher auch die Bezeichnung des rechtsgenügenden Beweises der des Beweismaßes vorzuziehen.[93] Das Gericht muss sich dabei mit der Frage auseinandersetzen, was genau der Entscheidung als Sachverhalt zugrunde gelegt werden darf. Dem Gericht präsentieren sich zunächst nur einige Fakten im Sinne einer Art „Rohsachverhalt". Dieser kann nicht ohne Weiteres so verwertet werden, wie er sich auf den ersten Blick darstellt. Vielmehr müssen auch die darin enthaltenen Fakten einer rechtlichen Überprüfung unterzogen werden. Diesbezüglich bestehen prozessuale Vorgaben, die das Gericht bei der Ermittlung der sogenannten Feststellungen berücksichtigen muss. Beispielsweise ordnen die Beweisverwertungsverbote an, wann bestimmte Tatsachen nicht berücksichtigt werden dürfen. Was einem Beweisverwertungsverbot unterliegt, muss von Anfang an außer Betracht bleiben. Der Entscheidung darf damit nur dasjenige zugrunde gelegt werden, was mit prozessual zulässigen Mitteln erforscht wurde.[94]

---

87 *Geipel,* Handbuch der Beweiswürdigung, Kap. 6 Rn. 6.

88 *Geipel,* Handbuch der Beweiswürdigung, Kap. 6 Rn. 7. Nach Baumgärtel/*Laumen,* Handbuch der Beweislast, Kap. 5 Rn. 1 regelt das Beweismaß, *ob* ein Beweis gelungen ist, die Beweiswürdigung hingegen, *wann* er gelungen ist.

89 *Geipel,* Handbuch der Beweiswürdigung, Kap. 6 Rn. 7.

90 Baumgärtel/*Laumen,* Handbuch der Beweislast, Kap. 5 Rn. 3.

91 Baumgärtel/*Laumen,* Handbuch der Beweislast, Kap. 5 Rn. 3; *Geipel,* Handbuch der Beweiswürdigung, Kap. 6 Rn. 7.

92 *Freund,* Normative Probleme der „Tatsachenfeststellung", S. 152 f.

93 Diese Bezeichnung verwenden auch *Freund,* FS Meyer-Goßner, S. 409, 425; MünchKomm.StGB/*Freund,* Vor §§ 13 ff. Rn. 401 ff.; *Kindhäuser,* Jura 1988, 290, 291. Ferner werden die Begrifflichkeiten „Beweiskriterium", „Beweisquantum" sowie „Beweisstärke" verwendet, vgl. dazu m.w.N. Baumgärtel/*Laumen,* Handbuch der Beweislast, Kap. 5 Rn. 1.

94 *Lampe,* FS Pfeiffer, S. 353, 373 ff.

Aber auch die materiell-rechtlichen Normen, die für die Entscheidung relevant werden, haben Einfluss auf die Beweiswürdigung. Der Sachverhalt, so wie er der Entscheidung zugrunde gelegt werden kann, muss stets in Zusammenschau mit den einschlägigen materiell-rechtlichen Normen ermittelt werden.[95] Dabei wird das Gericht die Tatsachen zunächst darauf hin untersuchen müssen, ob sie unter eine bestimmte Rechtsnorm subsumiert werden können. Die Subsumtion ist aber nicht als bloßer Vergleich zwischen Rechtsnorm und Sachverhalt zu verstehen.[96] Sie stellt vielmehr einen Prozess dar, in dessen Rahmen es zu einem „Hin- und Herwandern des Blickes“[97] zwischen dem konkreten Fall und der jeweiligen Norm kommt. Dadurch wird die Rechtsnorm immer weiter konkretisiert, bis die sogenannte Fallnorm ermittelt wird.[98] Diese Fallnorm gibt die Antwort darauf, ob Norm und Sachverhalt zueinander passen.[99] Damit gibt die Fallnorm letztendlich vor, wie das Gericht den konkreten Fall entscheiden muss. Es ist mithin nicht möglich, Tatsachen und Rechtsfragen strikt voneinander zu unterscheiden. Vielmehr muss bei der folgenden Untersuchung berücksichtigt werden, dass jede Beweiswürdigung auch Rechtsfragen betrifft.

2. Beweismaßtheorien

Zu den Anforderungen, die § 261 StPO an den rechtsgenügenden Beweis stellt, haben sich im Laufe der Jahre in der Rechtsprechung des BGH sowie in der Literatur unterschiedliche Theorien entwickelt. Obwohl diese zum Teil als Beweiswürdigungstheorien bezeichnet werden[100], wird sich zeigen, dass es sich hierbei genau genommen um Fragen des rechtsgenügenden Beweises handelt. Anknüpfungspunkt ist nach § 261 StPO die tatrichterliche Überzeugung. Die überwiegende Ansicht geht davon aus, dass sich der rechtsgenügende Beweis durch den Grad von Gewissheit bestimme, der für eine richterliche Entscheidung erforderlich sei.[101] Wie sich dieser im Einzelnen bestimmt, ist Gegenstand kritischer Auseinandersetzungen. Im Folgenden sollen die für den Diskurs bedeutendsten Ansätze dargestellt werden.

---

95 *Lampe*, FS Pfeiffer, S. 353, 370.

96 *Rössner*, FS Widmaier, S. 941, 945.

97 *Engisch*, Logische Studien zur Gesetzesanwendung, S. 15.

98 *Rössner*, FS Widmaier, S. 941, 945 f.

99 *Rössner*, FS Widmaier, S. 941, 946.

100 So z.B. *Herdegen*, NJW 2003, 3513, 3514 ff.; *ders.*, FS Eisenberg, S. 527, 532 ff.; *ders.* FS Hanack, S. 311 ff.

101 *Bender/Nack/Treuer*, Tatsachenfeststellung, Rn. 524.

a) *Subjektive Theorie*

aa) *Die subjektive Theorie in Rechtsprechung und Literatur*

Der BGH vertrat in seiner Rechtsprechung zunächst die sogenannte subjektive Beweismaßtheorie. Diese geht davon aus, dass für die Verurteilung letztlich ausschließlich die Überzeugung des Richters vom Sachverhalt maßgeblich ist.[102] Der BGH vertrat die subjektive Beweismaßtheorie vor allem in seiner frühen Rechtsprechung. Bereits in NJW 1951, 122 legte er dar, es sei für die Überzeugungsbildung „erforderlich, aber auch genügend, daß ein nach der Lebenserfahrung ausreichendes Maß an Sicherheit besteht, dem gegenüber vernünftige Zweifel nicht mehr laut werden können." Als Grundsatzurteil gilt indes BGHSt 10, 208 ff.[103] Der BGH führte darin aus, die persönliche Gewissheit sei für die Verurteilung notwendig, aber auch genügend.[104] Das Gericht dürfe solche Schlüsse ziehen, die zwar möglich, aber nicht zwingend sind. Dem Revisionsgericht sei es nicht gestattet, die Beweiswürdigung des Tatgerichts durch die eigene zu ersetzen. Auch bei höchstmöglicher Wahrscheinlichkeit ihrer Richtigkeit könne eine Überzeugung nicht gefordert werden.[105] Damit verdeutlichte der BGH, dass die Überzeugung des Tatrichters alleiniges Kriterium der Beweiswürdigung sei. Eine Grenze erfahre die Überzeugungsbildung lediglich durch die Gesetze des Denkens und der Erfahrung.[106]

Diese Erwägungen bestätigte der BGH in dem sogenannten „Anastasia-Urteil". Hierin konkretisiert der 3. Zivilsenat seine früheren Ausführungen dahingehend, dass es auf die Überzeugung des Tatrichters ankomme, auch wenn andere gezweifelt hätten. Es genüge ein „für das praktische Leben brauchbare[r; Vf.] Grad von Gewißheit", der „den Zweifeln Schweigen gebietet, ohne sie völlig auszuschließen."[107] Damit betonte das Gericht, dass der Maßstab für die Beurteilung nicht ein objektiver Dritter, sondern nur der Tatrichter selbst sei.[108]

---

102 Treffend zusammengefasst bei BeckOK.StPO/*Eschelbach,* § 261 Rn. 31 (Stand: 1.10.2016); *Geipel,* Handbuch der Beweiswürdigung, Kap. 6 Rn. 11.

103 *Herdegen,* NStZ 1987, 193, 196 weist darauf hin, dass die Entscheidung in BGH Urt. v. 21.5.1953 – 3 StR 9/53, GA 1954, 152 bereits einen Vorläufer habe. In BGHSt 10, 208 „kulminiere" die subjektive Theorie aber.

104 BGH Urt. v. 9.2.1957 – 2 StR 508/56, BGHSt 10, 208, 209.

105 BGH Urt. v. 9.2.1957 – 2 StR 508/56, BGHSt 10, 208, 210.

106 BGH Urt. v. 9.2.1957 – 2 StR 508/56, BGHSt 10, 208, 211.

107 BGH Urt. v. 17.2.1970 – III ZR 139/67, BGHZ 53, 245, 256.

108 Vgl. dazu *Kindhäuser,* Jura 1988, 290, 291.

In der Literatur wird die subjektive Theorie nur noch vereinzelt vertreten.[109] Danach könne ausschließlich auf die richterliche Überzeugung abgestellt werden, da einige Elemente der Beweisaufnahme nur unterbewusst wahrgenommen würden und daher die zur Entscheidung führenden Gründe nicht vollständig bewusst gemacht werden könnten.[110] Der Richter verfüge über ein Erfahrungswissen, aufgrund dessen er Beweise intuitiv würdigen und den konkreten vom abstrakten Zweifel unterscheiden könne.[111] Damit ein möglichst nachvollziehbares Urteil gefunden werde, müsse die Beweiswürdigung so gut es geht begründet werden.[112] Nach teilweise vertretener Ansicht muss das Gericht ein Urteil fällen, das es so auch gegen sich selbst gelten lassen würde; andere Erklärungsmöglichkeiten seien unbeachtlich, wenn diesen „keinerlei praktische Bedeutung" zukomme.[113]

bb) Kritik an der subjektiven Theorie

Die subjektive Theorie ist diversen Einwänden ausgesetzt. Ihr ist allem voran entgegenzuhalten, dass sie ausschließlich an die entscheidende Person und deren Ansichten, Befindlichkeiten und Gefühle anknüpft.[114] Deshalb enthält sie weder verbindliche normative Maßstäbe noch argumentative Standards.[115] Dies kann dazu führen, dass der besonders gewissenhaft arbeitende, die Alternativmöglichkeiten erkennende Richter entweder regelmäßig freisprechen oder bei der Begründung seiner Urteile lügen muss.[116] Letztlich entscheidet somit der Zufall, zu welcher Ansicht sich das Gericht durchringen kann, was jedoch mit Blick auf das aus Art. 3 GG folgende Willkürverbot bedenklich erscheint.[117] Ferner wirft die Theorie Zweifel an der Vereinbarkeit mit dem Grundsatz der Rechtsstaatlichkeit, insbesondere dem Recht auf ein faires Verfahren auf, wenn allein aufgrund der Person des Richters unterschiedliche Urteile gefällt werden können.[118] Daran ändert sich auch dann nichts, wenn man darauf abstellt, dass der Richter das Urteil auch gegen sich selbst gelten lassen müsse. Denn auch diese Entscheidung

---

109 So z.B. bei SK/*Velten*, § 261 Rn. 6; *Frister*, FS Grünwald, S. 169, 173.
110 SK/*Velten*, § 261 Rn. 6; *Frister*, FS Grünwald, S. 169, 180.
111 *Frister*, FS Grünwald, S. 169, 177, 184.
112 *Frister*, FS Grünwald, S. 169, 182.
113 SK/*Velten*, § 261 Rn. 6.
114 *Freund*, Normative Probleme der „Tatsachenfeststellung", S. 47.
115 *Herdegen*, FS Hanack, S. 315, 318.
116 *Freund*, Normative Probleme der „Tatsachenfeststellung", S. 47.
117 *Stein*, „Gewißheit" und „Wahrscheinlichkeit", S. 233, 256 f.
118 *Geipel*, StraFo 2005, 135, 137.

würde individuell und abhängig von den moralischen Vorstellungen des jeweiligen Richters erfolgen. Die Annahme, die Gründe für eine jeweilige Entscheidung könnten nicht bewusst gemacht werden, stimmt bedenklich, da dies dem Richter einen Raum für willkürliche Schlussfolgerungen gibt.

Ferner arbeitet die subjektive Theorie mit unbestimmten Begriffen. So ist es im Einzelfall kaum möglich, zwischen dem entscheidungsrelevanten vernünftigen Zweifel und dem unbeachtlichen abstrakten Zweifel zu unterscheiden.[119] Dies ändert sich auch nicht durch ein Anknüpfen an die Lebenserfahrung. Diese ist stark von der jeweiligen Person des Richters geprägt und unterliegt sicherlich auch dem gesellschaftlichen Wandel. Die These, Alternativmöglichkeiten seien unbeachtlich, wenn ihnen keinerlei praktische Bedeutung zukomme, ersetzt lediglich den unklaren Begriff der konkreten Zweifel durch einen anderen – nicht minder unklaren – Begriff.

Insoweit kann auch nicht die oben erwähnte Annahme überzeugen, der Richter sei quasi von Natur aus in der Lage, Beweise einigermaßen sicher zu würdigen. In der Lehre wird seit Langem darauf hingewiesen, dass die juristische Ausbildung nur in unzureichendem Maße auf Aussagepsychologie und Beweiswürdigung eingeht.[120] Der Richter muss erst durch seine Berufstätigkeit und eigene Fortbildungen den Umgang mit der Beweisaufnahme erlernen. Es wird im Folgenden noch erläutert werden, welche zahlreichen Fehlerquellen vor allem in Bezug auf den Zeugenbeweis entstehen können.[121] Hier davon auszugehen, dass der Richter intuitiv in der Lage sei, das Beweismittel richtig zu würdigen, greift zu kurz.

Die Verwendung zum Teil unklarer Begriffe durch den BGH führt letzten Endes dazu, dass die Urteile in der Literatur unterschiedlich bewertet werden. Bereits die Einordnung der Grundsatzentscheidung in die Kategorie der subjektiven Beweismaßtheorie ist nicht unumstritten. So wird vereinzelt davon ausgegangen, der BGH habe lediglich sagen wollen, dass eine Verurteilung ohne die Überzeugung des Richters nicht möglich sei, in der Sache habe sich der BGH aber mit den objektiven Elementen der Beweiswürdigung auseinandergesetzt.[122] Ähnlich unterschiedlich wird die oben zitierte Anastasia-Entscheidung interpretiert. In

119 *Freund,* Normative Probleme der „Tatsachenfeststellung", S. 48; *Kindhäuser,* Jura 1988, 290, 295.

120 *Fischer,* NStZ 1994, 1, 5; *Wille,* Aussage gegen Aussage, S. 126 f.

121 S. dazu unten C. II. 2.-4.

122 *Schäfer,* StV 1995, 147, 148 f.; so wohl auch KK/*Schoreit,* StPO[6], § 261 Rn. 4a. Dieser verweist darauf, dass der BGH auf den Grad der Wahrscheinlichkeit der Schuld sowie darauf eingehe, ob die Beweiswürdigung erschöpfend sei.

der Literatur ist unklar, ob der BGH die bloße Überzeugung des Richters für die Verurteilung genügen lasse oder aber eine objektive Wahrscheinlichkeit vorliegen müsse, von der das Gericht zusätzlich überzeugt sein müsse.[123] Insgesamt ist wohl davon auszugehen, dass der BGH durchaus eine subjektive Theorie vertrat. Hierfür spricht der Wortlaut der Entscheidungen. Der BGH betont mehrmals, dass alleine die Überzeugung des Gerichts maßgeblich sei. Allerdings verdeutlichen die Interpretationen der Urteile durch die Literatur, dass es kaum möglich ist, mit den unbestimmten Begrifflichkeiten der subjektiven Beweismaßtheorie zu arbeiten. Ferner zeigt die teilweise Berücksichtigung objektiver Kriterien, dass alleine die subjektive Überzeugung zu keinen sachgerechten Ergebnissen kommen kann.

b) Objektive Wahrscheinlichkeitstheorie

Nach der sogenannten objektiven Wahrscheinlichkeitstheorie kommt es bei der Beweiswürdigung einzig auf eine bestimmte Wahrscheinlichkeit an. Die subjektive Überzeugung des Gerichts soll indes irrelevant sein.[124] Es müsse eine (hohe) objektive Wahrscheinlichkeit für die Übereinstimmung des Ergebnisses mit der materiellen Wahrheit sprechen. Dieser Ansicht ist entgegenzuhalten, dass bereits nicht ersichtlich ist, welcher exakte Grad an Wahrscheinlichkeiten vorliegen muss und wann dieser erreicht ist. Die diesbezüglichen Anforderungen sind in Rechtsprechung und Literatur bislang ungeklärt.[125] Der Begriff ist unbestimmt und kann je nach Gericht unterschiedlich aufgefasst werden.[126]

---

123 Vgl. zum Meinungsstand *Geipel,* Handbuch der Beweiswürdigung, Kap. 6 Rn. 112 m.w.N. *Geipel* selbst nimmt an, dass die Wahrscheinlichkeit zumindest Hilfsmittel sein soll. *Kindhäuser,* Jura 1988, 290, 295 geht indes davon aus, dass der BGH den Begriff der Wahrscheinlichkeit hier rein umgangssprachlich verwende.

124 Die rein objektive Wahrscheinlichkeitstheorie wird heute nur noch selten vertreten, z.B. von *Hoyer,* ZStW 105 (1993), 523 ff. Vgl. zum Meinungsstand unter der reichsgerichtlichen Rechtsprechung *Schmidt,* Grundsätze der freien richterlichen Beweiswürdigung, S. 107 ff.

125 In Rechtsprechung und Literatur werden die Anforderungen an den Wahrscheinlichkeitsgrad hauptsächlich unter dem Gesichtspunkt der Kombinationstheorie (dazu nachfolgend B. II. 2. c) thematisiert. Das Problem stellt sich aber gleichermaßen für die rein objektive Wahrscheinlichkeitstheorie.

126 Nach *Herdegen,* NStZ 1987, 193, 198 bestimme sich die Abstufung der Wahrscheinlichkeit durch den Grad der Rationalität des Argumentierens. Derartige Vorgaben geben keine normativen Richtlinien vor, sondern stellen die exakten Anforderungen letztlich ins Belieben des Gerichts.

Insofern ist es durchaus als fortschrittlicher Ansatz zu begrüßen, wenn Vertreter der Theorie die Schuldwahrscheinlichkeit mathematisch berechnen wollen.[127] Dazu wird eine Formel herangezogen, nach der eine Verurteilung auf der Grundlage eines Verdachtsgrades von 95,74 Prozent erfolgen könne.[128] Aber auch derartige Berechnungsmodelle sind zur Feststellung der Schuld ungeeignet. Es ist bereits höchst fraglich, ob sich die Wahrscheinlichkeit der Schuld in Prozentzahlen empirisch nachweisen lässt. Die Abgrenzung zwischen einer ausreichenden 95,74-prozentigen und der nicht genügenden 94,73-prozentigen Schuldwahrscheinlichkeit erscheint rein theoretischer Natur.[129]

Der Mangel der Konzeption wird aber vor allem dann deutlich, wenn man einmal annimmt, die empirische Nachweisbarkeit der Schuldwahrscheinlichkeit sei tatsächlich möglich. Dann ist folgender Beispielsfall denkbar. Die beiden Angeklagten A und B sind jeweils des Mordes angeklagt. Bei A beträgt die Schuldwahrscheinlichkeit 95,74 Prozent, bei B nur 95,73 Prozent. A wird wegen Mordes zu lebenslanger Freiheitsstrafe verurteilt. B hingegen wird freigesprochen. Die Zäsur, die hier über alles oder nichts entscheiden kann, ist beliebig. Die Fälle, in denen entweder freigesprochen oder aber die höchste Strafe verhängt wird, die das StGB vorsieht, liegen viel zu dicht beieinander. Die Berechnung besagt lediglich, dass der Täter zu einer Gruppe gehört, in der von 100 Menschen statistisch 95,74 schuldig sind. Ein Verhalten ist aber nur dann schuldhaft, wenn ein personales Fehlverhalten vorliegt, das für eine Bestrafung hinreichend gewichtig ist.[130] Die Schuld des Angeklagten muss sich demnach mit dem konkreten Fall und nicht bloß mit Statistiken begründen lassen.[131] Die Formel berücksichtigt jedoch gerade nicht, welche fallbezogenen Zweifel an der Schuld des Angeklagten bestehen.

---

127 So *Hoyer*, ZStW 105 (1993), 523, 541.

128 Bereits die Herleitung dieser Formel ist zweifelhaft. *Hoyer*, ZStW 105 (1993), 523, 540 f. will diese ermitteln, indem er die Maximalstrafe für ein Begehen (§ 211 StGB) mit der Maximalstrafe für ein Unterlassen in Relation setzen möchte. Für letzteres zieht er § 323 c StGB heran. Dabei wird aber außer Acht gelassen, dass § 138 StGB einen wesentlich höheren Strafrahmen enthält. Unter Berücksichtigung dieses Delikts müsste er zu einer deutlich geringeren „Schuldwahrscheinlichkeit" kommen, die unter rechtsstaatlichen Gesichtspunkten nicht mehr hinnehmbar sein dürfte. Die Herleitung der Formel soll im Folgenden aber nicht im Detail analysiert werden, da sie – auch ihre Richtigkeit unterstellt – kein normativ tragfähiges Kriterium für die Ermittlung der Schuld darstellt.

129 *Stein*, „Gewißheit" und „Wahrscheinlichkeit", S. 233, 255.

130 *Freund*, Strafrecht AT, § 4 Rn. 1.

131 Vgl. zu dieser Kritik an rein objektiven Ansätzen auch *Freund*, Normative Probleme der „Tatsachenfeststellung", S. 19 ff.

Das Restrisiko von 4,26 Prozent wird dem Angeklagten gegenüber nicht konkret legitimiert, sondern lediglich mit abstrakten Berechnungen gerechtfertigt.[132] Dies erscheint vor dem Hintergrund unangemessen, dass letztlich eine bloße Nachkommastelle über Verurteilung oder Freispruch entscheiden kann. Wahrscheinlichkeiten stellen daher kein normativ tragfähiges Argument zur Feststellung der Schuld des Angeklagten dar.

Hinzu kommt, dass ein Abstellen auf Wahrscheinlichkeiten nur eine Objektivität vortäuscht, die tatsächlich nicht gewährleistet werden kann.[133] Dies wird deutlich, wenn man sich mit den Definitionen von Wahrscheinlichkeit auseinandersetzt. In der Wissenschaft wurden hierzu unterschiedliche Modelle entwickelt, von denen jedoch keines als Maßstab für die Beweiswürdigung herangezogen werden kann. Der klassische objektive Wahrscheinlichkeitsbegriff trifft Aussagen über das Verhältnis eines Ereignisses zu dessen möglichen Alternativen.[134] Dieses wird ermittelt, indem man den Sachverhalt in höherer Zahl (theoretisch unendlich oft) wiederholt.[135] Anders als bei der gewöhnlichen Wahrscheinlichkeitsberechnung zukünftiger Ereignisse handelt es sich aber bei der Ermittlung des Sachverhalts im Strafverfahren um ein in der Vergangenheit liegendes Ereignis. Da dieses von vielen Unbekannten abhängt, ist die potentielle Wiederholung der Fälle im Rahmen der Beweiswürdigung gerade nicht möglich.[136] Selbst wenn dies anders wäre, kann mit dieser Definition keine Aussage darüber getroffen werden, welches Ergebnis sich jeweils im konkreten Einzelfall realisiert hat.[137] Bei Zugrundelegung des klassischen Wahrscheinlichkeitsbegriffs müsste demnach mit bloßen Fiktionen gearbeitet werden.

Der logische Wahrscheinlichkeitsbegriff setzt eine Aussage in Relation zu vorhandenen Erfahrungswerten.[138] Der Nachteil dieser Begriffsbestimmung wird ebenfalls schnell deutlich. Das Erfahrungswissen hängt stets vom Betrachter

---

132 Auch *Kotsoglou*, Erkenntnistheorie, S. 289, bemängelt, dass diese Konzeption Fehlurteile konkret in Kauf nimmt.

133 *Stein*, „Gewißheit" und „Wahrscheinlichkeit", S. 233, 254.

134 *Kindhäuser*, Jura 1988, 290, 292 ff.; *Schmidt*, Grundsätze der freien richterlichen Beweiswürdigung, S. 111.

135 *Kindhäuser*, Jura 1988, 290, 293; *Schmidt*, Grundsätze der freien richterlichen Beweiswürdigung, S. 111 f.

136 *Kindhäuser*, Jura 1988, 290, 292 f. und 295; *Freund*, Normative Probleme der „Tatsachenfeststellung", S. 19.

137 *Kindhäuser*, Jura 1988, 290, 295; *Schmidt*, Grundsätze der freien richterlichen Beweiswürdigung, S. 113; *Freund*, FS Meyer-Goßner, S. 409, 415.

138 *Kindhäuser*, Jura 1988, 290, 293; *Schmidt*, Grundsätze der freien richterlichen Beweiswürdigung, S. 113.

ab und ist daher keineswegs von einer subjektiven Wertung befreit.[139] Dasselbe gilt erst recht für den subjektiven Wahrscheinlichkeitsbegriff, nach dem Wahrscheinlichkeit als „Grad des Glaubens an das Stattfinden eines Ereignisses oder die Wahrheit einer Behauptung" definiert wird.[140] Daher bleibt festzuhalten, dass es im Rahmen der Festlegung des Beweismaßes nicht entscheidend auf Wahrscheinlichkeiten ankommen kann. Deshalb sollte nicht versucht werden, Wahrscheinlichkeiten zu ermitteln, sondern vielmehr normativ tragfähige Gründe für eine Entscheidung herauszuarbeiten.[141]

c) Kombinationstheorie

aa) Grundlagen

Die Vertreter der sogenannten objektivierenden Wahrscheinlichkeitstheorien sprechen der Wahrscheinlichkeit zwar die maßgebliche Bedeutung zu, die Beweiswürdigung könne aber auch nicht gänzlich von der subjektiven Wertung befreit werden.[142] Diese Ansicht kombiniert mithin ein subjektives und ein objektives Element der Beweiswürdigung. Ihr hat sich die wohl h.M. in der aktuellen Rechtsprechung und Literatur angeschlossen. Danach erfordere die Überzeugung im Sinne des § 261 StPO eine tragfähige objektive Beweisgrundlage sowie die subjektive Überzeugung des Richters von der Begehung einer rechtswidrigen Tat und der Täterschaft sowie der Schuld des Angeklagten.[143] Der Richter müsse innerlich

---

139 *Frister,* FS Grünwald, S. 169, 181.

140 *Kindhäuser,* Jura 1988, 290, 294; *Schmidt,* Grundsätze der freien richterlichen Beweiswürdigung, S. 119.

141 *Freund,* FS Meyer-Goßner, S. 409, 415; so im Ergebnis wohl auch *Kindhäuser*, Jura 1988, 290, 295 f. Kindhäuser geht davon aus, dass die entscheidungserheblichen Gründe in der Lage sein müssen, die Unschuldsvermutung zu widerlegen. Deshalb könnten nur fallbezogene Zweifel relevant sein, die beispielsweise von abstrakten Zweifeln mittels gesicherter Erfahrungssätze abgegrenzt werden müssten. Wann ein fallbezogener Zweifel relevant sei, müsse der Richter frei entscheiden. Dem Ansatz ist insoweit zuzustimmen, als normativen Erwägungen der Vorzug gegenüber Wahrscheinlichkeiten gegeben werden muss. Wann diese fallbezogenen Zweifel relevant sein sollen, bedarf allerdings der genaueren Untersuchung.

142 *Peters,* Strafprozeß, § 37 XI, S. 298; *Geipel,* Handbuch der Beweiswürdigung, Kap. 6 Rn. 5; *ders.,* StraFo 2005, 135 ff. Die Ansicht *Geipels* unterscheidet sich von der des BGH dadurch, dass er eine noch stärkere Rationalisierung der objektiven Grundlage fordert.

143 BGH Urt. v. 24.11.1992 - 5 StR 456/92, StV 1993, 510, 511; vgl. zum Meinungsstand auch BeckOK.StPO/*Eschelbach,* § 261 Rn. 31 ff. (Stand: 1.10.2016); *Meyer-Goßner/*

Stellung zum Gegenstand der Untersuchung nehmen.[144] Er müsse die Beweise mittels objektivierbarer und rational einleuchtender Erwägungen gewissenhaft prüfen und seine Überzeugung hierauf stützen.[145] Der Begriff der Überzeugung wird demnach in verschiedener Weise gebraucht: einerseits als Tatbestandsmerkmal des § 261 StPO und andererseits, mit dem Zusatz „subjektiv", als Teil der Definition des Tatbestandsmerkmals selbst.

Als Grundsatzurteil für die Kombinationstheorie gilt BGH NJW 1988, 3273 f.[146] Darin führt das Gericht aus, der Angeklagte dürfe nicht verurteilt werden, „wenn Umstände vorliegen oder (sie nicht widerlegbar) zu seinen Gunsten angenommen werden müssen, die aus rationalen (intersubjektiv vermittelbaren und einsichtigen) Gründen nicht den Schluß gestatten, daß die Übereinstimmung von Zeugenaussage und dem tatsächlichen Geschehen in hohem Maße wahrscheinlich ist [...]." Lediglich abstrakte, theoretische, unvernünftige Zweifel sowie übertriebene oder überspannte Anforderungen an die vom Tatgericht zu erlangende Gewissheit seien für das nach der Lebenserfahrung ausreichende Maß an Sicherheit irrelevant.

Das Bundesverfassungsgericht äußerte sich in NJW 2003, 2444, 2445 f.[147] zu den Beweiswürdigungstheorien des BGH. Der Beschluss hatte die Wiedererkennung einer Person zum Gegenstand. Darin nahm das Gericht Bezug auf die Anforderungen des BGH, nach denen der Schuldspruch auf einer tragfähigen Beweisgrundlage aufbauen müsse, aus der die objektiv hohe Wahrscheinlichkeit der Richtigkeit des Beweisergebnisses folgen müsse. Ferner ging es darauf ein, dass der BGH zur Aussage gegen Aussage-Konstellation sowie zur Wiedererkennung des Angeklagten durch den Zeugen erhöhte Anforderungen an die Beweiswürdigung stelle. Damit habe der BGH den Verurteilungsmaßstab konkretisiert, der sich aus dem Recht auf ein faires Verfahren ergebe. Das Bundesverfassungsgericht hat folglich die Kombinationstheorie nicht beanstandet.

Schmitt, StPO, § 261 Rn. 2; *Herdegen*, FS Eisenberg, S. 527 ff.; L-R/*Sander*, StPO, § 261 Rn. 7 ff.

144 L-R/*Sander*, StPO, § 261 Rn. 7; KK/*Ott*, StPO[7], § 261 Rn. 2.

145 L-R/*Sander*, StPO, § 261 Rn. 7.

146 Urt. v. 8.1.1988 – 2 StR 551/87.

147 Beschl. v. 30.4.2003 – 2 BvR 2045/02.

bb) *Subjektive Überzeugung*

Nach der Kombinationstheorie muss sich die Überzeugung nicht nur auf das Vorliegen einer hohen objektiven Wahrscheinlichkeit beziehen.[148] Vielmehr sei die subjektive Überzeugung gegeben, wenn das Gericht die persönliche, subjektive Gewissheit von der *objektiven Wahrheit* erlangt.[149] Gegenüber der objektiven Grundlage müsse die subjektive Überzeugung eine „zusätzliche, andere Qualität" haben.[150] Bei der Überzeugungsbildung wirke auch ein Gefühl des Richters mit.[151] Nach wie vor sei es unschädlich, wenn ein anderes Instanz- oder das Revisionsgericht bestimmte Erkenntnisse anders gewürdigt oder nicht gezweifelt hätte. Dies gelte selbst dann, wenn die getroffenen Feststellungen „lebensfremd" seien.[152] Zum subjektiven Element gilt demnach alles bereits oben zur subjektiven Theorie Ausgeführte.[153]

cc) *Objektive Grundlage*

Die objektive Grundlage müsse aus rationalen Gründen den Schluss erlauben, dass das festgestellte Geschehen mit hoher objektiver Wahrscheinlichkeit mit der Wirklichkeit übereinstimmt.[154] Sie müsse auf einer logischen, nachvollziehbaren Beweiswürdigung beruhen, die einer rationalen Argumentation standhält.[155] Gründe sich die Überzeugung auf diese tragfähige rationale Beweisführung, ergebe sich daraus die objektive hohe Wahrscheinlichkeit der

---

148 KMR/*Stuckenberg*, StPO, § 261 Rn. 22 (Stand: 68. EL August 2013); KK/*Ott*, StPO[7], § 261 Rn. 4.

149 BGH Urt. v. 3.2.1983 - 1 StR 823/82, NStZ 1983, 277, 278; KK/*Ott*, StPO[7], § 261 Rn. 2; KMR/*Stuckenberg*, StPO, § 261 Rn. 22 (Stand: 68. EL August 2013).

150 KK/*Ott*, StPO[7], § 261 Rn. 4; KMR/*Stuckenberg*, StPO, § 261 Rn. 22 (Stand: 68. EL August 2013).

151 L-R/*Sander*, StPO, § 261 Rn. 7; KK/*Ott*, StPO[7], § 261 Rn. 2; *Mösl*, DRiZ 1970, 110. *Frister*, FS Grünwald, S. 169, 176 sieht die persönliche Gewissheit als „intuitive Erkenntnis" an. Nach *Thielmann*, ZRP 2010, 89, 91 könnten „Glück und Pech" über die Verurteilung entscheiden.

152 KK/*Ott*, StPO[7], § 261 Rn. 2.

153 KK/*Schoreit*, StPO[6], § 261 Rn. 4i.

154 BVerfG Beschl. v. 30.4.2003 – 2 BvR 2045/02, NJW 2003, 2444, 2445; KMR/*Stuckenberg*, StPO, § 261 Rn. 28 (Stand: 68. EL August 2013); *Meyer-Goßner*/Schmitt, StPO, § 261 Rn. 2. *Schäfer*, StV 1995, 147, 149 (m.w.N.) legt dar, dass das Erfordernis der hohen Wahrscheinlichkeit auf *Herdegen* zurückgehe, dessen Ansicht sich die meisten Senate des BGH angeschlossen hätten.

155 *Eisenberg*, Beweisrecht der StPO, Rn. 91.

Richtigkeit des Beweisergebnisses.[156] Welcher Grad der Wahrscheinlichkeit maßgeblich sein soll, ist ungeklärt.[157] Der Maßstab könne sowohl eine an Sicherheit grenzende, als auch eine hochgradige oder hohe Wahrscheinlichkeit sein, da eine Abstufung nach dem Grad der Wahrscheinlichkeit nicht sinnvoll sei.[158] Die durch den Tatrichter gezogenen Schlüsse sollen nach wie vor nur möglich, sie müssen aber nicht zwingend sein.[159] Das Gericht dürfe die Anforderungen an die richterliche Überzeugung nicht überspannen. Eine „absolute, das Gegenteil denknotwendig ausschließende Gewissheit" sei nicht erforderlich. Demnach führten die bloße Unwahrscheinlichkeit eines Tathergangs sowie die Möglichkeit abweichender Feststellungen nach Ansicht des BGH nicht dazu, dass die Beweiswürdigung rechtsfehlerhaft sei.[160]

dd) Kritik an der Kombinationstheorie

Der Kombinationstheorie ist zunächst kritisch entgegenzuhalten, dass sie weiterhin von den unbestimmten Begriffen Gebrauch macht, die auch gegen die subjektive Theorie sprechen.[161] Dies ergibt sich bereits aus der Grundsatzentscheidung BGH NJW 1988, 3273 f., in welcher der BGH erneut auf die konkreten und abstrakten Zweifel bzw. die Lebenserfahrung abstellt. Die damit zusammenhängende Problematik wird durch das zusätzliche Erfordernis der objektiven Grundlage nicht gelöst.[162] Man muss sich nach wie vor die Frage stellen, wann das „nach der Lebenserfahrung ausreichende Maß an Sicherheit" erreicht sein soll und welche Zweifel letztlich konkret bzw. abstrakt sein sollen. Ferner bleiben auch die kritischen Einwände gegen ein Abstellen auf Wahrscheinlichkeitswerte bestehen. So wird in der Literatur eingewendet, dass die Kombinationstheorie nicht durchgehalten werde, da der Wahrscheinlichkeitsgrad nicht rechnerisch ermittelt werden könne.[163] Dass die h.M. den Grad der Wahrscheinlichkeit für

---

156 KK/*Ott*, StPO[7], § 261 Rn. 3 f.

157 KK/*Ott*, StPO[7], § 261 Rn. 4; vgl. zum Wahrscheinnlichkeitsgrad auch BeckOK.StPO/*Eschelbach*, § 261 Rn. 32 (Stand: 1.10.2016).

158 KK/*Ott*, StPO[7], § 261 Rn. 4.

159 BGH Beschl. v. 25.2.2016 – 3 StR 142/15, juris Rn. 24; BGH Urt. v. 10.8.2011 – 1 StR 114/11, NStZ 2012, 110, 111. Nach BGH Urt. v. 5.11.2015 – 4 StR 183/15, NStZ-RR 2016, 54 soll die Beweiswürdigung durch das Tatgericht selbst dann nicht fehlerhaft sein, wenn eine andere Würdigung näherliegend gewesen wäre.

160 BGH Urt. v. 17.1.2001 – 2 StR 437/00, NStZ 2001, 491, 492.

161 *Freund*, FS Meyer-Goßner, S. 409, 415 f.

162 *Freund*, FS Meyer-Goßner, S. 409, 416.

163 BeckOK.StPO/*Eschelbach*, § 261 Rn. 31 (Stand: 1.10.2016).

unbeachtlich hält, erschwert eine Abgrenzung zum bloßen Verdacht.[164] Der Begriff der Wahrscheinlichkeit ist völlig wertlos, wenn er nicht klar definierbar ist. Diese Einwände werden durch die Kumulation von subjektiver Überzeugung und objektiver Grundlage nicht aufgehoben.[165] Die oben genannte Kritik gilt vollumfänglich. Mit der Kombinationstheorie wird bezweckt, die Kluft zwischen der hohen objektiven Wahrscheinlichkeit und der empirisch nicht erreichbaren absoluten Sicherheit zu überwinden. Dies kann aber rational nicht gelingen. Die subjektive Überzeugung davon, die Wahrheit gefunden zu haben, beginnt erst da, wo die objektive Wahrscheinlichkeitsgrundlage endet. Daher kann sich die subjektive Überzeugung bei verständiger Würdigung auch nicht auf die objektive Wahrscheinlichkeit als Grundlage stützen.

Ferner ist problematisch, dass das Verhältnis der Kombinationstheorie zur subjektiven Theorie ungeklärt ist. Welche Rolle letztere in der heutigen Rechtsprechung spielt, ist nämlich nicht eindeutig zu beurteilen. In der Literatur wird zum Teil davon ausgegangen, dass der BGH die subjektive Theorie, trotz der Forderung nach einer objektiven Grundlage, nie aufgegeben habe.[166] Die subjektive Theorie werde jedes Mal dann gebraucht, wenn der BGH formuliert, die Beweiswürdigung sei Sache des Tatrichters und könne revisionsrechtlich nur auf Rechtsfehler überprüft werden.[167] Ferner zitiere der BGH auch in Urteilen nach 1988 noch die Grundsatzentscheidung für die subjektive Theorie BGHSt 10, 208 ff.[168] Deshalb gehen manche davon aus, dass der BGH mit der subjektiven Theorie und der Kombinationstheorie zwei widersprüchliche Ansätze verwende.[169] Dieser Widerspruch äußert sich beispielhaft in der Aussage, dass auch ein unwahrscheinlicher Tathergang angenommen werden könne. Es ist fraglich, wie dies mit dem Erfordernis der hohen objektiven Wahrscheinlichkeit vereinbar sein soll.[170] Teilweise

164 Vgl. BeckOK.StPO/*Eschelbach,* § 261 Rn. 32 (Stand: 1.10.2016).

165 *Freund,* FS Meyer-Goßner, S. 409, 416; *Sommer,* FS Rieß, S. 585, 600.

166 BeckOK.StPO/*Eschelbach,* § 261 Rn. 31 (Stand: 1.10.2016); *Herdegen,* NJW 2003, 3513, 3515; *ders.,* FS Hanack, S. 311, 315.

167 *Herdegen,* NJW 2003, 3513, 3515.

168 *Herdegen,* NJW 2003, 3513, 3515 mit Verweis auf BGH Urt. v. 22.1.1998 - 4 StR 100/97, NJW 1998, 2753, 2756.

169 *Geipel,* Handbuch der Beweiswürdigung, Kap. 6 Rn. 135; *Herdegen,* NJW 2003, 3515, 3514 f. geht davon aus, dass der BGH sogar drei unterschiedliche, miteinander jeweils nicht zu vereinbarende Beweismaße anwende. In dem Abstellen auf die Lebenserfahrung sei ebenfalls ein eigenständiges Beweismaß zu sehen.

170 Davon abgesehen muss sich die Entscheidung die berechtigte Kritik von BeckOK.StPO/*Eschelbach,* § 261 Rn. 31 (Stand: 1.10.2016) entgegen halten lassen, dass damit auch unwahrscheinliche, mithin falsche Urteile ergehen können. Der Vorteil liege

wird angenommen, dass keine der Beweismaßtheorien vollumfänglich gelte, der BGH vielmehr nur fallbezogen von diesen Gebrauch mache.[171] Dies stimmt indes bedenklich. Es erweckt den Anschein, als folge der BGH selbst keinem einheitlichen Konzept, sondern greife ohne im Einzelnen nachvollziehbare Gründe – also willkürlich – auf das eine oder andere zurück. Das ist in einem rechtsstaatlichen Strafverfahren nicht akzeptabel.

Daraus, dass die einzelnen Theorien in der Rechtsprechung nicht sauber voneinander abgegrenzt werden können, resultieren wohl auch Einordnungsschwierigkeiten der einzelnen Elemente der Überzeugungsbildung. Die Abgrenzung zwischen dem objektiven und subjektiven Element ist unklar. Nimmt das Gericht eine objektive Grundlage erst einmal an, wird es in der Regel auch von der materiellen Wahrheit überzeugt sein und umgekehrt.[172] Dies wird durch die Ausführungen des BGH in NJW 1988, 3273 f. deutlich. Darin äußert er, dass bei Sachlagen, bei denen das Gericht „vernünftige Zweifel" haben müsse, bereits die hohe objektive Wahrscheinlichkeit nicht gegeben sei.[173] Die Rechtsprechung stellt damit selbst heraus, dass es kaum möglich ist, die beiden Elemente der Überzeugungsbildung als unterschiedliche Voraussetzungen zu werten.[174] Ähnlich verhält es sich beispielsweise mit dem Kriterium der „an Sicherheit grenzenden Wahrscheinlichkeit". Dies wird zum Teil der subjektiven Komponente zugeordnet[175], zum Teil eher als objektives Element[176] aufgegriffen. Dies widerspricht jedoch der Annahme, subjektive und objektive Grundlage seien voneinander zu unterscheiden. Vielmehr gehen die Anforderungen ineinander über. Worin die „zusätzliche, andere Qualität" der Überzeugung zu sehen ist, bleibt damit offen.

---

aber darin, dass durch das Erfordernis hoher objektiver Wahrscheinlichkeit gewisse Zweifelsgründe berücksichtigt werden müssten, aufgrund deren eine Verurteilung unabhängig von der subjektiven Überzeugung nicht möglich sei.

171 KK/*Ott*, StPO[7], § 261 Rn. 4.

172 *Freund*, FS Meyer-Goßner, S. 409, 416.

173 BGH Urt. v. 8.1.1988 – 2 StR 551/87, NJW 1988, 3273 f.

174 So auch *Frister*, FS Gründwald, S. 169, 181, der darauf hinweist, dass das Urteil auch dann ein persönliches bleibe, wenn man für die Überzeugungsbildung zusätzlich das Vorliegen einer Wahrscheinlichkeit fordere.

175 BeckOK.StPO/*Eschelbach*, § 261 Rn. 31 (Stand: 1.10.2016).

176 KK/*Ott*, StPO[7], § 261 Rn. 4. Hierin erläutert *Ott* mit Verweis auf BGH Urt. v. 12.1.2010 – 1 StR 272/09, NJW 2010, 1087, 1091, die Formulierung „an Sicherheit grenzende Wahrscheinlichkeit" sei nichts anderes als die „überkommene Beschreibung des für die richterliche Überzeugung erforderlichen (objektiven?) Beweismaßes".

3. Elemente und Grenzen der freien Beweiswürdigung nach der h.M.

a) Elemente

Die freie Beweiswürdigung erfährt nach h.M. unterschiedliche Konsequenzen. Danach ist das Gericht bei der Würdigung der Zeugenaussagen grundsätzlich frei.[177] Eine unter Eid getätigte Aussage sei nicht zwangsläufig besser als diejenige eines unvereidigten Zeugen.[178] Das Gericht könne der Einlassung des Angeklagten auch dann den Vorrang einräumen, wenn eine Vielzahl beeideter Zeugenaussagen vorhanden sei.[179] Anders als unter der CCC sei das Gericht auch nicht an ein Geständnis des Angeklagten gebunden.[180] Wolle das Gericht den Angeklagten auf Grundlage eines Geständnisses verurteilen, müsse es dieses würdigen und sorgfältig prüfen, ob es die Feststellungen trägt.[181] Gleichermaßen sei für das Gericht ein Sachverständigengutachten nicht verbindlich.[182] Speziell für Glaubwürdigkeitsgutachten gelte, dass dieses nur als weiteres Indiz für die Glaubwürdigkeit herangezogen werden könne.[183]

b) Grenzen der freien Beweiswürdigung

aa) Verfassungsrechtliche und einfachgesetzliche Grenzen

Die Beweiswürdigung ist nach § 261 StPO frei. Auch nach h.M. gilt dieser Grundsatz jedoch nicht uneingeschränkt.[184] Verfassungsrechtlich erfährt er seine Grenze in dem aus Art. 3 GG folgenden Willkürverbot sowie dem Verbot von Verdachtsverurteilungen, das sich aus Art. 1 Abs. 1 GG ergibt.[185] Darüber

---

177 *Meurer,* FS Oehler, S. 357, 359; L-R/*Sander,* StPO, § 261 Rn. 81b.

178 *Geipel,* Handbuch der Beweiswürdigung, Kap. 25 Rn. 2; vgl. auch *Roxin/Schünemann,* Strafverfahrensrecht[28], § 45 Rn. 46.

179 *Meurer,* FS Oehler, S. 357, 359.

180 *Meurer,* FS Oehler, S. 357, 359; KMR/*Stuckenberg,* StPO, § 261 Rn. 50 f. (Stand: 68. EL August 2013).

181 KK/*Ott,* StPO[7], § 261 Rn. 28a; KMR/*Stuckenberg,* StPO, § 261 Rn. 51 (Stand: 68. EL August 2013). *Geipel,* Handbuch der Beweiswürdigung, Kap. 3 Rn. 80 weist aber darauf hin, dass in der Rechtswirklichkeit dem Geständnis in der Regel entscheidende Bedeutung zukomme und die Vernehmung des Angeklagten oft nur der Bestätigung des Geständnisses diene.

182 *Meurer,* FS Oehler, S. 357, 359; L-R/*Sander,* StPO, § 261 Rn. 90.

183 KK/*Ott,* StPO[7], § 261 Rn. 31a.

184 *Gössel,* GS Meurer, S. 381, 391; L-R/*Sander,* StPO, § 261 Rn. 43; BeckOK.StPO/*Eschelbach,* § 261 Rn. 34 (Stand: 1.10.2016).

185 BeckOK.StPO/*Eschelbach,* § 261 Rn. 9 (Stand: 1.10.2016).

hinaus bestehen einfachgesetzliche Begrenzungen der freien Beweiswürdigung. Deren Ziel ist es in der Regel, rechtsstaatliche Anforderungen zu gewährleisten bzw. wichtige private oder öffentliche Belange zu schützen.[186] Beispielsweise regeln §§ 155 Abs. 2, 244 Abs. 2 StPO den Umfang der Untersuchungspflicht des Gerichts.[187] Ferner können alle Aspekte, welche die Schuld oder die Rechtsfolgen betreffen, nur im Wege des Strengbeweises nachgewiesen werden.[188]

Darüber hinaus beinhaltet das StGB an einigen Stellen gesetzliche Beweisregeln. In diesem Zusammenhang wird häufig § 186 StGB genannt. Die Norm ordnet bei Vorliegen der übrigen Voraussetzungen eine Bestrafung wegen übler Nachrede an, wenn die behauptete Tatsache nicht erweislich wahr ist. Damit normiert die Vorschrift nach Auffassung mancher eine materielle Beweislastregel zu Lasten des Angeklagten.[189] Die Norm kann aber auch anders gedeutet werden. § 186 StGB beinhaltet hinsichtlich der Erweislichkeit der Wahrheit einen Strafausschließungsgrund.[190] Ehrenrührige Tatsachenbehauptungen werden grundsätzlich missbilligt, auch dann, wenn diese möglicherweise wahr sind. Insofern liegt ein Verstoß gegen die entsprechende Verhaltensnorm vor, nach der grundsätzlich keine ehrenrührigen Tatsachen über andere verbreitet werden dürfen. Da es aber Situationen gibt, in denen der Ausspruch entsprechender Tatsachen in Kauf genommen werden muss, wird bei gelungenem Wahrheitsbeweis lediglich auf Strafe verzichtet. Dieser Strafbarkeitsausschluss ist deshalb nicht mit einer Beweislastregel gleichzusetzen.

Allerdings wird die Norm durch § 190 StGB ergänzt, der in Satz 1 und Satz 2 jeweils eine Beweisregel enthält.[191] § 190 StGB normiert insoweit eine zwingende Bindung an vorhergehende Urteile. Mit der Regelung bezweckt der Gesetzgeber, eine erneute Überprüfung der Ehrverletzung zu unterbinden, da diese bereits

---

186 L-R/*Sander*, StPO, § 261 Rn. 64.

187 *Jerouschek*, GA 1992, 493, 503.

188 L-R/*Sander*, StPO, § 261 Rn. 64.

189 KMR/*Stuckenberg*, StPO, § 261 Rn. 41 (Stand: 68. EL August 2013). Da sich die Beweislastregel zu Lasten des Angeklagten auswirke, wird die Verfassungsmäßigkeit der Vorschrift in der Literatur angezweifelt; vgl. dazu KMR/*Stuckenberg*, a.a.O. m.w.N.

190 Die Nichterweislichkeit der Wahrheit stellt demnach eine objektive Bedingung der Strafbarkeit dar. Zu dieser Ansicht BGH Beschl. v. 12.2.1958 – 4 StR 189/57, BGHSt 11, 273, 274; LK/*Hilgendorf*, StGB, § 190 Rn. 1; *Fischer*, StGB, § 186 Rn. 11; Schönke/Schröder/*Lencker/Eisele*, § 186 Rn. 13; *Lackner/Kühl*, StGB, § 186 Rn. 7.

191 Schönke/Schröder/*Lencker/Eisele*, § 190 StGB Rn. 1 ff.; BeckOK.StGB/*Valerius*, § 190 Rn. 1 (Stand: 1.9.2016); nach a.A. handelt es sich um ein Beweisverbot, vgl. hierzu z.B. L-R/*Becker*, StPO, § 244 Rn. 190 m.w.N.

Gegenstand eines früheren Verfahrens war.[192] Auch § 274 StPO enthält eine gesetzliche Beweisregel dahingehend, dass das Protokoll der Hauptverhandlung richtig ist.[193] Dahinter steht der Gedanke, dass dem Revisionsgericht die Überprüfung von Verfahrensfehlern erleichtert werden soll.[194] Diese Beweisregeln bezwecken somit in erster Linie Verfahrenserleichterungen, die sich auf Einzelfälle beziehen.[195]

Ferner wird die freie richterliche Beweiswürdigung durch Beweisverwertungsverbote begrenzt, wie sie in §§ 51, 66 BZRG normiert sind.[196] Diesen liegt in der Regel eine Abwägungsentscheidung zwischen den Beschuldigtenrechten sowie dem staatlichen Interesse an einer effektiven Strafrechtspflege zu Grunde.[197] Die Beweisverwertungsverbote zeigen deutlich, dass es auch jenseits der abstrakten Frage des rechtsgenügenden Beweises – also bei der Beweiswürdigung – um reine Rechtsfragen geht. Sie schreiben dem Gericht vor, welche Aspekte es in seine Würdigung einzubeziehen bzw. außer Acht zu lassen hat. So ordnet beispielsweise § 136 a Abs. 3 S. 2 StPO an, dass Aussagen, die unter Anwendung verbotener Vernehmungsmethoden im Sinne des § 136 a Abs. 1 StPO getätigt wurden, nicht verwertet werden dürfen. Dabei handelt es sich um eine eindeutige rechtliche Entscheidung des Gesetzgebers, der damit verbotene Vernehmungsmethoden in einem rechtsstaatlichen Verfahren unterbinden möchte.[198] Auf diese Weise nimmt der Normgeber aber auch Einfluss auf den Sachverhalt, welcher der Entscheidung zugrunde gelegt werden darf. Insofern ist es unerheblich, ob bei einer Verwertung der Aussage eher eine optimal richtige Entscheidung getroffen werden könnte als ohne.[199] Damit wird letzten Endes der Rohsachverhalt im Sinne der nüchternen Fakten zu einem Sachverhalt geformt,

---

192 BeckOK.StGB/*Valerius,* § 190 Rn. 1 (Stand: 1.9.2016).

193 *Pfeiffer,* StPO, § 274 Rn. 1; L-R/*Sander,* StPO, § 261 Rn. 64.

194 BeckOK.StPO/*Peglau,* § 274 Einl. (Stand: 1.10.2016).

195 Ihre Ratio wird demnach im Folgenden nicht herangezogen werden können, um allgemein gültige Standards für den rechtsgenügenden Beweis zu entwickeln.

196 KMR/*Stuckenberg,* StPO, § 261 Rn. 44 (Stand: 68. EL August 2013).

197 L-R/*Gössel,* StPO, Einl. L Rn. 18, 23.

198 *Pfeiffer,* StPO, § 136 a Rn. 1; *Roxin/Schünemann,* Strafverfahrensrecht[28], § 1 Rn. 3 f. weisen darauf hin, dass in den Beweisverwertungsverboten eine Abwägungsentscheidung hinsichtlich der einzelnen Verfahrensziele zum Ausdruck kommt. Demnach gewährt der Gesetzgeber in § 136 a StPO der Justizförmigkeit des Verfahrens Vorrang vor dem Ziel, eine materiell richtige Entscheidung zu treffen.

199 Gerade weil die Richtigkeit der Aussage bei der Anwendung von Zwangsmitteln erheblichen Zweifeln unterliegt, ordnet der Gesetzgeber in jedem Fall die Unverwertbarkeit an, vgl. dazu *Kindhäuser,* Strafprozessrecht, § 6 Rn. 38.

der dem Urteil zugrunde gelegt werden darf. Obwohl das Beweisverwertungsverbot Einfluss auf den Sachverhalt nimmt, ist die Frage nach der Verwertbarkeit der Aussage rein rechtlicher Natur.

In Zusammenhang mit den Grenzen der Beweiswürdigung wird häufig der in dubio pro reo-Grundsatz genannt. Dieser ist nicht rechtlich positiviert, seine Existenz und Bedeutung sind aber allgemein anerkannt.[200] Er besagt nach überwiegender Meinung, dass das Gericht zweifelsfrei überzeugt sein muss und bei verbleibenden Zweifeln keine Verurteilung erfolgen darf.[201] Im Falle eines sogenannten „non liquet" soll das Gericht die für den Angeklagten jeweils günstigere Rechtsfolge anwenden.[202] Dies hat zur Konsequenz, dass er erst dann relevant wird, wenn die Beweiswürdigung abgeschlossen ist und zu keinem eindeutigen Ergebnis kommt.[203] Der Grundsatz trifft keine Aussage zu dem Maßstab, nach dem ein Gericht eine Tatsache für erwiesen halten darf und stellt daher auch keine Regel über den rechtsgenügenden Beweis dar.[204]

Problematisch an der herrschenden Konzeption ist, dass diese auch den Anwendungsbereich des in dubio pro reo-Grundsatzes an die Überzeugung des Gerichts knüpft. Der Grundsatz gilt deshalb nach der herrschenden Konzeption nur dann als verletzt, wenn das Gericht trotz vorhandener Zweifel zu einer Verurteilung gelangt.[205] Ein solches Szenario ist aber überhaupt nur dann vorstellbar,

---

200 Die dogmatische Herleitung sowie die Einordnung des in dubio pro reo-Grundsatzes sind im Einzelnen sehr umstritten; vgl. dazu *Frisch,* FS Henkel, S. 273 sowie *Kotsoglou,* ZIS 2014, 31.

201 KK/*Ott,* StPO[7], § 261 Rn. 56; kritisch zur h.M. BeckOK.StPO/*Eschelbach,* § 261 Rn. 44 ff. (Stand: 1.10.2016).

202 Kritisch zur h.M. *Kotsoglou,* ZIS 2014, 31 ff.

203 BGH Urt. v. 17.3.2005 – 4 StR 581/04, NStZ-RR 2005, 209; *Meyer-Goßner*/Schmitt, StPO, § 261 Rn. 26; *Freund,* Normative Probleme der „Tatsachenfeststellung", S. 60 f.

204 BVerfG Beschl. v. 26.8.2008 – 2 BvR 553/08, BeckRS 2008, 42275; BGH Urt. v. 17.3.2005 – 4 StR 581/04, NStZ-RR 2005, 209; *Meyer-Goßner*/Schmitt, StPO, § 261 Rn. 26. Nach h.M. soll es sich beim in dubio pro reo-Grundsatz nicht um eine Beweis-, sondern eine Entscheidungsregel handeln. Dabei misst sie der „Entscheidungsregel" eine andere Bedeutung zu als die vorliegende Untersuchung, in welcher der Begriff der Entscheidungsregel gleichbedeutend mit der Regel über den rechtsgenügenden Beweis verwendet wird. Nach der hier verwendeten Terminologie dürfte es sich eher um eine Regel über die Beweislast handeln.

205 BVerfG Beschl. v. 6.11.1974 – 2 BvR 407/74, MDR 1975, 468, 469; Beschl. v. 23.9.1987 – 2 BvR 814/87, NJW 1988, 477; S/S/W-StPO/*Schluckebier,* § 261 Rn. 51; kritisch zur h.M. MünchKomm.StGB/*Freund,* Vor §§ 13 ff. Rn. 401; *Freund,* FS Meyer-Goßner, S. 409, 425 Rn. 47; *Peters,* Strafrechtspflege und Menschlichkeit, S. 309.

wenn sich aus den Urteilsgründen erkennen lässt, dass das Gericht entsprechende Zweifel hatte und dennoch verurteilte.[206] Erfahrene Richter werden ihre Urteile jedoch revisionssicher verfassen.[207] Dieser Umstand führt dazu, dass dem in dubio pro reo-Grundsatz nach der herrschenden Konzeption nur ein geringer Anwendungsspielraum verbleibt.[208] So interpretiert stellt er keine wirkliche Grenze der Beweiswürdigung dar.

Deshalb wird von manchen erwogen, auch in Fällen begründeter Zweifel eine Verletzung des in dubio pro reo-Grundsatzes anzunehmen.[209] Dies müsse immer dann angenommen werden, wenn sich die Zweifel dem Gericht bei objektiver Beurteilung hätten aufdrängen müssen. Der Gedanke ist insofern zu begrüßen, als er der in dubio pro reo-Regel zu größerer praktischer Bedeutung verhelfen und intersubjektiv nachvollziehbare Ansätze einbringen möchte. Er fußt allerdings auf der herrschenden Kombinationstheorie, die letztlich ebenfalls auf die Überzeugung des Gerichts abstellt. Hieran ändert auch die zusätzliche Forderung nach einer objektiven Beweisgrundlage nichts. Wann sich dem Gericht objektiv Zweifel aufdrängen müssten, ist entsprechend den allgemein zur Kombinationstheorie ausgeführten Erwägungen zu unbestimmt.[210] Die Unterscheidung von objektiven und subjektiven Elementen ist insoweit nicht zielführend. Die Relevanz von Zweifeln muss vielmehr normativ begründet werden. Es muss fallbezogen herausgearbeitet werden, wann und aus welchen rechtlichen Gründen bestimmte Zweifel beachtlich sein *müssen*.[211] Nur so kann der in dubio pro reo-Grundsatz eine reale Grenze der Beweiswürdigung sein. Dieser Gedanke soll im Rahmen der nachfolgenden Untersuchung noch näher beleuchtet werden.

bb) Grundsätze der Rechtsprechung

Ferner hat die Rechtsprechung einige allgemeine Grundsätze über die Beweiswürdigung aufgestellt.[212] Bereits in der oben zitierten Grundsatzentscheidung

206 *Peters*, Strafrechtspflege und Menschlichkeit, S. 309.

207 BeckOK.StPO/*Eschelbach*, § 261 Rn. 44.1 (Stand: 1.10.2016); *Wille*, Aussage gegen Aussage, S. 47.

208 *Kotsoglou*, ZIS 2014, 31, 32; BeckOK.StPO/*Eschelbach*, Rn. 44.2 (Stand: 1.10.2016); *Wille*, Aussage gegen Aussage, S. 48.

209 *Peters*, Strafrechtspflege und Menschlichkeit, S. 309 f.; BeckOK.StPO/*Eschelbach*, Rn 44.3 (Stand: 1.10.2016); *Wille*, Aussage gegen Aussage, S. 48.

210 S. dazu bereits oben B. II. 2. c) dd).

211 Vgl. hierzu auch *Freund*, FS Meyer-Goßner, S. 409, 425 Fn. 47.

212 Eine Übersicht über die zahlreichen möglichen Fehlerquellen findet sich bei *Maul*, FS Pfeiffer, S. 409 ff.

BGHSt 10, 208 ff., in welcher der BGH noch eine subjektivistische Ansicht vertrat, nannte er als Grenzen die „Gesetze des Denkens und der Erfahrung". Diese Kriterien gehen auf die Ausführungen *von Savignys* zurück, der davon ausging, der Richter müsse die Beweisregeln anhand von Denkgesetzen, Erfahrung und Menschenkenntnissen selbst ermitteln.[213]

Unter Denkgesetzen werden im Allgemeinen die Regeln der Logik verstanden.[214] Darunter fallen beispielsweise Rechenfehler oder Widersprüche, wie z.B. der Zirkelschluss.[215] Erfahrungssätze werden von der h.M. als empirische Allgemeinurteile zur Feststellung und Belegung von Tatsachen definiert.[216] Hierbei ist zwischen zwingenden Erfahrungssätzen und solchen zu unterscheiden, die nicht allgemein gültig sind und bloße Wahrscheinlichkeitsaussagen enthalten.[217] An gesicherte wissenschaftliche Erkenntnisse ist der Tatrichter streng gebunden.[218] Die übrigen Erfahrungssätze muss er richtig erkennen und bewerten,[219] er muss sie beachten, darf ihnen aber auch nicht vorschnell folgen.[220]

Die Kriterien der Denkgesetze und der Erfahrungssätze wurden im Laufe der Jahre konkretisiert und erweitert. Die Grenze zwischen Verstößen gegen Denkgesetze, Erfahrungsregeln und anderen Fehlerquellen verläuft mitunter fließend. So nennt der BGH in einer weiteren Entscheidung neben den bereits genannten Fehlerquellen diejenigen Fälle, in denen das Gericht von einem falschen Ansatz ausgeht, an die zur Verurteilung erforderliche Gewissheit überspannte Anforderungen stellt oder eine lückenhafte, widersprüchliche oder unklare Beweiswürdigung vornimmt.[221] Weiterhin soll die Beweiswürdigung fehlerhaft sein, wenn andere naheliegende Möglichkeiten des Tatablaufs nicht erörtert werden,[222] der

---

213 *Von Savigny,* GA 6 (1858), 469, 484, s. hierzu bereits oben B. I. 2. c). Diesen Erwägungen schließen sich auch *Peters,* Strafprozess, § 37 XI, S. 300 und *Fezer,* StV 1995, 95, 96 an.

214 *Eisenberg,* Beweisrecht der StPO, Rn. 102; KK/*Ott,* StPO^7, § 261 Rn. 46, ausführlich hierzu auch *Schweizer,* Beweismaß und Beweiswürdigung, S. 83. ff.

215 KK/*Ott,* StPO^7, § 261 Rn. 46.

216 *Eisenberg,* Beweisrecht der StPO, Rn. 7.

217 *Eisenberg,* Beweisrecht der StPO, Rn. 103; *Fezer,* StV 1995, 95, 97.

218 BVerfG Beschl. v. 27.6.1994 – 2 BvR 1269/94, NJW 1995, 125, 126: „Wo eine Tatsache aufgrund wissenschaftlicher Erkenntnis feststeht, ist für eine abweichende richterliche Feststellung und Überzeugungsbildung kein Raum mehr."; KK/*Ott,* StPO^7, § 261 Rn. 47.

219 *Eisenberg,* Beweisrecht der StPO, Rn. 103.

220 *Fezer,* StV 1995, 95, 97.

221 BGH Urt. v. 11.1.2005 – 1 StR 478/04, NStZ-RR 2005, 147 ff.

222 BGH Beschl. v. 29.8.1974 – 4 StR 171/74, BGHSt 25, 365, 367.

Tatrichter sich nicht mit allen bedeutsamen Umständen und sich aufdrängenden Fragen ausreichend auseinandersetzt[223] oder die Schlussfolgerungen nicht von einer ausreichenden Tatsachengrundlage getragen werden, sondern es sich um bloße Vermutungen handelt.[224]

Ferner hat die Rechtsprechung diverse, teilweise sehr konkrete Vorgaben für spezielle Prozesssituationen entwickelt. Dies gilt insbesondere für die unten näher zu erläuternden Aussage gegen Aussage-Fälle. Hier erwartet der BGH grundsätzlich eine „besonders sorgfältige Glaubwürdigkeitsprüfung", in manchen Fällen sogar das Vorliegen von „Außenkriterien von Gewicht".[225]

cc) Revisionsrechtliche Kontrolle

Aus dem oben Gesagten ergibt sich, dass die Beweiswürdigung insoweit einer nicht unerheblichen revisionsrechtlichen Kontrolle unterliegt. Nach der Rechtsprechung soll das Revisionsgericht aber nicht befugt sein, die tatrichterliche Überzeugung durch die eigene zu ersetzen.[226] Der Überprüfung zugänglich sei nur, ob das Gericht zu einer persönlichen und zweifelsfreien Gewissheit gelangt sei, ob diese auf einer objektiven Grundlage beruhe und ob das Gericht die rechtlichen Anforderungen an die Überzeugungsbildung beachtet habe.[227] Die Konsequenz eines solchen Verstoßes gegen die genannten Grundsätze ist weitreichend: Die Beweiswürdigung ist rechtsfehlerhaft.[228] In der Praxis ist zu beobachten, dass die Revisionsgerichte relativ weit gefasste Möglichkeiten haben, erstinstanzliche Urteile mit Verweis auf eine fehlerhafte Beweiswürdigung aufzuheben.[229] Dies gilt beispielsweise für den unbestimmten Begriff der Lebenserfahrung, der keiner einheitlichen Definition folgt und von den Gerichten unterschiedlich

223 BGH Beschl. v. 2.12.1981 – 2 StR 689/81, StV 1982, 157 f.

224 BGH Beschl. v. 19.2.1982 – 3 StR 39/82, StV 1982, 256; vgl. zur Auflistung die Übersicht bei *Maul,* FS Pfeiffer, S. 409 ff.

225 S. zur Rechtsnatur dieser Vorgaben ausführlich unten C. IV. 1. und C. IV. 2. a) bb).

226 BGH Beschl. v. 7.6.1979 – 4 StR 441/78, BGHSt 29, 18, 20; *Eisenberg,* Beweisrecht der StPO, Rn. 96a.

227 *Eisenberg,* Beweisrecht der StPO, Rn. 96.

228 BGH Beschl. v. 16.5.2006 – 4 StR 17/06, NStZ-RR 2006, 243, 244; *Herdegen,* FS Eisenberg, S. 527, 537.

229 *Herdegen,* FS Eisenberg, S. 527, 537 geht davon aus, dass das Gericht durch die Bezeichnung als rechtsfehlerhaft jede unliebsame Argumentation verwerfen könne. Er verweist beispielsweise darauf, dass die Bezeichnung als bloße Vermutung, z.B. in BGH Beschl. v. 25.3.1986 – 2 StR 115/86, NStZ 1986, 373 nicht greifbar sei. Ferner wird unten im Rahmen der Aussage gegen Aussage-Fälle noch näher auf die nach dem BGH einzuhaltenden strengen Vorgaben der Beweiswürdigung eingegangen.

ausgelegt werden kann.[230] Andererseits ist es aber aufgrund der Offenheit der Begriffe schwer für den Angeklagten, Verstöße gegen Erfahrungssätze, Bewertungswidersprüche und Gesetze logischen Denkens mit Erfolg zu rügen.[231] Die revisionsrechtliche Kontrolle ist damit nur beschränkt nachvollziehbar.

Zum Teil wird daraus die Konsequenz gezogen, dass die Rechtsprechung in weiten Teilen intuitiv vorgehe und mit Verweis auf die freie Beweiswürdigung eine revisionsrechtliche Kontrolle oft unterbleibe.[232] Deshalb bedürfe es einer stärkeren Kontrolle. Ausreichend solle nicht erst ein Verstoß gegen zwingende Erfahrungssätze, sondern schon gegen solche sein, die nur Wahrscheinlichkeitsaussagen treffen.[233] Dem ist indes entgegenzuhalten: Eine stärkere Kontrolle durch die Revisionsgerichte führt nur zu einem Fortschritt, wenn es klare Regeln gibt, deren Einhaltung kontrolliert werden kann. Primär muss es also darum gehen, bereits in erster Instanz eine intersubjektiv nachvollziehbare Entscheidung zu gewährleisten. Erst in einem zweiten Schritt kann an eine Erhöhung der revisionsrechtlichen Kontrolle gedacht werden.

4. Fazit zur aktuellen Rechtsprechung und Literatur betreffend § 261 StPO

Zur höchstrichterlichen Rechtsprechung und Literatur ist damit Folgendes festzuhalten: Die überwiegende Ansicht lehnt Regelungen zum rechtsgenügenden Beweis mit Verweis auf den Grundsatz der freien richterlichen Beweiswürdigung ab. Stattdessen wendet der BGH unterschiedliche Beweismaßtheorien an, die sich zum Teil widersprechen. Grundsätzlich soll danach das Revisionsgericht die Würdigungen des Tatgerichts nicht durch seine eigenen ersetzen können. Allerdings hat die höchstrichterliche Rechtsprechung im Laufe der Jahre viele Grundsätze entwickelt, mit denen sie erstinstanzliche Urteile aufheben kann. Dabei werden teils unbestimmte Begriffe benutzt, die keiner einheitlichen Definition folgen. Die Beweiswürdigung unterliegt demnach der höchstrichterlichen Kontrolle, indem ein Verstoß gegen Denk- und Erfahrungssätze durch das Revisionsgericht gerügt werden kann. Indem der BGH den Tatgerichten die Möglichkeit

---

230 *Sommer,* FS Rieß, S. 585 ff.

231 *Geipel,* StraFo 2005, 135, 138 verweist auf eine Statistik von *Barton,* Die Revisionsrechtsprechung des BGH in Strafsachen, S. 145, nach der solche Rügen eine Erfolgsquote von 0 % betragen. Die Repräsentativität ist nicht allzu hoch anzusetzen, da es sich nur um 8 bis 48 ausgewertete Revisionen handelt. Sie zeigt jedoch eine Tendenz dahingehend auf, dass es im Allgemeinen schwierig ist, solche Verstöße zu rügen.

232 *Geipel,* StraFo 2005, 135 ff.

233 *Geipel,* StraFo 2005, 135, 139.

einräumt, mögliche aber nicht zwingende Schlüsse zu ziehen, können die Vorgaben durch die Revisionsgerichte indes nicht verallgemeinert werden. Ein System von Regeln über den rechtsgenügenden Beweis wird zwar abgelehnt, jedoch besteht auch keine völlig freie Beweiswürdigung.[234] Vor diesem Hintergrund bedarf es einer Auseinandersetzung damit, wie die bei der Beweiswürdigung zu beachtenden Grundsätze konkretisiert und vor allem transparenter gestaltet werden können.

III. Notwendigkeit von Regeln über den rechtsgenügenden Beweis

1. Optimale Richtigkeitsgewähr als Ziel des Strafverfahrens

Um sich der dogmatischen Begründung von Regeln über den rechtsgenügenden Beweis zu nähern, bedarf es zunächst einer Auseinandersetzung damit, welches Ziel das Strafverfahren verfolgt. Im Einzelnen wird dies unterschiedlich beurteilt. Das Strafverfahrensrecht soll in erster Linie das materielle Recht durchsetzen.[235] Dies geschehe, indem das Gericht die materielle Wahrheit ermittle.[236] Deshalb wird das Ziel des Strafverfahrens von manchen in der Wiederherstellung des durch den Verdacht einer Straftat beeinträchtigten Rechtsfriedens im Wege der Herbeiführung einer materiell gerechten Entscheidung gesehen.[237] Wahrheit wird demnach als Grundvoraussetzung für die zu erzielende Gerechtigkeit angesehen.[238] Eine materiell richtige Entscheidung setzt voraus, dass nur der wirklich Schuldige verurteilt wird.[239] Zum Teil wird aber davon ausgegangen, dass die Grundlage für die Verurteilung letztlich die sogenannte forensische Wahrheit werden soll.[240] Darunter wird der Sachverhalt verstanden, von dem das Gericht aufgrund der Hauptverhandlung überzeugt ist.[241] Was letzten Endes

---

234 Vgl. *Sommer,* FS Rieß, S. 585, 603 f.; *Fezer,* StV 1995, 95, 100.

235 Radtke/Hohmann/*Radtke,* StPO, Einl. Rn. 6 bis 8; KK/*Fischer,* StPO[7], Einl. Rn. 3; MünchKomm.StPO/*Kudlich,* Einl. Rn. 11; *Freund,* GA 1995, 4 ff.

236 Radtke/Hohmann/*Radtke,* StPO, Einl. Rn. 6 bis 8; KK/*Fischer,* StPO[7], Einl. Rn. 3.

237 Radkte/Hohmann/*Radtke,* StPO, Einl. Rn. 4; vgl. auch *Meyer-Goßner*/Schmitt, StPO, Einl. Rn. 4.

238 *Neumann,* ZStW (101) 1989, 52; MünchKomm.StPO/*Kudlich,* Einl. Rn. 11.

239 KMR/*Eschelbach,* StPO, Vor § 226 Rn. 4 (Stand: 32 EL Mai 2002).

240 *Meyer-Goßner*/Schmitt, StPO, § 261 Rn. 1; vgl. zu weiteren in der Literatur vertretenen Wahrheitsbegriffen ausführlich *Albrecht,* NStZ 1983, 486 f.

241 *Meyer-Goßner*/Schmitt, StPO, § 261 Rn. 1.

als wahr gilt, sei demnach das nach den oben dargelegten Beweismaßtheorien ermittelte Geschehen.

Daraus folgt zugleich, dass die materielle Wahrheit im Strafverfahren nicht mit absoluter Sicherheit gefunden werden kann.[242] Dies kann zum einen aus anerkannten Grenzen der Beweiswürdigung resultieren, zum anderen aber auch die Folge von Zweifeln oder Irrtümern im Rahmen der Beweiswürdigung sein. Grenzen der Wahrheitsermittlung ergeben sich aus den zu berücksichtigenden Belangen der am Strafverfahren beteiligten Personen, insbesondere des Angeklagten.[243] So ist anerkannt, dass eine Wahrheitsermittlung „um jeden Preis" nicht vorgenommen werden darf, vielmehr erfolgt eine Begrenzung durch die Grundrechte.[244]

Zweifel und Irrtümer, aufgrund deren der festgestellte Sachverhalt hinter der materiellen Wahrheit zurückbleibt, können vielfältige Ursachen haben. Das Gericht ist bereits dem erkenntnistheoretischen Zweifel ausgesetzt, dass die menschliche Wahrnehmung prinzipiell begrenzt ist. Dieser mit allgemeinen erkenntnistheoretischen Überlegungen begründete und niemals behebbare philosophische Zweifel muss für die rechtliche Urteilsfindung immer irrelevant sein.[245] Da er sich auf die gesamte menschliche Wahrnehmung erstreckt und auch nicht beseitigt werden kann, würde dessen Berücksichtigung Verurteilungen gänzlich unmöglich machen.[246] Eine völlige Untätigkeit der Strafrechtspflege kann jedoch vor dem Hintergrund des staatlichen Schutzauftrags nicht hingenommen werden. Die Gefahren, die hiervon ausgehen würden, überwiegen das Risiko der Fehlverurteilung aufgrund der Unzulänglichkeit menschlicher Erkenntnis. Die Verurteilung unter Inkaufnahme des philosophischen Zweifels ist daher durchaus angemessen.

Ähnlich verhält es sich mit dem sogenannten fortschrittsbedingten Zweifel. Dieser beruht darauf, dass heute als gesichert geltende wissenschaftliche Erkenntnisse in Zukunft fortschrittsbedingt widerlegt werden können.[247] Er unterscheidet

---

242 *Geipel,* Handbuch der Beweiswürdigung, Kap. 5 Rn. 32; *Kindhäuser,* Jura 1988, 290 f.

243 MünchKomm.StPO/*Kudlich,* Einl. Rn. 9 und 11.

244 BGH Urt. v. 14.6.1960 – 1 StR 683/59, BGHSt 14, 358, 365; KMR/*Eschelbach/Kett-Straub,* StPO, Einl. Rn. 5 (Stand: 72. EL Mai 2014); *Roxin/Schünemann,* Strafverfahrensrecht[28], § 1 Rn. 3; KK/*Fischer,* StPO[7], Einl. Rn. 3.

245 *Freund,* Normative Probleme der „Tatsachenfeststellung", S. 71 ff.; *Stein,* „Gewißheit" und „Wahrscheinlichkeit", S. 233, 251; *Erb,* FS Rieß, S. 77; *Geipel,* Handbuch der Beweiswürdigung, Kap. 5 Rn. 32; KMR/*Stuckenberg,* StPO, § 261 Rn. 25 (Stand: 68. EL August 2013); L-R/*Sander,* StPO, § 261 Rn. 8.

246 Diese Ausführung sowie die folgenden Erwägungen zum philosophischen Zweifel richten sich nach *Freund,* Normative Probleme der „Tatsachenfeststellung", S. 71 ff.

247 *Freund,* Normative Probleme der „Tatsachenfeststellung", S. 75, *Stein,* „Gewißheit" und „Wahrscheinlichkeit", S. 233, 251.

sich vom philosophischen Zweifel insofern, als sein Gegenstand der menschlichen Erkenntnis nicht gänzlich verschlossen ist, sondern sich lediglich zu einem Zeitpunkt in der Zukunft anders darstellen kann. Ebenso wenig wie der philosophische kann der fortschrittsbedingte Zweifel aber im Zeitpunkt der Entscheidungsfindung überwunden werden. Seine Berücksichtigung würde gleichermaßen dazu führen, dass in sämtlichen Bereichen, in denen wissenschaftliche Erkenntnisse eine Rolle spielen, Verurteilungen unterbleiben müssten.[248] Dies würde letztlich ebenfalls zu einer Nichterfüllung des staatlichen Schutzauftrags führen, was aus den bereits zum philosophischen Zweifel ausgeführten Gründen nicht gewollt sein kann.[249] Demnach bleibt festzuhalten, dass sowohl der philosophische wie auch der fortschrittsbedingte Zweifel für die Urteilsfindung außer Betracht bleiben müssen.

Von dem philosophischen und dem fortschrittsbedingten Zweifel abgesehen besteht immer die Gefahr, dass die vorhandenen Beweismittel nicht absolut zuverlässig sind.[250] Dieses Problem besteht bei sämtlichen Arten von Beweismitteln. Besonders deutlich wird es beim Zeugenbeweis.[251] Denkbar ist beispielsweise, dass das Gericht gar keine Zweifel an der Schuld des Angeklagten hegt, aber trotzdem die unwahrscheinliche Konstellation vorliegt, dass sich die Mängel des Beweismittels realisieren. Gleichermaßen kann nicht ausgeschlossen werden, dass das Gericht zunächst zwar die Zuverlässigkeit des Beweismittels anzweifelt, diese Zweifel aber im Zuge der Überzeugungsbildung überwindet.[252] Ein sogenanntes Fehlverurteilungsrisiko besteht demnach in jedem Strafprozess, sodass nur eine bestmögliche Entscheidung angestrebt werden kann.

Vorzugswürdig ist es deshalb, das niemals erfüllbare Erfordernis des gesicherten Erreichens der materiellen Wahrheit abzuschwächen und im Sinne einer optimalen Richtigkeitsgewähr zu verstehen.[253] Das Gericht muss mit den vorhandenen Mitteln die beste mögliche Entscheidung treffen. Dabei nimmt das Gesetz an anderen Stellen, die nicht den rechtsgenügenden Beweis betreffen, in der Regel Abwägungsentscheidungen vor. Beispielsweise wird von Gesetzes wegen im Rahmen der Beweisverwertungsverbote zum Teil ein ordnungsgemäß

248 *Freund,* Normative Probleme der „Tatsachenfeststellung", S. 76.
249 *Freund,* Normative Probleme der „Tatsachenfeststellung", S. 76.
250 *Erb,* FS Rieß, S. 77.
251 Auf die vielfältigen potentiellen Fehlerquellen in diesem Bereich wird im Rahmen der Aussage gegen Aussage-Situation noch näher eingegangen werden.
252 *Erb,* FS Rieß, S. 77.
253 *Freund,* Normative Probleme der „Tatsachenfeststellung", S. 12 Fn. 1; KMR/*Eschelbach/Kett-Straub,* StPO, Einl. Rn. 5 (Stand: 72. EL Mai 2014); so wohl auch *Albrecht,* NStZ 1983, 486, 487.

abgelaufenes Ermittlungsverfahren über die materielle Wahrheit gestellt.[254] Gleichermaßen nimmt der Gesetzgeber eine Abwägung zwischen dem Strafverfolgungsinteresse der Gesellschaft und den Freiheitsrechten des möglichen Täters vor, indem er die Voraussetzungen für die Anordnung einer Untersuchungshaft regelt.[255] Deshalb ist es überzeugend zu fordern, dass das bestmögliche Ergebnis in justizförmiger Weise ermittelt werden muss.[256] Aus dem Legalitätsprinzip folgt ferner, dass das materielle Recht gleichmäßig angewendet werden muss.[257] Wenn sich der Staat den Strafanspruch vorbehält, muss er auch tätig werden, wenn Straftaten begangen werden. Dies setzt aber voraus, dass er nicht nur sporadisch und willkürlich, sondern bei gleichen Sachverhalten in der gleichen Weise einschreitet.

Festzuhalten bleibt daher, dass es das Ziel des Strafverfahrens ist, eine Entscheidung bei optimaler Richtigkeitsgewähr zu erzielen. Diese Entscheidung muss auf justizförmigem Weg erfolgen. Das Strafrecht ist dabei auf alle vergleichbaren Fälle gleich anzuwenden. Es soll eine materiell richtige Entscheidung getroffen werden, wobei ein Fehlverurteilungsrisiko nicht ausgeschlossen werden kann, aber als entsprechend toleriertes klar zu definieren ist.

2. Notwendigkeit der Legitimation von Fehlverurteilungsrisiken

Es ist demnach unerlässlich, sich die Frage zu stellen, wie mit solchen Fehlverurteilungsrisiken umgegangen werden kann. Aus dem oben Gesagten ergibt sich, dass sie nie gänzlich ausgeschlossen werden können. Daraus folgt gleichermaßen, dass sie in Kauf genommen werden müssen, da anderenfalls eine Bestrafung überhaupt nicht möglich wäre.[258] Das Grundgesetz sieht in Art. 74 Nr. 1, 103 Abs. 2 und 3 und Art. 104 Abs. 3 GG eine legitimierte Strafrechtspflege vor.[259] Folglich bedarf es einer Auseinandersetzung damit, wann und in welchen Fällen ein solches Fehlverurteilungsrisiko eingegangen werden darf, mithin wann es legitimiert werden

---

254 *Roxin/Schünemann,* Strafverfahrensrecht[28], § 1 Rn. 4.

255 *Roxin/Schünemann,* Strafverfahrensrecht[28], § 1 Rn. 5.

256 BVerfG Beschl. v. 26.5.1981 – 2 BvR 215/81, BVerfGE 57, 250, 280 ff.; KMR/*Eschelbach,* StPO, Vor § 226 Rn. 4 (Stand: 32. EL Mai 2002); *Roxin/Schünemann,* Strafverfahrensrecht[28], § 1 Rn. 3.

257 BGH Urt. v. 30.7.1993 – 3 StR 347/92, BGHSt 39, 260, 271; KMR/*Eschelbach/Kett-Straub,* StPO, Einl. Rn. 6 ff. (Stand: 72. EL Mai 2014).

258 *Stein,* „Gewißheit" und „Wahrscheinlichkeit", S. 233, 248.

259 *Stein,* „Gewißheit" und „Wahrscheinlichkeit", S. 233, 249.

kann.[260] Dennoch wird eine Legitimation nur selten überhaupt thematisiert. Vereinzelt wird sie sogar bewusst in Abrede gestellt.[261] Vielmehr müsse das Fehlverurteilungsrisiko akzeptiert und keiner näheren Erläuterung unterzogen werden. Begründet wird dies mit der Angst davor, dass eine Legitimation von Fehlverurteilungsrisiken zu Missbrauch führe. Indem man eine Rechtsgüterabwägung vornehme, könnten die geltenden Maßstäbe beliebig zu Lasten des Angeklagten verschoben werden. Insoweit könne den Gerichten das notwendige Vertrauen entgegengebracht werden, den Fall einer sachgerechten Lösung zuzuführen. Fehlverurteilungen dürften daher nur als „furchtbares, im Einzelfall durch nichts zu rechtfertigendes Versagen der Rechtsordnung" aufgefasst werden.[262]

Eine bloße Hinnahme des Fehlverurteilungsrisikos kann indes vor dem Hintergrund der Eingriffsintensität staatlicher Bestrafung nicht überzeugen. Die Verurteilung beinhaltet einerseits die Verhängung der Strafe selbst sowie den rechtlichen Vorwurf, ein Fehlverhalten persönlich verantworten zu müssen.[263] Die Strafe selbst geht immer mit einer Beeinträchtigung der persönlichen oder finanziellen Freiheit des Angeklagten einher. Der Vorwurf kann bis hin zur Existenzvernichtung führen. Einen derart erheblichen Eingriff ohne jegliche dogmatische Auseinandersetzung schlichtweg hinzunehmen, unterliegt damit rechtsstaatlichen Bedenken. Keine Rechtfertigung für jenen zu fordern, eröffnet die Möglichkeit, ihn zu verdrängen. Der entscheidende Richter ist aufgrund der herrschenden Beweismaßtheorie frei und ohne Vorgaben und kann die Augen vor bestimmten Fehlverurteilungsrisiken verschließen. Gerade aus diesem Grund kann eine Missbrauchsgefahr nicht ausgeschlossen werden.[264] Weshalb den Gerichten insofern ein totales Vertrauen entgegengebracht werden sollte, erschließt sich nicht. Der Angeklagte muss es in einem rechtsstaatlichen Strafverfahren jedenfalls nicht ohne Weiteres hinnehmen, dass der „furchtbare Einzelfall" gerade bei ihm eingetreten ist.

Aus diesem Grund wäre ein detailliertes System, nach dem Fehlverurteilungsrisiken legitimiert werden können, als fortschrittlich zu begrüßen. Ein solches

---

260 *Freund,* Normative Probleme der „Tatsachenfeststellung", S. 1 ff., 64; *Stein,* „Gewißheit" und „Wahrscheinlichkeit", S. 233, 247 ff.; *Sommer,* FS Rieß, S. 585, 605 f.

261 *Erb,* FS Rieß, S. 77 ff.

262 Vgl. zum Ganzen *Erb,* FS Rieß, S. 77, 92.

263 *Freund,* Normative Probleme der „Tatsachenfeststellung", S. 64; *Stein,* „Gewißheit" und „Wahrscheinlichkeit", S. 233, 248; vgl. zu dem rechtlichen Vorwurf ferner MünchKomm.StGB/*Radtke,* Vor §§ 38 ff. Rn. 14.

264 Daher wird hier auch nicht dem Vorschlag *Kotsoglous,* Erkenntnistheorie, S. 118 ff. gefolgt, der die Frage nach den Fehlverurteilungsrisiken mit dem Verweis auf die subjektive Überzeugung des Gerichts beantworten will.

würde die Gerichte dazu veranlassen, sich mit ihnen bewusst auseinanderzusetzen. Aus Gründen der Verfahrensfairness ist es insoweit ehrlicher, Normen aufzustellen, an denen sich auch der Angeklagte orientieren kann und die ihm so gegebenenfalls eine Einflussnahme auf das Ergebnis ermöglichen. Wenn es beanstandungslos zulässig ist, Fehlverurteilungsrisiken unbegründet hinzunehmen, muss es doch erst recht möglich – sogar geboten – sein, sich mit den normativen Gründen dafür auseinanderzusetzen, solche zu tolerieren.

3. Regeln über den rechtsgenügenden Beweis als Mittel zur Legitimation von Fehlverurteilungsrisiken

a) Legitimation von Fehlverurteilungsrisiken durch rechtliche Regeln

Aus dem oben Gesagten ergibt sich, dass das Eingehen von Fehlverurteilungsrisiken einen Eingriff in die Rechte des Angeklagten darstellt, welcher der Legitimation bedarf. Die Legitimation gegenüber dem Betroffenen setzt eine normative Begründung voraus.[265] Die Argumente dafür, warum und in welchem Umfang das Fehlverurteilungsrisiko eingegangen wird, müssen grundsätzlich gegenüber allen Betroffenen in einer vergleichbaren Situation gleich ausfallen. Dies kann grundsätzlich auf die Weise geschehen, dass allgemein gültige normative Anforderungen an den rechtsgenügenden Beweis formuliert werden, mithin Regeln aufgestellt werden. Inwieweit die Entwicklung solcher Regeln im Einzelnen möglich ist, hängt zunächst von deren Rechtsnatur ab. Insofern bedarf es zunächst einer Auseinandersetzung mit den für das Strafverfahren relevanten Normen. Erst wenn feststeht, welchen Charakter die für die Legitimation von Fehlverurteilungsrisiken relevanten Regeln haben, kann auf eine dogmatische Herleitung im Detail eingegangen werden.

b) Die im Strafverfahren relevanten Normen

Auszugehen ist zunächst von der zentralen Aufgabe des Strafverfahrens, zu ermitteln, ob tatsächlich ein die Verurteilung rechtfertigender Sachverhalt vorliegt. Dabei gilt es, zwei Stadien zu unterscheiden. Zunächst muss der Sachverhalt festgestellt werden. Ist dies geschehen, muss das Gericht beurteilen, ob nach den getroffenen Feststellungen eine Strafbarkeit nach einem Strafgesetz vorliegt. Nur wenn in tatsächlicher Hinsicht feststeht, dass die Voraussetzungen der Sanktionsnorm erfüllt sind, darf eine Verurteilung erfolgen. Die Subsumtion

---

265 *Freund,* GA 1991, 387, 394 ff.

des Sachverhalts unter die Straftatbestände ist damit unzweifelhaft eine Rechtsfrage.[266] Während damit auf der Ebene der sogenannten rechtlichen Würdigung eine klare Normstruktur vorhanden ist, gibt es bislang – zumindest offen eingestanden – keine Regeln im Bereich der Tatsachenfeststellung. Im Folgenden soll daher zunächst die Struktur der „rechtlichen Würdigung" untersucht werden, um vorhandene Parallelen ziehen zu können.

aa) *Erfordernis der Verfolgung eines legitimen (Rechtsgüterschutz-)Zwecks als Ausgangspunkt*

Strafrechtliche Sanktionen stellen hoheitliche Maßnahmen dar, die erheblich in die Freiheitsrechte der Bürger eingreifen.[267] Solche staatlichen Eingriffe bedürfen von Verfassungs wegen stets der Legitimation.[268] Deshalb müssen auch strafrechtliche Reaktionen an den allgemein für die Rechtfertigung staatlicher Eingriffe geltenden Grundsätzen gemessen werden.[269] Der Einsatz von Strafe muss mithin wie jeder andere Grundrechtseingriff einen legitimen Zweck verfolgen. Möglich ist dies nur dann, wenn der Staat auch im Rahmen der ihm zugewiesenen Aufgaben tätig wird.[270] Dazu zählt unter anderem der Schutz der Daseins- und Entfaltungsbedingungen der Bürger.[271] Dies beinhaltet auch den Schutz der Bürger davor, Opfer einer Straftat zu werden. Der Staat muss folglich mit dem Strafrecht auf einen Rechtsgüterschutz hinwirken.[272] Dem kann er nur gerecht werden, wenn eben dieser Rechtsgüterschutz in die Zukunft gerichtet ist.[273] Strafe als bloße Vergeltung im Sinne einer absoluten Straftheorie wäre unter Geltung des Grundgesetzes nicht

---

266 *Freund*, FS Meyer-Goßner, S. 409.

267 *Kindhäuser*, Strafrecht AT, § 2 Rn. 5; *Freund*, Strafrecht AT, § 1 Rn. 1; MünchKomm. StGB/*Radtke*, Vor §§ 38 ff. Rn. 2.

268 *Epping*, Grundrechte, Rn. 41; MünchKomm.StGB/*Freund*, Vor §§ 95 ff. AMG Rn. 2.

269 *Freund*, Strafrecht AT, § 1 Rn. 1; vgl. allgemein zu den Anforderungen an die Rechtfertigung staatlicher Eingriffe *Epping*, Grundrechte, Rn. 41 ff.

270 *Freund*, Strafrecht AT, § 1 Rn. 2.

271 *Freund*, Strafrecht AT, § 1 Rn. 2; MünchKomm.StGB/*Freund*, Vor §§ 13 ff. Rn. 40 sowie Vor §§ 95 ff. AMG Rn. 2; *Konze*, Jugendstrafe wegen „schädlicher Neigungen", S. 70.

272 MünchKomm.StGB/*Radtke*, Vor § 38 ff. Rn. 2 ff.; *Kindhäuser*, Strafrecht AT, § 2 Rn. 6; *Reus*, Risikogesellschaft, S. 78; *Timm*, Gesinnung und Straftat, S. 40; MünchKomm. StGB/*Freund*, Vor §§ 95 ff. AMG Rn. 2.

273 BGH Urt. v. 8.12.1970 – 1 StR 353/70, BGHSt 24, 40, 42; *Freund*, Strafrecht AT, § 1 Rn. 2; *ders.*, GA 1995, 4, 5. Eine vertiefte Auseinandersetzung mit den unterschiedlichen Strafzwecken würde über den Rahmen der vorliegenden Arbeit hinausgehen und muss daher unterbleiben.

hinnehmbar.[274] Wird ein Rechtsgut durch eine konkrete Tat verletzt, beispielsweise das Opfer in seiner körperlichen Unversehrtheit beeinträchtigt, ist der Schaden an dieser Person bereits eingetreten und kann auch nicht mehr rückgängig gemacht werden.[275] Um den in die Zukunft gerichteten Rechtsgüterschutzauftrag erfüllen zu können, kann dieses bereits verletzte Rechtsgut nicht entscheidend sein. Deshalb muss zur Ermittlung des jeweils geschützten Rechtsguts nach der jeweils verletzten Norm differenziert werden.

bb) Unterschiedlicher Rechtsgüterschutz durch Verhaltens- und Sanktionsnormen

Die Straftatbestände des StGB sind Sanktionsnormen, die sich auf bestimmte Verhaltensnormen „beziehen" – genauer: die zur Tatbestandserfüllung einen tatbestandsspezifischen Verhaltensnormverstoß voraussetzen.[276] Die Verhaltensnorm gebietet oder verbietet ein menschliches Verhalten.[277] Gleichbedeutend mit den Verhaltensnormen sind die sogenannten Bestimmungsnormen. Mit diesem Begriff wird zum Ausdruck gebracht, dass Verhaltensnormen die Bürger zu einem entsprechenden Verhalten anleiten sollen.[278] Von den Verhaltensnormen geschützte Rechtsgüter sind daher unmittelbar die Eigenschaften von Personen, Sachen oder Institutionen, die der Entfaltungsfreiheit dienen.[279] Hierunter fallen beispielsweise das Leben, die Gesundheit, das Eigentum oder die Rechtspflege. Exemplarisch für eine Verhaltensnorm kann das Verbot genannt werden, andere Menschen an ihrer Gesundheit zu schädigen. Verstößt der Täter gegen ein solches Verbot, beispielsweise indem er einen anderen verletzt, stellt er die Geltungskraft dieser Verhaltensnorm in Frage.[280]

---

274 *Freund,* Strafrecht AT, § 1 Rn. 4; *Timm,* Gesinnung und Straftat, S. 40.

275 *Freund,* Strafrecht AT, § 1 Rn. 6; *Reus,* Risikogesellschaft, S. 79; *Timm,* Gesinnung und Straftat, S. 41.

276 *Freund,* GA 1995, 4, 7 ff.

277 *Freund,* Strafrecht AT, § 1 Rn. 9; *Kindhäuser,* Strafrecht AT, § 2 Rn. 2 f.; *Frisch,* Vorsatz und Risiko, S. 59; Schönke/Schröder/*Eisele,* Vor §§ 13 ff. Rn. 48; *Maier-Reimer,* NJW 2007, 3157, 3158.

278 *Freund,* Strafrecht AT, § 5 Rn. 19; *Stein,* „Gewißheit" und „Wahrscheinlichkeit", S. 233, 235; vgl. auch Schönke/Schröder/*Eisele,* Vor §§ 13 ff. Rn. 48; zum Zweck der Verhaltenssteuerung auch *Frisch,* Vorsatz und Risiko, S. 59.

279 *Kindhäuser,* Strafrecht AT, § 2 Rn. 6.

280 *Freund,* Strafrecht AT, § 1 Rn. 8; *Reus,* Risikogesellschaft, S. 79.

Es ist eine Grundvoraussetzung jeder Straftat, dass eine Verhaltensnorm vorhanden ist, die übertreten wird.[281] Dem Strafrecht liegt folglich ein bestimmtes Verhaltensnormsystem zugrunde.[282] Um dieses System zu ermitteln, müssen die darin enthaltenen Ge- und Verbote ihrerseits legitimiert sein.[283] Die legitimierte Verhaltensnorm soll damit bestehende Interessenkonflikte angemessen auflösen. In der Regel steht der allgemeinen Handlungsfreiheit des einen ein Rechtsgut wie beispielsweise die körperliche Unversehrtheit des anderen gegenüber. Dieser Konflikt kann nur mit Hilfe einer umfassenden Güter- und Interessenabwägung gelöst werden.[284] Die Verhaltensnorm muss zum Schutz des in Rede stehenden Rechtsguts jeweils geeignet, erforderlich und angemessen sein.[285] Nur so gelangt man zu einem System legitimer Verhaltensnormen. Die verhaltenssteuernde Wirkung einer Verhaltensnorm erfolgt über ihre Legitimationsgründe, die den Normunterworfenen entsprechend motivieren sollen.

Verhaltensnormen können jedoch nur dann ihre verhaltenssteuernde Wirkung behalten, wenn ihre Nichtbeachtung entsprechend sanktioniert wird. Andernfalls ist die Verhaltensnormgeltung in Gefahr. Den Schutz der Verhaltensnormgeltung übernehmen Sanktionsnormen. Diese richten sich an den Rechtsstab, indem sie diesem vorschreiben, wann, wie und unter welchen genauen Bedingungen jemand bestraft werden soll.[286] Ein Beispiel für Sanktionsnormen stellen die Strafnormen des StGB dar. So ordnet beispielsweise § 223 StGB an, dass ein Verstoß gegen das Verbot, andere in ihrer Gesundheit zu schädigen, mit Freiheitsstrafe bis zu fünf Jahren oder Geldstrafe bestraft wird. Die Sanktionsnorm wird dementsprechend erst dann relevant, wenn der Verhaltensnormverstoß bereits begangen wurde und das durch letztere geschützte Rechtsgut schon verletzt ist. Rechtsgut der Sanktionsnorm kann folglich nicht die Gesundheit der konkret geschädigten Person sein. Vielmehr schützen Sanktionsnormen die

---

281 *Kindhäuser,* Strafrecht AT, § 2 Rn. 2.

282 *Stein,* „Gewißheit“ und „Wahrscheinlichkeit“, S. 233, 235 ff.; *Freund,* Strafrecht AT, Rn. 11; vgl. auch *Gropp,* Strafrecht AT, § 1 Rn. 143.

283 *Freund,* Strafrecht AT, § 1 Rn. 11 ff.; *Reus,* Risikogesellschaft, S. 81.

284 *Freund,* Strafrecht AT, § 1 Rn. 17; MünchKomm.StGB/*Freund,* Vor § 13 ff. Rn. 155 ff.; *Reus,* Risikogesellschaft, S. 81.

285 *Freund,* Strafrecht AT, § 1 Rn. 18 ff.; *Reus,* Risikogesellschaft, S. 81.

286 *Kindhäuser,* Strafrecht AT, § 2 Rn. 4. Nach *Kindhäuser* sollen die Sanktionsnormen auch als Verhaltensnormen für den Rechtsstaat bezeichnet werden können. Vorzugswürdig ist es indes, beim Rechtsstab von Entscheidungsnormen zu sprechen (im Gegensatz zu den für den Bürger relevanten Verhaltensnormen). Vgl. zur Rechtsnatur der Sanktionsnormen auch *Frisch,* Vorsatz und Risiko, S. 59; *Maier-Reimer,* NJW 2007, 3157, 3158.

von den Verhaltensnormen geschützten Rechtsgüter nur mittelbar.[287] Demnach ist das Rechtsgut der Sanktionsnorm die Geltungskraft der Verhaltensnorm.[288] Indem der Gesetzgeber einen Straftatbestand schafft, legt er fest, unter welchen Voraussetzungen Angriffe auf die Geltungskraft einer Verhaltensnorm strafrechtlich sanktioniert werden müssen.[289]

Zusammenfassend bleibt festzuhalten, dass Verhaltens- und Sanktionsnormen unterschiedliche Rechtsgüter schützen. Während Verhaltensnormen konkret die Eigenschaften von Personen, Sachen oder Institutionen schützen, ist Rechtsgut der Sanktionsnormen die Geltungskraft der Verhaltensnorm.

cc) Rechtsnatur der Entscheidungsnormen

Verhaltens- und Sanktionsnormen bestimmen – wie gesehen – die Legitimation von Strafe, betreffen mithin das materielle Recht. Auf der Ebene der Tatsachenfeststellung finden diese Normen indes keine Anwendung. Legitimiert werden soll nicht die Strafe an sich, sondern die Verurteilung unter Inkaufnahme eines Fehlverurteilungsrisikos. Unmittelbar können daher weder Verhaltens- noch Sanktionsnormen relevant werden. Benötigt werden vielmehr Regeln darüber, wann eine Verurteilung erfolgen kann, obwohl das nicht gänzlich auszuschließende Fehlverurteilungsrisiko besteht. Dies erfordert Regeln darüber, wann der Beweis im Strafverfahren als erbracht anzusehen ist. Es bedarf daher sogenannter Entscheidungsregeln bzw. -normen also Regeln über den rechtsgenügenden Beweis.

dd) Strukturgleichheit von Verhaltens- und Entscheidungsnormen

Verhaltensnormen für den Bürger und Entscheidungsnormen für den Rechtsstab sind nach dem oben Gesagten rechtlich voneinander zu unterscheiden. Um Entscheidungsnormen zu entwickeln, können Verhaltensnormen aber zum Vergleich herangezogen werden. Insofern besteht eine Strukturgleichheit.[290] Ähnlich wie Verhaltensnormen dem Bürger vorgeben, welche Handlungen oder Unterlassungen für ihn geboten oder verboten sind, geben Entscheidungsnormen dem Richter Entscheidungsrichtlinien an die Hand. Entscheidungsnormen betreffen

---

287 MünchKomm.StGB/*Freund,* Vor §§ 95 ff. AMG Rn. 2.

288 *Freund,* Strafrecht AT, § 1 Rn. 9; *ders.,* GA 1995, 4, 7; MünchKomm.StGB/*Freund,* Vor §§ 95 ff. AMG Rn. 2.; *Konze,* Jugendstrafe wegen „schädlicher Neigungen", S. 73; wohl auch Schönke/Schröder/*Eisele,* Vor §§ 13 ff. Rn. 49.

289 Vgl. *Gropp,* Strafrecht AT, § 1 Rn. 149.

290 *Stein,* „Gewißheit" und „Wahrscheinlichkeit", S. 233 ff.

ebenfalls eine Situation, in welcher der Richter als Adressat sein Handeln nach den Normen ausrichten soll. Diese Situation, in der richtig aber auch falsch entschieden werden kann, ist daher besonders mit der Entscheidungssituation im Kontext der Fahrlässigkeitstat vergleichbar.[291] In beiden Fällen muss sich der Entscheidungsträger damit auseinandersetzen, wie er sich zu verhalten hat, um einen Schaden von einem Dritten abzuwenden. Hinter den Fahrlässigkeitsdelikten stehen – genauso wie bei den Vorsatzstraftaten – Verhaltensnormen, deren Einhaltung eine Schädigung an dem Rechtsgut vermeiden soll. Die Entwicklung der hier interessierenden Regeln kann sich daher insbesondere an den hinter den Fahrlässigkeitsdelikten stehenden Verhaltensnormen orientieren.

Ähnlich ist vermutlich auch der Ansatz zu verstehen, nach dem die Struktur der Entscheidungsnormen vergleichbar mit dem Subsumtionsvorgang sei.[292] Die Entscheidungsnormen glichen demnach dem Obersatz, unter den der Sachverhalt subsumiert werden müsse. Zur Orientierung könnten Erfahrungssätze herangezogen werden. Aus diesen sollten allgemein gültige Regeln entwickelt werden, von denen im Einzelfall abgewichen werden könne. Dieser Ansatz muss sich ebenfalls damit befassen, wie die entsprechenden Obersätze entwickelt werden können. Er widerspricht daher nicht dem der Strukturgleichheit von Entscheidungs- und Verhaltensnormen. Letzterer Ansatz erweist sich aber als konkreter, da er an bestehende materiell-rechtliche Strukturen als Referenz anknüpfen kann. Insofern ist er vorzugswürdig und im Folgenden näher zu untersuchen.

Ein weiterer Ansatz geht davon aus, dass den historischen negativen Beweisregeln im Rahmen des Zeugenbeweises immer noch Geltung in Form von sogenannten „Vorsichtsregeln" zukomme.[293] Diese seien zwar nicht bindend, sie könnten aber auch „nur bei rechtsstaatlich zuverlässig gewährleisteter Sicherheit der Aussage und bei abgesicherter Einwandfreiheit der Persönlichkeit des Aussagenden sowie bei eindeutigem Ausschluss von Verfälschungen ausgeräumt werden".[294] Dieses Verständnis der Beweisregeln geht ebenfalls davon aus, dass die Beweiswürdigung nicht frei von Vorgaben, sondern normativ begründet erfolgen muss. Letztlich setzt dieser Ansatz mithin ebenfalls ein Entscheidungsnormensystem voraus. Der Unterschied ist jedoch darin zu sehen, dass die Regeln das Gericht nur davon abhalten können, eine bestimmte Feststellung zu treffen. Im Übrigen bleibt das Gericht weiterhin frei. Negative Beweisregeln können im Einzelfall sinnvoll sein. Allerdings sind auch Fälle denkbar, in denen bestimmte

291 *Freund,* FS Meyer-Goßner, S. 409, 419.

292 *Sommer,* FS Rieß, 585, 602; *Ortloff,* GA 8 (1860), 461, 598 f.

293 *Peters,* FS Gmür, S. 311, 321.

294 *Peters,* FS Gmür, S. 311, 321.

positive Vorgaben hinsichtlich des Gewichts eines Beweismittels gemacht werden können. Der Ansatz der Vorsichtsregeln bringt dem Zeugen grundsätzlich Misstrauen entgegen. Es muss aber zunächst untersucht werden, ob dies gerechtfertigt ist oder normative Gründe für eine größere Zuverlässigkeit des Zeugenbeweises sprechen. Die folgende Untersuchung soll daher nicht auf negative Regeln beschränkt werden. Vorzugswürdig ist es, Regeln über den rechtsgenügenden Beweis ohne vorherige Festlegung anhand der konkreten Prozesssituation „Aussage gegen Aussage" zu untersuchen. Dabei kommen sowohl negative wie auch positive Entscheidungsnormen in Betracht, deren Sinnhaftigkeit im Einzelnen diskutiert werden soll.

c) Vorteile der Entwicklung von Entscheidungsnormen

Regeln über den rechtsgenügenden Beweis sind den oben aufgeworfenen Beweismaßtheorien vorzuziehen, da sie dem Gericht eine Richtschnur dafür geben, wann in bestimmten Situationen wie zu entscheiden ist. Es sollen Regeln untersucht werden, nach denen im Idealfall gleiche Sachverhalte auch gleich entschieden werden. Deren Anwendung würde die Entscheidungsfindung weniger auf die subjektive Einschätzung des Richters fokussieren und somit willkürliche Entscheidungen so weit wie möglich ausschließen. Ferner würde eine Rechtfertigung gegenüber dem Angeklagten erfolgen, die nicht abstrakt an Wahrscheinlichkeiten anknüpft. Die Regeln müssen aber intersubjektiv begründbar sein, mithin von allen Entscheidungsträgern grundsätzlich gleich angewandt werden können.[295] Dies ist allerdings nur dann möglich, wenn sich die Regeln an allgemein gültigen normativen Entscheidungskriterien orientieren.

Derartige Regeln wären auch mit dem Ziel des Strafverfahrens kompatibel. Dieses besteht, wie oben erläutert, in erster Linie darin, eine Entscheidung mit optimaler Richtigkeitsgewähr zu treffen. Dabei muss die Inkaufnahme von Fehlverurteilungsrisiken legitimiert werden. Der Gesetzgeber nimmt Abwägungsentscheidungen vor, wenn es um die Beweiserhebung geht. Gleichermaßen wäre es auch im Rahmen des Beweismaßes anzuraten, klare Vorgaben darüber aufzustellen, welchem Aspekt in einer bestimmten Situation der Vorrang einzuräumen ist. Sie würden die Vorgabe konkretisieren, dass die Wahrheitsermittlung „nicht um jeden Preis" erfolgen darf. Dabei würde es sich nicht um eine gänzlich flexible Angabe mehr handeln, sondern es gäbe Kriterien dafür, wann diese Grenze überschritten ist. So könnte das bestmögliche Ergebnis mittels normativer Begründungen gefunden werden.

---

295 *Freund*, FS Meyer-Goßner, S. 409, 418.

Dagegen wird zum Teil eingewandt, es sei schlichtweg nicht möglich, das Ergebnis jeder denkbaren Abwägungsentscheidung vorzugeben.[296] Dem ist sicherlich zuzustimmen, dies soll auch nicht das Ziel der vorliegenden Arbeit sein. Vielmehr müssen unterschiedliche Stufen der Konkretisierung berücksichtigt werden. Es muss untersucht werden, in welchen Fällen eine Regel jeweils zu sachgerechten Ergebnissen kommt. Wenn dies herausgearbeitet wurde, entsteht am Ende eine ausdifferenzierte zwingende Entscheidungsnorm. Solange die Normen ein bestimmtes Abstraktionsniveau haben und Umstände denkbar sind, die zu einer Abweichung im Einzelfall führen, sind sie nicht zwingend.[297] Überdies sollen nicht alle möglichen Prozesssituationen geregelt werden, sondern nur diejenigen, die besonders häufig auftreten und erhöhte Anforderungen an die Entscheidungsfindung stellen. Denkbar wäre es z.B., typische, wiederkehrende Beweissituationen oder die Qualität bestimmter Beweismittel zu reglementieren.[298] Denn dabei handelt es sich um verallgemeinerbare Sachverhalte, die stets in gleicher Weise beurteilt werden sollen.

Kritisch wird diesbezüglich eingewandt, dass die Entscheidung, ob eine bestimmte Konstellation einschlägig ist, ebenfalls von jedem Richter unterschiedlich beurteilt werden könne.[299] Somit treffe der Richter letztlich doch eine subjektivierte Entscheidung, indem er prüfe, ob die jeweiligen Voraussetzungen einer Regel im konkreten Fall erfüllt sind. Deshalb brächten jegliche Legitimationsversuche von Fehlverurteilungsrisiken keinen zusätzlichen Nutzen. Da die Regeln über den rechtsgenügenden Beweis aber an typische, wiederkehrende Situationen anknüpfen würden, können diese Bedenken ausgeschaltet werden. Handelt es sich beispielsweise um die Aussage gegen Aussage-Konstellation und werden an diese besondere Voraussetzungen geknüpft, dürfte dies für den Richter regelmäßig erkennbar sein. Dadurch, dass der Richter stets individuell zu prüfen hat, ob die Voraussetzungen erfüllt sind, wird die Entscheidung noch nicht zu einer subjektiven. Vergleichbar dem materiellen Recht prüft er, ob der Tatbestand einer Entscheidungsregel vorliegt. Die rechtlichen Schlüsse, die er daraus zieht, orientieren sich dann an den Vorgaben der Regel.

Darüber hinaus ist es vorzugswürdig, im Rahmen des Beweismaßes auf Regeln abzustellen, anstatt auf diese gänzlich zu verzichten, bloß weil deren Einschlägigkeit im konkreten Fall geprüft werden muss.[300] Regeln über den rechtsgenügenden

296 *Riehm*, RW 2013, 1, 31.
297 Vgl. zu den vorstehenden Überlegungen *Freund*, FS Meyer-Goßner, S. 409, 426.
298 *Sommer*, FS Rieß, S. 585, 606 f.; *Ortloff*, GA 8 (1860), 461, 599.
299 So aber *Erb*, FS Rieß, S. 77, 87.
300 *Freund*, FS Meyer-Goßner, S. 409, 428 Fn. 59.

Beweis geben eine Richtschnur für die Entscheidungsfindung. Es handelt sich aber nicht nur um Entscheidungshilfen, sondern um – freilich konkretisierungsbedürftige – Regeln, die nach entsprechender Konkretisierung im Einzelfall eine bestimmte Entscheidung programmieren. Sie gewährleisten, dass bestimmte Aspekte immer in die Überzeugungsbildung einbezogen werden. Sie zwingen den entscheidenden Richter dazu, sich bewusst mit den Fehlverurteilungsrisiken auseinanderzusetzen. Dadurch schaffen sie eine Absicherung dafür, dass das Ergebnis nicht von Zufälligkeiten abhängt, sondern normativ gerechtfertigt werden kann. Gegebenenfalls wird auch für das Abweichen von einer solchen Regel ein erhöhter Begründungsaufwand zu leisten sein.[301]

Insoweit ist auch der Einwand unberechtigt, die Einführung von Entscheidungsregeln führe vom Ziel der materiellen Wahrheitsfindung weg.[302] Dass diese ohnehin nicht mit Sicherheit gefunden werden kann, stellen auch die Vertreter der herrschenden objektivierenden Wahrscheinlichkeitstheorie nicht in Abrede. Aber auch dem Ziel, die bestmögliche Entscheidung zu ermitteln, steht die Verwendung von Regeln über den rechtsgenügenden Beweis nicht entgegen. Denn auch nach der hier vertretenen Auffassung darf eine individuelle Würdigung des Falles nicht unterbleiben. Die Verwendung von Regeln könnte aber das so gefundene Ergebnis mit normativen Erwägungen begründen und somit das verbleibende Restrisiko der Fehlverurteilung legitimieren.

Regeln über den rechtsgenügenden Beweis können überdies hilfreich sein, um dem eingangs unter B. II. 3. b) aa) erläuterten in dubio pro reo-Grundsatz zu einem tatsächlichen Anwendungsbereich zu verhelfen. Sie ordnen an, wann eine bestimmte Sanktionsnorm angewendet werden darf, obwohl gewisse Fehlverurteilungsrisiken verbleiben.[303] Entscheidungsnormen geben demnach ein Programm vor, welche Zweifel unerheblich sind und zur Verhängung einer Sanktion führen müssen und welche Zweifel dagegen relevant sein müssen. In letzterem Fall muss konsequenterweise der in dubio pro reo-Grundsatz angewandt werden. Entscheidungsnormen können demnach die Leistungsfähigkeit des in dubio pro reo-Grundsatzes deutlich erhöhen.

Im Ergebnis bleibt daher festzuhalten, dass von der Diskussion darüber, wie sich die subjektive Überzeugung zu Wahrscheinlichkeiten verhält, abgesehen werden sollte. Vielmehr sollte es darum gehen, allgemein nachvollziehbare

---

301 *Sommer*, FS Rieß, S. 585, 603.

302 So aber *Roxin/Schünemann*, Strafverfahrensrecht[28], § 45 Rn. 44.

303 Dazu und zum Folgenden *Freund*, Normative Probleme der „Tatsachenfeststellung", S. 60 ff.

Maßstäbe dafür zu entwickeln, warum in einer bestimmten Situation in einer bestimmten Weise entschieden wird. Dass hierfür überhaupt erst einmal ein „Rohsachverhalt“ in Gestalt einer Ausgangsbeweislage nötig ist, steht dem nicht entgegen.

d) Maßgebliche Perspektive bei der Entwicklung von Entscheidungsnormen

Um die maßgebliche Perspektive für die Entwicklung von Entscheidungsnormen zu ermitteln, muss von ihrem Zweck ausgegangen werden. Dieser liegt – wie gesehen – in der Legitimation von Fehlverurteilungsrisiken. Dabei sind Entscheidungsnormen den aus dem Bereich der Fahrlässigkeitsdelikte bekannten Verhaltensnormen vergleichbar. Dies bedeutet, dass die Regeln den Adressaten dazu anhalten sollen, sich an ihnen zu orientieren. Auch für die Ermittlung der maßgeblichen Perspektive kann deshalb eine genauere Betrachtung der rechtlichen Bewertung des fahrlässigen Verhaltens nützlich sein.[304] Hierfür sind zunächst zwei Fragestellungen auseinanderzuhalten. Zunächst muss untersucht werden, auf welchen Zeitpunkt es bei der Bewertung der Sachlage ankommt. In einem zweiten Schritt muss der maßgebliche Blickwinkel untersucht werden.

Hinsichtlich des Zeitpunkts kann es nur auf eine Entscheidung ex ante ankommen.[305] Das Gericht muss die im Zeitpunkt der Urteilsfindung verfügbaren Tatsachen heranziehen. Es würde keinen Sinn ergeben, den Richter auf Umstände bei der Beweiswürdigung zu verweisen, die er bei der Entscheidungsfindung gar nicht kennen kann. Dies ist ihm unmöglich und kann ihm aus diesem Grund auch nicht abverlangt werden. Daher kann es auch keinen Einfluss auf die Richtigkeit der Entscheidung haben, wenn sich im Nachhinein herausstellt, dass sich das Fehlverurteilungsrisiko im konkreten Fall realisiert hat. Die Entscheidung ist dann dennoch in dogmatisch richtiger Weise erfolgt. Dies bedeutet selbstverständlich nicht, dass das Urteil dann Bestand haben darf. Es kann beispielsweise im Wiederaufnahmeverfahren nach §§ 359 ff. StPO aufgehoben werden. Die Entscheidung wird dadurch aber nicht dogmatisch fehlerhaft.[306] Die Entscheidungsregeln müssen folglich so ausgestaltet sein, dass das Gericht sie auf den Sachverhalt, so wie er sich nach Abschluss der Beweisaufnahme darstellt, anwenden kann.

---

304 *Freund,* FS Meyer-Goßner, S. 409, 419 ff.

305 *Freund,* FS Meyer-Goßner, S. 409, 419 ff.; hinsichtlich der Fahrlässigkeit *ders.*, Strafrecht AT, § 5 Rn. 39.

306 So im Ergebnis wohl auch *Kotsoglou,* Erkenntnistheorie, S. 121 f.

Zu untersuchen ist ferner, auf welche persönlichen Eigenschaften des vorausgesetzten Beurteilers es für die Ermittlung der richtigen Verhaltensweisen ankommt. Insofern könnte entweder auf den jeweiligen Richter individuell oder auf einen gewissenhaften und besonnenen Berufsrichter abgestellt werden. Es stellt sich mit anderen Worten die Frage, ob eine Generalisierung oder eine Individualisierung vorgenommen werden muss. Diese Differenzierung ist ebenfalls aus dem Bereich der Fahrlässigkeitsdelikte bekannt. Worauf es dort ankommen soll, ist umstritten. Eine Ansicht misst das Verhalten des Täters an einem Standard (einer Maßstabsperson). Ob sich der Täter tatbestandlich fahrlässig verhalten hat, bestimmt sich nach dieser Ansicht danach, wie sich eine Idealperson in der Lage des Fahrlässigkeitstäters verhalten hätte.[307] Die individualisierende Fahrlässigkeitslehre hingegen bewertet unmittelbar das Verhalten des Täters an allgemeingültigen rechtlichen Kriterien, ohne hierbei eine Vergleichsperson heranzuziehen.[308] Beiden Ansichten ist gemein, dass der Adressat in seiner Entscheidungsfindung nicht völlig frei ist. Es bestehen jeweils rechtlich verbindliche Vorgaben, an denen er sein Verhalten ausrichten muss.[309] Ähnlich wie der Adressat einer Verhaltensnorm im Bereich der Fahrlässigkeit muss auch der Richter seine Entscheidungsfindung an allgemein gültigen rechtlichen Kriterien messen lassen.[310] Dabei darf der Beurteilungsmaßstab jedenfalls nicht weniger streng sein als bei der Konkretisierung der Fahrlässigkeit im Sinne der individualisierenden Lehren.[311]

Die Beurteilung des personalen Fehlverhaltens bei den Fahrlässigkeitsdelikten unterscheidet sich aber in einem wesentlichen Punkt von der richterlichen Entscheidungsfindung. Bei den Fahrlässigkeitsdelikten wird ermittelt, ob der Täter für ein Fehlverhalten verantwortlich gemacht werden kann. Dies ist bei dem urteilenden Richter gerade nicht der Fall.[312] Vielmehr stellt sich hier die Frage, wie das Gericht bei einer noch vorzunehmenden Entscheidung vorgehen soll. Um

---

307 *Lackner/Kühl*, StGB, § 15 Rn. 37; Schönke/Schröder/*Sternberg-Lieben/Schuster*, § 15 Rn. 133 ff.

308 MünchKomm.StGB/*Duttge*, § 15 Rn. 95 ff.; *Freund*, Strafrecht AT, § 5 Rn. 22 ff.; *ders.*, FS Meyer-Goßner, S. 409, 419.

309 *Freund*, FS Meyer-Goßner, S. 409, 419 f.

310 A.A. *Frister*, FS Grünwald, S. 169, 180. Demnach folge daraus, dass es sich bei jedem Urteil um ein persönliches Urteil des jeweiligen Richters handele, dass dieser intuitiv seine Überzeugung bilden könne.

311 *Freund*, FS Meyer-Goßner, S. 409, 420.

312 *Freund*, FS Meyer-Goßner, S. 409, 420.

die Problematik zu verdeutlichen, kann folgender Beispielfall[313] herangezogen werden. Ein schwerhöriger Richter versteht die Aussage eines Entlastungszeugen in einem wesentlichen Punkt falsch und verurteilt deshalb den Angeklagten. Einem verständigen Richter in derselben Situation wäre dieser Fehler indes nicht unterlaufen, sodass es zu einem Freispruch gekommen wäre. Das Defizit, das der Richter in dem Beispiel nicht kannte und auch nicht kennen konnte, soll ihm nicht zum Vorwurf gemacht werden. Gleichwohl muss eine Entscheidung getroffen werden, die erhebliche Konsequenzen für den Angeklagten hat. Deshalb wäre eine Verurteilung, die auf individuellen Defiziten des Richters beruht, nicht hinnehmbar. Vielmehr muss sich die Entscheidung an sachlich-rechtlich richtigen Kriterien orientieren.[314] Der Vergleichsmaßstab kann demnach im hier interessierenden Kontext der Entscheidungsnormen für den rechtsgenügenden Beweis nur die Musterperson eines verständigen Richters sein.

Deshalb kann festgehalten werden, dass der Richter bei der Anwendung von Regeln über den rechtsgenügenden Beweis jeweils die Sachlage zugrunde legen muss, wie sie sich im Zeitpunkt der Entscheidungsfindung bei verständiger Würdigung und Wahrung eines bestimmten Standards darstellt.

e) Verhältnismäßigkeitsgrundsatz als Leitlinie für die Entwicklung von Entscheidungsnormen

Entscheidungsregeln geben dem Gericht vor, wann dieses das Fehlverurteilungsrisiko eingehen und den Angeklagten verurteilen darf. Sie können damit in Grundrechte des Angeklagten eingreifen. Kommt es zu einer Verurteilung, ist zumindest die allgemeine Handlungsfreiheit betroffen. Wie jeder staatliche Eingriff in Grundrechte muss sich daher auch die Entscheidungsregel am Verhältnismäßigkeitsgrundsatz messen lassen.[315] Insoweit zeigen sich Ähnlichkeiten zu den Verhaltensnormen.

aa) Legitimer Zweck

Für jeden staatlichen Eingriff in grundrechtlich geschützte Positionen gilt, dass dieser einen legitimen Zweck verfolgen muss.[316] Als solcher kommt grundsätzlich jede Staatsaufgabe in Betracht.[317] Dass Kriminalstrafe möglich sein muss,

---

313 *Freund,* FS Meyer-Goßner, S. 409, 420 ff.

314 *Freund,* FS Meyer-Goßner, S. 409, 420.

315 Vgl. hierzu *Freund,* Normative Probleme der „Tatsachenfeststellung", S. 64 ff.

316 Vgl. hierzu ausführlich *Freund,* GA 1995, 4 ff.

317 *Ipsen,* Staatsrecht II, Rn. 187.

folgt aus Art. 74 Nr. 1, 103 Abs. 2 und 3 und Art. 104 Abs. 3 GG.[318] Unter B. III. 2. wurde bereits herausgestellt, dass Fehlverurteilungsrisiken im Interesse einer effektiven Strafrechtspflege eingegangen werden müssen. Daraus ergibt sich auch, dass es sich bei der Legitimation von Fehlverurteilungsrisiken und dem Schutz der Strafrechtspflege um legitime Zwecke handelt.

bb) Geeignetheit zur Zweckerreichung

Der Eingriff muss zur Verfolgung des Zwecks auch geeignet sein. Dies bedeutet, dass er den Zweck zumindest fördern muss.[319] Verurteilungen unter Eingehung eines Fehlverurteilungsrisikos dienen nur dann einer effektiven Strafrechtspflege, wenn das Risiko gering gehalten wird. Aus diesem Grund scheidet jede Form von starren Beweisregeln, wie sie beispielsweise die Carolina kannte, als rechtsstaatliche Entscheidungshilfe aus. Da sie nicht flexibel sind und keine Einzelfallwürdigung zulassen, gehen sie ein zu großes Fehlverurteilungsrisiko ein.[320]

cc) Erforderlichkeit für die Zweckerreichung

Des Weiteren muss der Eingriff erforderlich sein, um den Zweck zu erreichen. Dies wird allgemein dann angenommen, wenn kein milderes, gleich wirksames Mittel ersichtlich ist.[321] Die oben stehenden Ausführungen zum aktuellen Stand von Rechtsprechung und Lehre haben gezeigt, dass ohne Entscheidungsnormen keine einheitliche Rechtsprechung erzielt werden kann.

dd) Angemessenheit (Verhältnismäßigkeit im engeren Sinne)

(1) Erfordernis der Güter- und Interessenabwägung

Die Vorgehensweise bei der Verhältnismäßigkeitsprüfung unterscheidet sich in einem wesentlichen Punkt von anderen Fällen. Die einzelnen Merkmale müssen zumindest gedanklich in jedem Fall untersucht werden. Wird jedoch die Angemessenheit abgelehnt, dürfte sich eine entsprechende Regel auch nie als erforderlich oder geeignet erweisen. Denn stellt man sich beispielsweise eine Regel vor, die zu wenige Entlastungsmöglichkeiten für den Angeklagten vorsieht, kann diese auch nicht den Zweck der Legitimation von Fehlverurteilungen fördern.

---

318 *Stein*, „Gewißheit“ und „Wahrscheinlichkeit“, S. 233, 249.

319 BVerfG Entsch. v. 16.3.1971 – 1 BvR 52/66 u.a., BVerfGE 30, 292, 316; *Detterbeck*, Öffentliches Recht, Rn. 303.

320 *Stein*, „Gewißheit“ und „Wahrscheinlichkeit“, S. 233, 250.

321 BVerfG Entsch. v. 16.3.1971 – 1 BvR 52/66 u.a., BVerfGE 30, 292, 316; *Detterbeck*, Öffentliches Recht, Rn. 304; *Ipsen*, Staatsrecht II, Rn. 191.

Denn in diesem Fall bestünde schlichtweg keine legitimierbare Verurteilungsgrundlage. Die Prüfung der Angemessenheit nimmt somit Einfluss auf die vorhergehenden Stufen. Ob eine Regel verhältnismäßig ist, muss daher in einer Gesamtbewertung beurteilt werden.

In diesem Rahmen muss eine umfassende Güter- und Interessenabwägung stattfinden.[322] Diese kann sich ebenfalls am Verhaltensnormensystem orientieren. Dabei müssen einerseits Güterschutzinteressen und andererseits Freiheitsentfaltungsmöglichkeiten in Ausgleich gebracht werden.[323] Die bei den Entscheidungsnormen zu berücksichtigenden Rechtsgüter unterscheiden sich hiervon allerdings. Anders als bei den Verhaltensnormen kommt es bei den Entscheidungsnormen nur in untergeordnetem Maß auf die Entfaltungsfreiheit, hier des entscheidenden Gerichts, an.[324]

In erster Linie ist das Interesse des Staates an einer effektiven Strafrechtspflege gegen den Tatschuldgedanken[325] sowie die Interessen des möglicherweise unschuldigen Angeklagten abzuwägen.[326] Eine Verurteilung setzt nämlich immer schuldhaftes Handeln voraus. Es muss daher eine Regel gefunden werden, bei der das Fehlverurteilungsrisiko so klein gehalten wird, dass eine Verurteilung des Angeklagten keinen Verstoß gegen den Tatschuldgedanken darstellt. Dies ist nur dann möglich, wenn sich die Abwägung an rechtlichen Vorgaben orientiert.

Ob ein Fehlverurteilungsrisiko eingegangen werden kann, hängt deshalb nach einer Ansicht davon ab, welche Bedeutung die (Nicht-)Eingehung des Risikos für eine effektive Strafrechtspflege habe.[327] Deshalb gelte, dass Zweifel, die nicht lediglich prinzipiell-erkenntnistheoretischer Natur seien, umso eher zu akzeptieren seien, je essentieller eine effektive Strafrechtspflege darauf angewiesen sei.[328] Anders formuliert bedeutet dies, dass für eine Verurteilung die Unschuldsvermutung in jedem Einzelfall entkräftet werden muss.[329] Demnach müsste eine Verurteilung je eher unterbleiben, desto intensiver der Tatschuldgedanke betroffen ist. Die effektive Strafrechtspflege und der Tatschuldgedanke geben demnach

---

322 *Detterbeck*, Öffentliches Recht, Rn. 307.

323 *Freund*, Strafrecht AT, § 2 Rn. 10.

324 *Stein*, „Gewißheit" und „Wahrscheinlichkeit", S. 233, 244.

325 *Stein*, „Gewißheit" und „Wahrscheinlichkeit", S. 233, 263.

326 *Sommer*, FS Rieß, S. 585, 606.

327 *Stein*, „Gewißheit" und „Wahrscheinlichkeit", S. 233, 251 f.

328 *Stein*, „Gewißheit" und „Wahrscheinlichkeit", S. 233, 251 f.

329 *Kindhäuser*, Jura 1988, 290, 296. *Kindhäuser* geht aber im Ergebnis davon aus, dass der Richter frei entscheiden kann, welche Zweifel er für maßgeblich hält, solange es sich dabei um konkrete, d.h. fallbezogene Zweifel handelt.

den Rahmen vor, innerhalb dessen sich eine Regel über den rechtsgenügenden Beweis bewegen muss. Allerdings handelt es sich dabei um eine Vorgabe, die noch der Konkretisierung bedarf. Es muss gefordert werden, dass in jedem Einzelfall herausgearbeitet wird, warum nun gerade die effektive Strafrechtspflege Vorrang vor den Interessen des Angeklagten haben soll.

Eine Regel über den rechtsgenügenden Beweis muss sich dabei an den gesetzlichen Wertentscheidungen orientieren. Vergleichbar mit den Fahrlässigkeitsdelikten gibt das Gesetz Orientierungshilfen vor.[330] Geht es beispielsweise um die Beurteilung erlaubten Verhaltens im Straßenverkehr, kann sich der Handelnde an den Vorgaben der Straßenverkehrsordnung orientieren. Auf diese Weise kann er erkennen, ob sein Handeln rechtlich zulässig ist oder nicht. Für den entscheidenden Richter gibt es auf den ersten Blick keine solche Normen, die Verbote oder Gebote beinhalten. Dem Gericht stehen aber bei der Beurteilung, ob es den Beweis als erbracht ansehen darf, die Wertungen des Grundgesetzes, der StPO und des StGB zur Verfügung. So kann es bei der Bestimmung, welches Gewicht es einem Beweismittel zuspricht, gesetzliche Grundentscheidungen, Schutzmechanismen, Straftatbestände und Verfahrensregeln heranziehen.

Allgemein sind zu Gunsten des Angeklagten dessen Freiheit, Vermögen und der Status als nicht vorbestrafter Bürger[331] sowie sämtliche Freiheitsrechte, die Unschuldsvermutung und die Strafzwecke[332] zu berücksichtigen. Ferner muss es eine Rolle spielen, wenn der Gesetzgeber Eingriffe abschwächt, beispielsweise indem er kurze Verjährungsfristen oder eine Strafvollstreckungsentschädigung schafft. Darüber hinaus werden der Stellung des Angeklagten und des Zeugen im Strafverfahren wesentliche Bedeutung zukommen. Hier wird zu berücksichtigen sein, dass dem Angeklagten einerseits die Selbstbelastungsfreiheit zusteht, der Zeuge andererseits zur wahrheitsgemäßen Auskunft verpflichtet ist.[333]

(2) Diskursive Elemente des Strafverfahrens

Um die Angemessenheit einer Regel über den rechtsgenügenden Beweis zu ermitteln, können Ansätze der Diskursanalyse herangezogen werden. Der Begriff des Diskurses und die damit zusammenhängenden Theorien haben in der

---

330 Bzgl. der Fahrlässigkeitsdelikte und dem folgenden Beispiel des Straßenverkehrs *Freund,* Strafrecht AT, § 5 Rn. 46 ff.

331 *Freund,* FS Meyer-Goßner, S. 409, 424.

332 *Sommer,* FS Rieß, S. 585, 607.

333 Welche Aspekte dabei im Einzelnen zu berücksichtigen sind und wie sich das realisieren lässt, soll anhand der Aussage gegen Aussage-Situation näher unten untersucht werden.

Wissenschaft vielfältige Ausprägungen erfahren, auf die in dieser Arbeit nicht umfassend eingegangen werden kann. Die vorliegende Untersuchung verfolgt nicht das Ziel, eine Theorie in ihrer Gänze auf die hier interessierende Fragestellung anzuwenden. Es können jedoch einige Gedanken zusätzlich zu den bereits ausgeführten Argumenten herangezogen werden, die für eine Entwicklung von Regeln über den rechtsgenügenden Beweis sprechen und bei deren Formulierung hilfreich sein könnten.

Nach *Jürgen Habermas'* Theorie des kommunikativen Handelns setzt der Diskurs voraus, dass Geltungsansprüche auf Wahrheit und Richtigkeit erhoben werden und sich diese zumindest grundsätzlich auch einlösen lassen.[334] Es handelt sich um Gesprächssituationen, in denen die erhobenen Geltungsansprüche begründet werden und so ein begründeter Konsens erzielt werden soll.[335] *Alexy*[336] und *Habermas*[337] gehen davon aus, dass auch im Strafverfahren ein Diskurs stattfindet. Dem ist insoweit zuzustimmen, als der Strafprozess zumindest deutliche diskursive Elemente aufweist.[338] Nach *Alexy* betreffe der Strafprozess – wie auch allgemein Diskurse – die praktische Frage, was zu tun oder unterlassen sei. Diese Frage würde auch mit dem Anspruch auf Richtigkeit diskutiert.[339] Richtigkeit bedeute in diesem Sinne eine am Maßstab des Art. 20 Abs. 3 GG vernünftig begründete Entscheidung.[340] Der Strafprozess stelle aber insoweit einen Sonderfall dar, als er an Gesetz, Dogmatik und in gewissem Grade auch an vorhandene

334 *Römpp,* Habermas, S. 149 f.

335 *Römpp,* Habermas, S. 150 ff.

336 Theorie der juristischen Argumentation, S. 263 ff.; zustimmend *Jahn,* ZStW 118 (2006), 427, 455; kritisch zu dieser Einordnung *Sacher,* FS Schünemann, S. 957, 960 ff.

337 Theorie des kommunikativen Handelns, Bd. 1, S. 61 f.

338 Das Strafverfahren beinhaltet allerdings keinen herrschaftsfreien Diskurs. Der generellen Einordnung als Diskurs wird in der Literatur der Einwand entgegengehalten, im Strafprozess handelten die Verfahrensbeteiligten nicht kommunikativ, sondern ausschließlich strategisch. Die Äußerungen seien dadurch geprägt, dass sich der Erklärende Vorteile von ihnen verspreche. Daher seien sie nicht verallgemeinerbar und könnten keinen Anspruch auf Richtigkeit erheben; vgl. dazu *Sacher,* FS Schünemann, S. 957, 964. Allerdings dürfte dies der Einordnung als Diskurs nicht entgegenstehen. Verständigung kann nämlich auch dann bezweckt werden, wenn dabei auch eigene Interessen verfolgt werden, vgl. dazu *Römpp,* Habermas, S. 159.

339 *Alexy,* Theorie der juristischen Argumentation, S. 263 ff.

340 *Alexy,* Theorie der jurisitschen Argumentation, S. 34, 264 ff.

Urteile gebunden sei und somit Einschränkungen unterliege.[341] *Habermas* führte diese Gedanken dahingehend fort, dass auch die Argumentation in juristischen Prozessen dem Ziel diene, intersubjektive Überzeugungen kraft besserer Argumente herauszubilden.[342]

Aus eben dieser Einordnung lassen sich einige Schlussfolgerungen ziehen, die für die folgende Untersuchung von Bedeutung sind. In erster Linie muss gewährleistet werden, dass alle Beteiligten in den Diskurs einbezogen werden.[343] Dies gilt in besonderem Maße für den Angeklagten, um dessen Rechtspositionen es vorrangig geht. Eine Entscheidung darf nur unter Einbeziehung seiner Beiträge zum Diskurs erfolgen. Regeln über den rechtsgenügenden Beweis könnten unter diesem Aspekt schützende Funktion gegenüber dem Angeklagten entfalten. Als Beispiel könnte eine Regel lauten, nach der eine Verurteilung wegen einer Vorsatztat nicht erfolgen darf, wenn der Angeklagte zwar hochwahrscheinlich vorsätzlich getötet hat, aber zu seiner Entlastung eine mögliche Alternativerklärung fehlenden Vorsatzes in einer von ihm allenfalls erwartbaren substantiierten Form gibt.[344] Eine solche Regel würde dem Gericht vorgeben, dass es die entsprechenden Ausführungen des Angeklagten berücksichtigen *muss*, der Angeklagte mithin Einfluss auf das Ergebnis des Prozesses nehmen kann. Aber auch die Ausführungen von Opferzeugen, die als Nebenkläger im Verfahren auftreten, müssen vom Gericht ausführlich gewürdigt werden.

Diese Garantie für den Angeklagten beinhaltet umgekehrt aber auch eine Art *Obliegenheit*, sich auf den Diskurs einzulassen. Insoweit ist der Gedanke *Alexys* heranzuziehen, nach dem es in Diskursen generell nicht zulässig sein soll, etwas ohne Begründung zu behaupten.[345] Damit sich der Diskurs entwickeln kann, ist eine fundierte, substantiierte Darlegung der eigenen Ansicht unerlässlich. Kommunikatives Handeln ist eine elementare Voraussetzung für die Entscheidungsfindung. Sprache dient dabei als Mittel zur Verständigung und Erzielung des Konsenses.[346] Äußert sich der Angeklagte zum Tatvorwurf, muss gewährleistet sein, dass eine substantiiert begründete Auseinandersetzung mit der Einlassung erfolgt. Aber auch das Schweigen des Angeklagten stellt einen solchen kommunikativen Akt dar, der entsprechend Berücksichtigung finden kann.

---

341 *Alexy,* Theorie der juristischen Argumentation, S. 34, 263; *Habermas,* Theorie des kommunikativen Handelns, Bd. 1, S. 62.

342 *Habermas,* Theorie des kommunikativen Handelns, Bd. 1, S. 62.

343 *Keller,* Diskursforschung, S. 18.

344 Zu dieser Regel *Freund,* FS Meyer-Goßner, S. 409, 426.

345 *Alexy,* Theorie der juristischen Argumentation, S. 265.

346 *Römpp,* Habermas, S. 155.

Dem könnte nun der Einwand entgegengehalten werden, dem Angeklagten stünde das Recht zu, sich zu den Vorwürfen nicht zu äußern. Der nemo tenetur se ipsum accusare-Grundsatz ist unerlässlicher Teil eines rechtsstaatlichen Verfahrens und darf dem Angeklagten keinesfalls genommen werden. Die Frage nach dem Schweigerecht ist jedoch von der Entscheidungsfindung im Diskurs zu trennen. Der Angeklagte muss sich nicht äußern, aber selbstverständlich sind die Ermittlungsmöglichkeiten des Gerichts begrenzt. Wenn nur er über Kenntnisse verfügt, aufgrund deren eine Verurteilung nicht in Betracht kommt, können diese nur durch seinen Vortrag in den Prozess einfließen. Dies könnte beispielsweise der Fall sein, wenn ein Zeuge an einem anderen Ort bestätigen kann, dass sich der Angeklagte nicht am Tatort aufgehalten hat. Der Angeklagte muss dies nicht vortragen. Tut er dies nicht und hat das Gericht seinerseits alle möglichen Ermittlungsmaßnahmen ausgeschöpft und keinen derartigen Zeugen ermitteln können, kann bei ansonsten erdrückender Beweislage zu Lasten des Angeklagten gleichwohl eine Verurteilung erfolgen. Ein anderes Vorgehen kann schwerlich in Betracht kommen. Denn das Gericht kann im Interesse einer effektiven Strafrechtspflege nicht aufgrund jedes noch so fernliegenden Zweifels (beispielsweise dass es irgendwo auf der Welt einen Zeugen geben kann, der ein Alibi zur Verfügung stellt) von einer Verurteilung absehen.

Diese Begründungsobliegenheit trifft aber nicht nur den Angeklagten im Hinblick auf seine Entlastung, sondern sämtliche Verfahrensbeteiligte. Insbesondere das Gericht ist gehalten, zu einem Ergebnis zu gelangen, das für alle Betroffenen nachvollziehbar ist. Insofern gilt, dass die Begründungen auch *intersubjektiv*, mithin alle am Diskurs beteiligten Personen, überzeugen müssen.[347] Eine Entscheidung, der eine solche Begründung fehlt, kann von den Teilnehmern des Diskurses nicht angenommen werden. Die Begründungspflicht bezieht sich demnach nicht nur auf das letztendliche Urteil, sondern auch auf alle relevanten Verfahrensschritte im Prozess. Nur wenn der Verfahrensgang für alle Beteiligten nachvollziehbar ist, können diese auf die wechselseitigen Äußerungen reagieren.

Demnach sind folgende Schlussfolgerungen festzuhalten:

1. Der Strafprozess enthält diskursive Elemente.
2. Entscheidungen dürfen deshalb nur unter Einbeziehung aller Prozessbeteiligten erfolgen.
3. Die im Diskurs getroffenen Äußerungen sollen begründet werden.

347 *Römpp*, Habermas, S. 166.

Der Vorteil von Regeln über den rechtsgenügenden Beweis könnte mithin auch darin gesehen werden, dass eine Einhaltung dieser Voraussetzungen juristischer Diskurse gewährleistet werden könnte. Die Verfahrenspositionen der einzelnen Personen könnten sichergestellt und eine zu autoritäre Stellung des Gerichts durch das Ausschalten der Überzeugung als alleiniges Entscheidungskriterium verhindert werden. Der Entscheidung würde vielmehr eine Begründung zugrunde liegen, die um Intersubjektivität bemüht ist. Diese Voraussetzungen geben sicherlich noch kein Programm für konkrete Regeln. Damit eine Regel angemessen ist, muss sie aber die aufgezählten Grundsätze als Mindestvoraussetzungen berücksichtigen.

f) Verhältnis zum Prinzip der freien Beweiswürdigung – Ausblick auf das „Common Law"

Klargestellt werden muss noch, wie sich die zu entwickelnden Regeln über den rechtsgenügenden Beweis zum Grundsatz der freien Beweiswürdigung verhalten. Durch die Einführung von Entscheidungsnormen soll keineswegs die freie Beweiswürdigung (soweit man von einer solchen sprechen kann) insgesamt abgeschafft werden. Es ist aus den oben genannten Gründen unerlässlich, jeden Fall individuell zu würdigen. Dem steht jedoch nicht entgegen, gewisse wiederkehrende Regeln aufzustellen und diese zu kodifizieren.

Dass dies möglich ist, zeigt ein Blick in den Rechtsraum des „Common Law". Sicherlich muss bei einem Vergleich mit dem anglo-amerikanischen Recht immer berücksichtigt werden, dass sich dieses mit seinem Parteienprozess und der Bindung an Präjudizien sowie der Institution von Geschworenengerichten vom deutschen Rechtsraum erheblich unterscheidet.[348] Ferner erfolgen die Schuldfeststellung und die Bestimmung des Strafmaßes in zwei unterschiedlichen Verfahren, wobei ersteres oftmals zu Gunsten einer Verständigung unterbleibt.[349] Jedoch verdeutlicht die Entwicklung eines eigenständigen Beweisrechts („Evidence Law") neben dem Grundsatz der freien Überzeugungsbildung, dass es sich dabei nicht zwangsläufig um Antagonisten handeln muss.[350] Sowohl im

348 Das schottische sowie das US-amerikanische Beweisrecht werden im Rahmen der „Corroboration"-Regel näher vorgestellt werden, s. dazu D. IV. 2.

349 *Kotsoglou*, Erkenntnistheorie, S. 146.

350 *Nobili*, Die freie richterliche Überzeugungsbildung, S. 9 ff.; *Küper*, FG Peters, S. 23, 29.

schottischen wie auch im US-amerikanischen[351] Recht sieht die Rechtsprechung vor, dass der Verurteilungsmaßstab für die Geschworenen „Beyond Reasonable Doubt“ liegen muss.[352] Ähnlich wie im deutschen Rechtsraum nach der Rechtsprechung des BGH dürfen die Geschworenen demnach keinen vernünftigen Zweifel an der Schuld des Angeklagten haben.[353] Dennoch beinhaltet das Beweisrecht des „Common Law“ an einigen Stellen Beweisregeln, die sich teils über die Jahre als Richterrecht entwickelt haben[354], teils aber auch in Gesetzesform niedergeschrieben sind. Das schottische Recht sieht für das gesamte Strafverfahren die „Corroboration“-Regel vor, nach der jedes Beweismittel, auch der Zeugenbeweis, durch mindestens ein weiteres Beweismittel bestätigt werden muss.[355] In den USA enthält sogar die Verfassung eine Beweismaßregel in Art. 3 Abs. 3. Dieser sieht die klassische Zwei-Zeugen-Regel für die Fälle des Hochverrats vor.[356] Die „Corroboration“-Regel ist in einigen Bundesstaaten auch für die Delikte des Meineids sowie der Vergewaltigung in den jeweiligen „Evidence Codes“ vorgesehen.[357] Diese – sogar starren – Beweisregeln gehen damit deutlich über die nur verfahrenserleichternden Beweisregeln des deutschen Rechts, wie sie z.B. §§ 186, 190 StGB, § 274 StPO enthalten, hinaus.[358]

---

351 Aufgrund der föderalistischen Struktur kann zwar nur in bedingtem Umfang eine einheitliche Aussage zum US-amerikanischen Recht getroffen werden. Die Anforderungen an den Verurteilungsmaßstab (standard of proof) gehen aber bereits auf das „Common Law“ des 18. Jahrhunderts zurück und gelten in den Bundesstaaten nahezu einheitlich, vgl. hierzu *Shealy,* Oklahoma Law Review 65/2 (2013), 225, 230 f.

352 Vgl. zum schottischen Recht *Sheehan/Dickson/Vannet/Crowe,* Criminal Procedure, Abschnitt 88 S. 58; vgl. zum US-amerikanischen Recht *Jonakait,* University of New Hampshire Law Review 10/1 (2012), 97 ff.; *Shealy,* Oklahoma Law Review 65/2 (2013), 225 ff.; *Siffert,* University of Bridgeport Law Review 8/2 (1987), 365 ff.; *McElhaney,* ABA Journal 97/10 (2011), 22 ff.

353 Interessanterweise wird diese Anforderung im amerikanischen Recht – anderes als im deutschen Recht – weniger als Grenze bei der Verurteilung für die Gerichte, sondern seit 1970 durch den Supreme Court der Vereinigten Staaten als fundamentales von Verfassungs wegen garantiertes Recht auf ein faires Verfahren aufgefasst. Eine einheitliche Definition ist ebenfalls nicht vorhanden; vgl. dazu. *Shealy,* Oklahoma Law Review 65/2 (2013), 225, 228 und 231.

354 *Küper,* FG Peters, S. 23, 29.

355 S. zu den Rechtsgrundlagen dieser Regel ausführlich unten D. IV. 2. a) bb).

356 *Jain,* Journal of Criminal Law and Criminology 91/3 (2001), 761 ff.; s. dazu unten D. IV. 2. b) cc) (1) (a).

357 S. dazu und zu weiteren Beispielen näher D. IV. 2. b) cc) (1) (b)-(c).

358 S. dazu bereits B. II. 3. b) aa).

Obwohl die Sinnhaftigkeit der einzelnen Regeln teilweise diskutiert wird, wird generell nicht in Abrede gestellt, dass es diese im „Common Law“ geben darf. Dass es nicht zumindest für einzelne Prozesssituationen, Delikte oder Beweismittel Entscheidungsregeln geben kann, ist eine Ansicht, die in erster Linie der historischen Auslegung des § 261 StPO als Abgrenzung zum Inquisitionsprozess geschuldet und nicht zwingend vorgegeben ist. Dieser historische Hintergrund wird im deutschen Rechtsraum oft überbetont. Vielmehr zeigt die Rechtswirklichkeit, dass die Beweiswürdigung nicht gänzlich frei ist und einheitliche Regelungen diskutiert werden sollten. Bei der Analyse möglicher Regeln über den rechtsgenügenden Beweis soll daher von einer rein historischen Auslegung abgesehen und vielmehr die Frage aufgeworfen werden, ob das aktuelle Recht Regeln aufstellen sollte, die intersubjektive Geltung beanspruchen können.

C. Zweiter Teil: Die Verfahrenssituation „Aussage gegen Aussage“

I. Begriffsbestimmung

1. Der Angeklagte bestreitet den Tatvorwurf

Unter der Bezeichnung „Aussage gegen Aussage“ wird im Wesentlichen die Situation verstanden, in der die Sachverhaltshypothese von einer einzigen Aussage und ihrem Beweiswert abhängt.[359] Darunter fällt typischerweise die Prozesslage, in welcher der Angeklagte die Aussage des einzigen Belastungszeugen substantiiert bestreitet.[360] Dabei kann der einzige Belastungszeuge auch ein Mitangeklagter sein.[361] In vielen anderen Fällen ist die Einordnung unter den Aussage gegen Aussage-Begriff allerdings umstritten.

2. Der Angeklagte lässt sich nicht oder nur durch seinen Verteidiger ein

Eine Aussage gegen Aussage-Konstellation liegt nach h.M. auch dann vor, wenn der Angeklagte zum Tatvorwurf schweigt.[362] Dies betrifft sowohl diejenigen Fälle, in denen sich der Angeklagte überhaupt nicht äußert,[363] wie auch diejenigen, in denen er pauschal bestreitet und im Übrigen schweigt.[364]

Der 3. Strafsenat scheint hierzu eine andere Ansicht zu vertreten. Er lehnte das Vorliegen der Aussage gegen Aussage-Situation in einem Fall ab, in dem der Angeklagte in der Hauptverhandlung schwieg und vor einem Sachverständigen bestreitende Angaben gemacht hatte.[365] Eine nähere Begründung des Senats für diese Einordnung der Prozesslage ist der Entscheidung nicht zu entnehmen und auch nicht ohne Weiteres ersichtlich. Das Charakteristische der Aussage gegen

---

359 *Herdegen,* NJW 2003, 3513.

360 *Sander,* StV 2000, 45, 46.

361 BGH Beschl. v. 22.1.2002 – 5 StR 549/01, NStZ-RR 2002, 146; *Maier,* NStZ 2005, 246; *Sander,* StV 2000, 45, 46; *Maul,* StraFo 2000, 257, 258; KK/*Ott,* StPO^7, § 261 Rn. 29c.

362 BGH Beschl. v. 17.12.1997 – 2 StR 591/97, StV 1998, 250; *Maier,* NStZ 2005, 246; *Sander,* StV 2000, 45, 46; *Brause,* NStZ 2013, 129, 130.

363 BGH Beschl. v. 17.12.1997 – 2 StR 591/97, StV 1998, 250; KK/*Ott,* StPO^7, § 261 Rn. 29b; *Sander,* StV 2000, 45, 46; *Maier,* NStZ 2005, 246.

364 BGH Beschl. v. 23.10.2001 – 1 StR 415/01, NStZ 2002, 161; *Maier,* NStZ 2005, 246.

365 BGH Beschl. v. 22.3.2005 – 3 StR 47/05, juris Rn. 3.

Aussage-Situationen ist, dass der Angeklagte nur aufgrund einer einzigen Zeugenaussage verurteilt werden soll, was mit erheblichen Schwierigkeiten im Rahmen der Beweiswürdigung zusammenhängt.[366] Dies ist auch dann der Fall, wenn sich der Angeklagte nicht einlässt, sondern von seinem Schweigerecht Gebrauch macht.[367] Anderenfalls würde er gezwungen, sich zu den Vorwürfen zu äußern, um in den Genuss der besonderen Anforderungen zu kommen, welche die Rechtsprechung an diese Beweislage stellt.[368]

Zum Teil wird es als problematisch angesehen, wenn sich der Angeklagte selbst nicht unmittelbar äußert, sondern nur durch den Verteidiger eine schriftliche Erklärung abgibt.[369] Dem Angeklagten könnten dann nämlich keine Nachfragen zu seiner Einlassung gestellt werden. Wenn jedoch die Aussage gegen Aussage-Konstellation in den Fällen des gänzlichen Schweigens vorliegt, kann auch eine Aussage durch den Verteidiger nicht anders behandelt werden. Auch in diesem Fall würden dem Angeklagten ansonsten die höheren Anforderungen, welche die Rechtsprechung an die Beweiswürdigung in den Aussage gegen Aussage-Fällen stellt, genommen. Dies könnte ihn letztlich davon abhalten, von seinen Verteidigungsrechten Gebrauch zu machen.[370]

3. Es sind mehrere Zeugen aus „demselben Lager“ vorhanden

Das OLG Frankfurt und das OLG Karlsruhe bejahten das Vorliegen einer Aussage gegen Aussage-Situation auch in Fällen, in denen mehrere Zeugen vorhanden waren, diese aber „demselben Lager“ angehörten.[371] Eine derart weite Auffassung der Prozesslage kann indes nicht überzeugen. Die Besonderheit der Aussage gegen Aussage-Fälle ist gerade in der Quantität zu sehen: Das Wort eines Zeugen steht gegen das des Angeklagten. Eine Zeugenpluralität kann allerdings dafür sprechen, den belastenden Aussagen insgesamt größeres Gewicht beizumessen.

---

366 S. dazu sogleich D. I. 1.

367 *Deckers*, StraFo 2010, 372, 375; *Maier*, NStZ 2005, 246.

368 *Brause*, NStZ 2013, 129, 130.

369 So wohl *Maier*, NStZ 2005, 246. Diese Einschränkung wird aus der Entscheidung BGH Urt. v. 24.3.2003 - 3 StR 181/02, NStZ 2003, 498 herausgelesen. Der BGH deutete dies aber nur an und ließ es im Ergebnis offen, indem er seine Entscheidung auch auf andere Aspekte stützte.

370 So auch *Brause*, NStZ 2013, 129, 130.

371 OLG Frankfurt, Beschl. v. 6.11.2009 - 1 Ss 390/08, StV 2011, 12, 13; OLG Karlsruhe, Beschl. v. 22.3.2005 - 2 Ss 2/05, StraFo 2005, 250; bejahend wohl auch Meyer-Goßner/*Schmitt*, StPO, § 261 Rn. 11a; KMR/*Stuckenberg*, StPO, § 261 Rn. 67 (68. EL August 2013).

Denn in diesem Fall sind zwei Beweismittel vorhanden, die zunächst voneinander unabhängig sind. Sicherlich besteht das Risiko, dass sich die Zeugen abgesprochen haben oder in ihrem gegenseitigen Interesse aussagen. Dass sich die Zeugen nahestehen, kann dann dazu führen, dass der Beweiswert der jeweiligen Aussage sinkt. Die Frage des Beweiswerts ist jedoch von derjenigen zu trennen, ob eine Aussage gegen Aussage-Situation vorliegt. Deshalb sind die Fälle mehrerer Zeugen aus demselben Lager nicht mit denen eines einzigen Zeugen vergleichbar.

4. Es sind weitere (unmittelbar tatbezogene) Indizien vorhanden

Die Aussage gegen Aussage-Situation liegt hingegen unstrittig dann nicht vor, wenn neben der Zeugenaussage zusätzliche belastende Indizien vorhanden sind, welche die Aussage bestätigen.[372] Indizien unterscheiden sich vom Beweis dadurch, dass sie sich nur mittelbar auf beweiserhebliche Tatsachen beziehen.[373] Mittels Erfahrungsregeln wird mit dem Indiz auf eine Haupttatsache geschlossen.[374] Dabei soll es schon ausreichen, wenn sich die Indizien nur auf einzelne Taten beziehen.[375] Umstritten ist jedoch, wie intensiv der Bezug des Indizes zur Tat im Einzelnen sein muss, damit nicht mehr von einer Aussage gegen Aussage-Situation gesprochen werden kann. Nach vorzugswürdiger Ansicht muss es sich stets um einen unmittelbaren Tatbezug handeln.[376] Dem steht eine Entscheidung des 2. Strafsenats entgegen, in der dieser annahm, eine Bestätigung des Randbereichs durch zusätzliche Indizien genüge.[377] Gegenstand des Verfahrens war eine Anklage wegen sexueller Nötigung in einem besonders schweren Fall. Der Angeklagte hatte sich bei der Schwester der Geschädigten nach einer Reise über deren Verbleib erkundigt. Außerdem hatte die Geschädigte der Schwester von der Tat unmittelbar nach dieser erzählt. Die Aussage der Schwester stelle ein weiteres Indiz dar, aufgrund dessen keine Aussage gegen Aussage-Situation vorliege. Dem wird zu Recht in der Literatur entgegengehalten, dass es sich nur um eine Zeugin vom

372 BGH Urt. v. 29.7.1998 – 1 StR 94/98, BGHSt 44, 153, 158; BGH Urt. v. 21.1.2004 – 1 StR 379/03, NStZ 2004, 635, 636; *Schmandt*, StraFo 2010, 446, 448.

373 *Roxin/Schünemann*, Strafverfahrensrecht[28], § 24 Rn. 7.

374 *Volk/Engländer*, Grundkurs StPO, § 23 Rn. 3.

375 BGH Urt. v. 21.1.2004 – 1 StR 379/03, NStZ 2004, 635, 636; *Maier*, NStZ 2005, 246.

376 *Deckers*, FS Hamm, S. 53, 58 f.; *ders.*, StraFo 2010, 372, 374; *Eisenberg/Zötsch*, NJW 2003, 3676, 3678; KK/*Ott*, StPO[7], § 261 Rn. 29b; *Sander*, StV 2000, 45, 46; *Miebach*, NStZ-RR 2014, 233; *Maul*, StraFo 2000, 257; im Ergebnis wohl auch *Brause*, NStZ 2013, 129, 130.

377 BGH Urt. v. 28.5.2003 – 2 StR 486/02, NStZ-RR 2003, 268 f.

Hörensagen handelte, sodass die besondere Prozesslage sehr wohl angenommen werden kann.[378] Die Schwester selbst kann hier nämlich keine Auskünfte zur Tat geben. Als mögliche unabhängige Indizien, bei deren Vorliegen die Aussage gegen Aussage-Situation nicht mehr vorliegen soll, gelten hingegen ein Liebesbrief des Angeklagten, Spermaspuren, Narben beim Opfer sowie der Zustand des Opfers um den Tatzeitpunkt,[379] ferner DNA-Spuren oder allgemein Urkunden.[380]

5. Definition

Die folgende Definition umschreibt demnach den Anwendungsbereich der hier interessierenden Fälle im Detail und kann der nachfolgenden Untersuchung zugrunde gelegt werden: Die Beweislage „Aussage gegen Aussage" ist dann gegeben, wenn der Darstellung des Geschehensablaufs durch den Angeklagten oder dessen Schweigen eine davon im Kernbereich abweichende Schilderung durch einen einzigen Zeugen gegenübersteht, ohne dass andere unmittelbar tatbezogene Beweismittel verfügbar sind.[381]

II. Die Würdigung von Zeugenaussagen

1. Allgemeines zur Glaubwürdigkeit von Zeugen

a) Bedeutung der Glaubwürdigkeit für den rechtsgenügenden Beweis

Im Rahmen der Beweiswürdigung wird die Glaubwürdigkeit bzw. die Glaubhaftigkeit von Zeugenaussagen überprüft. Schwierigkeiten bei der Beurteilung der Glaubwürdigkeit bzw. Glaubhaftigkeit können Einfluss auf die Anforderungen an den rechtsgenügenden Beweis haben. Kommt die Untersuchung beispielsweise zu dem Ergebnis, dass Zeugenaussagen generell mit erheblichen Unsicherheiten

---

378 *Deckers,* FS Hamm, S. 53, 59.

379 *Sander,* StraFo 2005, 446, 448.

380 *Maul,* StraFo 2000, 257.

381 Die Definition setzt sich zusammen aus den Vorschlägen von *Deckers,* StraFo 2010, 372, 375 („Der Schilderung eines inkriminierten Sachverhalts durch eine einzige Aussageperson steht eine im Kern bestreitende Darstellung oder das Schweigen des Angeklagten gegenüber, ohne dass ergänzend auf andere – unmittelbar tatbezogene – Beweismittel zurückgegriffen werden kann.") sowie von *Eisenberg/Zötsch,* NJW 2003, 3676, 3678 („Die Beweislage „Aussage gegen Aussage" ist dann gegeben, wenn der Darstellung des Geschehensablaufs durch den Angeklagten eine davon in wesentlichen Punkten, also im Kernbereich abweichende Schilderung durch *einen* Zeugen, der unmittelbare eigene Wahrnehmungen schildert, gegenübersteht, ohne dass andere Beweismittel verfügbar sind.").

behaftet sind, kann dem Zeugenbeweis auch kein hoher abstrakter Beweiswert zugesprochen werden. Um zu ermitteln, unter welchen Voraussetzungen der Beweis als erbracht anzusehen ist, ist daher vorab eine Auseinandersetzung mit dem Zeugenbeweis vonnöten.

b) Unterscheidung zwischen Glaubwürdigkeit und Glaubhaftigkeit

Glaubwürdigkeit wird definiert als die „kommunikativ vermittelte Eigenschaft einer Behauptung (Aussage) über die (subjektiv empfundene) Wirklichkeit".[382] Bei der Würdigung von Zeugenaussagen werden unterschiedliche Begriffe benutzt, die oftmals nicht voneinander abgegrenzt werden.[383] Üblicherweise wird zwischen der allgemeinen oder persönlichen Glaubwürdigkeit sowie der speziellen Glaubwürdigkeit (auch „Glaubhaftigkeit") unterschieden.[384] Die spezielle Glaubwürdigkeit bezieht sich auf den konkreten Verfahrensgegenstand, wohingegen die allgemeine Glaubwürdigkeit sonstige Angelegenheiten außerhalb des Verfahrens betrifft.[385] Anders ausgedrückt geht es bei der allgemeinen Glaubwürdigkeit um die Eigenschaften einer Person, während die spezielle Glaubwürdigkeit die Aussage zum Gegenstand hat.[386] Die spezielle Glaubwürdigkeit meint demnach die Glaubhaftigkeit der jeweiligen Aussage. Deshalb werden im Folgenden zur besseren Unterscheidung die Begriffe *„Glaubwürdigkeit"* für die allgemeine Glaubwürdigkeit und *„Glaubhaftigkeit"* für die spezielle Glaubwürdigkeit verwendet.[387]

Grundsätzlich spielt die Glaubwürdigkeit – wenn überhaupt – nur eine untergeordnete Rolle gegenüber der Glaubhaftigkeit.[388] Denn selbst wenn eine Person

---

382 *Fischer,* NStZ 1994, 1, 2.

383 *Fischer,* FS Widmaier, S. 191, 193.

384 *Nack,* StV 1994, 555, 556. Die Glaubhaftigkeit wird zum Teil auch noch als „Glaubwürdigkeit im engeren Sinne" bezeichnet, BeckOK.StPO/*Gertler,* Nr. 19 RiStBV Rn. 17 (Stand: 1.10.2016). Die allgemeine Glaubwürdigkeit wird auch als „Leumund" bezeichnet, s. dazu L-R/*Sander,* StPO, § 261 Rn. 81b.

385 BGH Urt. v. 5.10.1993 – 1 StR 547/93, StV 1994, 64; *Nack,* StV 1994, 555, 556.

386 *Fischer,* NStZ 1994, 1, 2.

387 Diese Terminologie findet sich auch bei *Eisenberg,* Beweisrecht der StPO, Rn. 1426. Zu Recht weist *Fischer,* FS Widmaier, S. 191, 193 darauf hin, dass zwischen den Begriffen der Glaubwürdigkeit und der Glaubhaftigkeit oftmals nicht sorgfältig differenziert wird.

388 BGH Urt. v. 21.1.2004 – 1 StR 379/03, NStZ 2004, 635. Dass die Glaubwürdigkeit nie eine Rolle spiele, äußert *Geipel,* Handbuch der Beweiswürdigung, Kap. 25 Rn. 6. Auch *Bender/Nack/Treuer,* Tatsachenfeststellung, Rn. 220 ff. gehen davon aus, dass es im Prozess nur auf die Glaubhaftigkeit ankomme, Eigenschaften und Fähigkeiten der Person des Zeugen seien aber mitunter für die Beurteilung der Glaubhaftigkeit

als in irgendeiner Weise unzuverlässig gilt, bedeutet dies nicht, dass sie in Bezug auf den in Rede stehenden Sachverhalt lügt.[389] Deshalb soll sich das Gericht vornehmlich an der Glaubhaftigkeit orientieren, da diese allein das konkrete Verfahren betrifft. Allerdings kann es durchaus von Relevanz sein, wenn der Zeuge in einem anderen Verfahren falsch ausgesagt hat.[390] Die Rechtsprechung kennt jedoch keine zwingende Beweisregel, nach der einem Zeugen generell nicht geglaubt werden dürfe, wenn er bereits einmal vor Gericht gelogen hat.[391] Deshalb muss der Richter Vorstrafen wegen Aussagedelikten dann nicht erörtern, wenn er auch für den Fall dem Zeugen Glauben schenken würde, dass dieser in einem anderen Verfahren zuvor gelogen hatte.[392]

c) Glaubhaftigkeitsprüfung als „ureigene Aufgabe des Tatrichters"

Die Beurteilung der Glaubhaftigkeit unterliegt ebenfalls der freien Beweiswürdigung. Es handele sich dabei um „die ureigene Aufgabe des Tatrichters".[393] Dies folge aus §§ 155 Abs. 2, 244 Abs. 2, 261 sowie § 264 StPO.[394] Der Tatrichter soll demnach grundsätzlich selbst beurteilten, ob das Erlebte mit dem Bekundeten übereinstimmt. Dabei wird davon ausgegangen, dass er in der Regel die erforderliche Sachkunde besitzt.[395] Die Hinzuziehung eines Sachverständigen ist nach der Rechtsprechung des BGH nur ausnahmsweise dann geboten, wenn aufgrund von Besonderheiten im Sachverhalt Zweifel darüber aufkommen können,

---

von Bedeutung. Nach *Eisenberg,* Beweisrecht der StPO, Rn. 1426 könne die Glaubwürdigkeit gegebenenfalls als Hilfstatsache herangezogen werden.

389 *Geipel,* Handbuch der Beweiswürdigung, Kap. 25 Rn. 6.

390 BGH Urt. v. 10.12.1997 – 3 StR 389/97, NStZ-RR 1998, 276; BGH Beschl. v. 12.3.2002 – 1 StR 557/01, NStZ 2002, 495.

391 BGH Urt. v. 10.12.1997 – 3 StR 389/97, NStZ-RR 1998, 276; BGH Beschl. v. 12.3.2002 – 1 StR 557/01, NStZ 2002, 495. In zuletzt genanntem Urteil beanstandete der BGH eine Beweiswürdigung nicht, bei der das Tatgericht die Vorstrafen wegen Aussagedelikten nicht erörtert hatte. Begründet wurde dies damit, dass sich das Tatgericht auf die leichter festzustellende *Glaubhaftigkeit* ausreichend konzentriert habe.

392 BGH Urt. v. 10.12.1997 – 3 StR 389/97, NStZ-RR 1998, 276. Dies soll selbst dann gelten, wenn der Zeuge das wichtigste Beweismittel im Verfahren darstellt.

393 *Meyer-Goßner*/Schmitt, StPO, § 261 Rn. 3; *Fischer,* NStZ 1994, 1; *ders.,* FS Widmaier, S. 191, 203; *Trück,* NStZ 2007, 377, 380; *Fabian/Greuel/Stadler,* StV 1996, 347, 348; *Jansen,* Zeuge und Aussagepsychologie, Rn. 47; *Pfister,* in: Deckers/Köhnken, Zeugenaussagen im Strafprozess, S. 99, 102.

394 BGH Urt. v. 13.6.1952 – 2 StR 259/52, BGHSt 3, 52, 53.

395 *Miebach,* NStZ-RR 2014, 233, 235; *Pfeiffer,* StPO, § 261 Rn. 10; *Trück,* NStZ 2007, 377, 380.

ob die Sachkunde des Gerichts zur Glaubwürdigkeitsbegutachtung ausreicht.[396] Das Bundesverfassungsgericht erwartet, dass der Richter seinem Urteil neben kriminalistischen und forensischen auch aussagepsychologische Erkenntnisse zugrunde legt.[397]

d) *Kriterien für die Beurteilung der Glaubhaftigkeit nach der Rechtsprechung*

Da der Tatrichter bei der Beurteilung der Glaubhaftigkeit einer Zeugenaussage weitgehend frei ist, finden sich in Literatur und Rechtsprechung nur wenige verallgemeinerungsfähige Kriterien für die Glaubhaftigkeitsprüfung. Das Gesetz äußert sich nur rudimentär in § 68 a StPO zu den Anforderungen. Es nennt darin als Umstände, welche die Glaubhaftigkeit kennzeichnen können, beispielhaft die Beziehung zum Beschuldigten oder zum Geschädigten. Ferner geht aus Abs. 2 hervor, dass das Gericht über die Glaubhaftigkeit urteilen soll. Daraus wird gefolgert, dass sich der Umfang der Glaubhaftigkeitsprüfung aus der Aufklärungspflicht des Richters ergebe, was jeweils vom Einzelfall abhängig sei.[398] Der Tatrichter muss alle möglichen Defizite des Beweismittels feststellen und bewerten.[399] Er muss jedes gegen den Wahrheitsgehalt sprechende Indiz gesondert beurteilen, aber auch eine Gesamtwürdigung vornehmen, aus der sich Zweifel an der Richtigkeit der Aussage insgesamt ergeben können. Einzelne Vorgänge müssen dabei stets im Zusammenhang mit den übrigen festgestellten Tatsachen betrachtet werden.[400] Spricht demnach jedes Indiz für sich genommen zwar nicht gegen die Glaubhaftigkeit, unterbleibt aber die Gesamtwürdigung, so ist die Beweiswürdigung fehlerhaft.[401]

---

396 BGH Urt. v. 13.10.1981 – 1 StR 561/81, NStZ 1982, 42; s. zu den Voraussetzungen, unter denen aussagepsychologische Gutachten eingeholt werden können, näher unten D. II. 1.

397 BVerfG Beschl. v. 30.4.2003 – 2 BvR 2045/02, NJW 2003, 2444, 2445; KK/*Ott*, StPO[7], § 261 Rn. 30.

398 *Brause*, NStZ 2013, 129, 132.

399 KK/*Ott*, StPO[7], § 261 Rn. 29.

400 BGH Urt. v. 10.7.1980 – 4 StR 303/80, NJW 1980, 2423; L-R/*Sander*, StPO, § 261 Rn. 81 f.

401 BGH Urt. v. 27.6.1995 – 4 StR 264/95, StV 1996, 367; BGH Beschl. v. 6.12.2001 – 4 StR 484/01, StV 2002, 468; Radkte/Hohmann/*Pegel*, § 261 Rn. 55. Dies hat der BGH in den genannten Entscheidungen festgestellt, in denen das LG jeweils die Verurteilung nur auf eine Zeugenaussage gestützt hat. Da er aber seine Ausführungen nicht ausdrücklich auf die Aussage gegen Aussage-Situationen beschränkt, obwohl er diese

Im Übrigen ergibt sich eine Übersicht über die Umstände, die für oder gegen die Glaubhaftigkeit einer Zeugenaussage angeführt werden können, vor allem aus einer Kasuistik des BGH. So können im Einzelfall Zweifel an der Glaubhaftigkeit der Aussage aufkommen, wenn ein Angeklagter bezüglich einzelner Teile der Tat falsche Angaben macht.[402] Der BGH nennt beispielhaft als Kriterien für die Glaubhaftigkeit einer Aussage deren Plausibilität, Detailreichtum und Widerspruchsfreiheit.[403] Auch eine Änderung in der Darstellung des Kerngeschehens zwischen der Aussage bei der Polizei und in der Hauptverhandlung sei ein starkes Indiz gegen die Glaubhaftigkeit der Zeugenaussage.[404] Eine unglaubhafte Aussage hingegen ist pauschal, allgemein gehalten, detailarm, wenig präzisiert, inkonstant oder widersprüchlich.[405] Dabei sind diese Merkmale nie kumulativ erfüllt, vielmehr weist eine unglaubhafte Aussage immer nur einige dieser Kriterien auf.[406]

Von manchen wird die Ansicht vertreten, der Richter müsse sich grundsätzlich an den Anforderungen zur Erstellung eines aussagepsychologischen Gutachtens orientieren.[407] Gleichzeitig wird aber auch darauf hingewiesen, dass sich Gerichte und Gutachter in der Rechtswirklichkeit nicht an denselben Maßstäben orientierten und die Glaubhaftigkeit deshalb letzten Endes intuitiv bewertet werde.[408] Eine Verallgemeinerung der Kriterien für die Beurteilung der Glaubhaftigkeit nach der Vorgehensweise der Rechtsprechung ist deshalb nicht möglich.

2. Mögliche Fehlerquellen auf Seiten des Zeugen

Die Gerichte stehen vor dem Problem, dass der Zeugenbeweis als überaus fehleranfälliges Beweismittel gilt.[409] Trotzdem erfreut er sich bei den Gerichten

---

Begrifflichkeit teilweise bereits allgemein verwendete, ist davon auszugehen, dass die Ausführungen generell für die Beweiswürdigung gelten.

402 BGH Beschl. v. 27.11.2014 – 2 StR 311/14, NStZ-RR 2015, 77, 78.

403 BGH Beschl. v. 14.10.2008 – 4 StR 384/08, StV 2009, 347.

404 BGH Beschl. v. 12.11.1998 – 4 StR 511/98, NStZ-RR 1999, 139.

405 *Arntzen,* Psychologie der Zeugenaussage, S. 107 f.

406 *Arntzen,* Psychologie der Zeugenaussage, S. 107.

407 *Hamm,* StraFo 2000, 253, 259; L-R/*Sander,* StPO, § 261 Rn. 81c. *Sander* verweist hier auf *Brause,* NStZ 2007, 505, 510, der diese These allerdings im Zusammenhang mit der Aussage gegen Aussage-Situation aufstellt. Für letzteres spricht sich auch *Maul,* StraFo 2000, 257, 258 aus. Vgl. zur Vorgehensweise des Sachverständigen näher unten D. II. 2.

408 *Fischer,* NStZ 1994, 1, 5; *Geipel,* AnwBl 2006, 784.

409 *Geipel,* Handbuch der Beweiswürdigung, Kap. 21 Rn. 17; BeckOK.StPO/*Eschelbach,* § 261 Rn. 7 (Stand: 1.10.2016); KMR/*Stuckenberg,* StPO, § 261 Rn. 62 (Stand: 68.

weiterhin großer Beliebtheit.[410] Die Besonderheit gegenüber anderen Beweismitteln besteht zum einen darin, dass der Zeuge bewusst lügen kann.[411] Daneben ist der Zeugenbeweis aber auch den Defiziten der menschlichen Psychologie ausgesetzt. Diese können nur bis zu einem gewissen Grade ausgeschlossen werden. Zunächst muss geprüft werden, ob der Zeuge so weit wie möglich wahrnehmungsfähig war, d.h. beispielsweise alle Sinnesfunktionen intakt waren.[412] Sodann ist zu berücksichtigen, dass er Wahrnehmungsverfälschungen unterliegen kann.[413] So kann es sein, dass er das Geschehen von Anfang an voreingenommen wahrnimmt, da er eine bestimmte Erwartungshaltung wegen seiner Lebenserfahrung, vorhandener Vorurteile oder einer bestimmten Motivation hegt.[414] Ferner ist es möglich, dass er das Ereignis zunächst richtig wahrnimmt, sich aber später falsch erinnert.[415] Der Zeuge kann schlicht Erinnerungslücken haben, es kann aber auch eine Vermischung mit anderen Eindrücken dergestalt erfolgen, dass er ein völlig anderes Geschehen abspeichert.[416] Überdies sind Fehler in der sogenannten „Abrufphase" denkbar.[417] Dabei handelt es sich um solche, die zwischen der Abspeicherung im Langzeitgedächtnis und der Mitteilung der Ereignisse auftreten, wie beispielsweise die Übertragung anderer Informationen auf das abgespeicherte Geschehen.[418]

EL August 2013); *Kühne,* Strafprozessrecht, Rn. 851; *Deckers,* FS Hamm, S. 53 ff.; *Meyer-Mews,* NJW 2000, 916 ff.

410 *Kühne,* Strafprozessrecht Rn. 851; *ders.,* NStZ 1985, 252. *Kühne* sieht die Ursache hierfür darin, dass der Zeuge im Gegensatz zu anderen Beweismitteln quasi ein fertiges Geschehen präsentiere.

411 *Brause,* NStZ 2013, 129, 133.

412 *Kühne,* Strafprozessrecht, Rn. 852; *ders.,* NStZ 1985, 252; vgl. dazu ausführlich auch *Bender/Nack/Treuer,* Tatsachenfeststellung, Rn. 20 ff.

413 Vgl. dazu ausführlich *Bender/Nack/Treuer,* Tatsachenfeststellung, Rn. 82 ff.

414 *Kühne,* Strafprozessrecht, Rn. 852; *ders.,* NStZ 1985, 252, 253; *Sangero/Halpert,* Jurimetrics 48 (2007), 43, 91; *Scholz,* StV 2004, 104, 108 weist darauf hin, dass bereits in der sogenannten Aufnahmephase Wertungen vorgenommen werden.

415 Sogenannte „Behaltensphase", s. dazu *Scholz,* StV 2004, 104, 108; *Kühne,* Strafprozessrecht, Rn. 853; *ders.,* NStZ 1985, 252, 254; *Sangero/Halpert,* Jurimetrics 48 (2007), 43, 91; *Bender/Nack/Treuer,* Tatsachenfeststellung, Rn. 115 weisen darauf hin, dass Erinnerungsfehler zum Teil auch schon auf falscher Wahrnehmung beruhen.

416 BeckOK.StPO/*Eschelbach,* § 261 Rn. 7 (Stand: 1.10.2016).

417 *Scholz,* StV 2004, 104, 109; *Sangero/Halpert,* Jurimetrics 48 (2007), 43, 91.

418 *Scholz,* StV 2004, 104, 109.

3. Mögliche Fehlerquellen bei der Würdigung durch die vernehmende Person

In Zusammenhang mit der Würdigung von Zeugenaussagen treten nicht nur Beurteilungsschwierigkeiten auf Seiten des Zeugen, sondern auch beim Richter bzw. allgemein bei der vernehmenden Person auf. So kann es vorkommen, dass das Gericht von einer psychologischen Begutachtung absieht, obwohl diese angezeigt gewesen wäre.[419] Es kann aber auch psychologischen Effekten unterliegen, die dazu führen, dass es die Aussage auf eine bestimmte Weise auffasst.[420] Beispielsweise besteht die Gefahr, dass es die Einlassung des Angeklagten als vermeintliche Schutzbehauptung wertet.[421] Dieser Effekt kann daraus resultieren, dass Richter im Laufe ihrer Berufsleben auf Angeklagte treffen, die zunächst behaupten, sie seien unschuldig, letztlich aber doch aufgrund der übrigen Beweismittel verurteilt werden.[422] Dadurch kann sich bei dem Gericht die Erwartungshaltung einstellen, dass Angeklagte häufig bestimmte Einlassungen wahrheitswidrig zu ihrem Schutz vortrügen und dies auch im Einzelfall so sei.[423]

Nach der Theorie der kognitiven Dissonanz strebt der Mensch eine Widerspruchsfreiheit zwischen seinem Wissen und seinen Meinungen an.[424] Hieraus können der sogenannte Perseveranzeffekt sowie eine selektive Informationssuche resultieren. Beim Perseveranzeffekt ist eine Ausgangshypothese vorhanden, die das Gericht zuvor schon einmal für richtig gehalten hatte, wie beispielsweise die Schuld des Angeklagten. Dabei überschätzt es diejenigen Tatsachen, die diese Hypothese bestätigen, und unterschätzt die der Hypothese widersprechenden Informationen.[425] Bei der selektiven Informationssuche akzeptiert der Vernehmende eine Hypothese und sucht nach Informationen, die diese bestätigen.[426] Oftmals kann auch das Phänomen des Schulterschlusseffekts auftreten. Diesem

---

419 KMR/*Stuckenberg*, StPO, § 261 Rn. 62 (Stand: 68 EL August 2013).

420 Diese können so vielfältig sein, dass eine vollständige Darstellung im Rahmen der hiesigen Untersuchung nicht möglich ist. Im Folgenden sollen nur einige besonders gefährliche Phänomene dargestellt werden.

421 *Wille*, Aussage gegen Aussage, S. 33.

422 *Wille*, Aussage gegen Aussage, S. 33.

423 *Wille*, Aussage gegen Aussage, S. 33.

424 *Schünemann*, StV 2000, 159, 160.

425 *Geipel*, Handbuch der Beweiswürdigung, Kap. 16 Rn. 76; *ders.*, AnwBl 2006, 784, 785; *Schünemann*, StV 2000, 159, 160; *Wille*, Aussage gegen Aussage, S. 34.

426 *Schünemann*, StV 2000, 159, 160; *Wille*, Aussage gegen Aussage, S. 34 f. Ähnlich ist auch der Ankereffekt zu beurteilen, bei dessen Vorliegen der Richter unbewusst nach Informationen sucht, die eine Erstinformation bestätigen; vgl. dazu *Geipel*,

liegt die Annahme zugrunde, dass ein Gericht in der Regel Entscheidungen der Staatsanwaltschaft übernehme.[427] Dass die Entscheidungen unbewusst auch von persönlichen Sympathien aufgrund freundschaftlicher Verhältnisse zwischen Richtern und Staatsanwälten beeinflusst sein können, erscheint jedenfalls nicht völlig abwegig.

4. Wechselseitige Beeinflussungen

Die genannten Fehlerquellen können sich auch gegenseitig bedingen. So kann es während des Vorgangs der Übermittlung der Informationen vorkommen, dass die Verhörsperson gerade zur Vermeidung kognitiver Dissonanz auf einen suggestiven Befragungsstil ausweicht.[428] Dies kann seinerseits dazu führen, dass die Aussagen des Zeugen verändert werden, indem dieser Pseudoerinnerungen oder ein Konformitätsverhalten entwickelt.[429] Zu nennen ist in dieser Hinsicht auch der sogenannte Pygmalion-Effekt oder Compliance-Effekt. Dabei drückt die vernehmende Person eine bestimmte Erwartungshaltung aus, an der sich die Auskunftsperson ausrichtet.[430] Die Vernehmung ist demnach von vielfältigen psychologischen Vorgängen sowohl bei der Verhörsperson als auch bei dem Aussagenden abhängig, die sich mitunter gegenseitig beeinflussen. Diese potentiellen Fehlerquellen müssen bei der Entwicklung von Regeln über den rechtsgenügenden Beweis stets berücksichtigt und möglichst gering gehalten werden.

III. Die Bedeutung der Einlassung des Angeklagten im Strafverfahren

Der Aussage des einzigen Belastungszeugen steht die Einlassung des Angeklagten gegenüber. Diese stellt kein Beweismittel der StPO im formellen Sinn dar. Sie wird aber grundsätzlich genauso dem Urteil zugrunde gelegt wie alle

---

Handbuch der Beweiswürdigung, Kap. 16 Rn. 73 f.; *Wille,* Aussage gegen Aussage, S. 33 f.

427 *Schünemann,* StV 2000, 159, 162; *Wille,* Aussage gegen Aussage, S. 35; vgl. dazu auch *Geipel,* AnwBl 2006, 784, 785.

428 *Scholz,* StV 2004, 104, 105; vgl. auch *Kühne,* NStZ 1985, 252, 255.

429 *Scholz,* StV 2004, 104, 105; vgl. zum Konformitätsverhalten auch *Kühne,* NStZ 1985, 1985, 252, 254.

430 *Bender/Nack/Treuer,* Tatsachenfeststellung, Rn. 103; *Geipel,* Handbuch der Beweiswürdigung, Kap. 22 Rn. 86.

anderen Beweismittel.[431] Der Wahrheitsgehalt der Aussage und die Aussagefähigkeit werden deshalb grundsätzlich wie bei der Zeugenaussage beurteilt.[432] Dabei soll das Gericht die Einlassung im Rahmen einer Gesamtabwägung frei würdigen.[433] Von der Zeugenaussage unterscheidet sie sich jedoch insofern erheblich, als der Angeklagte aufgrund des nemo tenetur se ipsum accusare-Grundsatzes nicht verpflichtet ist, sich zu den Vorwürfen zu äußern und aktiv an der Sachverhaltsaufklärung im gegen ihn geführten Strafverfahren mitzuwirken.[434] Trotzdem darf das Gericht die Äußerungen nicht allein aus diesem Grund als bloße Schutzbehauptung abweisen.[435] Dieser Grundsatz ist verfassungsrechtlich in Art. 1 Abs. 1, 2 Abs. 1 GG verankert und findet einfachgesetzlich Ausdruck in § 136 Abs. 1 S. 2, § 243 Abs. 5 StPO.[436] Allgemein folgt daraus, dass aus dem vollständigen Schweigen des Angeklagten weder für ihn nachteilige Schlüsse gezogen[437] noch zu seinen Gunsten ohne Weiteres Entlastungsumstände angenommen werden dürfen.[438]

Anders stellt sich dies jedoch in den Fällen des sogenannten Teilschweigens dar. Insofern wird zwischen „horizontalem" und „vertikalem" Teilschweigen unterschieden.[439] „Horizontales" stellt ein zeitweises Teilschweigen in einzelnen Verfahrensabschnitten dar. Nach der Rechtsprechung des BGH darf dieses nicht zu Lasten des Angeklagten berücksichtigt werden, da es diesen ansonsten dazu zwinge, gleich zu Beginn des Verfahrens eine Entscheidung über die Ausübung

---

431 BGH Urt. v. 6.11.2003 – 4 StR 270/03, NStZ-RR 2004, 88; KK/*Ott*, StPO^7, § 261 Rn. 28a.

432 BGH Urt. v. 21.10.2004 – 3 StR 226/04, NStZ-RR 2005, 45, 46; *Pfister*, in: Deckers/Köhnken, Zeugenaussagen im Strafprozess, S. 99, 101; BeckOK.StPO/*Eschelbach*, § 261 Rn. 13 (Stand: 1.10.2016); *Eisenberg*, Beweisrecht der StPO, Rn. 726. Letzterer kritisiert deshalb auch, dass sprachlich zwischen der Aussage des Zeugen und der Einlassung des Angeklagten differenziert wird. Durch die Bezeichnung als Einlassung wird allerdings deutlich, dass diese kein Beweismittel darstellt. Deshalb soll an der geläufigen sprachlichen Unterscheidung in dieser Arbeit festgehalten werden.

433 BeckOK.StPO/*Eschelbach*, § 261 Rn. 13 (Stand: 1.10.2016).

434 Zum Umfang der Selbstbelastungsfreiheit *Eisenberg*, Beweisrecht der StPO, Rn. 831 ff.

435 BeckOK.StPO/*Eschelbach*, § 261 Rn. 12 (Stand: 1.10.2016). Dass dies in der Praxis dennoch geschehen kann, wurde zuvor unter C. II. 3. dargelegt.

436 *Hiebl/Becker*, MAH Strafverteidung, § 32 Rn. 9.

437 BVerfG Beschl. v. 7.7.1995 – 2 BvR 326/92; NStZ 1995, 555; SK/*Velten*, § 261 Rn. 64; *Meyer-Goßner*/Schmitt, StPO, § 261 Rn. 16; *Miebach*, NStZ 2000, 234, 235.

438 *Meyer-Goßner*/Schmitt, StPO, § 261 Rn. 16.

439 Vgl. zu dieser Unterscheidung *Park*, StV 2001, 589, 591 f.

oder Nichtausübung seines Schweigerechts zu treffen.[440] Dem stehen die Fälle des „vertikalen" Teilschweigens gegenüber. Äußert sich der Angeklagte zu bestimmten Aspekten eines Geschehens, verweigert er aber im Übrigen die Aussage, soll dies nach h.M. auch zu seinen Lasten berücksichtigt werden können.[441] Begründet wird dies damit, dass sich der Angeklagte durch die teilweise Einlassung insgesamt zum Beweismittel mache. Eine Verwertung zu seinen Lasten setzt nach dieser Auffassung voraus, dass der Angeklagte zunächst an der Sachverhaltsaufklärung mitwirkt, schließlich aber die Aussage zu einem bestimmten Punkt verweigert, zu dem eine Aussage grundsätzlich erwartet werden kann, andere Gründe für das Schweigen ausgeschlossen werden können und die Aussage nicht nur fragmentarisch sein sollte.[442]

Grundsätzlich dürfen demnach aus dem Schweigen des Angeklagten keine negativen Schlussfolgerungen gezogen werden. Äußert sich der Angeklagte aber zumindest in Teilen, nimmt die h.M. eine Differenzierung hinsichtlich des Aussageinhalts vor. Die Rechtsprechung erwartet mithin grundsätzlich zwar keine Mitwirkung. Entscheidet sich der Angeklagte aber dazu, sich einzulassen, kann sein Prozessverhalten unter Umständen auch zu seinen Lasten berücksichtigt werden. Ihn kann demnach in bestimmten Situationen eine Art „Mitwirkungsobliegenheit" treffen. Damit äußert sich der BGH in den Fällen des Teilschweigens zum rechtsgenügenden Beweis.

Die zum Teilschweigen entwickelten Vorgaben sind zu befürworten. Sie entsprechen den diskurstheoretischen Erwägungen zum Strafprozess, indem sie der aktiven Einflussnahme der Beteiligten Rechnung tragen. Die Betroffenen sollen durch ihre widerspruchlose Teilnahme auf eine rechtsstaatlich begründbare Entscheidung hinwirken. Der Angeklagte verhält sich jedoch widersprüchlich, wenn er sich einerseits einlässt, zu bestimmten Aspekten der Tat aber keine Ausführungen vornehmen möchte. Insofern ist auch eine Unterscheidung zwischen dem „horizontalen" und dem „vertikalen" Teilschweigen gerechtfertigt. In den Fällen des „horizontalen" Teilschweigens entscheidet sich der Angeklagte, nach

---

440 BGH Urt. v. 26.5.1992 – 5 StR 122/92, BGHSt 38, 302, 305; *Park*, StV 2001, 589, 590 f.

441 BGH Urt. v. 3.12.1965 – 4 StR 573/65, BGHSt 20, 298, 299 f.; BGH Urt. v. 18.4.2002 – 3 StR 370/01, NJW 2002, 2260; *Meyer-Goßner*/Schmitt, StPO, § 261 Rn. 17; a.A. SK/*Velten*, § 261 StPO Rn. 66; *Park*, StV 2001, 589, 591; zweifelnd auch BeckOK.StPO/*Eschelbach*, § 261 Rn. 16 (Stand: 1.10.2016). Die Vertreter der Gegenansicht führen dazu aus, dass es dem Angeklagten durchweg im Prozess freistehen müsse, über seine Teilnahme zu entscheiden.

442 BGH Urt. v. 18.4.2002 – 3 StR 370/01, NJW 2002, 2260; *Meyer-Goßner*/Schmitt, StPO, § 261 Rn. 17; Radtke/Hohmann/*Pegel*, StPO, § 261 Rn. 51.

anfänglichem Schweigen doch gänzlich auszusagen oder aber nach einer Aussage doch insgesamt keine Angaben mehr zu machen. Zu einem bestimmten Zeitpunkt im Verfahren schweigt er also gänzlich. Dagegen lässt er sich in den Fällen des vertikalen Teilschweigens während des Prozesses ein und schweigt nur in Bezug auf bestimmte einzelne Punkte. Wenn er sich grundsätzlich zur Aussage entscheidet, ist es ihm auch unter den genannten engen Voraussetzungen zumutbar, vollständig auszusagen. Insofern ist es gerechtfertigt, in diesem Fällen sein Teilschweigen auch zu seinen Lasten zu bewerten.

Es spricht auch für die Rechtsprechung, dass sie genau herausarbeitet, in welchen Fällen dies der Fall sein soll. Eine ausführliche Kategorisierung weist den Vorteil auf, dass sie den Anwendungsbereich eng umgrenzt. Dass nicht sämtliche Prozesssituationen herausgestellt werden können, ist aufgrund der Vielzahl vorstellbarer Sachverhalte nicht zu vermeiden. Insofern werden die hohen Anforderungen dem Ausnahmecharakter gerecht. Bei der Entwicklung von Regeln über den rechtsgenügenden Beweis für die Aussage gegen Aussage-Fälle soll im weiteren Fortgang der Arbeit auf die Rechtsprechung zum Teilschweigen zurückgekommen werden. Es wird zu erörtern sein, ob auch in der hier untersuchten Verfahrenslage von Mitwirkungsobliegenheiten ausgegangen werden kann.

IV. Der Umgang der Rechtsprechung mit den Aussage gegen Aussage-Fällen

1. Erfordernis der „besonders sorgfältigen Glaubwürdigkeitsprüfung"

Die Aussage gegen Aussage-Fälle weisen eine Besonderheit gegenüber anderen Beweislagen auf. Das deutsche Strafverfahren sieht zwar keinen Parteienprozess vor. Da der einzige Belastungszeuge aber oftmals gleichzeitig mutmaßliches Opfer der Straftat ist, stehen sich die beiden Aussagen dennoch – zumindest wenn der Zeuge als Nebenkläger auftritt – ähnlich wie Parteien gegenüber.[443] Die Aussagen des Zeugen und des Angeklagten werden zunächst qualitativ gleich behandelt, die eine Aussage ist nicht zwangsläufig glaubhafter als die andere. Diese im Strafverfahren einzigartige Situation hat Rechtsprechung und Literatur dazu veranlasst, sich besonders mit der Beweiswürdigung auseinanderzusetzen.[444]

443 *Meyer-Mews*, NJW 2000, 916, 917; *Hamm*, StraFo 2000, 253, 255.

444 Als erste Entscheidung, in der sich der BGH mit der Situation „Aussage gegen Aussage" expressis verbis auseinandersetzte, gilt BGH Beschl. v. 22.4.1987 – 3 StR 141/87, BeckRS 1987, 31100951, vgl. dazu *Pfister*, in: Deckers/Köhnken, Zeugenaussagen im

a) *Anforderungen der Rechtsprechung*

Der Bundesgerichtshof nimmt an, dass das Vorhandensein einer Zeugenaussage allein für eine Verurteilung genügen könne.[445] Nach der höchstrichterlichen Rechtsprechung muss die Aussage des Belastungszeugen nicht zwingend durch weitere Umstände oder Beweismittel belegt sein.[446] Die Rechtsprechung macht in den Aussage gegen Aussage-Fällen allerdings Vorgaben für die Beweiswürdigung. Bedingung für eine Verurteilung sei demnach die Überzeugung des Richters von der Glaubhaftigkeit der Aussage.[447] Allerdings dürfe das Tatgericht auch nicht bereits aus dem Grund, dass der Zeuge möglicherweise Opfer einer Straftat sei, dessen Aussage einen höheren Beweiswert zuschreiben.[448] Vielmehr müsse es der schwierigen Beweislage Rechnung tragen, indem es eine „besonders sorgfältige Glaubwürdigkeitsprüfung" vornehme.[449]

Es treffe insoweit eine erhöhte Aufklärungspflicht.[450] Es müsse alle maßgeblichen Umstände beachten und in seine Überlegungen einbeziehen.[451] Dies setze

---

Strafprozess, S. 99, 111. In dem Beschluss äußerte sich der BGH noch zurückhaltend, indem er nur forderte, dass das Gericht in den Aussage gegen Aussage-Fällen alle relevanten Umstände in die Entscheidung einbeziehe.

445 BGH Urt. v. 29.7.1998 – 1 StR 94/98, BGHSt 44, 153, 158; BGH Urt. v. 2.7.2003 – 2 StR 92/03, NStZ-RR 2003, 333, 334.

446 BGH Urt. v. 2.7.2003 – 2 StR 92/03, NStZ-RR 2003, 333, 334; KK/*Ott*, StPO[7], § 261 Rn. 29b.

447 BGH Urt. v. 2.7.2003 – 2 StR 92/03, NStZ-RR 2003, 333, 334.

448 BGH Urt. v. 21.1.2004 – 1 StR 379/03, NStZ 2004, 635, 636; *Maier*, NStZ 2005, 246, 247.

449 Als Grundsatzurteil gilt BGH Urt. v. 29.7.1998 – 1 StR 94/98, BGHSt 44, 153, 158; bestätigt durch BGH Beschl. v. 2.9.2015 – 2 StR 101/15, NStZ-RR 2016, 87, 88; BGH Beschl. v. 19.11.2014 – 4 StR 427/14, NStZ-RR 2015, 86; BGH Beschl. v. 22.1.2002 – 5 StR 549/01, NStZ-RR 2002, 146 ff.; BGH Urt. v. 2.7.2003 – 2 StR 92/03, NStZ-RR 2003, 333 f.; BGH Beschl. v. 29.4.2003 – 1 StR 88/03, NStZ 2003, 245; KK/*Ott*, StPO[7], § 261 Rn. 29b; *Sander*, StV 2000, 45, 47; *Baumhöfener*, NStZ 2014, 135, 136; MünchKomm.StPO/*Miebach*, § 261 Rn. 230. Das BVerfG hat in Beschl. v. 30.4.2003 – 2 BvR 2045/02, NJW 2003, 2444 ff. die erhöhten Anforderungen an die Beweiswürdigung in den Aussage gegen Aussage-Fällen nicht beanstandet, s. zu diesem Urteil bereits oben B. II. 2. c) aa).

450 *Deckers*, StraFo 2010, 372, 376; *Jansen*, Zeuge und Aussagepsychologie, Rn. 50; vgl. ferner BGH Beschl. v. 25.2.2003 – 4 StR 499/02, NStZ-RR 2003, 205, 206; BGH Urt. v. 5.12.1995 – 1 StR 580/95, StV 1996, 249, 250; dazu näher sogleich C. IV. 1. b) bb).

451 BGH Urt. v. 6.4.2016 – 2 StR 408/15, juris Rn. 11; BGH Urt. v. 29.7.1998 – 1 StR 94/98, BGHSt 44, 153, 159; SK/*Velten*, § 261 Rn. 36; *Miebach*, NStZ-RR 2014, 233, 234; *Maul*, StraFo 2000, 257, 258.

eine „Gesamtwürdigung aller Umstände“ voraus.[452] Sowohl alle innerhalb wie auch außerhalb der Aussage liegenden Umstände müssten berücksichtigt werden.[453] Das Gericht würdige die Person und Motivation des Aussagenden, die innere Plausibilität und Entstehungsgeschichte der Aussage, die Aussagekonstanz, die Vereinbarkeit mit anderen als erwiesen angesehenen Tatsachen sowie etwaige Vorstrafen wegen Aussagedelikten.[454] Dabei müsse es grundsätzlich auch Angaben aus der polizeilichen Vernehmung berücksichtigen und diese mit der Aussage in der Hauptverhandlung abgleichen.[455] Weicht die Aussage des Zeugen in der Hauptverhandlung von der polizeilichen Vernehmung wesentlich ab, müsse sich das Gericht mit den Gründen hierfür auseinandersetzen und die Möglichkeit falscher Angaben ausschließen können.[456] Ferner könne das Nachtatverhalten eine Rolle spielen.[457] Liegen Erinnerungslücken beim Zeugen vor, müsse sich das Gericht mit deren Ursachen auseinandersetzen.[458] Bestehe die Möglichkeit, dass der einzige Belastungszeuge Vorteile für seine eigene Verfahrensstellung erlangt, etwa durch eine Strafmilderung nach § 31 BtMG, müsse das Gericht dies ebenfalls erörtern.[459]

Das so gefundene Ergebnis müsse das Tatgericht begründen und alle relevanten Umstände in seine Entscheidung einbeziehen.[460] Diese Angaben müssten umfassend dargestellt und erörtert werden.[461] Eine detaillierte Mitteilung des Aussageinhalts sei hierfür unerlässlich.[462] Dies gelte sowohl für Verurteilungen wie auch für Freisprüche.[463] Von der Darstellung der Entwicklung der Zeugenaussage

---

452 BGH Beschl. v. 6.7.2010 – 5 StR 194/10, NStZ-RR 2010, 317; BGH Urt. v. 29.7.1998 – 1 StR 94/98, BGHSt 44, 153, 159; *Eisenberg,* Beweisrecht der StPO, Rn. 1481.

453 *Eisenberg,* Beweisrecht der StPO, Rn. 1481.

454 Zum Ganzen L-R/*Sander,* StPO, § 261 Rn. 72; vgl. auch *Sander,* StV 2000, 45, 47; *Schmandt,* StraFo 2010, 446 f.; zur Konstanz BGH Beschl. v. 26.2.2003 – 5 StR 39/03, StV 2004, 58, 59; zur Aussageentstehung BGH Beschl. v. 25.8.2005 – 5 StR 329/05, BeckRS 2005, 10753.

455 BGH Beschl. v. 24.7.2003 – 4 StR 226/03, juris Rn. 6; *Maier,* NStZ 2005, 246, 247.

456 BGH Beschl. v. 2.9.2015 – 2 StR 101/15, NStZ-RR 2016, 87, 88.

457 *Eisenberg,* Beweisrecht der StPO, Rn. 1481.

458 *Miebach,* NStZ-RR 2014, 233, 234.

459 KK/*Ott,* StPO[7], § 261 Rn. 29c; L-R/*Sander,* StPO, § 261 Rn. 72.

460 BGH Beschl. v. 5.8.1997 – 5 StR 178/97, NStZ-RR 1998, 15.

461 BGH Beschl. v. 6.3.2002 – 5 StR 501/01, NStZ-RR 2002, 174, 175; BeckOK.StPO/*Eschelbach,* § 261 Rn. 56 (Stand: 1.10.2016).

462 BGH Urt. v. 17.3.2004 – 2 StR 474/03, juris Rn. 10; SK/*Velten,* § 261 Rn. 36; *Miebach,* NStZ-RR 2014, 233.

463 BGH Beschl. v. 6.3.2002 – 5 StR 501/01, NStZ-RR 2002, 174, 175.

soll das Gericht nur ausnahmsweise dann absehen können, wenn dieser Punkt unzweifelhaft für das Gericht feststehe.[464] Auch die Einlassung des Angeklagten sei zusammenfassend wiederzugeben.[465] Zieht das Gericht einen Sachverständigen hinzu, müssten die wesentlichen Ergebnisse des aussagepsychologischen Gutachtens im Urteil wiedergegeben werden.[466] Wie detailliert die Begründung jeweils ausfallen müsse, ergebe sich letztlich ebenfalls aus einer Betrachtung des Einzelfalles. Beispielsweise rügte der BGH bei einer Verurteilung wegen Vergewaltigung, dass sich aus dem Urteil keine Angaben zur Kontaktaufnahme der Angeklagten zu dem Opfer oder dessen Verhalten zu anderen Zeugen nach der Tat ergaben.[467]

Die höchstrichterliche Rechtsprechung lässt sich demnach wie folgt zusammenfassen. Die Aussage gegen Aussage-Situation weist hinsichtlich der Glaubhaftigkeitsprüfung mehrere Besonderheiten gegenüber anderen Fallgestaltungen auf. Das Gericht soll eine „besonders sorgfältige Glaubwürdigkeitsprüfung" vornehmen. Diese ist gewissermaßen als Oberbegriff zu verstehen. Sie setzt ihrerseits eine „sorgfältige Gesamtabwägung aller relevanten Umstände" sowie deren Darstellung in den Urteilsgründen voraus. Ferner werden besondere Anforderungen an die Aufklärungspflicht herausgestellt.

b) Analyse der Kriterien im Einzelnen

Im Folgenden sollen die von der Rechtsprechung entwickelten Kriterien des rechtsgenügenden Beweises in den Aussage gegen Aussage-Fällen näher untersucht werden.

aa) „Sorgfältige Gesamtwürdigung aller relevanten Umstände"

Das Kriterium der „sorgfältigen Gesamtwürdigung aller relevanten Umstände" weist mehrere Schwierigkeiten auf. Es handelt sich dabei um einen unbestimmten Rechtsbegriff, der als solcher der Auslegung bedarf. Wie sorgfältig die Überprüfung der Glaubhaftigkeit ausfallen muss, wird als eine Frage des Einzelfalles betrachtet.[468] Es ist allerdings schon kaum möglich darzustellen, welche Anforderungen die Rechtsprechung an eine „normale" Glaubwürdigkeitsprüfung stellt.

---

464 BGH Urt. v. 27.7.2005 – 2 StR 203/05, NStZ 2006, 55, 56; *Miebach*, NStZ-RR 2014, 233, 234.

465 *Deckers*, StraFo 2010, 372, 376.

466 BGH Beschl. v. 24.4.1996 – 3 StR 131/96, StV 1997, 63 f.; *Sander*, StV 2000, 45, 47.

467 BGH Beschl. v. 6.3. 2002 – 5 StR 501/01, NStZ-RR 2002, 174, 175.

468 *Schmandt*, StraFo 2010, 446, 451.

Wie oben erläutert, finden sich hierzu nur rudimentäre, nicht verallgemeinerungsfähige Vorgaben. Wenn jedoch schon nicht feststeht, welche Aspekte bei einer „normalen“ Glaubwürdigkeitsprüfung zu berücksichtigen sind, ist es schwer, eine Grenze zwischen „normaler“ und „besonderer“ Glaubwürdigkeitsprüfung zu ziehen.[469]

Es deutet deshalb einiges darauf hin, dass es sich dabei nicht um Elemente einer besonderen Art der Beweiswürdigung, sondern vielmehr nur um eine andere Umschreibung der gewöhnlichen, oben dargestellten, Glaubhaftigkeitsprüfung einer jeden Zeugenaussage handelt.[470] Der Richter wird bloß dazu angehalten, sich ausführlich mit dem Sachverhalt auseinanderzusetzen. Ob er eine Glaubhaftigkeitsprüfung vornimmt, die sozusagen nur mittlerer Art und Güte ist, oder ob er aber besonders sorgfältig arbeitet, wird er kaum feststellen können. Im Übrigen wird von einem fairen rechtsstaatlichen Verfahren ohnehin erwartet werden können, dass jede Aussage, auch wenn weitere Indizien vorhanden sind, zunächst einmal bestmöglich gewürdigt wird.[471]

Der Eindruck, dass eine Unterscheidung zwischen einer einfachen und einer „besonders sorgfältigen Gesamtwürdigung aller Umstände“ kaum möglich ist, bestätigt sich bei einer näheren Betrachtung der Rechtsprechung. Diese stellt teilweise auch in Fällen, in denen nicht Aussage gegen Aussage steht, hohe Anforderungen an die Beweiswürdigung. In BGH NStZ-RR 2003, 268 ff. lehnte das Revisionsgericht zunächst ausdrücklich das Vorliegen der Aussage gegen Aussage-Konstellation ab. Das Urteil sei dennoch rechtsfehlerfrei, da das Tatgericht die

---

469 Vgl. zu den Abgrenzungsschwierigkeiten auch *Schmandt,* StraFo 2010, 446, 451. Nach *Pfister,* in: Deckers/Köhnken, Zeugenaussagen im Strafprozess, S. 99, 105, handele es sich um eine Einzelfallentscheidung. Dieser Verweis auf den Einzelfall kann aber nicht überzeugen. Die Rechtsprechung gibt vor, mit dem Erfordernis der „sorgfältigen Gesamtwürdigung aller Umstände“ erhöhten Anforderungen an die Beweiswürdigung gerecht werden zu wollen. Dann kann man sich nicht auf eine Worthülse zurückziehen und auf den Einzelfall verweisen. Es bedarf zumindest einer gewissen Konkretisierung des Unterschieds zwischen „einfacher“ und „besonders sorgfältiger“ Beweiswürdigung.

470 Ähnlich kritisch äußert sich *Sommer,* FS Rieß, S. 585, 599, der das Fehlen konkreter Vorgaben zur Beweiswürdigung bemängelt.

471 BeckOK.StPO/*Eschelbach,* § 261 Rn. 56 (Stand: 1.10.2016); ferner *Sancinetti,* FS Frisch, S. 1233, 1242: „Indes trifft es zu, dass eine ‚besonders eingehende Würdigung’ die Pflicht des Tatrichters in *jedwedem* Strafverfahren ist, und zwar hinsichtlich *jedweder* Art des Beweises“.

Aussage „ausführlich gewürdigt" habe.[472] In einem anderen Fall, in dem mehrere Zeugen vorhanden waren und damit keine Aussage gegen Aussage-Fallgestaltung vorlag, forderte der BGH eine „Gesamtwürdigung aller in der Hauptverhandlung festgestellten Tatsachen".[473] Damit geht die Rechtsprechung anscheinend davon aus, dass es auch in Grenzfällen nötig sein kann, sich detailliert mit der Zeugenaussage zu befassen. Dies gilt umso mehr vor dem Hintergrund, dass – wie unter C. I. 4. erläutert – keine einheitliche Vorstellung von einem unmittelbar tatbezogenen Beweismittel herrscht.

Andererseits lässt die Rechtsprechung mitunter aber auch relativ schwache Zeugenaussagen in den Aussage gegen Aussage-Fällen genügen. Grundsätzlich sollen im Rahmen der „besonders sorgfältigen Glaubwürdigkeitsprüfung" die gängigen Realitätskennzeichen wie Detailreichtum, logische Konsistenz, Schilderung von besonderen Einzelheiten etc. berücksichtigt und dargestellt werden.[474] Gleichzeitig geht der BGH aber auch davon aus, dass es einer Verurteilung nicht per se entgegensteht, wenn die Aussage des einzigen Belastungszeugen detailarm sei.[475] In dem Beschluss vom 10.11.2010 war nur eine einzige Belastungszeugin vorhanden, die eine „ausgesprochen detailarme" Aussage gemacht hatte. Im Übrigen ergab sich der Tatvorwurf der Vergewaltigung aus einem Brief der Zeugin an den Angeklagten. Der BGH beanstandete, dass das Tatgericht aufgrund der Detailarmut Anlass und Motiv für die Abfassung des Briefes bei der Entstehungsgeschichte der Aussage hätte berücksichtigen sollen.[476] Die Detailarmut führe dazu, dass das Konstanzkriterium nicht zwingend erfüllt sei. Bei entsprechender Würdigung der Entstehungsgeschichte wäre aber eine Verurteilung möglich gewesen, obwohl nur eine Zeugin vorhanden war und diese auch detailarm ausgesagt hatte.

Es ist nur schwer nachvollziehbar, wie einerseits bei jeder „gewöhnlichen" Glaubhaftigkeitsprüfung der Detailreichtum ein Anhaltspunkt für den Erlebnisbezug der Aussage sein soll, andererseits aber in Fällen, in denen Aussage gegen Aussage steht, bereits eine „ausgesprochen detailarme" Aussage grundsätzlich ausreichen kann. Sicherlich ist der Detailreichtum nur ein Glaubhaftigkeitsmerkmal von vielen. Ihm kommt aber besondere Bedeutung zu, da eine detailarme Aussage nur schwer auf ihren Erlebnisbezug überprüft werden kann. Hiermit

---

472 BGH Urt. v. 28.5.2003 – 2 StR 486/02, NStZ-RR 2003, 268 f.; *Deckers*, StraFo 2010, 372, 375.

473 BGH Urt. v. 10.7.1980 – 4 StR 303/80, NJW 1980, 2423; s. dazu bereits oben C. II. 1. d).

474 *Maier*, NStZ 2005, 246, 247.

475 BGH Beschl. v. 10.11.2010 – 2 StR 403/10, BeckRS 2010, 29892 Rn. 8.

476 BGH Beschl. v. 10.11.2010 – 2 StR 403/10, BeckRS 2010, 29892 Rn. 10.

wird deutlich, dass der Maßstab der „besonders sorgfältigen Glaubwürdigkeitsprüfung“ bzw. der „Gesamtabwägung“ unbestimmt ist und stark vom Einzelfall abhängt. Dies ist in gewissem Umfang sicherlich aufgrund der Freiheit der Beweiswürdigung auch so gewollt. Der Begriff ist allerdings derart schwer fassbar, dass er letztlich keinen anderen Nutzen erfüllt, als den Tatrichter zu sorgfältiger Arbeit anzuhalten.

Eine Differenzierung hinsichtlich der Intensität der Beweiswürdigung erscheint daher wenig zielführend. Sie birgt die Gefahr, dass sich das Gericht in Fällen, in denen nicht Aussage gegen Aussage steht, mit einer oberflächlichen, unsorgfältigen Würdigung der Aussage begnügt. Dies kann indes nicht gewollt sein, zumal die Rechtsprechung allgemein recht hohe Anforderungen an die Methodik der Gerichte stellt. Dazu zählt das Besitzen von kriminalistischen, forensischen sowie aussagepsychologischen Kenntnissen.[477] Die Gerichte sollten diese Kompetenzen deshalb auch in Fällen anwenden, in denen die Aussage des Zeugen nicht das einzige unmittelbar tatbezogene Beweismittel ist, ihr aber dennoch entscheidende Bedeutung zukommt. Das Erfordernis der „Gesamtwürdigung aller Umstände“ kann deshalb für sich genommen nicht genügen, um die Aussage gegen Aussage-Fälle differenziert zu beurteilen.

bb) Besondere Anforderungen an die Aufklärungspflicht

Im Zusammenhang mit den Aussage gegen Aussage-Fällen werden oftmals besondere Anforderungen an die Aufklärungspflicht herausgestellt. Der BGH geht von folgenden Annahmen aus: Je weniger gesichert ein Beweisergebnis erscheine, je wichtiger die Unsicherheitsfaktoren seien und je mehr Widersprüche bei der Beweiserhebung zu Tage träten, desto größer sei der Anlass für das Gericht, trotz der erlangten Überzeugung weitere erkennbare Beweismöglichkeiten zu benutzen; dies gelte in besonderem Maße für die Aussage gegen Aussage-Fälle.[478]

Dass bei Vorliegen von erheblichen Widersprüchen und Unsicherheiten weitere Ermittlungen angestellt werden müssen, ist selbstverständlich. Sind solche Ungereimtheiten bei verständiger Würdigung erkennbar, darf das damit deutlich erhöhte Fehlverurteilungsrisiko nicht in Kauf genommen werden. Die Erklärung, die Grundsätze gälten *in besonderem Maße* für die Aussage gegen Aussage-Fälle, kann dann nur noch klarstellende Funktion einnehmen und ist ungenau. Nach den Ausführungen des BGH müssten die Vorgaben ohnehin berücksichtigt

---

477 S. dazu bereits oben C. II. 1. c).

478 BGH Beschl. v. 25.2.2003 – 4 StR 499/02, NStZ-RR 2003, 205, 206; BGH Urt. v. 5.12.1995 – 1 StR 580/95, StV 1996, 249, 250.

werden. Wie auch bei dem Erfordernis der „besonders sorgfältigen Glaubwürdigkeitsprüfung" ist hier nicht ersichtlich, wie eine Steigerung möglich sein kann. Ungenau ist die Formulierung insofern, als eine erhöhte Aufklärungspflicht nicht für alle Aussage gegen Aussage-Fälle gelten kann. Angenommen, ein Zeuge behauptet, beobachtet zu haben, wie der Angeklagte ein altes Fahrrad gestohlen habe. Der Angeklagte leugnet den Vorwurf. Hier mag zwar Aussage gegen Aussage stehen, dennoch wird man dem Gericht keinesfalls denselben Aufklärungsaufwand zumuten, wie wenn es etwa um den Vorwurf des sexuellen Missbrauchs ginge. Dass in den beiden Fällen auch nach der Rechtsprechung nicht mit demselben Nachdruck ermittelt werden muss, ist unzweifelhaft. Festzuhalten bleibt demnach, dass die Anforderungen an die Aufklärungspflicht in den Aussage gegen Aussage-Fällen nur scheinbar erhöht sind. Vielmehr hat eine Beurteilung anhand allgemein geltender Grundsätze zu erfolgen.

cc) Darstellungs- und Begründungspflicht

Im Gegensatz zu der „Gesamtwürdigung aller Umstände" sowie der erhöhten Aufklärungspflicht besteht in der ausführlichen Darstellungs- und Begründungspflicht ein feststellbarer Unterschied zu den Fällen, in denen sich das Urteil nicht ausschließlich auf eine Zeugenaussage gründet. Ihr kommt die Funktion zu, eine revisionsrechtliche Kontrolle zu ermöglichen.[479] Diesbezüglich wird kritisch eingewandt, dass Vernehmungsfehler auf Seiten des Gerichts zu einer Verfälschung des Sachverhalts führen könnten.[480] Dadurch werde nicht der materiell wahre Sachverhalt, sondern nur dessen Wahrnehmung durch das Gericht der revisionsrechtlichen Kontrolle unterzogen. Dieser Einwand ist nicht von der Hand zu weisen. Eine revisionsrechtliche Kontrolle ist nur bedingt möglich, da bereits die Feststellungen Wertungen unterliegen können. Ferner führt allein die Begründung nicht dazu, dass einheitliche Maßstäbe zur Entscheidungsfindung aufgestellt werden können. Normative Richtlinien für die Entscheidungsfindung können allein mit einer Begründungspflicht weder für die erste Instanz noch für die Revision aufgezeigt werden. Das Gericht legt lediglich dar, wie es zu seiner Entscheidung gekommen ist. Der Inhalt der Begründung kann nach der Rechtsprechung variieren, solange überhaupt eine – jedenfalls keinen mit der Revision angreifbaren

479 BGH Urt. v. 22.1.2014 – 2 StR 314/13, NStZ-RR 2014, 152, 153; BGH Urt. v. 10.8.2011 – 1 StR 114/11, NStZ 2012, 110, 111; *Miebach*, NStZ-RR 2014, 233; KK/*Ott*, StPO[7], § 261 Rn. 29b; kritisch BeckOK.StPO/*Eschelbach*, § 261 Rn. 56 (Stand: 1.10.2016).

480 BeckOK.StPO/*Eschelbach*, § 261 Rn. 56 (Stand: 1.10.2016). S. zu den Vernehmungsfehlern beim Gericht bereits oben C. II. 3.

Fehlern unterliegende – Begründung mitgeteilt wird. Die provokante Behauptung, der Richter werde lediglich dazu verpflichtet, „schön zu formulieren", warum das Gericht der Aussage eines einzigen Zeugen glauben wolle,[481] ist deshalb nicht völlig abwegig.

Dennoch ist eine ausführliche Begründung im Ergebnis zu begrüßen. Wenngleich die Darstellung im Urteil auch von der Person des Richters abhängig ist, so gewinnt jenes dennoch an Nachvollziehbarkeit. Immerhin kann überprüft werden, ob das Gericht wesentliche Gesichtspunkte übersehen hat. Dadurch wird das Urteil etwas transparenter. Ferner wurde oben unter B. III. 3. e) dd) (2) dargelegt, dass eine an rechtstaatlichen Grundsätzen orientierte Entscheidung im strafprozessualen Diskurs unverzichtbar ist. Einen weitergehenden Effekt, wie beispielsweise die Vermeidung von Fehlern bei der Glaubhaftigkeitsprüfung, bewirkt sie indes nicht. Zu einer vereinheitlichten Handhabung der Aussage gegen Aussage-Fällen kann die Begründungspflicht deshalb ohne das Hinzukommen von Regeln über den rechtsgenügenden Beweis nicht beitragen.[482]

dd) Konsequenzen für den rechtsgenügenden Beweis

Das Ziel dieser Untersuchung liegt – wie eingangs erläutert – in der Formulierung von Regeln über den rechtsgenügenden Beweis. Es sollen normative Kriterien gefunden werden, anhand deren die Aussage gegen Aussage-Fälle einer möglichst einheitlichen und auch in der Sache überzeugenden Beurteilung unterzogen werden können. Es geht mithin darum, festzulegen, wann das Gericht in dieser Prozesslage den Beweis als erbracht ansehen darf. Neben den oben genannten Kritikpunkten an den einzelnen Kriterien ist dem Konzept der „besonders sorgfältigen Glaubwürdigkeitsprüfung" vor allem entgegenzuhalten, dass damit keine brauchbaren Vorgaben zum rechtsgenügenden Beweis aufstellt werden. Die Kriterien geben keine Antwort auf die Frage, wie zu entscheiden ist, wenn die Zeugenaussage zwar grundsätzlich für glaubhaft gehalten wird, aber auch die Darstellungen des Angeklagten plausibel erscheinen, die Beweiswürdigung mithin kein eindeutiges Ergebnis liefert. Bei dieser Sachlage bleibt es auch unter Berücksichtigung der höchstrichterlichen Konzepte dabei, dass sich das Gericht entweder zu der einen oder zu der anderen Ansicht durchringen kann, solange es die Zeugenaussage sorgfältig bewertet hat. Die „besonders sorgfältige Glaubwürdigkeitsprüfung" setzt sich nicht mit Gründen dafür auseinander, warum gerade die

---

481 *Sancinetti,* FS Frisch, S. 1233, 1242.

482 A.A. *Deckers,* StraFo 2010, 372, 377, der davon ausgeht, dass durch die Darstellungspflicht die Beweiswürdigung intersubjektiv und rational nachvollziehbar werde.

eine oder die andere Sachverhaltsdarstellung dem Urteil zugrunde gelegt werden kann. Das Konzept gibt vor, die Aussage gegen Aussage-Fälle einer besonderen Untersuchung zu unterziehen. Dabei unterscheidet sich diese Prozesslage lediglich in dem Umfang der Begründung von anderen Verfahrenssituationen. Auch die erhöhte Aufklärungspflicht – die bereits aus den soeben genannten Gründen keine Besonderheit der Aussage gegen Aussage-Fälle darstellt – ist von der Frage des rechtsgenügenden Beweises zu unterscheiden. Denn die Anforderungen an die Aufklärungspflicht betreffen nur die Ermittlung der Urteilsbasis. Sie geben keine Auskunft darüber, wie mit verbleibenden Zweifeln umgegangen werden muss.

Aus diesem Grund kann auch der in dubio pro reo-Grundsatz in den Aussage gegen Aussage-Fällen die Frage nach dem rechtsgenügenden Beweis nicht abschließend beantworten.[483] Der Rechtsprechung ist zunächst darin zuzustimmen, dass der in dubio pro reo-Grundsatz einer Verurteilung nicht ohne Weiteres entgegensteht. Dieser greift nämlich erst dann ein, wenn nach Abschluss der Beweiswürdigung noch relevante Zweifel an der Schuld des Angeklagten verbleiben.[484] Ob bzw. unter welchen Voraussetzungen die Aussage nur eines Zeugen für die Verurteilung genügen kann, ist eine Vorfrage, die Verurteilungsmaßstäbe festlegt. Der in dubio pro reo-Grundsatz kommt erst dann zum Zuge, wenn nicht feststeht, ob eben dieser Maßstab erfüllt ist. Oben wurde bereits dargelegt, dass anhand von Regeln über den rechtsgenügenden Beweis bestimmt werden muss, wann dies der Fall ist. Die Rechtsprechung setzt sich allerdings nicht mit normativen Gründen auseinander, die den in dubio pro reo-Grundsatz in den Aussage gegen Aussage-Fällen konkretisieren. Die Anforderungen der Rechtsprechung an die Aussage gegen Aussage-Fälle ändern folglich nichts daran, dass diese letztlich auf die „Überzeugung des Gerichts" abstellt. Dabei bleibt im Dunkeln, wann genau das Gericht von Rechts wegen überzeugt sein darf oder gar muss und wann nicht.

2. Umgang mit besonderen Fällen

a) Der „kranke Zeuge"

aa) Fallgruppen

Die Rechtsprechung hat drei Fallgruppen entwickelt, in denen die normalerweise erforderliche „besonders sorgfältige Glaubwürdigkeitsprüfung" nicht ausreichen

---

483 Vgl. allgemein zur Bedeutung des in dubio pro reo-Grundsatzes für den rechtsgenügenden Beweis auch *Freund*, Normative Probleme der „Tatsachenfeststellung", S. 60 ff.

484 Vgl. BGH Urt. v. 29.7.1998 – 1 StR 94/98, BGHSt 44, 153, 158; *Sander*, StV 2000, 45, 46 f.; s. zum in dubio pro reo-Grundsatz bereits oben B. II. 3. b) aa).

soll.[485] Dies ist zum einen die Konstellation, in der ein Zeuge von einer anfänglich getätigten Aussage zumindest in Teilen abrückt und diese insoweit nicht mehr aufrechterhält.[486] Ferner müssten diejenigen Fälle besonders behandelt werden, in denen das Gericht einer Zeugenaussage nur in Teilen folgt.[487] Schließlich ist es möglich, dass das Gericht einer Aussage folgen möchte, obwohl sich deren teilweise Unwahrheit herausstellt.[488] Eine „besondere Glaubwürdigkeitsprüfung" soll in diesen Fällen aber nur dann nicht genügen, wenn der Zeuge bewusst gelogen hat.[489] Einen besonderen Stellenwert nimmt die Situation ein, in der eine teilweise Einstellung nach § 154 StPO erfolgt. Hier muss ausnahmsweise auch eine Auseinandersetzung mit den Gründen für die Einstellung erfolgen, da diese Einfluss auf die Bewertung der Zeugenaussage betreffend die noch zu verhandelnden Taten haben kann.[490]

Den genannten Situationen ist gemein, dass besondere Gründe vorliegen, aufgrund deren Zweifel an der Glaubhaftigkeit des einzigen Belastungszeugen bestehen.[491] Sie werden daher auch unter dem Stichwort des „kranken Zeugen"[492] besprochen.

bb) Erfordernis der „Außenkriterien von besonderem Gewicht"

(1) Vorgaben der Rechtsprechung

In diesen Situationen fordert die Rechtsprechung über die „besonders sorgfältige Glaubwürdigkeitsprüfung" hinaus regelmäßig das Vorliegen „außerhalb der

485 BGH Urt. v. 29.7.1998 – 1 StR 94/98, BGHSt 44, 153, 159; eine Übersicht über den Stand der Rechtsprechung findet sich ferner bei L-R/*Sander*, StPO, § 261 Rn. 83c; *Sander*, StV 2000, 45 ff.; *Schmandt*, StraFo 2010, 446 ff.

486 BGH Beschl. v. 17.12.1997 – 2 StR 591/97, StV 1998, 250; BGH Urt. v. 29.7.1998 – 1 StR 94/98, BGHSt 44, 153, 159; BGH Beschl. v. 3.12.2002 – 4 StR 461/02, StV 2003, 542 f.

487 BGH Urt. v. 29.7.1998 – 1 StR 94/98, BGHSt 44, 153, 159; BGH Beschl. v. 3.12.2002 – 4 StR 461/02, StV 2003, 542 f.

488 BGH Urt. v. 29.7.1998 – 1 StR 94/98, BGHSt 44, 153, 159; BGH Beschl. v. 3.12.2002 – 4 StR 461/02, StV 2003, 542 f.; BGH Urt. v. 12.11.2003 – 2 StR 354/03, NStZ-RR 2004, 87.

489 BGH Urt. v. 17.11.1998 – 1 StR 450/98, BGHSt 44, 256, 257; *Maier*, NStZ 2005, 246, 248; *Schmandt*, StraFo 2010, 446, 447.

490 BGH Beschl. v. 5.4.2016 – 1 StR 53/16, juris Rn. 3; BGH Urt. v. 29.7.1998 – 1 StR 94/98, BGHSt 44, 153, 159.

491 *Maul*, StraFo 2000, 257, 259.

492 L-R/*Sander*, StPO, § 261 Rn. 83b; *Schmandt*, StraFo 2010, 446, 447.

Aussage liegender Gründe von Gewicht".[493] Diese muss das Gericht in die Urteilsgründe aufnehmen.[494] Dabei darf es sich nicht um Beweisanzeichen handeln, welche die Angaben des Zeugen zur Tat direkt bestätigen, sondern nur um solche, die den Vorwurf mittelbar stützen.[495] Dem Indiz muss gegenüber der Aussage eine eigenständige Bedeutung zukommen und es muss eine die Verurteilung mittragende Beweiskraft haben.[496] Hierzu zählen Geschehnisse nach dem Vorfall, die von anderen Zeugen glaubhaft bestätigt worden sind.[497] Wann den Außenkriterien das erforderliche Gewicht zukommt, unterliegt dem Beurteilungsspielraum des Gerichts.[498]

Eine einheitliche Definition des „Außenkriteriums" ist dem Forschungsstand demnach nicht zu entnehmen. Was darunter zu verstehen ist, ergibt sich nur ansatzweise aus einer Zusammenschau der Kasuistik. Beispielsweise berücksichtigte der BGH Folgendes in einem Urteil,[499] dessen Gegenstand ein Vergewaltigungsvorwurf war: Die Zeugin ging unmittelbar nach dem Vorfall ins Bad und weinte, duschte, wollte nicht über das Geschehen reden, weinte erneut in der polizeilichen Vernehmung, ließ sich eine Woche lang krankschreiben und litt unter anderem an Schlafstörungen. Das Gericht berücksichtigte folglich das Nachtatverhalten des Opfers als Indiz für den Tatvorwurf. Eine Bestätigung der Aussage soll auch dann vorliegen können, wenn eine Übereinstimmung der polizeilichen Ermittlungen mit der Aussage hinsichtlich Ort und Zeit besteht oder

493 BGH Beschl. v. 19.11.2014 – 4 StR 427/14, NStZ-RR 2015, 86; BGH Beschl. v. 10.5.2000 – 1 StR 181/00, NStZ 2000, 496; BGH Urt. v. 29.7.1998 – 1 StR 94/98, BGHSt 44, 153, 159; BGH Urt. v. 17.11.1998 – 1 StR 450/98, BGHSt 44, 256, 257; KK/*Ott*, StPO[7], § 261 Rn. 29b; *Pfeiffer*, StPO, § 261 Rn. 8; S/S/W-StPO/*Schluckebier*, § 261 Rn. 39. Die Aussage der genannten Urteile wird teilweise unterschiedlich aufgefasst. In anderen Entscheidungen hat der BGH der Herausstellung der Fallgruppen nur eine klarstellende Funktion zugeschrieben. So sei die „besonders sorgfältige Beweiswürdigung" *insbesondere* in den Fällen der problematischen Zeugen erforderlich, so z.B. BGH Beschl. v. 18.12.2001 – 4 StR 497/01, BeckRS 2001 30227970. Vgl. zu dieser Deutung *Pfister*, in: Deckers/Köhnken, Zeugenaussagen im Strafprozess, S. 99, 115. Dieses Verständnis der BGH-Rechtsprechung kann allerdings nicht überzeugen, da der Wortlaut der Leitentscheidungen insoweit eindeutig ist.

494 BGH Urt. v. 17.11.1998 – 1 StR 450/98, BGHSt 44, 256, 257.

495 Anderenfalls läge ein selbstständiges Beweismittel und somit kein Aussage gegen Aussage-Fall vor. S. dazu L-R/*Sander*, StPO, § 261 Rn. 83d.

496 L-R/*Sander*, StPO, § 261 Rn. 83d.

497 BGH Urt. v. 12.11.2003 – 2 StR 354/03, NStZ-RR 2004, 87.

498 L-R/*Sander*, StPO, § 261 StPO Rn. 83d.

499 BGH Urt. v. 12.11.2003 – 2 StR 354/03, NStZ-RR 2004, 87.

der Angeklagte bereits vergleichbare Delikte bezüglich anderer Personen verübt hatte.[500] Ein „Außenkriterium" stellt es jedenfall nicht dar, wenn der Angeklagte andere Straftaten begangen hat, die keinen Bezug zur Tat aufweisen.[501] Dasselbe gilt, wenn bei einem Verfahren, das Betäubungsmitteldelikte zum Gegenstand hat, zum Tatzeitpunkt Gelder aus unbekannter Quelle eingegangen sind. Ein „Außenkriterium" liegt nach der Rechtsprechung nur dann vor, wenn die Gelder aus erwiesen anderen Betäubungsmittelgeschäften stammen. Dass ein Angeklagter andere Straftaten begangen hat, soll ebensowenig ausreichen.

(2) Sonderfall: Aussagepsychologisches Gutachten

Umstritten ist, ob es sich auch bei dem aussagepsychologischen Gutachten um ein sogenanntes „Außenkriterium" handelt. Nach zumindest teilweise vertretener Ansicht in der Rechtsprechung soll dies der Fall sein.[502] Begründet wird dies damit, dass in dem Gutachten nicht über die Glaubhaftigkeit selbst entschieden, sondern nur dem Gericht Fachwissen zur Beurteilung der Glaubhaftigkeit durch das Gericht selbst vermittelt werde.[503] Hiergegen wird indes kritisch eingewandt, dass sich das Gutachten nur aus der Aussage selbst ableite und deshalb auch nicht außerhalb derselben liege.[504] Tatsächlich sollten als zusätzliche Kriterien nur solche herangezogen werden können, die wirklich selbstständig tatbezogen sind. Gerade weil das Gutachten lediglich Methodenkenntnisse vermitteln kann, beinhaltet es keine Angaben über das eigentliche Geschehen. Das Erfordernis der „Außenkriterien von besonderem Gewicht" soll die Lage kompensieren, dass der Angeklagte aufgrund nur einer Zeugenaussage verurteilt werden kann, an deren Zuverlässigkeit auch noch Zweifel bestehen. Im Ergebnis soll das Fordern eines „Außenkriteriums" damit den Angeklagten vor Fehlverurteilungen schützen. Dieser Schutz droht aber missachtet zu werden, wenn man das Vorliegen eines aussagepsychologischen Gutachtens über den Zeugen als „Außenkriterium" genügen lässt. Denn unter D. II. 3. wird noch erläutert werden, dass die Zuverlässigkeit aussagepsychologischer Gutachten äußerst zweifelhaft ist. Insofern sollte von den „Außenkriterien von besonderem Gewicht" zurückhaltend Gebrauch gemacht werden. Sie dürfen nur dann als solche berücksichtigt werden, wenn sie sich aus dem Tatgeschehen selbst ergeben. Anderenfalls besteht

---

500 L-R/*Sander*, StPO, § 261 Rn. 83d m.w.N.

501 Dazu und zum Folgenden BGH Urt. v. 8.6.2016 – 2 StR 539/15, juris Rn. 26 ff.

502 BGH Urt. v. 12.11.2003 – 2 StR 354/03, NStZ-RR 2004, 87.

503 BGH Urt. v. 12.11.2003 – 2 StR 354/03, NStZ-RR 2004, 87 f.

504 *Deckers*, StraFo 2010, 372, 378.

die Gefahr, dass die Erfüllung der erhöhten Anforderungen an die Würdigung der Aussagen „kranker Zeugen" vorschnell bejaht und in diesem Zuge ein zu hohes Fehlverurteilungsrisiko in Kauf genommen wird.

(3) Vorteile der Berücksichtigung weiterer objektiver Umstände neben der Zeugenaussage

Das Heranziehen weiterer objektiver, äußerer Umstände in den Fällen des „kranken Zeugen" ist grundsätzlich zu begrüßen. Dies ergibt sich aus den im Eingangsteil angestellten Erwägungen. Dort wurde erläutert, dass sich die Entwicklung von Regeln über den rechtsgenügenden Beweis an Abwägungsentscheidungen zu orientieren hat. Einerseits soll das Fehlverurteilungsrisiko möglichst gering gehalten werden. Andererseits muss eine effektive Strafrechtspflege ermöglicht werden. Die Fälle des „kranken Zeugen" unterscheiden sich von den gewöhnlichen Aussagen gegen Aussage-Fällen dadurch, dass das Fehlverurteilungsrisiko noch größer ist. Es sprechen keine dogmatischen Gründe dafür, der Aussage des Zeugen gegenüber derjenigen des Angeklagten hier Vorrang einzuräumen. Als solcher Grund kann zwar die strafprozessuale strafbewehrte Wahrheitspflicht in Betracht kommen, auf die unten näher eingegangen werden soll. Doch auch aus dieser kann hier von vornherein kein überzeugendes Argument dafür hergeleitet werden, der Zeugenaussage grundsätzlich Vorrang einzuräumen. Denn in den Fällen des „kranken Zeugen" sprechen immerhin objektiv greifbare Anhaltspunkte gegen die Glaubhaftigkeit der Aussage. Damit haben sich die Schwierigkeiten, die bei der Beurteilung der Glaubhaftigkeit von Zeugenaussagen auftreten können, partiell schon realisiert. Der Zeuge hat die ihm obliegende Wahrheitspflicht verletzt. Aufgrund dessen bestehen nicht nur abstrakte, sondern *konkrete* Zweifel an der Glaubhaftigkeit der Zeugenaussage. Liegen solche konkreten Zweifel vor, kann das Interesse an einer effektiven Strafrechtspflege auch niemals das Fehlverurteilungsrisiko rechtfertigen, das ohne Heranziehung weiterer objektiver Umstände eingegangen würde.

Die Rechtsprechung ist indessen nicht eindeutig, wenn sie fordert, dass die „Außenkriterien" in den Fällen des „kranken Zeugen" nur *regelmäßig* erfüllt sein müssten. Es stellt sich die Frage, in welchen Fällen dies erforderlich oder aber entbehrlich sein sollte. Eine Differenzierung anhand normativer Kriterien erweist sich hier als schwierig, weil die konkreten Zweifel an der Zuverlässigkeit der Zeugenaussage in allen Fällen vorhanden sind. Auch die Rechtsprechung scheint in diesen Fällen tatsächlich immer – und nicht nur regelmäßig – das Erfordernis der „Außenkriterien" heranzuziehen. Deshalb sollte die Regel auch dergestalt formuliert werden, dass es *immer* der Bestätigung der Aussage bedarf.

Fraglich ist dann jedoch, ob es sich bei den „Außenkriterien von Gewicht“ um das richtige Differenzierungsmerkmal handelt. Hier ergeben sich Abgrenzungsschwierigkeiten. In der Literatur werden die „Außenkriterien“ durch das Merkmal der Mittelbarkeit definiert. Danach soll es sich bei den „Außenkriterien“ um Indizien handeln, die den Vorwurf *mittelbar* stützen.[505] Als solche wurde bereits das Nachtatverhalten des Opfers genannt. Liegen *unmittelbar* tatbezogene Indizien vor, soll aber bereits die Aussage gegen Aussage-Situation nicht mehr gegeben sein. Auch hierfür kann – wie oben erläutert – das Verhalten des Opfers um den Tatzeitpunkt eine Rolle spielen. Das Opferverhalten kann also einerseits dazu herangezogen werden, um bereits das Vorliegen einer Aussage gegen Aussage-Situation abzulehnen. Dies würde dazu führen, dass die Gerichte gar nicht erst die „besonders sorgfältige Glaubwürdigkeitsprüfung“ vornehmen müssten. Gleichzeitig könnte aber auch eine Aussage gegen Aussage-Situation zunächst angenommen werden, dann könnte aber das Verhalten des Zeugen als „Außenkriterium“ berücksichtigt werden. Letztlich kann es also zwar auf die eine oder andere Weise berücksichtigt werden, um zu einer Verurteilung zu gelangen. In dem erstem Fall soll jedoch eine ganz „gewöhnliche“ Glaubhaftigkeitsprüfung genügen, während in letzterem erhöhte Anforderungen gelten, die „insbesondere“ dann erfüllt sein sollen, wenn es sich um einen „kranken Zeugen“ handelt. Diese Definitionen ermöglichen demnach keine klare Abgrenzung. Die Rechtsprechung selbst nimmt diese nicht einmal vor. Es ergibt sich nicht, welche Qualität die Indizien haben müssen.[506] Um diese Fragestellungen näher zu beleuchten, soll eine Untersuchung des US-amerikanischen Rechts herangezogen werden. Dieses sieht eine zwingende Bestätigung des Geständnisses durch weitere Elemente vor.[507] Welche Eigenschaften diese im Einzelnen aufweisen müssen, ist Gegenstand von Diskussion. Deshalb soll geprüft werden, ob diese Erwägungen zur Konkretisierung der „Außenkriterien“ herangezogen werden können bzw. ob schlicht die Forderung nach einem weiteren Beweismittel gestellt werden sollte.

b) Aussage eines Mitangeklagten oder tatbeteiligten Belastungszeugen

Einen Sonderfall der Aussage gegen Aussage-Fälle kann die Situation darstellen, in der eine Verurteilung nur auf der Basis der Angaben eines Mitangeklagten

---

505 L-R/*Sander*, StPO, § 261 Rn. 83d.

506 Ob die Zusatzindizien vorhandene Beweisdefizite kompensieren könnten, müsse das Gericht in eigener Verantwortung prüfen; vgl. BGH Urt. v. 8.6.2016 – 2 StR 539/15, juris Rn. 26.

507 S. dazu unten D. IV. 2. b) cc) (2) (c).

oder tatbeteiligten Belastungszeugen erfolgen soll, der wegen desselben Geschehens der Strafverfolgung ausgesetzt ist. Diese Fälle werden in der Kommentarliteratur oftmals als eigenständige Fallgruppe geführt.[508] Der Mitangeklagte kann kein Zeuge,[509] wohl aber Beweismittel „im weiteren Sinn" sein, sofern er aussagebereit ist[510]. Soweit dessen Angaben das einzige Beweismittel darstellen, kann ebenfalls eine Aussage gegen Aussage-Situation entstehen.

Bei den Äußerungen Tatbeteiligter fordert die Rechtsprechung ebenfalls eine „besonders sorgfältige Beweiswürdigung".[511] Grund dafür ist die Gefahr, dass der Aussagende ein eigenes Interesse am Ausgang des Verfahrens haben kann. Dieses kann aus der Erwartung einer Strafmilderung, z.B. nach § 31 BtMG[512] oder § 46 b StGB,[513] oder der Entlassung aus der Untersuchungshaft wegen Wegfalls der Verdunkelungsgefahr[514] resultieren. Nach Ansicht der Rechtsprechung kommt es nicht notwendig darauf an, ob ein Zeuge wegen seiner Taten bereits abgeurteilt wurde oder nicht.[515] Es müsse aber geprüft werden, ob er weiterhin von der Erwartung der Strafmilderung beeinflusst war, was insbesondere dann der Fall sein könne, wenn er in dem gegen ihn geführten Verfahren seine Aussage geändert hat. Die besonderen Anforderungen an die Glaubhaftigkeitsprüfung sollen auch dann gelten, wenn ein Mitbeschuldigter nur aus dem Grund als Zeuge auftreten kann, dass er in einem gesonderten Verfahren verfolgt wird.[516]

Soll die Verurteilung auf die Aussage eines Mitangeklagten gestützt werden und hat dieser den Angeklagten zum Teil zu Unrecht belastet, stellt dies nach der Rechtsprechung ein gewichtiges Indiz gegen die Glaubhaftigkeit der Aussage dar.[517] Für Mitangeklagte gelte das vor allem aus dem Grund, dass diese im Gegensatz zu Zeugen keiner strafbewehrten Wahrheitspflicht unterliegen.[518] Die Gerichte sollen sich demnach mit den Gründen auseinandersetzen, die für eine

---

508 So z.B. bei BeckOK.StPO/*Eschelbach,* § 261 Rn. 58 (Stand: 1.10.2016); KK/*Ott,* StPO[7], § 261 Rn. 29c.

509 BGH Beschl. v. 17.11.2010 – 1 StR 145/10, BeckRS 2010, 29727.

510 OLG München, Urt. v. 31.3.2009 – 4 St RR 14/09, BeckRS 2010, 26451; BeckOK.StPO/*Eschelbach,* § 261 Rn. 58 (Stand: 1.10.2016).

511 BGH Beschl. v. 17.1.2002 – 3 StR 417/01, NStZ-RR 2002, 146; *Meyer-Goßner*/Schmitt, StPO, § 261 Rn. 11a; MünchKomm.StPO/*Miebach,* § 261 Rn. 241.

512 BGH Beschl. v. 17.1.2002 – 3 StR 417/01, NStZ-RR 2002, 146.

513 BGH Beschl. v. 13.9.2011 – 5 StR 308/11, BeckRS 2011, 23473 Rn. 21.

514 BGH Beschl. v. 13.9.2011 – 5 StR 308/11, BeckRS 2011, 23473 Rn. 21.

515 BGH Beschl. v. 17.1.2002 – 3 StR 417/01, NStZ-RR 2002, 146.

516 BGH Beschl. v. 29.10.1996 – 1 StR 603/96, NStZ-RR 1997, 105.

517 BGH Beschl. v. 27.7.1990 – 2 StR 324/90, NStZ 1990, 603.

518 BGH Beschl. v. 27.7.1990 – 2 StR 324/90, NStZ 1990, 603.

mögliche Falschbelastung sprechen könnten. Hierfür soll von Bedeutung sein, wie es zu der falschen Aussage kam und ob der Mitangeklagte bewusst oder unbewusst falsch ausgesagt hat.[519] Ferner bedarf es der Erörterung im Urteil, wenn beim Tatbeteiligten eine Verständigung erfolgt ist oder in Rede steht.[520] Das Gericht muss dann erörtern, ob der Tatbeteiligte annahm, eine Falschbelastung des Angeklagten sei für seine Verständigung von Vorteil.[521] Eine Bestätigung durch außerhalb der Aussage liegende ausssagekräftige Indizien fordert der BGH nur in seltenen Fällen. Das Erfordernis gilt jedenfalls dann, wenn es sich zusätzlich nur um einen Zeugen vom Hörensagen handelt und eine Verteidigerbefragung unterblieb.[522]

Insgesamt ist der Rechtsprechung darin zuzustimmen, dass die Handhabung belastender Aussagen durch Mitangeklagte einer genaueren Betrachtung bedarf. Die bloße Anforderung, eine „besonders sorgfältige Beweiswürdigung" vorzunehmen, ist jedoch aus den oben genannten Gründen nicht überzeugend. Vielmehr muss genau analysiert werden, ob bzw. wie sehr das Fehlverurteilungsrisiko erhöht und ist wie ein solches erforderlichenfalls kompensiert werden kann. Denkbar wäre insofern, im Falle der Tatbeteiligung immer eine Bestätigung durch weitere Indizien oder Beweismittel zu fordern. Ein solches Vorgehen könnte jedoch zu Beweisschwierigkeiten im Bereich sogenannter „Milieustraftaten" führen. Da die Bestätigung der Aussage von Mittätern in der U.S.-amerikanischen Literatur diskutiert wird, soll eine abschließende Bewertung erst an entsprechender Stelle nach den rechtsvergleichenden Ergebnissen erfolgen.

c) Wiedererkennung des Angeklagten durch den Zeugen

Einen Sonderfall stellen ferner diejenigen Situationen dar, in denen der Zeuge vorgibt, den Angeklagten wiedererkannt zu haben. Auch dabei kann es sich um Aussage gegen Aussage-Situationen handeln. Typischerweise kann dies bei Delikten wie Raub oder sexueller Nötigung auftreten.

Bei der Identifikation durch Augenzeugen ist die Gefahr von Wahrnehmungsfehlern noch größer als in denjenigen Aussage gegen Aussage-Fällen, in denen jedenfalls die Identität des Angeklagten außer Frage steht. Relevant sind zum

519 BGH Beschl. v. 27.7.1990 – 2 StR 324/90, NStZ 1990, 603.

520 BGH Beschl. v. 6.3.2012 – 1 StR 17/12, NStZ-RR 2012, 179; SK/*Velten*, § 261 Rn. 66.

521 BGH Beschl. v. 6.3.2012 – 1 StR 17/12, NStZ-RR 2012, 179.

522 BGH Urt. v. 8.6.2016 – 2 StR 539/15, juris; BeckOK.StPO/*Eschelbach*, § 261 Rn. 54, 58 (Stand: 1.10.2016).

einen die äußeren Umstände des Geschehens, wie z.B. die Lichtverhältnisse.[523] Die Art des Vorfalls ist ebenfalls von Bedeutung. Insbesondere schnelle, gewaltsame Handlungsabfolgen können nur schwer in Einzelheiten aufgefasst werden.[524] Denn das menschliche Gehirn kann nur in begrenztem Umfang mehrere Einflüsse gleichzeitig wahrnehmen.[525] Außerdem können der Gemütszustand des Opfers sowie dessen Erwartungen an das Geschehen eine Rolle spielen.[526] Bei der Gegenüberstellung können ferner das Geschlecht oder der ethnische Hintergrund den Zeugen beeinflussen.[527] So wird in der US-amerikanischen Literatur kritisiert, dass die Gegenüberstellung unzuverlässiger werde, wenn Zeuge und Beschuldigter von unterschiedlicher ethnischer Herkunft sind.[528] Wie sich diese Fehler im Einzelnen auswirken, ist letztlich kaum messbar. Allerdings werden immer wieder Fälle von falschen Identifikationen durch Augenzeugen bekannt.[529] Dies wurde besonders deutlich, als im Zuge der Entwicklung des DNA-Nachweises zahlreiche fehlerhafte Verurteilungen als solche erkannt und aufgehoben wurden.[530] Das Fehlverurteilungsrisiko ist mithin in den Fällen der Wiedererkennung durch einen einzigen Zeugen besonders hoch.

Diese Problemstellungen wurden von Rechtsprechung und Lehre aufgegriffen. Dass die Aussage des Zeugen auf einer Wiedererkennung beruht, stehe der Verwertung des Beweises danach nicht per se entgegen. Die h.M. fordert allerdings die Anwendung „besonderer Vorsicht".[531] Insoweit verhält es sich ähnlich wie mit den allgemeinen Anforderungen an die Situation, in der Aussage gegen Aussage steht.

523 *Koch,* Cornell Law Review 88/4 (2003), 1097, 1103.

524 *Nicolson/Blackie,* Edinburgh Law Review 17/2 (2013), 152, 169; *Sangero/Halpert,* Jurimetrics 48 (2007), 43, 91.

525 *Koch,* Cornell Law Review 88/4 (2003), 1097, 1103.

526 *Nicolson/Blackie,* Edinburgh Law Review 17/2 (2013), 152, 156; *Koch,* Cornell Law Review 88/4 (2003), 1097, 1103.

527 *Nicolson/Blackie,* Edinburgh Law Review 17/2 (2013), 152, 169.

528 *Guerra Thompson,* UC Davis Law Review 41 (2008), 1487, 1493.

529 *Crump,* Ohio St. J. Crim. L. 7 (2009), 361, 364; *Guerra Thompson,* UC Davis Law Review 41 (2008), 1487, 1489.

530 Vgl. zu den Folgen der Entwicklung des DNA-Beweises *Sangero/Halpert,* Jurimetrics 48 (2007), 43, 46 f. Die Autoren sprechen von über 200 Fällen, in denen zwischen 1992 und dem Erscheinen des Artikels Verurteilungen wegen Mordes und Vergewaltigung auf der Grundlage des damals neuen Beweismittels aufgehoben wurden.

531 *Meyer-Goßner*/Schmitt, StPO, § 261 Rn. 11b; L-R/*Sander,* StPO, § 261 Rn. 82; vgl. auch BVerfG Beschl. v. 30.4.2003 – 2 BvR 2045/02, NJW 2003, 2444, 2445 f.

Wurden bei der Gegenüberstellung bestimmte Verfahrensregeln – auf die sogleich näher eingegangen werden soll – nicht beachtet, kann der Beweiswert sinken.[532]

Dazu gehört zunächst die Wahl einer sicheren Vorgehensweise zur Identifikation des Täters. Als zuverlässigste Methoden gelten die Wahlgegenüberstellung sowie die Wahllichtbildvorlage.[533] Dabei werden dem Zeugen mehrere möglichst ähnlich aussehende Personen vorgestellt (zumeist wird eine Zahl von mindestens acht Personen genannt).[534] Das Ergebnis einer Einzelgegenüberstellung oder -lichtbildvorlage ist dennoch – wenn auch mit „äußerst geringem Beweiswert" – verwertbar.[535] Wahllichtbildern soll ein geringerer Beweiswert als der Wahlgegenüberstellung zukommen.[536] Eine gleichzeitige Gegenüberstellung wird in der Wissenschaft bisweilen für weniger zuverlässig gehalten als eine sukzessive.[537]

Besonders intensiv musste sich die Rechtsprechung bislang mit den Fällen des wiederholten Wiedererkennens befassen. Dabei wird eine Wiedererkennung im Ermittlungsverfahren durchgeführt und der Zeuge nimmt diese Identifikationshandlung anschließend in der Hauptverhandlung erneut vor. Ein solches Vorgehen ist besonders fehleranfällig, da der Zeuge die in der Hauptverhandlung präsentierte Person möglicherweise nicht mit dem erinnerten Tatgeschehen, sondern den im Ermittlungsverfahren vorgestellten Personen vergleicht.[538] Dem wiederholten Wiedererkennen kommt daher nach Ansicht des BGH nur

---

532 S/S/W-StPO/*Schluckebier*, § 261 Rn. 43. Dieselben Grundsätze sollen auf den Stimmvergleich anwendbar sein, vgl. dazu BGH Urt.v. 24.2.1994 – 4 StR 317/93, BGHSt 40, 66, 68; Beschl. v. 12.4.1994 – 4 StR 142/94, NStZ 1994, 597, 598; KK/*Ott*, StPO[7], § 261 Rn. 29d-e.

533 S/S/W-StPO/*Schluckebier*, § 261 Rn. 43; BeckOK.StPO/*Eschelbach*, § 261 Rn. 49 (Stand: 1.10.2016).

534 BGH Beschl. v. 9. 11. 2011 – 1 StR 524/11, NStZ 2012, 172, 173; KK/*Ott*, StPO[7], § 261 Rn. 29d-e; L-R/*Sander*, StPO, § 261 Rn. 82.

535 BGH Beschl v. 25.9.2012 – 5 StR 372/12, NStZ-RR 2012, 381, 382; BGH Urt. v. 17.3.1982 – 2 StR 793/81, NStZ 1982, 342; S/S/W-StPO/*Schluckebier*, § 261 Rn. 43; KK/*Ott*, StPO[7], § 261 Rn. 29d-e.

536 L-R/*Sander*, StPO, § 261 Rn. 82.

537 L-R/*Sander*, StPO, § 261 Rn. 82; KK/*Ott*, StPO[7], § 261 Rn. 29d-e. US-amerikanische Psychologen halten diese Annahme allerdings für veraltet, vgl. *Wixted/Mickes/Dunn/Clark/Wells*, Eyewitness Idenfications, 1 ff. und ausführlich dazu unten D. IV. 2. b) cc) (2) b) (cc).

538 BGH Urt. v. 28.6.1961 – 2 StR 194/61, BGHSt 16, 204, 205 f.; *Brause*, NStZ 2007, 505, 509.

„eingeschränkter Beweiswert" zu.[539] Vom Tatgericht wird erwartet, dass sich dieses immer dann mit einer möglichen Beeinflussung des Zeugen durch die erste Wiedererkennung auseinandersetzt, wenn „die Umstände des Falles dazu Anlass geben". Im Urteil muss das Gericht in diesen Fällen den maßgeblichen Wiedererkennungsakt herausstellen, erkenntlich machen, dass es sich des eingeschränkten Wiedererkennungswertes bewusst war sowie eine Beeinflussung des Zeugen durch das erste Wiedererkennen ausschließen kann.[540] Für die vorliegende Untersuchung sind diejenigen Fälle von Interesse, in denen der Täter im Wesentlichen auf Grund der Wiedererkennung durch den Zeugen überführt wird.[541] Das Gericht soll insbesondere dann auf die Grundsätze zum Wiedererkennen eingehen, wenn das Aussehen des Identifizierten von einer zuvor gegebenen Beschreibung abweicht.[542] Ferner müssen die Anforderungen an die Darstellung erfüllt sein, wenn der Zeuge den Angeklagten zunächst auf Bildern nicht wiedererkennt, später aber schon.[543]

Die Beurteilung durch die h.M. wirft einige Fragen auf. Bei der Aufforderung zur besonderen Vorsicht handelt es sich wohl – ähnlich wie bei der „besonders sorgfältigen Glaubhaftigkeitsprüfung" – um die selbstverständliche Aufforderung an das Gericht, die Beweiswürdigung gründlich vorzunehmen. Ferner wird mit nur schwer verallgemeinerbaren Begriffen gearbeitet, wenn es beispielsweise heißt, die Beweiswürdigung sei „besonders fragwürdig"[544]. Im Gegensatz zu allen anderen Aussage gegen Aussage-Fällen bestehen hier jedoch konkretere Vorgaben. Dies liegt darin begründet, dass es sich um eine spezielle Vorgehensweise im Ermittlungsverfahren handelt und nicht um eine reine Prozesssituation. Allerdings sind auch diese Vorgaben nicht eindeutig. So ist fraglich, wie das Gericht eine mögliche Beeinflussung des Zeugen durch ein erstes Wiedererkennen überhaupt ermitteln soll. Dies herauszustellen setzt vertiefte aussagepsychologische Kenntnisse voraus, von denen man nicht ohne Weiteres annehmen kann, dass das Gericht über sie

---

539 BGH Urt. v. 28.6.1961 – 2 StR 194/61, BGHSt 16, 204, 205 f.; *Brause,* NStZ 2007, 505, 509.

540 BGH Beschl. v. 27.2.1996 – 4 StR 6/96, NStZ 1996, 350, 351; BeckOK.StPO/*Eschelbach,* § 261 Rn. 51 (Stand: 1.10.2016).

541 BGH Beschl. v. 27.2.1996 – 4 StR 6/96, NStZ 1996, 350, 35; *Brause,* NStZ 2007, 505, 507.

542 BGH Urt. v. 17.3.2008 – 2 StR 793/81, NStZ 1982, 342; KK/*Ott,* StPO[7], § 261 Rn. 29d-e; *Brause,* NStZ 2007, 505, 507.

543 KK/*Ott,* StPO[7], § 261 Rn. 29d-e; *Brause,* NStZ 2007, 505, 507.

544 KK/*Ott,* StPO[7], § 261 Rn. 29d-e. Dies gelte für diejenigen Fälle, in denen die erste Wiedererkennung fehlerhaft verlaufen sei.

verfügt. Um einen sinnvollen Umgang mit den Fällen des Wiedererkennens zu diskutieren, kann ebenfalls auf den Stand der Forschung im US-amerikanischen Recht zurückgegriffen werden. Dort sind neue Untersuchungen zur Handhabung von Augenzeugenaussagen vorhanden. Insbesondere erfolgt in den USA eine Diskussion darüber, ob in dieser Fallgestaltung grundsätzlich mindestens ein weiteres Beweismittel gefordert werden sollte. Die Ergebnisse sollen bei der Beantwortung der aufgeworfenen Fragen unter D. IV. 2. b) cc) (2) (b) herangezogen werden.

3. Rechtsnatur der revisionsrechtlichen Vorgaben

Bevor eine Bewertung der von der Rechtsprechung entwickelten Kriterien und gegebenenfalls die Herausarbeitung alternativer Ansätze erfolgen kann, ist der Charakter der Vorgaben zu untersuchen. Hierzu finden sich in der Literatur zahlreiche unterschiedliche Formulierungen. Einige weisen darauf hin, dass eine feste Beweisregel de lege lata zwar mit dem Gesetz unvereinbar sei, es sich allerdings bei den von der Rechtsprechung entwickelten Vorgaben um „Beweiswürdigungsgrundsätze" handele.[545] Ferner ist zum Teil von „beweisregelähnlichen Sätzen" die Rede.[546] Das Bundesverfassungsgericht äußert hierzu:

> „Wenngleich die Beweiswürdigung von Gesetzes wegen „frei", das heißt keinen Beweisregeln unterworfen ist (vgl. *Schäfer,* StV 1995, 147 [148]), hat die obergerichtliche Rechtsprechung aus den wissenschaftlichen, insbesondere den kriminalistischen, forensischen und aussagepsychologischen Untersuchungen gewonnene Erfahrungsregeln, Grundsätze für die Beweiswürdigung und ihre Darlegung in den Urteilsgründen entwickelt, die bei Nichteinhaltung die Aufhebung in der Revision zur Konsequenz haben."[547]

Nur vereinzelt werden die bestehenden Vorgaben der Rechtsprechung ausdrücklich als „Beweisregeln" bezeichnet.[548] Im Laufe der Jahre hätten sich durch die höchstinstanzlichen Urteile Beweisregeln in das Strafprozessrecht nahezu eingeschlichen.[549] Besonders weitgehend sind die Erwägungen, eine gesetzliche Beweisregel in § 261 StPO einzufügen.[550] Es wird konstatiert, der BGH missachte

545 *Maier,* NStZ 2005, 246, 249 ff.

546 *Schmandt,* StraFo 2010, 446, 451.

547 BVerfG Beschl. v. 30.4.2003 – 2 BvR 2045/02, NJW 2003, 2444, 2445.

548 So z.B. bei L-R/*Sander,* StPO, § 261 Rn. 83 ff.

549 *Sarstedt,* FS Hirsch, 171, 172; *Jerouschek,* GA 1992, 493, 513.

550 *Hamm,* StraFo 2000, 253, 257 schlägt folgende Gesetzesänderung vor: „Die Tatsachen, in denen die gesetzlichen Merkmale der Straftat gefunden werden, dürfen so lange nicht als erwiesen festgestellt werden, wie sie nur von einem Zeugen oder einem Mitangeklagten bekundet wurden und keine mindestens indizielle Bestätigung durch andere Beweismittel erfahren haben."

stellenweise § 261 StPO und greife massiv in die freie Beweiswürdigung ein.[551] Auch wenn die Vorgabe nur „regelmäßig" gelte, stelle die Forderung nach der Bestätigung durch Gesichtspunkte außerhalb der Aussage eine unzulässige Beweisregel dar.[552]

Genauer ist insoweit die Einordung als „Vorsichtsregeln für die Würdigung besonderer Beweislagen".[553] So geht *Eschelbach* davon aus, die Regeln erinnerten an die Beweisregeln des Inquisitionsprozesses und schienen mit § 261 StPO unvereinbar.[554] Daher stellten sie eine Abkehr vom Grundsatz der freien richterlichen Beweiswürdigung dar. Es handele sich um Regeln, „die Erfahrungssätzen ähneln, im Revisionsverfahren rechtssatzähnlich gehandhabt werden und als Rechtsfolge meist die Befolgung von Methodenvorgaben erzwingen."[555] In der Sache seien sie aber angemessen.

Um die Rechtsnatur der Regeln richtig zu erfassen, muss differenziert werden. Die Entscheidungen des BGH deuten darauf hin, dass die entwickelten Kriterien zum Teil tatsächlich Regeln über den rechtsgenügenden Beweis darstellen. Um solche dürfte es sich jedoch nur bei dem Erfordernis der „Außenkriterien von Gewicht" in den Fällen des „kranken Zeugen" handeln. Dies ergibt sich aus der eingangs erwähnten Definition der Regel über den rechtsgenügenden Beweis, die als Norm darüber verstanden wird, wann ein Beweis als erbracht anzusehen ist. Nichts anderes beinhaltet diese Regel, indem sie dem Gericht vorgibt, in den Fällen des „kranken Zeugen" nur zu verurteilen, wenn „Außenkriterien von Gewicht" vorhanden sind. Diese Vorgabe könnte auch folgendermaßen als Regel über den rechtsgenügenden Beweis formuliert werden: „Steht Aussage gegen Aussage und folgt das Gericht nur teilweise der Zeugenaussage oder stellt sich die bewusste Unwahrheit der Aussage oder eines Aussageteils heraus oder erhält der Zeuge seine anfängliche Aussage nicht mehr aufrecht, darf das Gericht in der Regel nur verurteilen, wenn zusätzlich Außenkriterien von Gewicht vorliegen". Damit dürfte die Vorgabe eine Regel zum rechtsgenügenden Beweis darstellen, die notwendige Bedingungen für eine Verurteilung statuiert. Diese Beurteilung dürfte sich auch

---

551 *Gössel*, GS Meurer, S. 381, 392.

552 *Gössel*, GS Meurer, S. 381, 392; *Pfister*, in: Deckers/Köhnken, Zeugenaussagen im Strafprozess, S. 99, 114 deutet an, dass die Vorgaben nach Beweisregeln klängen, dies aber einen Systembruch darstellen würde. Schließlich lässt er die Beantwortung der Frage offen.

553 BeckOK.StPO/*Eschelbach*, § 261 Rn. 47 (Stand: 1.10.2016). Dieser Begriff wurde bereits von *Peters*, FS Gmür, S. 311, 321 geprägt. S. dazu bereits oben B. III. 3. b) dd).

554 BeckOK.StPO/*Eschelbach*, § 261 Rn. 47 (Stand: 1.10.2016).

555 BeckOK.StPO/*Eschelbach*, § 261 Rn. 47 (Stand: 1.10.2016).

nicht dadurch ändern, dass der BGH das Vorliegen der „Außenkriterien" nur regelmäßig fordert.

Das Erfordernis der „besonders sorgfältigen Glaubhaftigkeitsprüfung" allein stellt indes keine Regel über den rechtsgenügenden Beweis dar. Diese gibt gerade nicht vor, wann der Beweis als erbracht anzusehen ist. Sie äußert sich nur zum Grad der anzuwendenden Sorgfalt, nicht jedoch zum Beweismaß. Demnach spricht vieles dafür, dass es sich dabei nur um eine „Beweiswürdigungsregel" handelt.

Mit der Bezeichnung als „beweisregelähnliche Sätze" oder „Beweiswürdigungsgrundsätze" für den gesamten Regelungskomplex wird das Problem umgangen, dass Regeln über den rechtsgenügenden Beweis eigentlich von der h.M. strikt abgelehnt werden. Es wird lediglich angemerkt, dass die Beweiswürdigung insoweit lückenhaft und damit rechtsfehlerhaft sei, wenn die Grundsätze nicht beachtet würden.[556] Diese systematische Einordnung stellt das Problem etwas verkürzt dar. Sie setzt voraus, dass vorab festgelegt wird, wann die Beweiswürdigung als vollständig gilt. Dies ist der Fall hinsichtlich der Vorgabe, dass in Fällen des „kranken Zeugen" weitere objektive Anhaltspunkte außerhalb der Aussage vorhanden sein müssen. Dieser Schluss ist keineswegs selbstverständlich. Dass dies so sein soll, haben die Revisionsgerichte als Maßstab formuliert. Man kann daher erst dann von einer Lückenhaftigkeit der Beweiswürdigung sprechen, wenn abstrakt formuliert wurde, welche Anforderungen an den rechtsgenügenden Beweis zu stellen sind. Da das Beweismaß aber nach h.M. an die richterliche Überzeugung anknüpft, ist ein solcher einheitlicher Maßstab nicht vorhanden. Deshalb sollte eine offene Diskussion darüber geführt werden, dass es sich zum Teil um Regeln über den rechtsgenügenden Beweis handelt. Nur so kann auch eine sorgfältige Auseinandersetzung damit erfolgen, ob die Regeln auch intersubjektiv Gültigkeit beanspruchen können.

Im Ergebnis festzuhalten ist demnach, dass hinsichtlich der Rechtsnatur der vom BGH entwickelten Grundsätze zu unterscheiden ist. Die Anforderungen, welche die Rechtsprechung an die „gewöhnlichen" Aussage gegen Aussage-Fälle stellt, enthalten *Beweiswürdigungsregeln.* Für die Fälle des „kranken Zeugen" hat die Rechtsprechung *Regeln über den rechtsgenügenden Beweis* entwickelt.

4. Zwischenergebnis

Die vorstehende Untersuchung kann wie folgt zusammengefasst werden: Die Rechtsprechung erweckt den Eindruck einer dreistufigen Prüfung der Beweiswürdigung bei Zeugenaussagen. Es gibt eine „normale" Glaubhaftigkeitsprüfung

556 *Brause,* NStZ 2013, 129, 132 f.

von Zeugenaussagen, wenn nicht Aussage gegen Aussage steht, sondern weitere Beweismittel vorhanden sind (Stufe 1). Steht es indes Aussage gegen Aussage, bedarf es einer Gesamtabwägung aller relevanten Umstände und deren Darstellung in den Urteilsgründen (Stufe 2). Steht Aussage gegen Aussage und liegt ein Fall des „kranken Zeugen" vor, bedarf es zusätzlich regelmäßig außerhalb der Zeugenaussage liegender gewichtiger Gründe (Stufe 3).

Um die Frage nach dem rechtsgenügenden Beweis zu beantworten, bringt Stufe 2 gegenüber Stufe 1 keinen Mehrwert. Jedenfalls dürfte sie es nicht. Denn dies würde bedeuten, dass in allen anderen Fällen, in denen nicht Aussage gegen Aussage steht, das Gericht nur eine oberflächliche, unsorgfältige Würdigung der Aussage vornehmen müsste. Ein wirklich neues Element kommt erst auf Stufe 3 hinzu. Diese Stufe unterscheidet sich von den anderen vor allem dadurch, dass sie Anforderungen an die Überzeugungsbildung statuiert. Während auf der zweiten Stufe nur Anforderungen an die Qualität der Beweiswürdigung gestellt werden, wird dem Richter auf der dritten Stufe vorgegeben, dass er erst bei Vorliegen zusätzlicher Voraussetzungen den Beweis als erbracht ansehen darf. Stufe 3 beinhaltet als einzige eine Regel über den rechtsgenügenden Beweis. Das Fordern weiterer Kriterien in diesen Fällen ist grundsätzlich zu begrüßen, wobei dies verbindlicher formuliert werden sollte. Im Rahmen der folgenden Analyse soll die Frage aufgeworfen werden, ob es sich auf Stufe 3 mit den „Außenkriterien von besonderem Gewicht" um ein angemessenes Differenzierungskriterium handelt. Zunächst interessiert aber die Frage nach Stufe 2, da hierfür noch gar keine Regeln über den rechtsgenügenden Beweis diskutiert werden.

D. Dritter Teil: Analyse möglicher Regeln über den rechtsgenügenden Beweis in den Aussage gegen Aussage-Fällen

I. Leitlinien für die Analyse möglicher Regeln

1. Berücksichtigung der Besonderheiten der Verfahrenssituation

Bei der Entwicklung der Regeln über den rechtsgenügenden Beweis müssen stets die Besonderheiten der Prozesslage berücksichtigt werden. Keiner der beiden Aussagen kommt per se ein höherer abstrakter Beweiswert zu. Die Beweislage ist jedoch für beide Seiten mit Nachteilen behaftet. Auf der Seite des Angeklagten ist zu beachten, dass in den Aussage gegen Aussage-Fällen ein sehr hohes Fehlverurteilungsrisiko besteht.[557] Denn als Beweismittel besteht einzig die Zeugenaussage, deren Zuverlässigkeit im Einzelfall höchst zweifelhaft sein kann. Hiergegen kann sich der Angeklagte praktisch nur mit dem eigenen Wort verteidigen. Die Verwendung eines Lügendetektors steht ihm nach h.M. nicht zur Verfügung und die Begutachtung der eigenen Einlassung ist nur unter Einschränkungen möglich.[558] Ferner kann sich der Angeklagte oftmals nicht mit einem Alibi entlasten. Denn typische Aussage gegen Aussage-Konstellationen sind diejenigen, in denen ein Zeuge vorträgt, der Angeklagte habe ihn über einen längeren Zeitraum durch mehrere Taten sexuell genötigt. Hier wird es dem Angeklagten kaum jemals möglich sein, ein Alibi für sämtliche Tatzeiträume zu präsentieren. Dies gilt umso eher, als der genaue Zeitraum oftmals Schätzungen unterliegt.

Anderseits kann die Prozesslage aber auch für den Zeugen von Nachteil sein. Es handelt sich oftmals um Sexualstrafverfahren, bei denen die Taten teilweise lange Zeit zurückliegen. Im Gegensatz zu anderen Gewalttaten sind bei Sexualdelikten regelmäßig wenig weitere Beweismittel vorhanden. Wegen des verstrichenen Zeitraums bestehen oftmals keine rechtsmedizinischen Untersuchungen, weitere Zeugen gibt es in der Regel ebenfalls nicht. Die Beweislage ist somit auch mit Beweisschwierigkeiten auf Seiten des Zeugen belastet. Diese beiden Aspekte sind stets zu berücksichtigen und in Ausgleich zu bringen.

---

557 BeckOK.StPO/*Eschelbach*, § 261 Rn. 56 (Stand: 1.10.2016).

558 S. dazu näher unten D. II. 3. b) und D. III. 2.

2. Unterscheidung formaler Voraussetzungen und Regeln über den rechtsgenügenden Beweis

Um ein eventuell vorhandenes Ungleichgewicht bei der Beweiswürdigung auszugleichen, sind mehrere rechtliche Möglichkeiten vorstellbar. Es muss zunächst geprüft werden, ob gewisse Verfahrensvoraussetzungen geschaffen werden können, die eine „Waffengleichheit" im Prozess gewährleisten. Als solche Voraussetzung kommt beispielsweise die Vorgabe der Rechtsprechung in Betracht, nach der in den Aussage gegen Aussage-Fällen in der Regel ein Pflichtverteidiger nach § 140 Abs. 2 StPO bestellt werden muss.[559] Dadurch steht der Angeklagte dem Zeugen, der selbst gegebenenfalls einen Rechtsbeistand an seiner Seite hat, nicht unverteidigt gegenüber. Dies führt dazu, dass die formalen Voraussetzungen der abstrakten Gleichwertigkeit der Aussagen eingehalten sind. Entsprechende formale Regelungen sind wegen des Anspruchs auf ein faires Verfahren erforderlich. Allerdings ist zweifelhaft, ob die formalen Voraussetzungen alleine zum Schutz des Angeklagten ausreichen, denn das Recht auf einen Strafverteidiger garantiert nicht ohne Weiteres die Einhaltung eines fairen Verfahrens.[560]

Die formalen Vorgaben sind jedoch von Regeln über den rechtsgenügenden Beweis zu unterscheiden. Erstere stellen nur die Rahmenbedingungen des Prozesses sicher. Regeln über den rechtsgenügenden Beweis kommen erst dann zum Zuge, wenn ein Prozess unter Berücksichtigung aller formalen Voraussetzungen geführt wurde und die Beweiswürdigung abgeschlossen ist. Bei der folgenden Analyse muss demnach sorgfältig geprüft werden, ob es sich jeweils um eine formale Voraussetzung oder eine Regel über den rechtgenügenden Beweis handelt. Letztere müssen sich an dem eingangs ausführlich dargelegten Verhältnismäßigkeitsgrundsatz messen lassen.

559 OLG Celle, Beschl. v. 16.10.2008 – 1 Ws 517/08, NStZ 2009, 175; OLG Frankfurt, Beschl. v. 31.3.2009 – 3 Ws 271/09, NStZ-RR 2009, 207 f. Wann die Hinzuziehung unumgänglich ist, soll Sache des Einzelfalls sein. Die Rechtsprechung fordert diesbezüglich, dass zu der besonderen Glaubwürdigkeitsprüfung „weitere, die Beweiswürdigung zusätzlich erschwerende Umstände" hinzukommen.

560 Vgl. zur Rolle des Rechtsbeistands in den Fällen der Gegenüberstellung im US-amerikanischen Recht *Koch*, Cornell Law Review 88/4 (2003), 1097, 1109, der die Bedeutung des Strafverteidigers in diesen Fällen gering einschätzt.

II. Aussagepsychologische Begutachtung durch einen Sachverständigen

Die Einholung aussagepsychologischer Gutachten wird im Zusammenhang mit der Aussage gegen Aussage-Konstellation oftmals als Lösungsansatz präsentiert. Dabei ist die Verwendung solcher Gutachten im Strafprozess äußerst umstritten. Die Vorschläge reichen von einer Erweiterung der Kompetenzen des Gutachters[561] bis hin zur möglichst weitgehenden Verdrängung aus dem Strafverfahren[562]. Gleichzeitig ist die Verwendung entsprechender Gutachten in der öffentlichen Meinung aufgrund von Justizskandalen vehementer Kritik ausgesetzt.[563] Dies bietet Anlass, die Begutachtung von Zeugen bzw. des Angeklagten als Anknüpfungspunkt für eine mögliche Regel über den rechtsgenügenden Beweis zu untersuchen. Dabei sollen der Untersuchung für das Verständnis unerlässliche allgemeine Fragestellungen im Zusammenhang mit dem Verfahren zur Einholung aussagepsychologischer Gutachten vorangestellt werden. Diese sind derart vom psychologischen Forschungsstand geprägt, dass die folgenden Ausführungen keinesfalls Anspruch auf Vollständigkeit erheben können. Die Grundlagen sollen aber zur Beurteilung des rechtsgenügenden Beweises dargestellt werden.

1. Voraussetzungen für die Einholung eines Sachverständigengutachtens

Die Voraussetzungen für die Einholung von Sachverständigengutachten richten sich nach §§ 72 ff. StPO. Im Ermittlungsverfahren erfolgt die Bestellung meist nach § 161 a Abs. 1 S. 2 StPO durch die Staatsanwaltschaft. Diese Vorschriften werden durch die Richtlinien für das Strafverfahren und das Bußgeldverfahren (RiStBV) ergänzt. Nach Nr. 69 RiStBV soll ein Gutachten nur dann hinzugezogen werden, wenn dies für die Sachverhaltsaufklärung unentbehrlich ist. Hinsichtlich der Vorgehensweise sehen die Richtlinien vor, dass die Staatsanwaltschaft grundsätzlich dem Verteidiger die Gelegenheit gibt, vor Auswahl des Sachverständigen Stellung zu nehmen (Nr. 70 Abs. 1 RiStBV). Nach Nr. 70 Abs. 3 RiStBV empfiehlt es sich, für die wichtigsten Gebiete Listen bewährter Sachverständiger zu führen, damit nicht das Verfahren durch die Auswahl von Sachverständigen verzögert wird. Da sich § 73 Abs. 1 S. 1 StPO nach h.M. nur auf das gerichtliche

561 *Dölp*, DS 2004, 366, 367.

562 *Fischer*, NStZ 1994, 1, 5.

563 Hier ist vor allem der Fall des Gustl Mollath zu nennen, s. dazu BVerfG Beschl. v. 26.8.2013 – 2 BvR 371/12, NJW 2013, 3228 ff.

Verfahren bezieht, muss das Gericht den von der Staatsanwaltschaft beauftragten Sachverständigen auch hören.[564] Es kann aber auch einen neuen Sachverständigen beauftragen. Beweisanträge auf Einholung eines weiteren Sachverständigen richten sich nach § 244, insbesondere Abs. 4 StPO.[565]

Die sachverständige Begutachtung unterscheidet sich von anderen Beweismitteln dadurch, dass sie stets in gewisser Weise der Beurteilung des Gutachters unterliegt und aus diesem Grund auch nur Indizfunktion haben kann.[566] Der Richter soll im Grundsatz alleine für die Beurteilung des Beweiswertes einer Zeugenaussage zuständig sein.[567] Sofern das Gesetz die Einschaltung eines Sachverständigen nicht ausdrücklich vorschreibt, steht dem Gericht gem. § 244 Abs. 2 StPO ein Beurteilungsspielraum zu, wann es ein Gutachten einholt.[568] Dabei sind Begrenzungen im Hinblick auf die Menschenwürde und die Rechtsstaatlichkeit des Verfahrens zu beachten.[569]

Die Hinzuziehung eines Sachverständigen ist nach der Rechtsprechung des BGH nur ausnahmsweise dann geboten, wenn aufgrund von Besonderheiten im Sachverhalt Zweifel aufkommen können, ob die Sachkunde des Gerichts zur Glaubwürdigkeitsbeurteilung ausreicht.[570] Im Einzelnen können die Voraussetzungen für die Erforderlichkeit aussagepsychologischer Gutachten nicht verallgemeinert werden.[571] Die Hinzuziehung eines Sachverständigen kann nötig sein, wenn sich Anhaltspunkte dafür ergeben, dass eine der oben genannten Fehlerquellen beim Zeugen vorliegt oder der Zeuge möglicherweise an einer psychischen Krankheit oder an gesundheitlichen Beeinträchtigungen leidet.[572] Bei kleinen Kindern soll

564 Meyer-Goßner/*Schmitt*, StPO, § 72 Rn. 1a; BeckOK.StPO/*Monka*, § 73 Rn. 1 (Stand: 1.10.2016); a.A. *Dierlamm*, FS Müller, S. 117, 118.

565 Vgl. zum Antrag auf Einholung eines weiteren Sachverständigengutachtens nach § 244 Abs. 4 S. 2 StPO *Deckers*, in: Deckers/Köhnken, Zeugenaussagen im Strafprozess, S. 163, 166.

566 *Brause*, NStZ 2013, 129, 131; vgl. auch *Maul*, StraFo 2000, 257, 258; *Jansen*, Zeuge und Aussagepsychologie, Rn. 120.

567 KK/*Ott*, StPO[7], § 261 Rn. 31a; *Eisenberg*, Beweisreicht der StPO, Rn. 1518. Diese Trennung ist historisch bedingt. Als der Grundsatz der freien richterlichen Beweiswürdigung eingeführt wurde, lehnte man eine jedwede Bindung des Richters an den Sachverständigen ab. S. zu den historischen Hintergründen *Erb*, ZStW 121 (2009), 882, 885.

568 *Rössner*, FS Widmaier, S. 941, 943; *Trück*, NStZ 2007, 377, 381.

569 *Trück*, NStZ 2007, 377, 381.

570 BGH Urt. v. 13.10.1981 – 1 StR 561/81, NStZ 1982, 42; *Trück*, NStZ 2007, 377, 381.

571 *Pfister*, in: Deckers/Köhnken, Zeugenaussagen im Strafprozess, S. 99, 103.

572 *Trück*, NStZ 2007, 377, 381.

regelmäßig eine Begutachtung erfolgen, da die Gefahr der Beeinflussung als besonders hoch angesehen wird.[573]

2. Methoden der Begutachtung

Zieht das Gericht einen Sachverständigen heran, muss es überprüfen, ob die Begutachtung den wissenschaftlichen Standards entspricht.[574] Der Sachverständige muss deshalb darlegen, auf welchem Weg er zu seiner Beurteilung gekommen ist.[575] Um dem Gericht diese Überprüfung zu ermöglichen, hat sich der BGH in einer Grundsatzentscheidung aus dem Jahr 1999 zu den Anforderungen an die Begutachtung geäußert.[576] Deren Gegenstand ist allein der Erlebnisbezug der Aussage, die Glaubhaftigkeit soll weiterhin der Richter beurteilen.[577] Grundlage eines jeden Glaubwürdigkeitsgutachtens soll die sogenannte „Nullhypothese" sein. Danach wird immer zunächst solange von der Unwahrheit der Aussage ausgegangen, bis die Hypothese der Unwahrheit nicht mehr mit den feststehenden Fakten übereinstimmen kann.[578] Dann gilt die Hypothese als bestätigt, dass es sich um eine wahre Aussage handelt.

Die Vorgehensweise bei der Begutachtung liegt grundsätzlich im Ermessen des Gutachters.[579] Die Rechtsprechung geht aber davon aus, dass eine ordnungsgemäß durchgeführte Exploration regelmäßig eine Inhalts-, Konstanz-, Kompetenz- und Motivationsanalyse enthalten soll. Ausgangspunkt der Inhaltsanalyse ist die sogenannte Undeutsch-Hypothese. Dieser liegt die Vorstellung zugrunde, dass sich Aussagen über Selbsterlebtes von Aussagen über Nichterlebtes unterscheiden.[580] Als Vorgehensweise für die Inhaltsanalyse nennt der BGH die Untersuchung anhand von Realitätskennzeichen. Dabei handelt es sich um Eigenschaften der

573 *Trück*, NStZ 2007, 377, 381; *Jansen*, Zeuge und Aussagepsychologie, Rn. 56.

574 *Eisenberg*, Beweisrecht der StPO, Rn. 1887; *Pfister*, in: Deckers/Köhnken, Zeugenaussagen im Strafprozess, S. 99, 108; *Deckers*, in: Deckers/Köhnken, Zeugenaussagen im Strafprozess, S. 163, 164.

575 *Pfister*, in: Deckers/Köhnken, Zeugenaussagen im Strafprozess, S. 99, 108.

576 BGH Urt. v. 30.7.1999 – 1 StR 618/98, BGHSt 45, 164 ff.

577 KK/*Ott*, StPO^{7}, § 261 Rn. 31a; *Fischer*, FS Widmaier, S. 191, 194.

578 BGH Urt. v. 30.7.1999 – 1 StR 618/98, BGHSt 45, 164, 168; KK/*Ott*, StPO^{7}, § 261 Rn. 31a; *Schmuck/Brügge-Niemann*, NJOZ 2014, 601.

579 *Nack*, GA 2009, 201, 204.

580 *Bender/Nack/Treuer*, Tatsachenfeststellung, Rn. 283; *Fabian/Greuel/Stadler*, StV 1996, 347, 348; *Eisenberg*, Beweisrecht der StPO, Rn. 1427; KK/*Ott*, StPO^{7}, § 261 Rn. 31b.

Aussage, wie Detailreichtum oder logische Konsistenz.[581] Die Berücksichtigung von Realitätskennzeichen weist jedoch den Nachteil auf, dass eine Beeinflussung durch Suggestion nicht festgestellt werden kann.[582] In diesen Fällen geht der Aussagende gerade davon aus, die Wahrheit zu sagen. In der Literatur werden ferner die verhaltensorientierte sowie die quellen- oder kontextorientierte Forschung genannt. Erstere stellt auf das Verhalten des Aussagenden in der Verhörsituation ab.[583] Diese Vorgehensweise birgt jedoch die Gefahr der Fehlinterpretation, da körperliche Anzeichen gegebenenfalls auch auf die Nervosität des Zeugen in der Aussagesituation zurückzuführen sind. Die quellen- oder kontextorientierte Forschung setzt sich mit möglichen Beeinflussungen auseinander.[584] Dabei können sich die oben unter C. II. 2.-4. genannten Gefahren realisieren.

Nach der Analyse des Inhalts der Aussage wird im Rahmen der sogenannten Konstanzanalyse untersucht, ob mehrere vom Zeugen getätigte Aussagen übereinstimmen.[585] Dabei wird davon ausgegangen, dass tatsächlich erlebte Ereignisse besser abgespeichert werden als erfundene.[586] Im Rahmen der Kompetenzanalyse werden schließlich die intellektuellen Fähigkeiten der Aussageperson untersucht.[587] Die Motivationsanalyse wiederum beschäftigt sich mit der Entstehung der Aussage.[588] Dabei kommen Abweichungen umso größeres Gewicht zu, je eher es sich um den Kernbereich des Geschehens handelt.[589] Festzuhalten ist demnach, dass die aussagepsychologische Begutachtung eine hypothesengeleitete, kriterienorientierte, qualitative Aussageanalyse beinhalten muss.[590]

Zur Vornahme der Begutachtung kommen entweder ein Psychologe oder ein Psychiater in Betracht. Dabei gilt der Grundsatz, dass bei „normalpsychologischen" Fragestellungen ein Psychologe heranzuziehen ist, während der

---

581 BGH Urt. v. 30.7.1999 – 1 StR 618/98, BGHSt 45, 164, 170 f.; KK/*Ott*, StPO[7], § 261 Rn. 31a ff.; eine Auflistung der gängigsten Realitätskennzeichen findet sich bei *Schoreit*, StV 2004, 284, 285 f.

582 BGH Urt. v. 30.7.1999 – 1 StR 618/98, BGHSt 45, 164, 171 f.

583 *Scholz*, StV 2004, 104.

584 Vgl. dazu ausführlich *Scholz*, StV 2004, 104.

585 *Offe*, NJW 2000, 929, 930.

586 *Baumhöfener*, NStZ 2014, 135, 136.

587 *Offe*, NJW 2000, 929, 930.

588 BGH Urt. v. 30.7.1999 – 1 StR 618/98, BGHSt 45, 164, 175.

589 L-R/*Sander*, StPO, § 261 Rn. 81d.

590 KK/*Ott*, StPO[7], § 261 Rn. 31a.

Psychiater bei Hinweisen auf psychische Erkrankungen zu Rate gezogen werden soll.[591]

3. Probleme im Zusammenhang mit der aussagepsychologischen Begutachtung

a) Allgemeine Fehlerquellen

Die Einholung aussagepsychologischer Gutachten weist einige Schwierigkeiten auf. Aussagepsychologische Gutachten können keine uneingeschränkte Gültigkeit für sich in Anspruch nehmen. Es gibt keine gesicherten Erkenntnisse über deren Zuverlässigkeit.[592] Fehler können beispielsweise dadurch entstehen, dass der Gutachter eine Aussage fälschlicherweise als wahr beurteilt, da sie Merkmale enthält, die sonst wahre Aussagen kennzeichnen.[593] Es verbleibt immer ein Risiko, dass die Einschätzung des Gutachters falsch ist. Ferner gibt es für das Explorationsgespräch keine einheitlichen Standards.[594] Dies birgt die Gefahr, dass die gesamte Persönlichkeit des Zeugen ausgeforscht wird.[595] Eine über die eigentlich zu beurteilende Frage hinausgehende Ausforschung ist aber mit den Persönlichkeitsrechten des Zeugen unvereinbar.

Zudem steht die aktuelle Praxis der Verwendung von Gutachten in der Kritik.[596] Dabei ist schon unklar, wann überhaupt ein Gutachten eingeholt werden muss. Hier gilt zwar als Anhaltspunkt, dass bestimmte psychologische Anzeichen vorhanden sein müssen. Aber nicht alle psychischen Krankheiten sind ohne Weiteres von außen erkennbar. Damit ist bereits die Frage, ob das Gutachten

---

591 BGH Beschl. v. 19.2.2002 – 1 StR 5/02, NStZ 2002, 490; vgl. dazu ausführlich *Pfister,* in: Deckers/Köhnken, Zeugenaussagen im Strafprozess, S. 99, 104 ff. insb. 106. Von einer Darstellung der Einzelheiten soll in dieser Arbeit abgesehen werden.

592 *Eisenberg,* Beweisrecht der StPO, Rn. 1860.

593 *Eisenberg,* Beweisrecht der StPO, Rn. 1889. Danach sei überhaupt unklar, ob die Verwendung von Gutachten nicht lediglich dazu führe, erfolglose Lügner zu entlarven, während gute Lügner unerkannt blieben.

594 *Eisenberg,* Beweisrecht der StPO, Rn. 1890; *Jansen,* Zeuge und Aussagepsychologie, Rn. 328.

595 *Fischer,* FS Widmaier, S. 191, 205.

596 Beispielsweise ergab eine Studie der Fernuniversität Hagen zu familienrechtspsychologischen Begutachtungen, dass zwischen einem Drittel und der Hälfte der untersuchten Gutachten mängelbehaftet gewesen seien. Der Untersuchung lagen 116 Gutachten aus den Jahren 2010 und 2011 vor, die aus Amtsgerichten im Zuständigkeitsbereich des OLG Hamm stammten. Vgl. dazu *Salewski/Stürmer,* Qualitätsmerkmale in der familienrechtspsychologischen Begutachtung, Untersuchungsbericht I, 1.6.

überhaupt eingeholt werden soll, von erheblicher Bedeutung. Hierbei wird beobachtet, dass die Einholung von Gutachten oft ausschließlich davon abhängig gemacht werde, ob es sich um ein schweres Delikt handele und gerade ein geeigneter Sachverständiger zur Verfügung stünde.[597] Damit wird letztlich nicht auf konkrete Zweifel an der Gesundheit des Zeugen abgestellt, sondern die Entscheidung von äußeren Umständen abhängig gemacht.

Des Weiteren werden immer öfter Zweifel an der Unabhängigkeit der Gutachter geäußert. Ursächlich dafür ist die Praxis, dass die Gutachter immer vom Auftraggeber bestellt werden. Es bestünde daher eine Gewohnheit, sogenannte „Hausgutachten" einzuholen.[598] Insbesondere die Staatsanwaltschaften würden häufig ihnen bekannte Gutachter benennen. Dadurch entstünde die Gefahr, dass die Sachverständigen aus wirtschaftlichem Interesse zu für den Angeklagten nachteiligen Ergebnissen kämen. Hinzu komme, dass viele Gerichte Gutachten ungeprüft übernähmen.[599] Dies habe den Grund, dass die Gerichte entweder zu bequem seien oder aber nach einer Bestätigung der eigenen Ansichten suchten.[600] Dadurch nehme der Gutachter eine rechtliche Beurteilung, die eigentlich dem Gericht obliegt, vorweg.[601] Die Rechtsprechung werde auf diese Weise an die Gutachter regelrecht ausgelagert.[602] Entsprechende Vermutungen sind nur schwer empirisch nachweisbar. Ob sich ein Gutachter womöglich von wirtschaftlichen Motiven hat leiten lassen, könnte allenfalls durch eine strenge statistische Auswertung der Aufträge und deren Ergebnisse über einen längeren Zeitraum festgestellt werden, die in diesem Rahmen nicht geleistet werden kann. Würde sich dieser Vorwurf bewahrheiten, dürfte damit die aus Art. 92 GG und Art. 97 GG folgende richterliche Unabhängigkeit tangiert sein. Entsprechende Risiken der Begutachtung sollten bei der Untersuchung berücksichtigt werden.

---

597 *Rössner,* FS Widmaier, S. 941, 943.

598 Dazu und zum Folgenden *Erb,* ZStW 121 (2009), 882, 894; Die Gutachterrepublik, Sendebeitrag der ARD und des WDR, Erstausstrahlungsdatum: 15.6.2015; *Dierlamm,* FS Müller, S. 117.

599 *Rössner,* FS Widmaier, S. 941, 945; *Fischer,* FS Widmaier, S. 191, 216 f.

600 *Fischer,* FS Widmaier, S. 191, 217. S. zum sogenannten Perseveranzeffekt sowie zur selektiven Informationssuche bereits oben C. II. 3.

601 *Rössner,* FS Widmaier, S. 941, 945.

602 Die Gutachterrepublik, Sendebeitrag der ARD und des WDR, Erstausstrahlungsdatum: 15.6.2015.

b) Besonderheiten der Aussage gegen Aussage-Situation

Über die allgemeinen Fehlerquellen hinaus ergeben sich speziell in der Aussage gegen Aussage-Situation Probleme im Zusammenhang mit der Verwendung aussagepsychologischer Gutachten. Diese werden von den Staatsanwaltschaften vor allem dann eingeholt, wenn sie Zweifel an der Glaubhaftigkeit der Aussage hegen.[603] Denn wie gesehen kommt nur in besonderen Fällen eine Begutachtung überhaupt in Betracht. Bestätigt das Gutachten allerdings den Erlebnisbezug der Aussage, kann sich der Angeklagte dagegen nur schwer wehren.[604] Dadurch kann es passieren, dass ein allenfalls ansatzweise glaubwürdiger Zeuge quasi über Nacht zum besonders glaubwürdigen Zeugen wird.[605] Denn tatsächlich erlangt die Aussage durch das Gutachten einen erheblichen „Glaubhaftigkeitsvorsprung", obwohl sich an der Qualität der Aussage nichts ändert. Die Glaubhaftigkeit der Zeugenaussage wird auf diese Weise durch ein zusätzliches Kriterium untermauert. Dabei kann durch das Gutachten allenfalls der Erlebnisbezug der Aussage festgestellt werden. Dass die Aussage wirklich dem Ziel der optimalen Richtigkeitsgewähr näher ist als die Einlassung des Angeklagten, ist damit nicht gesagt. Denn wie oben dargestellt sind Fehler bei der Begutachtung nicht auszuschließen. Der Angeklagte kann dann zwar beantragen, sich ebenfalls begutachten zu lassen, dieser Antrag kann jedoch nach § 244 StPO wegen der freien richterlichen Beweiswürdigung abgelehnt werden.

Zum Teil wird deshalb in der Literatur sogar von einer „in dubio contra reum"-Rechtsprechung gesprochen.[606] In den Aussage gegen Aussage-Fällen kann die Einholung eines aussagepsychologischen Gutachtens deshalb zu einem Ungleichgewicht bei der Beweiswürdigung führen. Deshalb muss immer berücksichtigt werden, dass Gutachten die Entscheidung des Gerichts erheblich zu Lasten des Angeklagten beeinflussen können.

c) Diskussionswürdige Lösungsansätze

Um die Problematiken der aussagepsychologischen Gutachten zu entschärfen, werden in der Literatur diverse Vorgehensweisen diskutiert. Es soll zunächst die

---

603 Dazu und zum Folgenden *Meyer-Mews*, NJW 2000, 916.

604 *Bock*, Richterliche Beweiswürdigung und Sachverständigengutachten, unveröffentlicht. MAH Strafverteidigung/*Pollähne*, § 56 Rn. 53; *Meyer-Mews*, NJW 2000, 916, 917.

605 *Meyer-Mews*, NJW 2000, 916.

606 *Meyer-Mews*, NJW 2000, 916, 917; *Putzke/Scheinfeld/Klein/Undeutsch*, ZStW 121 (2009), 607, 608.

Frage aufgeworfen werden, ob es aussagepsychologischer Gutachten im Strafverfahren überhaupt bedarf oder ob diese vielmehr aus dem Prozess verdrängt werden könnten. Bejahendenfalls sollen Lösungsmöglichkeiten untersucht werden, anhand deren die oben dargelegten Problemstellungen behoben werden können. Gelingt es, die Schwierigkeiten dadurch einzuschränken, könnten sich aussagepsychologische Gutachten als Kriterien für Regeln über den rechtsgenügenden Beweis eignen. Deshalb sollen im Folgenden wichtige Ansätze zur Handhabung der verschiedenen Fragestellungen vorgestellt werden.

aa) Zurückdrängung des Sachverständigen aus dem Strafverfahren?

Aufgrund der eingangs genannten Probleme sollen Gutachten nach Auffassung mancher aus der Rechtsprechung weitestgehend zurückgedrängt werden.[607] Zweifel bestehen aber an einer Vereinbarkeit dieses Ansatzes mit den rechtlichen Vorgaben vor dem Hintergrund der tatsächlichen Verhältnisse.[608] Die Gerichte verfügen nur in bestimmtem Umfang über die Kompetenz, aussagepsychologische Sachverhalte zu beurteilen. Sie sind daher in schwierigen Fällen auf Sachverständige angewiesen.[609] Deren Einbeziehung in den Strafprozess ist auch methodisch begründbar.

Dies zeigt sich, wenn man sich den oben B. II. 1. erläuterten Vorgang der Entscheidungsfindung vor Augen führt. Dort wurde festgehalten, dass die Subsumtion kein starrer Prozess ist, sondern durch ein „Hin- und Herwandern des Blickes" zwischen Tatsachen und Rechtsnorm gekennzeichnet ist. In dieses Gefüge ordnet sich auch der Sachverständigenbeweis ein. Der Sachverständige erläutert dabei grundsätzlich die Tatsachen, während das Gericht die Fallnorm herausarbeitet.[610] Insoweit wird das Beispiel genannt, dass der Sachverständige feststellt, wann eine Persönlichkeitsstörung vorliegt, während das Gericht bestimmen muss, ob jene für die Anwendung der §§ 20 f. StGB genügt.[611] Damit soll keineswegs eine Trennung der Tatsachen- von der Rechtsfrage gemeint sein. Im Gegenteil müssen Richter und Sachverständiger in ständigen Dialog treten.[612]

Bei der Beurteilung der Glaubhaftigkeit eines Zeugen handelt es sich nicht unmittelbar um die Subsumtion unter eine Norm des StGB. Dennoch kann hier nichts anderes gelten. Die Beurteilung der Glaubhaftigkeit obliegt einzig dem

---

607 *Fischer,* NStZ 1994, 1 ff.
608 *Fabian/Greuel/Stadler,* StV 1996, 347, 348.
609 *Erb,* ZStW 121 (2009), 882, 883.
610 *Rössner,* FS Widmaier, S. 941, 946.
611 *Rössner,* FS Widmaier, S. 941, 947.
612 *Rössner,* FS Widmaier, S. 941, 949.

Gericht. Indem das Gericht eine Aussage als glaubhaft oder unglaubhaft würdigt, legt es fest, ob die Zeugenaussage eine Verurteilung trägt. Damit entscheidet es über die Rechtsfrage, ob eine Aussage, die bestimmte psychologische Kriterien nach den Angaben des Sachverständigen erfüllt, als glaubhaft angesehen werden darf oder nicht. Demnach muss der Sachverständige erörtern, welche psychischen Auffälligkeiten bei dem Zeugen vorliegen, während das Gericht festlegt, ob diese der Glaubhaftigkeit der Aussage entgegenstehen. Diese Unterscheidung wird letztlich auch darin deutlich, dass der Sachverständige nur den Erlebnisbezug der Aussage feststellen soll, während das Gericht die Glaubhaftigkeit beurteilt. Somit kommt es zu einem „Hin- und Herwandern des Blickes" zwischen den allgemeinen psychologischen Kriterien sowie der Aussage im konkreten Fall. Erachtet das Gericht eine Aussage als glaubhaft, wird hierauf basierend im Urteil festgestellt, dass die Voraussetzungen einer bestimmten Sanktionsnorm erfüllt sind. Damit stellt sich der Vorgang der Beurteilung der Glaubhaftigkeit letztlich ähnlich wie die Subsumtion dar.

Der hier gewählte Ansatz hat den Vorteil, dass er methodisch begründbar und gleichzeitig praktisch handhabbar ist. Ein stetiger Verweis auf die „ureigene Aufgabe des Tatrichters" alleine trägt nicht dazu bei. Der Ansatz bietet demnach einen dogmatischen Anhaltspunkt, um die Einholung von Sachverständigengutachten zu begründen. Ein gänzlicher Verzicht auf Gutachten wäre hier nicht sachgerecht. Wenn es für das Gericht bereits nicht möglich ist, das Gutachten zu überprüfen, kann ihm eine Entscheidung ohne jedwede Hilfestellung erst Recht nicht zugemutet werden. Der Sachverständige gehört nach alledem in bestimmten Fällen notwendigerweise zum Entscheidungsfindungsprozess und kann deshalb nicht aus dem Strafverfahren ausgeschlossen werden.

bb) Integration der Aussagepsychologie in die juristische Ausbildung

Im Pflichtprüfungsstoff der Juristenausbildung werden nicht einmal Grundsätze der Aussagepsychologie unterrichtet. Deshalb sprechen sich viele für eine Integration medizinisch-psychologischer Themenbereiche in Studium und Referendariat aus.[613] Entsprechende Ansätze sind zu befürworten. Schlüsselqualifikationen werden im juristischen Studium nur rudimentär vermittelt. Auch Referendaren werden aufgrund der starken Ausrichtung auf die Examensklausuren nur wenige aussagepsychologische Kenntnisse beigebracht. So ist mitunter von Arbeitsgemeinschaftsleitern zu hören, man solle sich in Klausuren mit dem

613 *Fischer,* NStZ 1994, 1, 5; *ders.,* FS Widmaier, S. 191, 221; *Wille,* Aussage gegen Aussage, S. 126 f.; *Peters,* ZStW 87 (1975), 663, 679.

Hinweis begnügen, der Zeuge sei glaubwürdig und die Einlassung glaubhaft. Dies könne in einer Klausur ohnehin nicht angemessen überprüft werden, da insoweit die Vergleichbarkeit zur mündlichen Verhandlung nicht gewährleistet sei. Wie ausführlich aussagepsychologische Kenntnisse vermittelt werden, ist stark von den Ausbildern abhängig. Gleichzeitig sind aber entsprechende Kenntnisse für die richterliche Tätigkeit unabdingbar. Das entsprechende Wissen muss sich das Gericht letztlich durch Teilnahme an Tagungen oder im Selbststudium erarbeiten. Der Vorschlag, diese Kenntnisse in die Ausbildung einfließen zu lassen, ist daher zu begrüßen. Die Umsetzung könnte einen besseren, kompetenteren Umgang mit Zeugenaussagen gewährleisten und das Problembewusstsein schärfen. Die oben genannten Problemstellungen werden damit aber nicht gänzlich gelöst. Eine fundierte Juristenausbildung ist zwar wünschenswert, sie kann aber nicht die Auseinandersetzung mit den Anforderungen an den rechtsgenügenden Beweis ersetzen.

cc) Formale Erweiterungen bei der Einholung der Gutachten

Des Weiteren wird diskutiert, das Betätigungsfeld der Gutachter in bestimmten Punkten zu erweitern bzw. einzuschränken. Als Erweiterung wird vorgeschlagen, ihnen eigene Ermittlungskompetenzen zu gewähren.[614] Die StPO sieht in § 80 vor, dass der Gutachter weitere Aufklärung im Wege der Vernehmung des Zeugen oder des Beschuldigten beantragen kann. Indem der Gutachter diese selbst vornehme, sei es möglich, Ressourcen einzusparen.[615] Eine Kompetenzerweiterung würde die Gefahr der Abhängigkeit des Gerichts vom Sachverständigen indes nicht beheben. Im Gegenteil würde sie die Gefahr sogar noch erhöhen. Die Einsparung von Ressourcen kann jedoch nicht auf Kosten der Unabhängigkeit der Gerichte erfolgen. § 80 StPO konkretisiert § 78 StPO, nach dem der Richter die Tätigkeit des Sachverständigen leitet.[616] Beantragt der Sachverständige die Vernehmung des Zeugen oder des Angeklagten, muss das Gericht dem oftmals schon wegen der Aufklärungspflicht nachkommen.[617] Die Ermittlung des Sachverhalts ist gerade der Kern des richterlichen bzw. staatsanwaltschaftlichen Aufgabenbereichs. § 80 StPO darf deshalb nicht weiter ausgedehnt werden.

614 *Dölp*, DS 2004, 366, 367; *Schoreit*, StV 2004, 284, 287.
615 *Dölp*, DS 2004, 366, 367.
616 BeckOK.StPO/*Monka*, § 80 Rn. 1 (Stand: 1.10.2016).
617 BeckOK.StPO/*Monka*, § 80 Rn. 1 (Stand: 1.10.2016).

dd) Formale Einschränkungen bei der Einholung der Gutachten

(1) Vorherige Bekanntgabe der Person des Gutachters

Ein eher einschränkender Reformvorschlag geht dahin, die Person des Gutachters vor der Einholung des Gutachtens bekanntzugeben.[618] Dadurch könnten die Beteiligten Einwände gegen die Person des Sachverständigen erheben. Diese Forderung ist eigentlich bereits geltende Rechtslage, allerdings ist sie unverbindlich. Nr. 70 Abs. 1 RiStBV fordert nämlich, dass dem Verteidiger grundsätzlich vor der Beauftragung des Gutachters Gelegenheit zur Stellungnahme gegeben werden muss. In der Praxis wird jedoch kritisiert, dass eine solche Vorgehensweise oftmals unterlassen werde.[619] Allerdings eröffnet Nr. 70 RiStBV auch nur die Möglichkeit der Anhörung. Dadurch erlangt der Beschuldigte aber noch keinen Anspruch auf Auswahl eines bestimmten Sachverständigen.[620] Die Verteidigung kann dann zwar Stellung nehmen, aber die Staatsanwaltschaft muss dem nicht folgen. Dies ist auch sinnvoll, denn anderenfalls könnte eine Art „Gutachter-Ablehnungprozess" entstehen, der dem „Voir dire"-Verfahren zur Auswahl der Geschworenen im US-amerikanischen Recht ähneln würde. Die Beteiligten könnten geneigt sein, jeweils Gutachter in den Prozess einzuführen, von denen sie annehmen, dass sie in ihrem Interesse entscheiden würden. Es könnte sich als effektive Verteidigungsstrategie herausstellen, zunächst einmal den von der Staatsanwaltschaft beauftragten Gutachter in Zweifel zu ziehen. Anschließend würde dann derjenige Gutachter vorgeschlagen, der häufig mit der Verteidigung zusammenarbeitet und so gegebenenfalls in wirtschaftlicher Abhängigkeit zu ihr steht. Die Diskussion um die Person des Gutachters würde somit von der Klärung der eigentlichen Schuldfrage wegführen und kann daher nicht befürwortet werden. An der Regelung der RiStBV sollte demnach festgehalten werden. Dennoch sollte in der Praxis im Interesse der Verfahrensfairness die Vorschrift stärkere Beachtung finden.

---

618 *Dölp*, DS 2004, 366, 367. *Dierlamm* geht ferner davon aus, dass der Beschuldigte aus Art. 2 Abs. 1 GG, dem Rechtsstaatprinzip und dem Gebot der Waffengleichheit einen Anspruch auf Anhörung vor der Benennung haben könnte (FS Müller, S. 117, 121). Bei Verstoß dagegen liege ein Beweisverwertungsverbot vor (*Dierlamm*, FS Müller, S. 117, 123). Eine derart weitgehende Annahme ist jedoch mit Meyer-Goßner/*Schmitt*, StPO, § 73 Rn. 1 und BeckOK.StPO/*Engelstätter*, Nr. 70 RiStBV Rn. 1 (Stand: 1.10.2016) abzulehnen.

619 *Dierlamm*, FS Müller, S. 117, 119.

620 BeckOK.StPO/*Engelstätter*, Nr. 70 RiStBV Rn. 3 (Stand: 1.10.2016).

(2) Änderung der Nr. 70 Abs. 3 RiStBV

Obwohl die Einholung sogenannter „Hausgutachter" häufig kritisiert wird, wird in der Literatur Nr. 70 Abs. 3 RiStBV anscheinend gar nicht hinterfragt. Diese Vorschrift sieht vor, dass die Staatsanwaltschaft eine Liste bewährter Sachverständiger führen soll. Nach dem Wortlaut hat die Führung einer Liste den Zweck, Verfahrensverzögerungen zu vermeiden. Die Regelung wird vermutlich deshalb für sinnvoll erachtet, weil deren Zweck in der Qualitätssicherung der Gutachten liegen soll.[621] Allerdings fördert dies natürlich auch die Einholung sogenannter Hausgutachter. Das Interesse an einem schnellen Verfahren darf nicht dazu führen, dass immer dieselben Sachverständigen angerufen werden und dadurch die Gefahr verminderter Objektivität in Kauf genommen wird. Deshalb sollte die Vorschrift derart ergänzt werden, dass die Liste in regelmäßigen Abständen aktualisiert werden sollte. Auf diese Weise könnte vermieden werden, dass immer dieselben Gutachter herangezogen werden und neue Gutachter nur selten berücksichtigt werden. Dadurch würde sich die Gefahr der Abhängigkeit der Sachverständigen von ihren Auftraggebern reduzieren.

(3) Anonymisierung der Gutachten

Für das familienrechtliche Verfahren wird eine Anonymisierung bei der Einholung von Gutachten angeregt.[622] Dem Gutachter dürfte dann nicht mitgeteilt werden, für welchen Auftraggeber er gerade tätig wird. Auf diese Weise könnte ausgeschlossen werden, dass er hinsichtlich des Ergebnisses der Untersuchung beeinflusst wird. Ein derartiger Vorschlag dürfte aber für das Strafverfahren nicht in Betracht kommen. Problematisch ist bereits, dass das eigentliche Gutachten in der mündlichen Verhandlung vorgetragen wird. Der Sachverständige bereitet sich hierauf aber vor, sodass allenfalls in diesem Stadium eine Anonymisierung möglich wäre. Ferner stellt sich die Frage nach der praktischen Umsetzbarkeit, wenn das Gutachten nicht bloß nach Aktenlage erstellt wird. Es müsste gewährleistet sein, dass eine Behörde die Gutachten anonymisiert in Auftrag gibt. Dies wäre auch mit einem immensen Verwaltungsaufwand verbunden. Eine abschließende Bewertung würde aber eine Auseinandersetzung mit den verwaltungstechnischen Gegebenheiten erfordern, die im Rahmen dieser Arbeit nicht geleistet werden kann.

---

621 Zum Zweck der Qualitätssicherung BeckOK.StPO/*Engelstätter*, Nr. 70 RiStBV Rn. 3 (Stand: 1.10.2016).

622 *Schwintowski*, in: Die Gutachterrepublik, Sendebeitrag der ARD und des WDR, Erstausstrahlungsdatum: 15.6.2015.

(4) Einigung bei Gutachten mit unterschiedlichen Ergebnissen

Weitere Reformvorschläge bestehen hinsichtlich der Situation, in der mehrere sich widersprechende Gutachten in den Prozess eingeführt wurden. Wichen diese voneinander ab, müssten die Gutachter in eine Disputation treten und ein gemeinsames Gutachten erstellen.[623] Dieser Vorschlag hat zum Ziel, dass das Gericht in der Hauptverhandlung nur mit einem Gutachten umgehen muss.[624] Damit soll offensichtlich eine bequeme Entscheidungssituation für das Gericht geschaffen werden. Die praktische Umsetzbarkeit dieses Vorschlags erscheint indes fraglich. Bei aussagepsychologischen Gutachten erfolgen letztlich „Alles-oder-Nichts-Entscheidungen". Die Aussage weist entweder einen Erlebnisbezug auf oder eben nicht. Nimmt ein Gutachter den Erlebnisbezug an, der andere hingegen nicht, stellt sich die Frage, wie die beiden Gutachter zu einem gemeinsamen Ergebnis kommen sollen. Es erscheint auch nicht sachgerecht, dass die Gutachter von ihrer Einschätzung abweichen müssen, nur um dem Gericht eine bequeme Entscheidungslage vorzutäuschen. Sollte es dennoch gelingen, im Einzelfall ein gemeinsames Gutachten zu erstellen, wäre dessen Verwendung auch nicht ohne Weiteres von Vorteil. Die Gefahr, dass sich das Gericht ungeprüft auf das Gutachten verlässt, würde durch einen derartigen Vorstoß noch größer. Denn ein von zwei Sachverständigen gebilligtes Gutachten könnte besonders hohe Autorität für sich in Anspruch nehmen. Dabei wird das Gutachten nicht zwangsläufig weniger fehleranfällig, wenn es einen Kompromiss aus zwei unterschiedlichen Ansichten hervorbringen muss. Der Vorschlag der gemeinsamen Disputation wird sich daher nur schwerlich realisieren lassen.

(5) Einschränkung des Akteneinsichtsrechts des Zeugen

Insbesondere im Zusammenhang mit der Einholung von Glaubwürdigkeitsgutachten wird in Rechtsprechung und Literatur die Frage nach dem Akteneinsichtsrecht des Verletzten durch seinen Verteidiger kontrovers diskutiert. § 406 e Abs. 2 S. 1 StPO sieht vor, dass die Einsicht in die Akten versagt werden kann, soweit der Untersuchungszweck gefährdet erscheint. Das OLG Hamburg nahm an, dass das Ermessen in den Aussage gegen Aussage-Fällen auf Null reduziert sei, wenn eine Glaubwürdigkeitsbegutachtung stattgefunden hat.[625] Es begründete seine Auffassung damit, dass der Zeuge vom Inhalt der Akte beeinflusst werden

623 *Dölp,* DS 2004, 366, 368.

624 *Dölp,* DS 2004, 366, 368 Fn. 11.

625 Dazu und zur im Folgenden wiedergegebenen Urteilsbegründung OLG Hamburg, Beschl. v. 24.10.2014 - 1 Ws 110/14, NStZ 2015, 105, 106.

könne, da er das eigens Erlebte mit der Analyse des Gutachters verwechseln könne und die Aussagekonstanz nicht mehr gewährleistet sei.[626] Die Wahrheitserforschung habe insoweit Vorrang vor den Informationsrechten des Nebenklägers.[627]

Diametral entgegen steht dem eine Entscheidung des OLG Braunschweig.[628] Demnach dürfe das Tatgericht nicht von der Konstanz alleine auf die Glaubhaftigkeit der Aussage insgesamt schließen, sodass jener keine zwingend ermessenreduzierende Wirkung zukomme.[629] Diese Ansicht unterschätzt indes die Bedeutung der Aussagekonstanz. Verändert sich die Erinnerung des Zeugen, kann dieser Faktor nicht isoliert bewertet werden. Es kann nicht mehr festgestellt werden, welches Element tatsächlich dem Erlebten entspricht und welcher Teil der Aussage von den Einschätzungen des Gutachters beeinflusst war.[630] Dies nicht zu berücksichtigen wäre bedenklich, weil die Beweislage bei Vorliegen eines aussagepsychologischen Gutachtens über den Zeugen ohnehin zu Lasten des Angeklagten deutlich erschwert sein kann.[631] Wenn zusätzlich die Gefahr besteht, dass die Aussage durch Einsicht in das Gutachten verfälscht wird, erhöht sich das Fehlverurteilungsrisiko in unerträglicher Weise. Aus diesem Grund muss eine Zurückhaltung bei der Gewährung des Einsichtsrechts befürwortet werden.

ee) Mehrfachbegutachtung

Zu erwägen wäre, in bestimmten Fällen ein weiteres Gutachten einzuholen. Dies könnte beispielsweise für diejenigen Fälle gelten, in denen Aussage gegen Aussage steht und eine Freiheitsstrafe möglicherweise verhängt wird. Ähnliche Verfahren der mehrfachen Begutachtung sind aus dem wissenschaftlichen Betrieb bekannt (sogenannte „Peer Reviews“). Für diesen Ansatz könnte die Fehleranfälligkeit der Gutachten sprechen. Vorteil eines zusätzlichen Gutachtens könnte somit sein, dass der Erlebnisbezug der Zeugenaussage von zwei unabhängigen

---

626 Zu diesem Prozess der „Kontaminierung“ der Erinnerungen bei Einsichtsnahme in das Gutachten auch *Hilgert,* NJW 2016, 985, 987 f.

627 Der Argumentation des OLG Hamburg zustimmend *Radtke,* NStZ 2015, 108, 109; *Meyer-Lohkamp,* jurisPR-StrafR 2/2016 Anm. 5; MüchKomm.StPO/*Miebach,* § 261 Rn. 231.

628 Beschl. v. 3.12.2015 – 1 Ws 309/15, juris, mit Anm. *Meyer-Lohkamp,* jurisPR-StrafR 2/2016 Anm. 5.

629 Beschl. v. 3.12.2015 – 1 Ws 309/15, juris Rn. 10.

630 Vgl. hierzu auch *Meyer-Lohkamp,* jurisPR-StrafR 2/2016 Anm. 5, der sich ebenfalls mit Blick auf mögliche Beinflussungen gegen die Gewährung des Akteneinsichtsrechts ausspricht.

631 S. dazu ausführlich oben D. II. 3. b).

Sachverständigen beurteilt würde. Durch die „Gutachterpluralität" könnte eine zusätzliche Absicherung des Befundes hervorgerufen werden. Bei den schriftlichen Gutachten handelt es sich zwar nur um vorbereitende Gutachten. Da die Sachverständigen als Zeugen nacheinander vernommen werden, dürfte aber gewährleistet sein, dass diese sich beim Vortrag des eigentlichen Gutachtens in der mündlichen Verhandlung nicht beeinflussen.

Ein solches Verfahren würde allerdings erhebliche Kosten verursachen. Diese können als solche kein Argument für eine unzureichende Sachverhaltsermittlung darstellen. Es stellt sich aber die Frage, ob ein weiteres Gutachten tatsächlich einen den Kostensprung rechtfertigenden Nutzen erbringen würde. Hieran bestehen Zweifel. Es ist bereits fraglich, ob ein weiteres Gutachten über den Zeugen überhaupt eine Absicherung gegen Fehlurteile mit sich bringen würde. Es reduziert sich zwar in gewissem Umfang die Wahrscheinlichkeit, dass das Gutachten Fehler aufweist. Im Gegenzug wird das Gericht aber auch umso eher dem Ergebnis der Gutachter folgen, sofern diese zu der gleichen Einschätzung gelangen. Dann würde eine Verteidigung hiergegen nahezu unmöglich.

Des Weiteren wurde bereits herausgestellt, dass nur ausnahmsweise Gutachten eingeholt werden müssen, nämlich dann, wenn der Sachverhalt die besondere Sachkunde erfordert. Würde man in bestimmten Sachlagen zwei Gutachten fordern, müsste sich das Gericht die absurde Frage stellen, ob es gar kein Gutachten einholt oder gleich zwei. Dies könnte eine höhere Hürde bei der Heranziehung sachverständiger Kenntnisse bedeuten. Zuletzt sei erwähnt, dass das Gericht bei der Einholung eines Gutachtens ebenfalls überprüfen muss, ob wissenschaftliche Standards eingeholt wurden. Insofern besteht bereits eine gewisse Kontrolle der Urteile. Weitere Gutachten würden folglich die Qualität der Entscheidung nicht zwingend erhöhen. Die Fehlerquellen bei der Einholung eines Gutachtens lassen sich nicht allein dadurch beheben, dass das Gericht zwei Gutachten einholt.

ff) Zwischenergebnis

Als Fazit ist damit festzuhalten, dass in erster Linie die Erweiterung der Juristenausbildung um medizinisch-psychologische Kenntnisse zu diskutieren ist, um die Probleme im Zusammenhang mit der Begutachtung zu reduzieren. Ferner sollte auf eine grundsätzliche Einhaltung von Nr. 70 Abs. 1 RiStBV geachtet werden, der die Anhörung des Beschuldigten vor der Einholung des Gutachtens vorsieht. Hinsichtlich Nr. 70 Abs. 3 RiStBV sollte eine Ergänzung der Vorschrift dergestalt erwogen werden, dass die Liste zuverlässiger Gutachter in regelmäßigen Abständen aktualisiert wird. Ferner ist der unter D. II. 3. c) dd)

(5) dargestellten Rechtsprechung des OLG Hamburg darin zu folgen, dass das Akteneinsichtsrecht des Zeugen nach § 406 e Abs. 2 S. 2 StPO im Falle seiner Begutachtung bei Aussage gegen Aussage verwehrt werden muss. Bei diesen Lösungsansätzen handelt es sich aber um Formalitäten, welche die Fragestellungen nicht insgesamt beantworten können. Deshalb müssen die genannten Probleme, die bei der Einholung aussagepsychologischer Gutachten auftreten können, bei der Entwicklung von Regeln über den rechtsgenügenden Beweis immer berücksichtigt werden.

4. Eignung aussagepsychologischer Gutachten als Kriterium einer Regel über den rechtsgenügenden Beweis

a) Obligatorische Begutachtung in der Aussage gegen Aussage-Situation

Um die Verwendung aussagepsychologischer Gutachten einheitlich zu handhaben, wird oft erwogen, deren Anwendungsbereich in bestimmten Kategorien zu ordnen. So wird beispielsweise vorgeschlagen, ein Gutachten immer dann einzuholen, wenn es sich um einen schwerwiegenden Vorwurf mit weitreichenden Konsequenzen für den Angeklagten handelt, die Tat in oder nach einer Beziehung geschehen sein soll oder Angeklagter und Anzeigeerstatter sich unversöhnlich gegenüberstehen.[632] Von besonderem Interesse für die vorliegende Untersuchung ist der Ansatz, in den Aussage gegen Aussage-Fällen grundsätzlich ein aussagepsychologisches Gutachten über den einzigen Belastungszeugen einzuholen.[633] Dabei ist zu beachten, dass der Zeuge nicht zur Begutachtung gezwungen werden kann.[634]

aa) Gutachten als Mittel zur Akzeptanz des Urteils

Eine Kategorisierung der Fälle, in denen begutachtet werden soll, wird mit dem Zweck der Einholung aussagepsychologischer Gutachten begründet. Neben der eingangs erwähnten Ermittlung des Erlebnisbezugs der Aussage wird seltener in der Literatur noch folgender Grund erwogen: Das Gutachten diene als Mittel zur

---

632 *Bock*, Richterliche Beweiswürdigung und Sachverständigengutachten, unveröffentlicht.

633 Für die Fälle sexuellen Missbrauchs *Wille*, Aussage gegen Aussage, S. 134 ff.; allgemein für eine regelmäßige Begutachtung in den Aussage gegen Aussage-Fällen wohl KK/*Ott*, StPO^{7}, § 261 Rn. 31d; a.A: *Fischer*, FS Widmaier, S. 191, 222; *Pfister*, in: Deckers/Köhnken, Zeugenaussagen im Strafprozess, S. 99, 113.

634 *Jansen*, Zeuge und Aussagepsychologie, Rn. 315.

Akzeptanz des Urteils.[635] Dieser Ansatz geht von den Zielen des Strafprozesses aus, die rechtliche Ordnung wiederherzustellen und Rechtsfrieden zu schaffen. Hierfür sei es unerlässlich, dass die Betroffenen das Urteil hinnehmen. Die Berücksichtigung von Gutachten könne so dazu führen, dass die Beteiligten von Rechtsmitteln absehen.[636]

Diesem Ansatz ist zuzugestehen, dass er eine dogmatische Begründung anbieten möchte. Ferner hat die Bildung von Fallgruppen für die Einholung von Gutachten den Vorteil, dass jede Form von Regeln zur Reduzierung von Komplexität beitragen kann. Gutachten alleine können indes nicht zur Akzeptanz des Urteils führen, jedenfalls ist dies kein ausreichender Grund für eine regelmäßige Begutachtung. Entscheidet sich das Gericht großzügig zur Einholung von Gutachten, mag es zwar auf Dritte den Eindruck erwecken, als habe es einen zusätzlichen externen Experten herangezogen. Oftmals wird aber nur der Zeuge begutachtet, dem Angeklagten wird keine Gelegenheit zur Äußerung gegeben. Dieser Umstand kann gerade den gegenteiligen Effekt auslösen, dass sich die Beteiligten – insbesondere der Angeklagte – dem Gutachter ausgeliefert fühlen. Es kann somit nicht ohne Weiteres davon ausgegangen werden, dass alle Beteiligten, auch der Angeklagte, das Urteil akzeptieren. Alleine mit der Annahme, die Verwendung von Gutachten führe zur Akzeptanz des Urteils, kann eine weitreichende Anordnung von Untersuchungen, die einen erheblichen Eingriff in Persönlichkeitsrechte darstellen, nicht begründet werden. Nur wenn das Urteil zusätzlich normativ begründet ist, kann es dem rechtsstaatlichen Anspruch an das Strafverfahren genügen. Wenn dies der Fall ist, kann es auch zur Akzeptanz des Urteils kommen.

bb) Gutachten als Mittel zur Erkennung psychischer Krankheiten

Speziell zur Einholung von Gutachten in den Aussage gegen Aussage-Fällen wird folgender Begründungsansatz vertreten.[637] Der Zeuge könne psychische Krankheiten – wie etwa das Borderline-Syndrom – haben, deren Vorliegen für das Gericht nicht ohne Weiteres erkennbar sei. In § 81 c StPO könne daher ein Regel-Ausnahme-Verhältnis dergestalt normiert werden, dass Opferzeugen grundsätzlich zu begutachten seien. In Ausnahmefällen könne hiervon abgesehen werden, dann sinke jedoch der Beweiswert der Aussage. Sei unklar, ob der Zeuge an einer

---

635 *Bock*, Richterliche Beweiswürdigung und Sachverständigengutachten, unveröffentlicht; *Fabian/Greuel//Stadler*, StV 1996, 347, 348.

636 *Fabian/Greuel/Stadler*, StV 1996, 347, 348.

637 Zu diesem Begründungsansatz *Wille*, Aussage gegen Aussage, S. 136.

Persönlichkeitsstörung leide und stehe daher die Glaubwürdigkeit in Zweifel, müsse in dubio pro reo entschieden werden.

Diesem Vorschlag ist zunächst zu Gute zu halten, dass er zu einer einheitlichen Beantwortung der Frage führen würde, wann Gutachten einzuholen sind. Er wirft indes Zweifel an der Vereinbarkeit mit dem Verhältnismäßigkeitsgrundsatz auf. Wie eingangs dargelegt, stellt die Verwendung aussagepsychologischer Gutachten im Prozess einen erheblichen Eingriff in die Intimsphäre des Zeugen dar. Er muss detaillierte Angaben seines Privatlebens preisgeben und diese auch noch analysieren lassen. Die Verweigerung des Zeugen kann auf den Schutz seiner Persönlichkeitsrechte zurückzuführen sein und nicht zwangsläufig darauf, dass er „etwas zu verbergen" habe. Statistisch gesehen ist die Wahrscheinlichkeit, dass ein Zeuge tatsächlich an einer Krankheit wie etwa dem Borderline-Syndrom leidet, überaus gering. Des Weiteren hat eine derartige Störung nicht zwangsläufig einen Einfluss auf die Glaubwürdigkeit des Zeugen.[638] Im Vergleich zu diesem niedrigen Risiko ist die Intensität des Eingriffs in die Persönlichkeitsrechte sehr hoch. Jeden Zeugen begutachten zu lassen, weil eine sehr geringe Wahrscheinlichkeit besteht, dass er an einer Krankheit leidet, die der Richter sonst nicht erkennen könnte und diesen ansonsten zur Begutachtung veranlassen würde, ist daher unverhältnismäßig. Wägt man das Risiko der unerkannten Erkrankung gegen die Persönlichkeitsrechtsverletzung ab, muss ersteres zurückstehen. Darüber hinaus ist keineswegs gesagt, dass der Beweiswert einer nicht begutachteten Aussage zwangsläufig geringer ist als derjenige einer begutachteten. Dem Vorschlag liegt die Annahme zugrunde, eine Begutachtung führe tatsächlich zu einer Verbesserung der Verfahrenssituation. Oben wurde aber erläutert, dass Gutachten aus unterschiedlichen Gründen falsch sein und eine Voreingenommenheit beim Gericht hervorrufen können. Aufgrund der Unsicherheiten im Zusammenhang mit der Begutachtung kann diese kein normatives Kriterium für einen höheren Beweiswert darstellen.

Des Weiteren ist der in dubio pro reo-Grundsatz für diejenigen Fälle, in denen Zweifel am Vorhandensein einer Krankheit bestehen, nicht zielführend. Insoweit ist schon nicht ganz deutlich, was mit „Zweifeln" gemeint ist. Wenn insoweit abstrakte Zweifel gemeint sind, die aus der rein statistischen Möglichkeit einer psychischen Krankheit resultieren, müssen diese aus den oben genannten Gründen außer Betracht bleiben. Sind indessen konkrete Zweifel gemeint, für die es im Einzelfall Anhaltspunkte gibt, dürfte die Anwendung des in dubio pro reo-Grundsatzes auch mit dem hier gewählten Ansatz sowie der geltenden

---

638 Vgl. dazu BGH Urt. v. 22.1.1998 – 4 StR 100/97, NJW 1998, 2753, 2754.

Rechtsprechung vereinbar sein. Denn wenn sich im Einzelfall Gründe dafür ergeben, dass der Zeuge an einer Krankheit leidet, die Einfluss auf den Erlebnisbezug der Aussage haben kann, muss auch nach den bestehenden Konzepten ein Gutachten eingeholt werden. Verbleiben danach immer noch Zweifel an der Glaubhaftigkeit des Zeugen, muss in jedem Fall der in dubio pro reo-Grundsatz Anwendung finden.

Allein aufgrund dessen, dass in einem bestimmten Fall Aussage gegen Aussage steht, sollte daher nicht zwingend ein Gutachten eingeholt werden müssen. Aufgrund des Verhältnismäßigkeitsgrundsatzes ist vielmehr auf tatsächliche Anhaltspunkte für das Vorliegen bestimmter Krankheiten abzustellen. Zu erwägen wäre auch der Vorschlag, zunächst eine Art „Vor-Screening" durchzuführen, ob ein Gutachten benötigt wird.[639] Dieses würde sich nicht als derart eingriffsintensiv wie eine Begutachtung darstellen und dem Gericht dennoch eine Orientierung vorgeben. Eine vollständige Begutachtung in jeder Aussage gegen Aussage-Situation ist daher abzulehnen.

Über die dogmatischen Einwände hinaus wäre eine Regel, nach der in den Aussage gegen Aussage-Fällen immer begutachtet werden muss, erheblichen praktischen Schwierigkeiten ausgesetzt. Die Fälle des sexuellen Missbrauchs sind vermutlich diejenigen, die am schwierigsten zu handhaben sind, da sie die Intimsphäre der beteiligten Personen betreffen. Jedoch tritt die Aussage gegen Aussage-Situation auch in unzähligen weniger sensiblen Bereichen auf. Hierzu zählt folgendes Beispiel:[640] Die Zeugin hebt Geld an einem EC-Automaten ab. Der Angeklagte behauptet, er habe das Geld mit einem schnellen Griff aus dem Automaten entnommen. Die Zeugin trägt jedoch vor, dass der Angeklagte ihr zuvor noch gewaltsam die EC-Karte entrissen habe. Materiell-rechtlich geht es damit entweder um einen einfachen Diebstahl gem. § 242 StGB oder aber um einen Raub gem. § 249 StGB bzw. um eine räuberische Erpressung gem. §§ 253, 255 StGB. Ob in derartigen Fällen ein aussagepsychologisches Gutachten eingeholt werden *muss*, erscheint fraglich. Der Ansicht *Willes*, deshalb eine Andersbehandlung der Fälle sexuellen Missbrauchs zu fordern,[641] ist nicht zu folgen. Es findet sich keinerlei dogmatische Absicherung dafür, dass die Beweisführung in derartigen Fällen anders behandelt werden sollte. Jedenfalls kann die Schwere des Delikts hierfür

639 *Rössner*, FS Widmaier, S. 941, 944. Der Vorschlag soll hier nicht näher vertieft werden, da er eine fundierte Auseinandersetzung mit der wissenschaftlichen Vorgehensweise bedarf, die vom Ziel dieser Arbeit weg führen würde.

640 LG Mannheim Az. 11 Ns 206 Js 1550/13 zitiert nach *Bock*, Richterliche Beweiswürdigung und Sachverständigengutachten, unveröffentlicht.

641 S. dazu bereits D. II. 4. a).

alleine nicht ausschlaggebend sein. Sicherlich würde eine Fehlverurteilung in diesem Bereich für den Angeklagten aufgrund der gesellschaftlichen Missbilligung gravierendere Folgen nach sich ziehen als im Beispiel des Raubes bzw. der räuberischen Erpressung. Dies ist jedoch einseitig aus der Perspektive des Angeklagten gedacht. Der Zeuge wird durch die Begutachtungspflicht ebenfalls gegenüber anderen Zeugen stärker belastet und seine Beweisführung erschwert, obwohl es gerade in Sexualstrafverfahren, deren Taten oft viele Jahre zurückliegen, schwerer als sonst ist, die Tat zu beweisen. Der Zeuge geht auch immer das Risiko ein, dass er nur als vermeintliches Opfer aus dem Prozess geht und ihm gegebenenfalls sogar eine eigene Strafverfolgung wegen Aussagedelikten droht. In den Sexualstrafverfahren stehen sich die schweren Folgen eines negativen Prozessausgangs bei Angeklagtem und Zeugen in vergleichbarer Weise gegenüber. Dies führt dazu, dass die Fälle sexuellen Missbrauchs in dogmatischer Hinsicht nicht anders behandelt werden dürfen als alle anderen Aussage gegen Aussage-Fälle.

Ferner würde eine Regelung dergestalt, dass der Zeuge grundsätzlich begutachtet werden soll, ohnehin nur eine Mindestanforderung darstellen. Der Richter ist nicht gezwungen, dem Ergebnis einer Begutachtung zu folgen. Daran ist auch angesichts der Ungenauigkeit vieler Gutachten festzuhalten. Folglich würde eine derartige Regel keine Entscheidungsregel, sondern nur eine formale Voraussetzung darstellen. Es lägen zwar Gutachten vor, ob das Gericht dann verurteilen kann, muss es dann aber noch selbst entscheiden. Deshalb ist eine Regel, die den Zeugen zur regelmäßigen Begutachtung zwingt, als unverhältnismäßig abzulehnen.

b) Verbindlichkeit von Gutachten als Element einer Regel über den rechtsgenügenden Beweis

Als Regel über den rechtsgenügenden Beweis käme aber eine Verbindlichkeit der Gutachten für das Gericht in Betracht. Dabei würde es sich gewissermaßen um die strengste denkbare Regel über den rechtsgenügenden Beweis im Zusammenhang mit der aussagepsychologischen Begutachtung handeln. Der Gutachter würde dadurch zu einem „iudex facti", er wäre mithin nicht mehr bloß Gehilfe des Gerichts, sondern selbst Richter.[642] Eine entsprechende Regel könnte in etwa lauten: „Hat das Gericht ein Sachverständigengutachten zu der Frage X eingeholt, muss es diesem folgen".

Unter D. II. 3. c) aa) wurde erörtert, dass der Sachverständige aus methodischen Gründen nicht aus dem Strafverfahren verdrängt werden kann. Ihm kann

642 Kritisch dazu *Franzki*, DRiZ 1976, 97 f.; *Erb*, ZStW 121 (2009), 882, 903 f.

andererseits aber auch keine herausragende Stellung gegenüber dem Gericht zukommen. Eine entsprechende Regel über den rechtsgenügenden Beweis wäre deshalb unangemessen. Der Richter ist derjenige, der die Fallnorm letzten Endes anwendet.[643] Er muss schließlich entscheiden, ob der Zeuge als glaubhaft anzusehen ist oder nicht. In den Aussage gegen Aussage-Fällen bedeutet dies, dass er darüber entscheidet, ob die Zeugenaussage für eine Verurteilung genügt. Dieses bedeutende Element würde bei einem reinen Abstellen auf den Sachverständigen abgeschnitten. Damit wäre die Entscheidungsfindung unvollständig. Dies wiederum würde das Risiko der Fehlverurteilung enorm erhöhen. Der Zweck der Entwicklung von Regeln über den rechtsgenügenden Beweis ist aber gerade darin zu sehen, die Inkaufnahme von Fehlverurteilungsrisiken zu legitimieren. Dies könnte eine Regel, die das Gericht in bestimmten Bereichen vollständig aus der Urteilsfindung ausschließt, nicht gewährleisten.

Die Verbindlichkeit der Entscheidung von Sachverständigen würde aufgrund dieser Erwägungen in Konflikt mit dem Grundsatz der Unabhängigkeit der Gerichte (Art. 92 GG) geraten.[644] Das Gericht würde den Kern seiner Tätigkeit, nämlich die Herausbildung der Fallnorm, an den Gutachter abtreten. Damit hätte es keinen Einfluss mehr auf das Ergebnis der Entscheidung und wäre deshalb auch nicht mehr vom Gutachter unabhängig. Verbindliche Entscheidungen durch den Sachverständigen kommen demnach nicht in Betracht.

c) Freiwillige Glaubhaftigkeitsbegutachtung

Die Gefahr der Vorverurteilung durch aussagepsychologische Gutachten wird in der Literatur vielerorts erkannt und kritisch diskutiert. Daher wird zum Teil vorgeschlagen, dem Angeklagten die Möglichkeit zu eröffnen, sich auf dessen Wunsch freiwillig begutachten zu lassen.[645] Daran anknüpfend könnten Regeln über den rechtsgenügenden Beweis diskutiert werden.[646] Deshalb soll im Folgenden untersucht werden, ob eine freiwillige Begutachtung auf Wunsch des Angeklagten ermöglicht werden sollte. Anschließend wird erörtert werden, ob sich eine solche Vorgehensweise als Kriterium für eine Regel über den rechtsgenügenden Beweis eignet.

---

643 *Rössner*, FS Widmaier, S. 941, 947.

644 Für eine Unvereinbarkeit mit Art. 92, 97 GG auch *Franzki*, DRiZ 1976, 97, 98; *Erb*, ZStW 121 (2009), 882, 903 f.

645 *Meyer-Mews*, NJW 2000, 916, 918; *Schmuck/Brügge-Niemann*, NJOZ 2014, 601, 603; *Wille*, Aussage gegen Aussage, S. 137 ff.

646 In diese Richtung gehen die Erwägungen bei *Wille*, Aussage gegen Aussage, S. 139 f.

aa) Ermöglichung der Begutachtung des Angeklagten durch das Gericht

Wegen des Grundsatzes der freien richterlichen Beweiswürdigung sind die Gerichte nicht dazu verpflichtet, einen Beweisantrag auf Begutachtung des Angeklagten zuzulassen, selbst wenn der Zeuge seinerseits begutachtet wurde. Die Möglichkeiten, einen Beweisantrag auf Einholung eines aussagepsychologischen Gutachtens abzulehnen, ergibt sich aus § 244 StPO, insbesondere aus Abs. 3. Um dem Angeklagten eine freiwillige Begutachtung bei gleichzeitiger Begutachtung des Hauptbelastungszeugen zu ermöglichen, müsste eine entsprechende Regelung in § 244 StPO aufgenommen werden. Diese könnte in etwa lauten: „Liegt in den Aussage gegen Aussage-Fällen ein aussagepsychologisches Gutachten über den Zeugen vor und beantragt der Angeklagte die Einholung eines aussagepsychologischen Gutachtens über ihn selbst, muss dem Beweisantrag stattgegeben werden." Die Befürworter dieser Stärkung der Stellung des Angeklagten im Prozess berufen sich auf das Recht auf ein faires Verfahren, welches aus dem Rechtsstaatsprinzip i.V.m. Art. 2 Abs. 1 GG folgt.[647]

Dieser Vorschlag ist zu befürworten. Die Vorlage eines nach den Regeln der Kunst erstellten Gutachtens führt dazu, dass die Glaubhaftigkeit eines Zeugen deutlich untermauert wird. In Zusammenspiel mit den oben genannten psychologischen Vorgängen bei der Vernehmung von Zeugen (Ankereffekt, vermeintliche Schutzbehauptung, Perseveranzeffekt) kann dies dazu führen, dass sich die Beweislage deutlich zu Lasten des Angeklagten verschiebt. Da es nur sehr schwer ist, ein ordnungsgemäß erstelltes Gutachten zu diskreditieren, muss dem Angeklagten grundsätzlich die Möglichkeit verschafft werden, das Gericht auch von der Glaubhaftigkeit seiner Aussage zu überzeugen.

Das Gericht darf sich dabei nicht einfach auf den Grundsatz der freien richterlichen Beweiswürdigung zurückziehen. Die Beweiswürdigung wird hier in nicht unerheblicher Weise durch das Gutachten beeinflusst. Auch wenn das Gericht letztlich selbst über die Glaubhaftigkeit der Aussage entscheidet, erhält es bedeutende Informationen, welche in die Bildung der Fallnorm hineinfließen. Dies gilt insbesondere für diejenigen Fälle, in denen das Gericht die Ergebnisse des Gutachtens nur bedingt nachvollziehen kann. Aber auch wenn das Gericht die Ergebnisse für überzeugend erachtet, ist nicht auszuschließen, dass eine Begutachtung des Angeklagten auch den Erlebnisbezug dieser Einlassung bestätigt. Denn wie bereits dargestellt, kann der Erlebnisbezug nicht mit Sicherheit festgestellt werden. Das Fehlverurteilungsrisiko steigt aber durch die Autorität des Gutachtens über die Zeugenaussage enorm an. Deshalb muss dem Angeklagten

647 *Schmuck/Brügge-Niemann,* NJOZ 2014, 601, 602.

die Möglichkeit eingeräumt werden, hierauf Einfluss zu nehmen. Bedenken hinsichtlich der Kosten dürfen dabei auch keine Rolle spielen. Denn das Gericht ist aus verfassungsrechtlichen Gründen verpflichtet, eine optimal richtige Entscheidung zu treffen.

Ein solches Vorgehen würde auch nicht den in dubio pro reo-Grundsatz verletzen. Insofern könnte zwar der Einwand vorgebracht werden, dass der Angeklagte so faktisch genötigt werde, sich selbst begutachten zu lassen, um seine Unschuld zu beweisen.[648] Es wäre jedoch geradezu paradox, dem Angeklagten eine Entlastungsmöglichkeit mit der Begründung zu verwehren, dies diene seinem Schutz.[649] Wenn es mit dem Persönlichkeitsrecht des Zeugen vereinbar ist, sich begutachten zu lassen, muss diese Möglichkeit auch für den Angeklagten bestehen. Wegen des Schweigerechts darf es das Gericht dann auch nicht zu Lasten des Angeklagten werten, wenn dieser von einem Antrag auf Begutachtung absieht.[650] Denn es kann gute Gründe dafür geben, dass der Angeklagte lieber auf eine eigene Begutachtung verzichtet. Zweifelsohne ist die Einholung eines Gutachtens für den Angeklagten auch mit Risiken behaftet. Fällt das Gutachten zu dessen Lasten aus, kann nicht ausgeschlossen werden, dass das Gericht voreingenommen ist.[651] Der Angeklagte bzw. der Verteidiger muss dann abwägen, ob er das Gutachten einholt und damit im besten Fall die Einlassung des Angeklagten untermauert, im schlechtesten Fall sie in Zweifel zieht. Aus Gründen der Verfahrensfairness muss ihm aber die Möglichkeit eröffnet werden, diese Abwägung überhaupt vornehmen zu dürfen.

Bei der eingangs genannten Regel handelt es sich indes nicht um eine Regel über den rechtsgenügenden Beweis, sondern lediglich um eine formale Voraussetzung. Denn sie besagt nur, dass dem Angeklagten die Gelegenheit verschafft werden soll, sich begutachten zu lassen. Sie trifft hingegen keine Aussage darüber, wie das Gericht mit den Gutachten umgehen soll. Im Folgenden soll deshalb

---

648 Dieser Einwand wird oftmals im Zusammenhang mit dem Polygrapheneinsatz vorgebracht, vgl. dazu unten D. III. 2. a).

649 Vgl. zu diesem Argument beim Polygraphen unten D. III. 2. a). Die Situation unterscheidet sich aber von derjenigen des Polygraphen dadurch, dass die aussagepsychologische Begutachtung ein anerkanntes Vorgehen im Rahmen des Sachverständigenbeweises darstellt. Dass dem Beschuldigten die Möglichkeit einer Begutachtung eröffnet wird, dürfte somit keine ernsthaften Bedenken im Hinblick auf dessen Persönlichkeitsrechte hervorrufen.

650 BGH Beschl. v. 23.10.2001 – 1 StR 415/01, NStZ 2002, 161.

651 *Bock*, Richterliche Beweiswürdigung und Sachverständigengutachten, unveröffentlicht.

untersucht werden, ob an diese formale Voraussetzung Regeln über den rechtsgenügenden Beweis angeknüpft werden können.

bb) Regeln über den rechtsgenügenden Beweis bei beiderseitiger Begutachtung

Für diejenigen Fälle, in denen sich der Angeklagte zusätzlich zum Zeugen begutachten lässt, hat *Wille* ein Konzept entwickelt, das wohl im Ansatz Regeln über den rechtsgenügenden Beweis enthält. Er unterscheidet insoweit vier Konstellationen:[652]

- Die Aussage des Angeklagten ist glaubhaft, während diejenige des Zeugen unglaubhaft ist (Fall 1). In diesen Fällen soll es nach *Wille* zu einem Freispruch kommen.
- Die Aussage des Zeugen ist glaubhaft, die Einlassung des Angeklagten indes nicht (Fall 2). Zum Umgang mit diesen Fällen äußert sich *Wille* nicht eindeutig. Jedenfalls wenn die Einlassung des Angeklagten nicht begutachtet wurde, werde die begutachtete Aussage des Zeugen zumindest de facto als das stärkere Beweismittel und die Einlassung des Angeklagten als Schutzbehauptung gewertet.
- Sowohl die Aussage des Zeugen wie auch die Einlassung des Angeklagten sind glaubhaft (Fall 3). Hier soll es zu einer Anwendung des in dubio pro reo-Grundsatzes kommen.
- Weder die Aussage des Zeugen noch die Einlassung des Angeklagten sind glaubhaft (Fall 4). Hier fordert *Wille* ebenfalls die Anwendung des in dubio pro reo-Grundsatzes.

Diese Regeln geben dem Gericht vor, wie die Beweislage beschaffen sein muss, damit es verurteilen darf. Mithin haben sie zum Gegenstand, unter welchen Voraussetzungen eine Sanktionsnorm angewendet werden darf. Die Bemühungen um eine einheitliche Handhabung der Aussage gegen Aussage-Fälle sind zu begrüßen. Im Folgenden sollen die Grundsätze untersucht werden.

Die erste wie die vierte Fallgestaltung dürften dabei unproblematisch mit den bestehenden Grundsätzen zu lösen sein. Liegt als einziges Beweismittel eine unglaubhafte Zeugenaussage vor, wäre alles andere als ein Freispruch mit rechtsstaatlichen Vorgaben unvereinbar. Der Beweis ist in diesen Fällen nicht erbracht. Die Aussage des Zeugen ist in den Aussage gegen Aussage-Fällen das einzige Beweismittel. Wenn dieses nicht den Anforderungen genügt, da die Zeugenaussage

---

652 *Wille*, Aussage gegen Aussage, S. 139 f.

schlichtweg unglaubhaft ist, kann keine Verurteilung erfolgen. Insoweit ist es unerheblich, ob die Einlassung des Angeklagten glaubhaft ist oder nicht. Ohne tauglichen Beweis kann die Schuld des Angeklagten im Urteil nicht festgestellt werden.

Komplexer stellen sich Fälle 2 und 3 dar. Beiden ist gemein, dass eine glaubhafte Zeugenaussage vorliegt. Damit stellt sich die grundsätzliche Frage, ob eine einzige Zeugenaussage für eine Verurteilung genügen kann. Dem stünde eine „Corroboration"-Regel entgegen, nach der eine Verurteilung in den Aussage gegen Aussage-Fällen grundsätzlich ohne zusätzliche bestätigende Beweismittel nicht möglich sein soll. Vorteil einer solchen Regel wäre, dass das Fehlverurteilungsrisiko aufgrund der Defizite des Zeugenbeweises begrenzt würde. Unter Anwendung einer solchen Regel könnte man auch in den Fällen 2 und 3 zu einem Freispruch gelangen.

Denkbar wäre es aber auch, eine Regel aufzustellen, nach der man gegebenenfalls die Aussage des Zeugen in diesen Fällen grundsätzlich schon genügen lässt, sofern es keine besonderen Gründe dafür gibt, die einer Verurteilung entgegenstehen würden. Dafür könnte sprechen, dass die Aussage glaubhaft ist und somit per se ein geeignetes Beweismittel darstellen könnte. Die Fälle 2 und 3 unterscheiden sich ausschließlich durch das Prozessverhalten des Angeklagten. In Fall 2 ist die Einlassung nicht glaubhaft, in Fall 3 hingegen schon. Hier wird zu diskutieren sein, ob dem Prozessverhalten des Angeklagten eine entscheidende Rolle zukommen kann. Denn unerörtert bleibt bei *Wille*, ob ein – zivilrechtlich gesprochen – substantiiertes Bestreiten anders zu beurteilen ist als eine unglaubhafte Einlassung oder gar ein gänzliches Schweigen. Lässt man also eine Zeugenaussage grundsätzlich genügen, könnte man dennoch zu unterschiedlichen Ergebnissen in den Fällen 2 und 3 gelangen. In Fall 2 könnte es zu einer Verurteilung kommen, da der Angeklagte sich nur unglaubhaft eingelassen hat. In Fall 3 hingegen trägt er einen gleichermaßen glaubhaften alternativen Tathergang vor, der vom Gericht nicht widerlegt werden kann.

Ob bzw. unter welchen Voraussetzungen eine einzige Zeugenaussage für eine Verurteilung genügen kann, sollte allerdings losgelöst vom Gutachten diskutiert werden. Durch die Hinzuziehung eines Sachverständigen wird keine andere Beurteilung der Sachlage erforderlich. Dieselben Fragen stellen sich auch dann, wenn weder die Zeugenaussage noch die Einlassung des Angeklagten begutachtet wurde. Dass in der Praxis einer begutachteten Aussage eher Glauben geschenkt wird, mag zwar sein. Dogmatische Gründe dafür, dass dies zwingend so sein muss, sind aber nicht vorhanden. Für eine intersubjektive Begründbarkeit von Regeln über den rechtsgenügenden Beweis muss vielmehr diskutiert werden, ob aus normativen Gründen eine Zeugenaussage alleine genügen kann.

d) Fazit

Zusammenfassend kann zur Eignung der aussagepsychologischen Begutachtung als Kriterium einer Regel über den rechtsgenügenden Beweis Folgendes festgehalten werden. Die Verwendung derartiger Gutachten ist mit erheblichen Unsicherheiten behaftet. Diese beruhen darauf, dass die Gutachten keine verbindlichen Angaben über den Erlebnisbezug der Aussage machen können. Insoweit sind die wissenschaftlichen Erkenntnismöglichkeiten begrenzt und es können Fehler bei der Exploration auftreten. Diese Fehler könnten zwar gegebenenfalls mit Hilfe der unter D. II. 3. c) getätigten Vorschläge eingedämmt werden. Eine Pflicht, in den Aussage gegen Aussage-Fällen grundsätzlich ein Gutachten einzuholen, ist aber nicht zielführend. Als zwingendes Kriterium einer Regel über den rechtsgenügenden Beweis eignen sich aussagepsychologische Gutachten ebenso wenig. Die Gerichte können die Gutachter in den Entscheidungsprozess einbeziehen. Die Anwendung der Fallnorm muss aber weiterhin in der Kompetenz des Gerichts bleiben. Eine Verbindlichkeit der Gutachten ist nicht mit der aus Art. 92 und Art. 94 GG folgenden Unabhängigkeit der Gerichte vereinbar. Aus Gründen der Verfahrensfairness sollte dem Angeklagten die Möglichkeit eingeräumt werden, sich selbst begutachten zu lassen, wenn bereits ein Gutachten über den Zeugen vorliegt. Durch eine Begutachtung erlangt die Aussage bzw. die Einlassung allerdings keinen höheren abstrakten Beweiswert. In welchen Fällen grundsätzlich der Zeugenaussage oder der Einlassung des Angeklagten der Vorrang eingeräumt werden kann, muss vielmehr losgelöst von der Frage der Begutachtung anhand allgemeiner, normativer Erwägungen im weiteren Verlauf der Untersuchung diskutiert werden.

III. Einsatz von Polygraphentests

Als Alternative zur Begutachtung wird oftmals der Einsatz technischer Hilfsmittel erwogen. Hierfür wird in erster Linie die Verwendung des Polygraphen (umgangssprachlich „Lügendetektor“ genannt) diskutiert. Dieser kommt zunächst zur Überführung des Angeklagten in Betracht. Eine Regel über den rechtsgenügenden Beweis würde dann lauten, dass der Angeklagte bei belastendem Ergebnis verurteilt werden müsse. Diese Regel wäre aber nur dann denkbar, wenn der Polygraph ein sicheres Ergebnis liefern könnte. Alles andere würde gegen die Unschuldsvermutung verstoßen oder in unzulässiger Weise auf Statistiken zurückgreifen.

Unter dem Gesichtspunkt des § 261 StPO wird der Polygraph in der deutschen Rechtswissenschaft vor allem zur Entlastung des Angeklagten diskutiert.[653] Dabei werden mehrere Möglichkeiten erörtert, wie das Ergebnis eines Polygraphentests in den Prozess eingeführt werden könnte.[654] Einerseits besteht die Option, das Testergebnis nur dann zu verwerten, wenn es den Angeklagten entlastet. Dabei soll es nicht darauf ankommen, ob der Test auf Betreiben der Strafverfolgungsbehörden oder des Angeklagten selbst initiiert wurde. Denkbar wäre aber auch, den Test nur bei Einwilligung des Angeklagten überhaupt erst durchzuführen. Die wohl restriktivste Option würde die Verwertung eines Polygraphentests nur dann zulassen, wenn der Angeklagte die Durchführung des Tests auf eigene Initiative hin verlangt hat. Eine Regel über den rechtsgenügenden Beweis könnte dann dergestalt formuliert werden, dass in den drei genannten Fallgestaltungen eine Verurteilung bei entlastendem Testergebnis nicht möglich wäre. Insoweit würde es sich um negative Regeln über den rechtsgenügenden Beweis handeln.

Ferner wird erwogen, die Aussage des Zeugen durch einen Polygraphentest abzusichern.[655] Dies komme aber nur in Bezug auf den Tatwissentest[656] in Frage. Das Verfahren sei durchführbar, da der Zeuge im Gegensatz zum Angeklagten kein Akteneinsichtsrecht habe.[657] Im Folgenden soll daher auch untersucht werden, ob an die Begutachtung der Zeugenaussage mittels Lügendetektor eine Regel über den rechtsgenügenden Beweis angeknüpft werden kann.

1. Die Funktionsweise von Polygraphentests

Die Auseinandersetzung mit potentiellen Regeln über den rechtsgenügenden Beweis erfordert zunächst eine Befassung mit der Wirkweise des Polygraphen.

---

653 *Putzke/Scheinfeld/Klein/Undeutsch,* ZStW 121 (2009), 607 ff.; *Putzke/Scheinfeld,* StraFo 2010, 58 ff.; *Putzke,* ZJS 2011, 557 ff.; *Prittwitz,* MDR 1982, 886 ff.; *Jaworski,* NStZ 2008, 195 ff.; *Schwabe,* NJW 1982, 367 f.; *Schmuck/Brügge-Niemann,* NJOZ 2014, 601 ff. Letztere sehen allerdings von einer detaillierten Auseinandersetzung mit dem Polygraphen ab, da aufgrund der Entscheidungen des BGH die Möglichkeit der Verwendung von Lügendetektoren in der Praxis ausscheide. Ausschließlich die Verwendung des Tatwissentests befürworten *Rill/Gödert/Vossel,* MschrKrim 2003, 165 ff. Die Verwendung zur Entlastung des Angeklagten wird ferner von *Achenbach,* NStZ 1984, 350 ff. untersucht, im Ergebnis aber abgelehnt.

654 Zu den folgenden drei Möglichkeiten der Entlastung durch den Polygraphen *Achenbach,* NStZ 1984, 350, 351.

655 *Meyer-Mews,* NJW 2000, 916, 919.

656 S. zum Begriff des Tatwissentests sogleich D. III. 1.

657 *Meyer-Mews,* NJW 2000, 916, 919.

Dabei handelt es sich um ein technisches Hilfsmittel, mit dem psychophysiologische Parameter, die der direkten willentlichen Kontrolle des Probanden weitgehend entzogen sind, gemessen und aufgezeichnet werden.[658] Das Gerät misst den Blutdruck, die Atmung, den Puls, sowie die elektrische Leitfähigkeit der Haut.[659] Es kann indes nicht – wie der umgangssprachliche Begriff „Lügendetektor" suggeriert – den Wahrheitsgehalt der Aussage ermitteln.[660] Der Interviewer kann nur feststellen, ob die Person in Bezug auf bestimmte Fragen erregt reagiert.[661] Da die Untersuchung unter Zuhilfenahme des Polygraphen von einem Sachverständigen durchgeführt wird, handelt es sich um eine Form des Sachverständigenbeweises.[662] Diesem liegen als Beweistatsachen die Ergebnisse der polygraphischen Untersuchung zugrunde.[663]

Der Grundgedanke des Polygraphen liegt in der Annahme begründet, lügen führe zu einer erhöhten Aktivität des Nervensystems.[664] Nur der wirklich Schuldige reagiere auf Fragen, welche die Tat betreffen, aufgebracht.[665] Für diese Messungen kommen zwei unterschiedliche Vorgehensweisen in Betracht: Der Tatwissentest oder der Kontrollfragen- bzw. Vergleichsfragentest.

Beim Tatwissentest wird untersucht, ob der Angeklagte Täterwissen hat.[666] Im Vorfeld des Tests müssen die Tatumstände sowie mögliche relevante Details

---

658 BGH Urt. v. 17.12.1998 – 1 StR 156/98, BGHSt 44, 308, 313; BVerfG Beschl. v. 18.08.1981 – 2 BvR 166/81, NJW 1982, 375; vgl. auch *Putzke/Scheinfeld/Klein/Undeutsch,* ZStW 121 (2009), 607, 610 f.; *Frister,* ZStW 106 (1994), 303, 304 f.

659 BGH Urt. v. 17.12.1998 – 1 StR 156/98, BGHSt 44, 308, 313; *Schoreit,* StV 2004, 284; *Achenbach,* NStZ 1984, 350, 351; *Frister,* ZStW 106 (1994), 303, 305; *Peters,* ZStW 87 (1975), 663, 667; *Prittwitz,* MDR 1982, 886, 890; *Seiterle,* StraFo 2014, 58; *Paul/Egbert,* KrimJ 2014, 153, 156; *Rill/Gödert/Vossel,* MschrKrim 2003, 165.

660 *Achenbach,* NStZ 1984, 350; *Seiterle,* StraFo 2014, 58.

661 *Frister,* ZStW 106 (1994), 303, 305; *Rill/Vossel,* NStZ 1998, 481, 484; *Peters,* ZStW 87 (1975), 663, 667.

662 *Prittwitz,* MDR 1982, 886, 889; *Putzke,* ZJS 2011, 557, 559; *Jaworski,* NStZ 2008, 195.

663 BGH Beschl. v. 30.11.2011 – 1 StR 509/10, NStZ 2011, 474, 475; *Seiterle,* StraFo 2014, 58, 59.

664 *Paul/Egbert,* KrimJ 2014, 153, 156.

665 *Frister,* ZStW 106 (1994), 303, 305 f.

666 Die folgenden Ausführungen zur Funktionsweise des Tatwissenverfahrens richten sich nach BGH Urt. v. 17.12.1998 – 1 StR 156/98, BGHSt 44, 308, 315; *Putzke/Scheinfeld/Klein/Undeutsch,* ZStW 121 (2009), 607, 612 f.; *Peth/Gamer,* Praxis der Rechtspsychologie 2013, 151 ff.; *Rill/Gödert/Vossel,* MschrKrim 2003, 165, 168 ff.; *Wagner,* Polygraphie, S. 30 f.

durch den Untersucher möglichst genau ermittelt werden. In einem Vortestinterview wird der Proband sodann gefragt, ob er Kenntnisse über die Tat besitzt. Anschließend wird er zu Einzelheiten der Tat befragt und kann zwischen mehreren möglichen Antworten wählen, wobei eine den bereits ermittelten Umständen entspricht. Dabei müssen die nicht zutreffenden Antwortoptionen dem wirklichen Merkmal in ihrer Intensität entsprechen. Der Proband muss dann in der Regel jede Frage verneinen.[667] Alternativ können ihm die Fragen auch nur vorgelesen und die Reaktionen hierauf überprüft werden.[668] Dadurch soll herausgefunden werden, ob während der Verneinung bzw. Verlesung der richtigen Antwortmöglichkeit eine erhöhte Reaktion beim Probanden auftritt und deshalb insoweit von einer Lüge ausgegangen werden könne.[669] Zur Sicherheit wird der Proband nach dem Test zusätzlich befragt, ob für ihn bestimmte Antwortmöglichkeiten besonders plausibel oder besonders bedeutend waren, sodass diese Fragen bei guter Begründung aussortiert werden können.

Beim Kontroll- oder Vergleichsfragentest werden dem Angeklagten drei Arten von Fragen gestellt.[670] Der Test besteht zum einen aus solchen Fragen, die sich direkt auf die Tat beziehen (relevante oder tatbezogene Fragen). Zum anderen werden in die Befragung sogenannte Vergleichs- oder Kontrollfragen eingeführt. Diese sollen zwar keinen unmittelbaren Zusammenhang zum Tatvorwurf aufweisen. Sie haben aber ähnliche Themen wie die tatbezogenen Fragen zum Gegenstand und werden so vage formuliert, dass sich der Proband nicht sicher sein kann, ob er sie richtig beantwortet. Dies soll dazu führen, dass der tatsächlich Schuldige auf tatbezogene Fragen stärker reagiert, da er die relevanten Fragen mit einer Lüge beantworten muss. Der Unschuldige hingegen könne die relevanten Fragen problemlos abstreiten und fühle sich durch die vage gefassten Vergleichsfragen wesentlich mehr bedroht. Deshalb reagiere der Unschuldige

---

667 *Rill/Gödert/Vossel,* MschrKrim 2003, 165, 168; *Peth/Gamer,* Praxis der Rechtspsychologie 2013, 151, 152.

668 *Wagner,* Polygraphie, S. 30; *Rill/Gödert/Vossel,* MschrKrim 2003, 165, 168.

669 Hierbei handelt es sich um eine vereinfachte Darstellung der Reaktionen des Probanden, da eine detaillierte Ausführung in dieser Arbeit nicht möglich ist. Vgl. zu den Reaktionsmustern im Einzelnen *Peth/Gamer,* Praxis der Rechtspsychologie 2013, 151, 155 ff.

670 Die folgenden Erklärungen der Wirkweise des Kontrollfragentests richten sich nach *Putzke/Scheinfeld/Klein/Undeutsch,* ZStW 121 (2009), 607, 613 ff.; BGH Urt. v. 17.12.1998 – 1 StR 156/98, BGHSt 44, 308, 313 f.; *Rill/Vossel,* NStZ 1998, 481, 482 ff.; *Schoreit,* StV 2004, 284 f.; *Frister,* ZStW 106 (1994), 303, 306 ff.; *Seiterle,* StraFo 2014, 58.

stärker auf die Vergleichsfragen als auf die relevanten Fragen.[671] Ergänzt werden die Kontrollfragen durch sogenannte neutrale oder irrelevante Fragen, deren Beantwortung keinen Einfluss auf das Testergebnis hat.[672] Bevor der Test durchgeführt werden kann, wird außerdem ein Vorgespräch durchgeführt. Dabei wird dem Probanden vorgetäuscht, die Kontrollfragen seien besonders bedeutend und müssten verneint werden. Damit wird bezweckt, die Aufmerksamkeit des unschuldigen Probanden auf die Kontrollfragen zu lenken. Sei der Proband schuldig, würde er dennoch stärker auf die relevanten Fragen reagieren.[673]

2. Die Haltung der Rechtsprechung und Lehre zum Einsatz von Polygraphen

Rechtsprechung und h.L. stehen der Verwendung des Polygraphen im Strafverfahren kritisch gegenüber.

a) Normative Fragestellungen

Der BGH befasste sich erstmals 1954 mit dem Einsatz von Polygraphen im Strafprozess.[674] Dabei nahm er an, dass der Polygraph einen „Einblick in die Seele" des Probanden ermögliche. Auf diese Weise könnten mehr Informationen gewonnen werden als der Proband mit Worten mitteile, sodass er in seiner Freiheit der Willensentschließung beeinträchtigt sei. Die Verwendung von Polygraphen stelle daher einen Verstoß gegen Art. 1 Abs. 1 GG und § 136 a StPO dar.[675] Das BVerfG nahm eine Verletzung des allgemeinen Persönlichkeitsrechts aus Art. 2 Abs. 1, Art. 1 Abs. 1 GG an,[676] was es aber später für die Fälle der Einwilligung des Beklagten offen ließ.[677] Die früher h.M. stützte sich folglich zunächst nicht auf Zweifel an der technischen Zuverlässigkeit des Verfahrens, sondern auf normative Gründe, die einer Verwendung entgegenstünden.

---

671 Vgl. zu den Eigenschaften der Kontrollfragen insbesondere *Wagner,* Polygraphie, S. 23 f.; *Rill/Vossel,* NStZ 1998, 481, 482; *Frister,* ZStW 106 (1994), 303, 307; *Putzke/Scheinfeld/Klein/Undeutsch,* ZStW 121 (2009), 607, 613.

672 *Rill/Vossel,* NStZ 1998, 481, 482; *Seiterle,* StraFo 2014, 58, 59.

673 Zum Vorgespräch beim Kontrollfragentest *Rill/Vossel,* NStZ 1998, 481; *Wagner,* Polygraphie, S. 23 f.; *Putzke/Scheinfeld/Klein/Undeutsch,* ZStW 121 (2009), 607, 613 f.

674 BGH Urt. v. 16.2.1954 – 1 StR 578/53, BGHSt 5, 332 ff.

675 BGH Urt. v. 16.2.1954 – 1 StR 578/53, BGHSt 5, 332, 333 ff.

676 BVerfG Beschl. v. 18.08.1981 – 2 BvR 166/81, NJW 1982, 375.

677 BVerfG Beschl. v. 15.10.1997 – 2 BvR 1211/97, juris Rn. 5.

Diese Ansicht wurde in der Literatur zum Teil vehement kritisiert. Es sei geradezu absurd, dem Angeklagten mit Verweis auf seine Persönlichkeitsrechte die Berufung auf einen möglichen Unschuldsbeweis zu verwehren, der eine Treffsicherheit von 80 bis 90 % haben könne.[678] Normative Zweifel werden in der Literatur teilweise auch noch aufrechterhalten.[679] So sehen einige einen Verstoß gegen das Täuschungsverbot, indem dem Probanden während des Vortestinterviews falsche Informationen über die Wirkweise des Polygraphen mitgeteilt würden; die Zulassung des Polygraphen führe so zu einem „indirekten Druck" bei allen zukünftigen Probanden, sich dem Test zu unterziehen.[680]

b) Technische Zuverlässigkeit

Die normativen Erwägungen verwarf der BGH mit dem Grundsatz-Urteil aus dem Jahr 1998,[681] dem sich die wohl h.L. anschloss.[682] Hierin distanzierte er sich ausdrücklich von dem Gedanken, dass der Polygraph einen „Einblick in die Seele" ermögliche.[683] Vielmehr zweifelte er von da an die technische Zuverlässigkeit nach dem Stand der Forschung an. Hierbei differenzierte er nach der Art des Verfahrens.

aa) Der Kontrollfragentest

Nach h.M. handelt es sich bei dem Sachverständigengutachten, das auf einem Kontrollfragentest beruht, um ein völlig ungeeignetes Beweismittel im Sinne des § 244 Abs. 3 S. 2 Alt. 4 StPO.[684] Bereits die Grundhypothese, dass nur der lügende Proband durch den Test bzw. bestimmte Fragen erregt werde, wird oftmals in

---

678 Bzgl. BVerfG Beschl. v. 18.08.1981 – 2 BvR 166/81, NJW 1982, 375: *Schwabe*, NJW 1982, 367; vgl. auch *Prittwitz*, MDR 1982, 886, 891.

679 So ist wohl Radtke/Hohmann/*Kretschmer*, StPO, § 136 a Rn. 38 zu verstehen, der annimmt, der Polygraph greife in das „seelische Unterbewusstsein" ein und es entstehe ein Zwang auf den leugnenden Angeklagten, an dem Test teilzunehmen.

680 *Wagner*, Polygraphie, S. 85 ff., 125; dies andeutend auch L-R/*Gleß*, StPO, § 136 a Rn. 64.

681 BGH Urt. v. 17.12.1998 – 1 StR 156/98, BGHSt 44, 308 ff.; bestätigt durch BGH Beschl. v. 10.2.1999 – 3 StR 460/98, juris.

682 KK/*Diemer*, StPO[7], § 136 a Rn. 34; *Pfeiffer*, StPO, § 136 a Rn. 11; L-R/*Gleß*, StPO, § 136 a Rn. 64.

683 BGH Urt. v. 17.12.1998 – 1 StR 156/98, BGHSt 44, 308, 312.

684 BGH Urt. v. 17.12.1998 – 1 StR 156/98, BGHSt 44, 308 ff.; bestätigt durch BGH Beschl. v. 10.2.1999 – 3 StR 460/98, juris; KK/*Diemer*, StPO[7], § 136 a Rn. 34.

Zweifel gezogen.[685] Denn der Test messe nur die Angst des Probanden, nicht hingegen die Ursache für diese.[686] Insofern werden in der Literatur Trefferquoten von zwischen 70 und 95 % genannt.[687] Diese Angaben beruhen aber nach Ansicht einiger nicht auf zuverlässigen Untersuchungen über die Validität des Polygraphen.[688] Ergebnisse aus Simulationsstudien (auch Analogstudien genannt) seien insofern nicht aussagekräftig.[689] Denn die Wirkung des Polygraphen hänge gerade davon ab, dass der Proband fürchte, entdeckt zu werden. Diese Furcht könne aber deutlich weniger stark ausgeprägt sein, wenn dem Probanden bewusst sei, dass es sich nur um eine Simulation handelt und ihm keine realen Konsequenzen drohen.[690] Bei Feldstudien stelle sich hingegen das Problem, dass es keine sichere Möglichkeit gebe, die Richtigkeit des Testergebnisses zu überprüfen.[691] Als Referenz diene oftmals ein Geständnis. Es lasse sich jedoch nicht ausschließen, dass eben dieses Geständnis von der Annahme motiviert sei, dass das Polygraphentestergebnis den Angeklagten ohnehin überführe und der Angeklagte so wenigstens Einfluss auf die Höhe des Strafmaßes nehmen könne.[692] Daran schließe sich das Problem an, dass eine Übertragung der Statistiken auf den jeweiligen Fall schwierig sei.[693]

---

685 BGH Urt. v. 17.12.1998 – 1 StR 156/98, BGHSt 44, 308, 320; *Rill/Vossel,* NStZ 1998, 481, 484.

686 *Peters,* ZStW 87 (1975), 663, 677; *Rill/Vossel,* NStZ 1998, 481, 484 f.

687 *Prittwitz,* MDR 1982, 886, 890: 70 bis 95 %; *Schwabe,* NJW 1982, 367: 80 bis 90 % unter Verweis auf BVerfG Beschl. v. 18.08.1981 – 2 BvR 166/81, NJW 1982, 375. Dabei differenzieren diese Fundstellen nicht zwischen der richtigen Erkennung Unschuldiger bzw. Schuldiger (Spezifität und Sensitivität). Lediglich *Putzke/Scheinfeld/Klein/Undeutsch,* ZStW 121 (2009), 607, 624 unterscheiden insoweit und gehen von einer Trefferquote von 95 % bei den als Täter erwiesenen und 97 % bei den Unschuldigen aus.

688 *Rill/Vossel,* NStZ 1998, 481, 483; *Frister,* ZStW 106 (1994), 303, 309.

689 BGH Urt. v. 17.12.1998 – 1 StR 156/98, BGHSt 44, 308, 323; *Rill/Vossel,* NStZ 1998, 481, 483.

690 *Seiterle,* StraFo 2014, 58, 61; *Wagner,* Polygraphie, S. 32 und 125.

691 *Rill/Vossel,* NStZ 1998, 481, 483; BGH Urt. v. 17.12.1998 – 1 StR 156/98, BGHSt 44, 308, 323.

692 BGH Urt. v. 17.12.1998 – 1 StR 156/98, BGHSt 44, 308, 326. Die Untersuchungen kämen zu einem Großteil aus dem anglo-amerikanischen Rechtsraum, in dem das Geständnis durch die Praxis des „plea bargaining“ beeinflusst sein könnte. *Seiterle,* StraFo 2014, 58, 61 weist auf tiefergehende US-amerikanische Studien hin, die neben einem Geständnis weitere Sachbeweise verlangt hätten. Dabei sei es zu einer 91-prozentigen Trefferquote gekommen, die aber ebenfalls als zu hoch einzustufen sein dürfe.

693 BGH Urt. v. 17.12.1998 – 1 StR 156/98, BGHSt 44, 308, 326.

Ferner stellten sich besondere Probleme in Fällen des sexuellen Missbrauchs, da sich die Probanden in diesen Fällen oftmals keiner Schuld bewusst seien.[694] Zudem seien Kontrollfragen zu Missbrauchsvorwürfen mitunter ähnlich intensiv.[695] Der BGH ließ in seinem Grundsatz-Urteil aber die Möglichkeit offen, dass der Polygraph im Strafverfahren zugelassen werden könne, sofern der Stand der Forschung einen Zusammenhang zwischen bestimmten Köperreaktionen und einer wahren oder gelogenen Aussage belege.[696]

Zuletzt entschied der BGH im Jahr 2011 in bedeutender Weise über den Einsatz von Polygraphen.[697] Das Verhältnis zum Grundsatz-Urteil ist nicht eindeutig. Denn das Gericht erläuterte hier in Bezug auf das Kontrollfragenverfahren, dass es auf den Stand der Forschung zu besagtem Zusammenhang gar nicht ankomme, sondern vielmehr die übrigen Bedenken gegen den Polygraphen bestehen blieben.[698] Daher wird es in der Literatur als „Verschärfung“[699] gegenüber dem Urteil aus dem Jahr 1998 gesehen.

In jüngerer Zeit wird die skeptische Haltung des BGH zur Zuverlässigkeit des Kontrollfragentests zunehmend kritisiert. So wird angenommen, dass der BGH ungenaue Felduntersuchungen herangezogen habe.[700] Jedenfalls sei mittlerweile eine hinreichende Datenbasis vorhanden.[701] Wenn die Untersuchungen zur Validität der Ergebnisse auch erheblichen Zweifeln ausgesetzt seien, so komme

---

694 *Rill/Vossel*, NStZ 1998, 481, 486.

695 *Rill/Vossel*, NStZ 1998, 481, 486.

696 BGH Urt. v. 17.12.1998 - 1 StR 156/98, BGHSt 44, 308, 322.

697 BGH Beschl. vom 30.11.2010 - 1 StR 509/10, NStZ 2011, 474 f.

698 Unklar ist indes, um welche Argumente es sich genau handeln soll. Denn in dem Grundsatzurteil aus dem Jahr 1998 hatte der BGH seine Argumentation hauptsächlich auf den aktuellen Forschungsstand gestützt.

699 *Seiterle*, StraFo 2014, 58, 62.

700 *Putzke/Scheinfeld/Klein/Undeutsch*, ZStW 121 (2009), 607 ff. Sie sprechen sich für eine Zulässigkeit des Vergleichsfragentests aus, wenn der Beschuldigte dies wünscht, der Test von einer vom Staat unabhängigen Stelle durchgeführt wird und dem Beschuldigten nach Kenntnis des Testergebnisses ein Wahlrecht bleibt, ob er diesen in den Prozess einführen möchte. Kritisch ferner *Putzke*, ZJS 2011, 557, 561.

701 *Putzke/Scheinfeld/Klein/Undeutsch*, ZStW 121 (2009), 607, 625. Die Autoren ziehen hier allerdings selbst nur wenige Studien heran, die zudem noch aus dem US-amerikanischen Rechtsraum stammen, mithin denselben Fehlerquellen unterliegen können. Deshalb weist *Seiterle*, StraFo 2014, 58, 63 richtigerweise darauf hin, dass es sich dabei nicht um einen relevanten Forschungsfortschritt handelt.

ihnen doch zumindest ein indizieller Beweiswert zu.[702] Deshalb ist die Einholung eines Gutachtens unter Hinzuziehung eines Polygraphen nach Ansicht mancher jedenfalls kein völlig ungeeignetes Beweismittel im Sinne des § 244 Abs. 3 S. 2 Alt. 4 StPO.[703] Das Polygraphentestergebnis sei dann nie verbindlich, es erhöhe sich aber der Begründungsaufwand für eine abweichende Entscheidung.[704]

bb) Der Tatwissentest

Das Tatwissenverfahren ist unstreitig von vornherein auf bestimmte Fallgruppen beschränkt. Es kommt überhaupt nur dann in Betracht, wenn die Tatbeteiligung an sich bereits in Frage steht. Ist diese hingegen unzweifelhaft gegeben und sind nur die Umstände betroffen (z.B. wenn bei dem Tatvorwurf der Vergewaltigung ausschließlich die Einwilligung fraglich ist), ist die Methode nicht zielführend.[705] Außerdem kommt diese nur in einem frühen Stadium in Betracht, wenn die Details noch nicht erörtert wurden.[706] Im Zeitpunkt der Hauptverhandlung kann das Tatwissenverfahren daher nicht mehr herangezogen werden.[707] Letztlich ließ der BGH aber die Entscheidung darüber offen, ob es im Ermittlungsverfahren in Betracht kommen kann.[708]

Die Wissenschaft hat sich zunehmend mit dem Tatwissentest auseinandergesetzt. Dieser wird vielerorts als dem Kontrollfragentest überlegen angesehen, da er wesentlich weniger fehleranfällig sei. So könnten die Interaktionen zwischen Probanden und Untersucher derart reduziert werden, dass die oben unter C. II. 3.-4. dargestellten Untersuchereffekte weitgehend vermeidbar seien.[709] Diese Wirkung könne zusätzlich dadurch verstärkt werden, dass verschiedene Abschnitte von unterschiedlichen Untersuchern durchgeführt würden.[710]

---

702 *Seiterle,* StraFo 2014, 58, 61; für eine Berücksichtigung als Indiz auch *Putzke,* ZJS 2011, 557, 562; *Putzke/Scheinfeld/Klein/Undeutsch,* ZStW 121 (2009), 607, 644.

703 *Seiterle,* „Lügendetektion", S. 58; *ders.,* StraFo 2014, 58, 62.

704 *Putzke,* ZJS 2011, 557, 562.

705 *Frister,* ZStW 106 (1994), 303, 306.

706 *Frister,* ZStW 106 (1994), 303, 306; BGH Urt. v. 17.12.1998 - 1 StR 156/98, BGHSt 44, 308, 327 f.

707 BGH Urt. v. 17.12.1998 - 1 StR 156/98, BGHSt 44, 308, 328.

708 Hierauf weist auch *Stübinger,* ZIS 2008, 538, 547 hin.

709 *Rill/Gödert/Vossel,* MschrKrim 2003, 165, 172; *Peth/Gamer,* Praxis der Rechtspsychologie 2013, 151, 158 f.

710 *Peth/Gamer,* Praxis der Rechtspsychologie 2013, 151, 159.

Das Verfahren wird aber ebenfalls aus unterschiedlichen Gründen kritisiert. Abgesehen von dem eingangs genannten Hinweis des BGH, dass der Tatwissentest nur in einem frühen Verfahrensstadium in Betracht kommt, sind bislang auch größtenteils nur Laboruntersuchungen und zwei Feldstudien vorhanden.[711] Gesicherte Ergebnisse über die Validität des Tests können demnach nicht präsentiert werden. Analogstudien ergäben im Mittel eine Trefferquote von deutlich über 90 % für Unschuldige und ca. 80 % für Schuldige.[712] Die Verwendung des Tatwissentests würde zudem eine sorgfältige Vorbereitung durch die Strafverfolgungsbehörden erfordern.[713] Dazu gehöre insbesondere, dass genau erfasst werde, welche Informationen zum Beispiel in den Medien veröffentlicht werden. Ferner sei nicht jede Tat für den Tatwissentest geeignet. Probleme entstünden nämlich dann, wenn nur wenig relevante Details vorhanden seien oder der Täter aufgrund starker Alkoholisierung oder wiederholter Tatbegehung Erinnerungsdefizite aufweist.[714]

Darüber hinaus ist auch der Tatwissentest nur in begrenztem Umfang wissenschaftlich erforscht. So ist fraglich, welchen Einfluss eine hohe Emotionalität auf die Erinnerung des Täters haben kann. Analogstudien würden darauf hin deuten, dass erhöhter Stress zu einer besseren Erinnerung des Kerngeschehens führen könne, Randbereiche dafür aber schlechter abgespeichert werden könnten.[715] Gerade in Bezug auf Details sinke die Zuverlässigkeit des Test, wenn dieser erst zwei Wochen nach der Tat durchgeführt werde.[716] Ferner könne auch der Tatwissentest manipuliert werden.[717]

---

711 *Peth/Gamer,* Praxis der Rechtspsychologie 2013, 151, 159.

712 *Rill/Gödert/Vossel,* MschRKrim 2003, 165, 172. Des Weiteren bestehen Anwendungsergebnisse aus Isreal und Japan, vgl. dazu *Peth/Gamer,* Praxis der Rechtspsychologie 2013, 151, 159. Diese sind allerdings nur bedingt aussagekräftig, da die Vergleichskriterien unklar sind und eine detaillierte Auseinandersetzung mit diesen Rechtsordnungen erforderlich wäre.

713 Die im Folgenden genannten kritischen Aspekte des Tatwissentests richten sich nach *Peth/Gamer,* Praxis der Rechtspsychologie 2013, 151, 159 ff.

714 *Peth/Gamer,* Praxis der Rechtspsychologie 2013, 151, 160.

715 *Peth/Gamer,* Praxis der Rechtspsychologie 2013, 151, 160 f. Auch insgesamt sinke danach der Detailreichtum.

716 *Peth/Gamer,* Praxis der Rechtspsychologie 2013, 151, 161.

717 *Rill/Gödert/Vossel,* MschrKrim 2003, 165, 172.

3. Problemstellungen im Zusammenhang mit der Entwicklung von Regeln über den rechtsgenügenden Beweis

a) Einsatz zur Entlastung des Angeklagten

Eine Regel über den rechtsgenügenden Beweis, die eine verbindliche Verwendung von Polygraphen voraussetzt, sieht sich mehreren Problemen gegenüber. Hier muss zunächst herausgestellt werden, dass eine solche Regel hinsichtlich des Angeklagten allenfalls zu dessen Entlastung in Frage kommt. Da der Polygraph keine absolute Zuverlässigkeit für sich in Anspruch nehmen kann, würde eine Verbindlichkeit der Testergebnisse in allen Prozesssituation gegen die Unschuldsvermutung verstoßen. Deshalb sollen im Folgenden nur entlastende, mithin negative Regeln über den rechtgenüngengen Beweis untersucht werden. Es stellt sich somit die Frage, ob immer dann, wenn ein für den Angeklagten günstiges Polygraphentestergebnis vorliegt, von einer Verurteilung abgesehen werden sollte.

aa) Rückgriff auf nicht sicher nachweisbare Wahrscheinlichkeitswerte

Problematisch ist, dass eine solche Regel mit Wahrscheinlichkeitswerten arbeiten würde.[718] Unabhängig von der Höhe der Prozentzahl kann es bereits aus den eingangs unter B. II. 2. b) ausführlich dargestellten Gründen nicht auf eine irgendwie geartete Wahrscheinlichkeit ankommen. Der konkrete Fall wird keineswegs beachtet. Es wäre demnach denkbar, dass eine Verurteilung nicht erfolgt, da ein entlastendes Polygraphentestergebnis beim Angeklagten vorliegt, obwohl die Zeugenaussage absolut glaubhaft ist – unter Umständen ist der Erlebnisbezug sogar durch ein entsprechendes Gutachten bestätigt. Der Zeuge nimmt seinerseits mit der strafbewehrten Wahrheitspflicht ein normatives Kriterium für sich in Anspruch, das zunächst einmal für die Glaubhaftigkeit der Aussage sprechen könnte. Das Beweismittel ist somit nicht ohne Weiteres anzuzweifeln: Es liegt mit der glaubhaften Zeugenaussage ein Beweismittel vor und es sind keine weiteren Gründe ersichtlich, nicht zu verurteilen. Liegt in diesem Fall ein entlastendes Testergebnis vor, so kann dieses nicht zwingend zu einem Freispruch führen. Anderenfalls wäre der Freispruch aufgrund reiner Statistiken erfolgt, obwohl im konkreten Fall eine Verurteilung einem objektiv richtigen Ergebnis näher kommen könnte.[719]

---

718 Dass mit dem Polygraphen allenfalls mit Wahrscheinlichkeiten gearbeitet wird, kritisiert auch BVerfG Beschl. v. 18.08.1981 – 2 BvR 166/81, NJW 1982, 375. Es verbleibe ein Risiko, dass der Angeklagte bei einem negativen Ergebnis dennoch der Täter war.

719 Etwas anderes könnte sich allenfalls ergeben, wenn man das Ausreichen einer einzigen Zeugenaussage entsprechend der „Corroboration"-Regel im schottischen Recht bereits grundlegend in Frage stellt, vgl. dazu unten D. IV. 2. a) In diesen Fällen käme

Vielmehr muss insgesamt geprüft werden, ob die Einlassung des Angeklagten glaubhaft ist oder aber Widersprüche enthält.

Dass ein Abstellen auf Wahrscheinlichkeiten für eine Regel über den rechtsgenügenden Beweis nicht in Betracht kommt, muss umso eher gelten, als der Grad an Wahrscheinlichkeit nicht einmal annähernd bestimmt werden kann. Die Zuverlässigkeit des Polygraphentests wird oftmals in Prozentzahlen gemessen. Diese Angaben sind vor allem unter dem Blickwinkel der Regeln über den rechtsgenügenden Beweis problematisch. So hinterfragt *Prittwitz*[720] diese gar nicht. Auch *Putzke/Scheinfeld/Klein/Undeutsch*[721] ziehen ohne nähere Analyse US-amerikanische Untersuchungen und Vergleichsstudien heran, wenn sie erläutern, dass der Polygraph nach dem neuesten Stand der Wissenschaft hinreichend zuverlässige Ergebnisse liefere.[722]

Da Polygraphen über das Sachverständigengutachten Eingang in den Strafprozess finden, wird oftmals eine Parallele zu den aussagepsychologischen Gutachten gezogen.[723] Nun könnte man dem Polygraphen zugestehen, dass es hierzu immerhin überhaupt Untersuchungen gibt, die womöglich eine gewisse Tendenz aufzeigen. Im Vergleich dazu sind über die Validität von Glaubhaftigkeitsgutachten kaum Untersuchungen bekannt, obwohl die Trefferquote absolut unsicher ist. Oben unter D. II. 3. c) aa) wurde jedoch dargelegt, dass ein gänzlicher Verzicht auf die Verwendung von Gutachten nicht denkbar ist, es aber einige Möglichkeiten gibt, um das Fehlverurteilungsrisiko so gering zu halten wie möglich. Eine absolute Sicherheit kann aus erkenntnistheoretischen Gründen nicht verlangt werden. Liegt ein den wissenschaftlichen Standards entsprechendes Gutachten vor, das von einem durch die Verteidigung akzeptierten Sachverständigen erstellt wurde, dürfte das Gericht alles ihm Mögliche getan haben, um den Erlebnisbezug anhand nachvollziehbarer wissenschaftlicher Standards verlässlich feststellen zu lassen. Beim Einsatz von Polygraphen kann das Gericht indes lediglich darauf vertrauen, dass der Fall der beispielsweise 70 % (oder sogar weniger) richtigen Ergebnisse eingetreten ist. Es gibt keine wissenschaftlichen Kriterien, anhand deren er beurteilen

---

man sowieso ohne das Vorliegen eines entlastenden Polygraphentestergebnisses zu einem Freispruch.

720 MDR 1982, 886, 890.

721 *Putzke/Scheinfeld/Klein/Undeutsch,* ZStW 121 (2009), 607, 624.

722 So auch auch *Seiterle,* StraFo 2014, 58, 59 und 63, der zwar die Verwendung von Polygraphen aus anderen Gründen befürwortet, aber einen wissenschaftlichen Fortschritt seit der BGH-Entscheidung aus dem Jahr 1998 anzweifelt.

723 So z.B. *Prittwitz,* MDR 1982, 886, 891 f.; *Meyer-Mews,* NJW 2000, 916, 919.

kann, ob der konkrete Sachverhalt unter die 70 % der richtigen Ergebnisse fällt oder die 30 % der falschen.

bb) Fehleranfälligkeit und mangelnde Überprüfungsmöglichkeit durch das Gericht

Hinsichtlich der aussagepsychologischen Gutachten wurde bereits dargelegt, dass diese die Tatbestandsseite ausfüllen und eine bedeutende Rolle bei der Entwicklung der Fallnorm durch das Gericht einnehmen. Bei der Verwertung des Ergebnisses von Glaubwürdigkeitsgutachten muss das Gericht überprüfen, ob jenes wissenschaftlichen Anforderungen genügt und somit Berücksichtigung finden kann. Es ergibt sich demnach vereinfacht folgende Kette: Der Gutachter stellt zunächst bestimmte Fragen, auf die der Zeuge oder Angeklagte antwortet. Diese Antworten beurteilt der Gutachter auf deren Erlebnisbezug hin. Schließlich überprüft das Gericht, ob das Gutachten den Erlebnisbezug nach wissenschaftlichen Kriterien richtig festgestellt hat. Ist dies der Fall, kann das Gericht das Gutachten als Indiz für die Glaubhaftigkeit der Aussage heranziehen (Sachverständiger → Einlassung/Aussage → Sachverständiger → Gericht). Dabei können auf jeder Stufe Beeinflussungen durch Interviewer oder Proband auftreten.

Bei der Verwendung von Polygraphen stellt sich die Sachlage anders dar. Der Gutachter wählt zunächst die Fragen aus. Hierzu lässt sich der Angeklagte oder Zeuge ein. Der Polygraph misst währenddessen die Erregungszustände. Diese werden sodann vom Gutachter interpretiert. Zuletzt überprüft wieder das Gericht die Ergebnisse des Gutachtens und würdigt dieses als Indiz für die Glaubhaftigkeit – bzw. bei entsprechender Beweisregel als Entlastungsgrund (Sachverständiger → Einlassung/Aussage → Polygraph → Sachverständiger → Gericht). Der Beurteilung der Glaubhaftigkeit des Gerichts unter Berücksichtigung des Polygraphen ist somit ein weiteres Element zwischengeschaltet. Dabei handelt es sich um ein technisches Gerät, dessen Wirkweise nicht vollständig erfasst ist.

Der Rechtsprechung wird deshalb vorgeworfen, die skeptische Haltung gegenüber dem Polygraphen beruhe auf der Angst vor einem Kompetenzverlust.[724] Insoweit wird eine „Mechanisierung“[725] der Beweiswürdigung befürchtet. Diese Angst ist jedoch nicht unbegründet. Gegen eine Hinzuziehung technischer Hilfsmittel würde nichts sprechen, sofern dabei zuverlässige Ergebnisse erzielt werden könnten. Bei der Verwendung von Polygraphen – zumindest dem Kontrollfragenverfahren – treten jedoch all diejenigen Probleme auf, die sich auch

---

724 So wohl *Prittwitz,* MDR 1982, 886, 891 f.

725 *Achenbach,* NStZ 1984, 350, 351.

im Zusammenhang mit dem Einsatz von Glaubwürdigkeitsgutachten stellen. So kann der Interviewer beispielsweise durch die Art und Auswahl der Fragestellungen Einfluss auf das Ergebnis nehmen.[726] Hinzu kommen dann noch die erheblichen Zweifel an der Zuverlässigkeit der Testergebnisse. Beim Tatwissentest ist diese Gefahr zwar reduziert. Allerdings kann dort – wie beim Kontrollfragentest auch – eine Manipulationsgefahr nicht ausgeschlossen werden.[727] Ferner zeigen die oben genannten Ausführungen, dass insoweit längst nicht alle Zusammenhänge zureichend erforscht worden sind. Durch eine Verwendung von Polygraphen könnte das Gericht das Vorliegen eines Erlebnisbezugs folglich nur höchst mittelbar feststellen.

cc) Willkürliche Ergebnisse bei Kenntnis der Funktionsweise des Kontrollfragentests

Ein erheblicher Einwand speziell gegen eine Verbindlichkeit von Kontrollfragentests als Kriterium einer Regel über den rechtsgenügenden Beweis ist ferner darin zu sehen, dass der Test in bestimmten Fällen keine Entlastung vom Tatvorwurf ermöglicht.[728] Dies ist möglich, sofern der Proband von der Wirkweise des Polygraphen Kenntnis hat und die Vergleichsfragen daher auf ihn nicht bedrohlich wirken. Zu Recht wird von Befürwortern des Polygraphentests eingewandt, dass dem Angeklagten dann freigestellt werden müsse, ob das Testergebnis verwertet werden soll.[729] Unter dem Gesichtspunkt der Regeln über den rechtsgenügenden Beweis ist dies aber bedenklich. Denn die Entlastungsmöglichkeit würde dann von einem Verfahren abhängen, das bestimmte Angeklagte gar nicht bestehen können. Somit würde der Zufall darüber entscheiden, ob es zu einer Verurteilung kommt oder nicht. Denn ob der Angeklagte Kenntnis von der Wirkweise des Verfahrens hat, hängt letztlich davon ab, ob er aus irgendeinem Grund – der

---

726 *Achenbach,* NStZ 1984, 350; *Rill/Vossel,* NStZ 1998, 481, 485.

727 In der Wissenschaft ist umstritten, ob der Proband durch Muskelkontraktionen die Reaktion auf die Vergleichsfragen erhöhen und dadurch das Testergebnis beeinflussen kann. Dies annehmend *Peters,* ZStW 87 (1975) 663, 667; *Rill/Vossel,* NStZ 1998, 481, 485; *Paul/Egbert,* KrimJ 2014, 153, 158 f.; wohl auch L-R/*Gleß,* StPO, § 136 a Rn. 64; zumindest bei Kenntnis von der Testlogik und vorherigem Training nehmen dies auch *Rill/Gödert/Vossel,* MschrKrim 2003, 165, 172 an; gegen die Annahme der Manipulationsgefahr *Putzke/Scheinfeld/Undeutsch,* ZStW 121 (2009), 607, 620; *Putzke,* ZJS 2011, 557, 561.

728 Dieser Einwand wird sogar von Befürworten des Polygrapheneinsatzes eingeräumt *Putzke/Scheinfeld/Klein/Undeutsch,* ZStW 121 (2009), 607, 618.

729 *Putzke/Scheinfeld/Klein/Undeutsch,* ZStW 121 (2009), 607, 618.

keinen Bezug zur Tat hat – um die Funktionsweise des Geräts weiß. Dies kann für bestimmte Berufsgruppen wie Psychologen oder Juristen der Fall sein. Mit der Einführung einer entsprechenden Regel über den rechtsgenügenden Beweis könnte es auch dazu kommen, dass vermehrt Privatpersonen wissen, wie der Polygraph operiert. Dieser Umstand könnte somit zu völlig willkürlichen Verurteilungen führen. Dass die Kenntnis die Wirkung außer Kraft setzen kann, steht daher auch einer Verwendung als Regel über den rechtsgenügenden Beweis entgegen.

b) Einsatz beim Zeugen

Hinsichtlich einer Untersuchung des Zeugen sind die Wahrscheinlichkeitswerte besonders problematisch, da der Test zum Teil höhere Fehlerquoten bei der Erkennung von lügenden Personen aufweist, als dies der Fall bei tatsächlich Unschuldigen ist. Eine Verurteilung ausschließlich auf das Polygraphentestergebnis zu stützen, obwohl es gut möglich ist, dass eine Lüge nicht erkannt wird, kann offensichtlich nicht möglich sein.

Auch der eingangs erwähnte Vorschlag, ausschließlich den Tatwissentest beim Zeugen anzuwenden, scheint in den Aussage gegen Aussage-Fällen wenig zielführend. Denn in dieser Situation kann die Polizei oftmals vorab gar keine relevanten Details ermitteln, die beim Zeugen abgefragt werden. Behauptet der Zeuge beispielsweise einen sexuellen Missbrauch durch den Angeklagten, so ist es typischerweise so, dass außer der Zeugenaussage gar keine überprüfbaren Umstände bestehen. Somit ist in einer großen Zahl der Aussage gegen Aussage-Fälle bereits aus tatsächlichen Gründen kein Tatwissentest am Zeugen durchführbar.

c) Fazit: Keine Eignung als Kriterium einer Regel über den rechtsgenügenden Beweis

Zur Eignung von Polygraphentests als Kriterium einer Regel über den rechtsgenügenden Beweis bleibt daher Folgendes festzuhalten. Zum einen würde eine entsprechende Regel in unzulässiger Weise mit Wahrscheinlichkeiten arbeiten, die keine Einzelfallwürdigung zulassen und nicht näher überprüfbar sind. Zum anderen unterliegt das Sachverständigengutachten mittels Kontrollfragentest ähnlichen Gefahren der Beeinflussung, die bereits gegen eine verbindliche Berücksichtigung aussagepsychologischer Gutachten sprechen. Bei beiden Testverfahren besteht eine Manipulationsgefahr und die Validität ist nur bedingt erforscht. Schließlich würde das Beweisergebnis bei Verwendung des Kontrollfragentests von der Zufälligkeit abhängen, ob der Angeklagte mit der Wirkweise des Polygraphen vertraut ist. Es kann daher keine Regel über den rechtsgenügenden

Beweis des Inhalts formuliert werden, dass bei Vorlage eines entlastenden Polygraphentestergebnisses keine Verurteilung erfolgen dürfe.

Eine Verbindlichkeit von Polygraphentestergebnissen wird aber auch von der Mehrheit derjenigen abgelehnt, welche die Zulassung des Verfahrens im Strafverfahren grundsätzlich befürworten. Vielmehr soll der Polygraph als entlastendes Indiz herangezogen werden können.[730] Denkbar wäre insoweit, dem Angeklagten als formale Voraussetzung die Einholung eines Tests zu ermöglichen. Dies hängt davon ab, ob der Test als völlig ungeeignetes Beweismittel im Sinne des § 244 Abs. 3 StPO qualifiziert werden muss. Die Rechtsprechung sieht ein Beweismittel regelmäßig dann als ungeeignet an, wenn ohne Rücksicht auf das Ergebnis der bisherigen Beweisaufnahme die Lebenserfahrung die sichere Prognose zulässt, dass die Beweiserhebung mit dem beantragten Beweismittel das im Beweisantrag in Aussicht gestellte Ergebnis nicht erbringen kann.[731] Dies muss angesichts der ausführlich dargelegten Zweifel an der Validität des Testverfahrens angenommen werden. Demnach spricht vieles für den Verzicht auf den Einsatz von Polygraphen im Strafverfahren, solange die aufgezeigten Unsicherheiten in Bezug auf die Wirkweise nicht behoben werden können.

4. Alternative: Die Verwendung von hirnbildbasierten Detektionstechnologien

Neben dem Einsatz von Polygraphen werden vermehrt auch hirnbildbasierte Detektionstechnologien, allen voran die funktionale Magnetresonanztomographie (fMRT) diskutiert. Dem liegt die Annahme zugrunde, dass Lügen eine erhöhte kognitive Aktivität erfordere, weshalb ein erhöhter Sauerstoffgehalt des Blutes verzeichnet werden könne.[732] Dies soll mittels der fMRT gemessen und in einem Bild des Gehirns abgezeichnet werden können. Dabei wird beobachtet, dass das Verfahren aufgrund der bildhaften Darstellung von vielen eher akzeptiert werde als die bloß schriftlichen Ergebnisse des Polygraphentests.[733] Nach dem derzeitigen Stand der Forschung lägen der fMRT tatsächlich aber ähnliche Fehlerquellen wie dem Polygraphen zugrunde.[734] So wird herausgestellt, dass nie

---

730 S. dazu bereits oben D. III.

731 BVerfG Beschl. v. 2.10.2003 – 2 BvR 149/03, NStZ 2004, 214, 215; KK/*Krehl*, StPO[7], § 244 Rn. 149.

732 Zur Funktionsweise der fMRT *Paul/Egbert*, KrimJ 2014, 153, 157; *Wagner*, Polygraphie, S. 34; *Stübinger*, ZIS 2008, 538, 548; *Seiterle*, „Lügendetektion", S. 79.

733 *Paul/Egbert*, KrimJ 2014, 153, 160; *Stübinger*, ZIS 2008, 538, 548.

734 *Paul/Egbert*, KrimJ 2014, 153, 159.

die Lüge an sich, sondern nur eine Aktivität festgestellt werden könne. Dies sei vor allem unter dem Aspekt problematisch, dass die relevanten Hirnregionen nicht ausschließlich für das Lügen zuständig seien.[735] Auch in diesem Verfahren könne der Wert von Simulationsstudien nicht sicher festgestellt werden.[736] Zu diesen Fehlerquellen kommt hinzu, dass die Wirkweise und die Manipulationsmöglichkeiten bislang nur unzureichend erforscht sind.[737] Die Risiken im Zusammenhang mit dieser neueren Technik sind derzeit nur bedingt abschätzbar. Deshalb scheidet dieses Verfahren als Anknüpfungspunkt für eine Regel über den rechtsgenügenden Beweis nach derzeitigem Forschungsstand aus.

IV. Erfordernis mindestens eines weiteren Beweismittels

Besonders zu untersuchen lohnt sich die Regel, nach der eine Verurteilung mehrere Beweismittel voraussetzt. Hierfür finden sich in der Rechtswissenschaft vor allem zwei Forschungsansätze. Zum einen soll die historische „Zwei-Zeugen-Regel" untersucht werden (a)). Ferner ist eine Regelung vorstellbar, nach der irgendein weiteres Beweismittel, also Zeugenbeweis oder auch Sachbeweis, für eine Verurteilung gefordert werden kann. Hierfür sind Ansätze im anglo-amerikanischen Rechtsraum vorhanden (b)). In beiden Konstellationen wird dem Gericht vorgegeben, unter welchen Voraussetzungen es den Beweis als erbracht ansehen darf. Damit dürfte es sich auch um Regeln über den rechtsgenügenden Beweis im Sinne der dieser Arbeit zugrunde gelegten Definition handeln. Abschließend soll beurteilt werden, ob sich aus den Ergebnissen eine entsprechende Regel über den rechtsgenügenden Beweis im deutschen Recht herleiten lässt (c)).

1. Historische „Zwei-Zeugen-Regel"

a) Ursprünge der Regel

Die „Zwei-Zeugen-Regel" hat einen sehr alten Ursprung sowohl in der Rechtswissenschaft als auch in Literatur und Religion. Wenn von der „Zwei-Zeugen-Regel" gesprochen wird, muss jedoch wie folgt unterschieden werden.[738]

---

735 *Paul/Egbert,* KrimJ 2014, 153, 158.

736 *Stübinger,* ZIS 2008, 538, 548.

737 *Wagner,* Polygraphie, S. 35; *Stübinger,* ZIS 2008, 538, 550; eine Manipulationsmöglichkeit nehmen *Paul/Egbert,* KrimJ 2014, 153, 158 f. an.

738 Die folgende Unterscheidung findet sich in der Sache auch bei *Schott,* FS Elsener, S. 222, 223 f.

Die Regel ist zunächst dergestalt vorstellbar, dass ein Zeuge nicht genügt, eine Verurteilung mithin nur dann erfolgen darf, wenn mindestens zwei Zeugen vorhanden sind.[739] In dieser Ausprägung statuiert die Regel eine notwendige Bedingung für den rechtsgenügenden Beweis: Sie besagt, dass zwei Zeugen unabdingbare Voraussetzung für eine Verurteilung sind. Demgegenüber trifft sie keine Aussage darüber, wie zu entscheiden ist, wenn diese beiden Zeugen vorhanden sind. Sie formuliert mithin eine Mindestvoraussetzung für eine Verurteilung. Ist diese erfüllt, kann das Gericht den Beweis im Übrigen frei würdigen.

Der Grundsatz erhielt aber oftmals auch die Bedeutung einer hinreichenden Bedingung für den rechtsgenügenden Beweis. In dieser Ausprägung gibt er dem Gericht vor, dass eine Verurteilung erfolgen *muss*, wenn mindestens zwei Zeugen vorhanden sind. Der Ursprung dieser Regel wird bereits im Alten Testament gesehen.[740] So heißt es im 5. Buch Moses 19,15:

> „Es soll kein einzelner Zeuge wider jemand auftreten über irgend eine Missetat oder Sünde, es sei welcherlei Sünde es sei, die man tun kann, sondern in dem Mund zweier oder dreier Zeugen soll die Sache bestehen."[741]

In einigen Rechtsordnungen setzte sich die „Zwei-Zeugen-Regel" zunächst unter dem Einfluss des römisch-kanonischen Rechts durch.[742] In den Digesten (22, 5, 12) findet sich eine Regelung dazu, dass grundsätzlich zwei Zeugen ausreichen sollen.[743] Für den deutschen Strafprozess ist vor allem die Regelung der Constitutio Criminalis Carolina (CCC) von 1532 von Bedeutung, nach der voller Beweis durch zwei oder drei einwandfreie Zeugen (Art. 67 CCC) erbracht werden konnte.[744] Auch in der deutschen Rechtswissenschaft hatte die Regel in dieser Gestalt mit *Feuerbach* einen prominenten Vertreter:

---

739 Vgl. zu zahlreichen historischen Beispielen *Schott*, FS Elsener, S. 222, 224.

740 *Nicolson/Blackie*, Edinburgh Law Review 17/2 (2013), 152, 155; *Guerra Thompson*, UC Davis Law Review 41 (2008), 1487, 1528; *Peters*, FS Gmür, S. 311, 313; Carloway Review, Report, 7.1.5.; vgl. ferner detailliert zur Entstehung und Entwicklung der „Zwei-Zeugen-Regel" *Schott*, FS Elsener, S. 222 ff., ferner *Sancinetti*, FS Frisch, S. 1233, 1237 ff.

741 Diese Regel setzt sich im Christentum im Neuen Testament fort. In Johannes 8, 17 und 18 heißt es: „Auch steht in eurem Gesetz geschrieben, daß zweier Menschen Zeugnis wahr sei. Ich bin's, der ich von mir selbst zeuge; und der Vater, der mich gesandt hat, zeugt auch von mir."

742 Carloway Review, Report, 7.1.7.

743 Vgl. dazu auch *Schott*, FS Elsener, S. 222, 226.

744 S. zum Beweisrecht der CCC bereits oben B. I. 1. b).

„Zwei vereidete über alle Einwendungen erhobene Zeugen geben vollen Beweis für eine jede Thatsache, welche Gegenstand ihrer einstimmigen, durch eigene Sinneserkenntnis begründeten Aussage ist."[745]

Nahezu alle Rechtsordnungen nahmen allerdings im Laufe der Zeit Abstand von der strikten „Zwei-Zeugen-Regel".[746] Bei den genannten Fundstellen handelt es sich nur um einen Ausschnitt zahlreicher Quellen rechtlicher, religiöser wie auch volkstümlicher Art, die das Vorhandensein von „Zwei-Zeugen-Regeln" dokumentieren. Diese belegen nach Ansicht mancher sogar eine jahrtausendealte Tradition der christlich-jüdischen Kultur, nach der ein Zeuge für eine Verurteilung grundsätzlich nicht genügen soll.[747] Die aufgeführten Belege drücken in gewissem Umfang sicherlich zur jeweiligen Zeit geltende Vorstellungen aus. Allerdings wurde insbesondere in modernen Rechtsordnungen mehrheitlich von dem Rückgriff auf eine solche Regelung abgesehen. In der westlichen Welt hat sie sich – mit Ausnahme Schottlands – nie gänzlich durchgesetzt. Allein aus der Tatsache, dass es sich hierbei um eine althergebrachte Vorstellung handelt, kann deshalb noch kein Grund für deren universale Geltung hergeleitet werden. Vielmehr wird im Einzelnen zu untersuchen sein, welche Gründe noch heute für eine Anwendung der Regel sprechen können.

b) Regelungszweck

Im Zusammenhang mit der historischen „Zwei-Zeugen-Regel" werden mehrere Regelungstendenzen genannt. Ausgangspunkt ist die Annahme, dass *ein* Zeuge als grundsätzlich unzureichend betrachtet wird. Es besteht die Gefahr, dass dieser den Angeklagten zu Unrecht bezichtigt. Deshalb beinhaltet die Regel den Grundsatz der Zeugenmehrheit.[748] Durch einen zweiten Zeugen soll die generelle Unzuverlässigkeit des Zeugenbeweises kompensiert werden.[749] Nach Auffassung mancher kommt der biblischen „Zwei-Zeugen-Regel" im Sinne einer notwendigen Bedingung für den rechtsgenügenden Beweis auch eine warnende Funktion an Richter

---

745 *Von Feuerbach,* Lehrbuch des gemeinen in Deutschland gültigen peinlichen Rechts, § 576; vgl. dazu auch *Schott,* FS Elsener, S. 222, 223.

746 So wurde sie beispielsweise in Deutschland durch die freie Beweiswürdigung und in Frankreich die „intime conviction" ersetzt. S. zu dieser Entwicklung bereits ausführlich B. I. 2. b)-c).

747 *Sancinetti,* FS Frisch, S. 1233, 1248; BeckOK.StPO/*Eschelbach,* § 261 Rn. 55 (Stand: 1.10.2016).

748 *Schott,* FS Elsener, S. 222, 226.

749 Vgl. Carloway Review, Report, 7.1.1. f.

und falsch aussagende Zeugen zu.[750] Diese Ansicht ist wohl so zu verstehen, dass die Regel die Gerichte zu einer sorgfältigen Beweiswürdigung veranlassen soll. Den Zeugen soll die Tragweite ihrer Aussagen vor Augen geführt werden. Insgesamt sollte die Zuverlässigkeit des Prozesses gefördert werden.[751] Auch hinsichtlich der hinreichenden Bedingung wird angenommen, dass in diesen nicht nur eine Skepsis gegenüber dem Zeugen, sondern auch dem Berufsrichter zum Ausdruck kommt.[752]

Durch die Anzahl zweier Zeugen wird die Forderung nach Zeugenpluralität schließlich wieder begrenzt.[753] Dem liegt vermutlich die Erwägung zugrunde, dass ohne eine solche Begrenzung eine effektive Strafrechtspflege ab einem gewissen Punkt nicht mehr möglich wäre. Beispielsweise könnte es kaum zu einer Strafverfolgung kommen, wenn für jedes Verfahren zehn Zeugen verlangt würden. Bei Vorhandensein weiterer Beweisquellen wird davon ausgegangen, dass stärkere Anhaltspunkte für die Schuld als für die Unschuld des Angeklagten vorliegen. Das Risiko, dass beide Zeugen unbemerkt lügen, wird als vernachlässigbar angesehen. Dabei wird in der Regel davon ausgegangen, dass bereits ein weiterer Zeuge die Unzuverlässigkeit des einzigen Zeugenbeweises aufheben könne. An einigen Stellen, so wie in dem eingangs aufgeführten Bibelzitat, findet sich aber auch die Forderung nach drei Zeugen. Mehr dürfte allerdings niemals ernstlich in Erwägung gezogen worden sein, denn das Erfordernis von vier oder mehr Zeugen würde eine Verurteilung deutlich erschweren.[754]

Im Ergebnis lässt sich daher hinsichtlich des Regelungszwecks der „Zwei-Zeugen-Regel" Folgendes festhalten. Die eine notwendige Bedingung enthaltende Regel über den rechtsgenügenden Beweis bezweckt in erster Linie, Fehlverurteilungsrisiken zu vermeiden. Indem mindestens zwei Zeugen für eine Verurteilung gefordert werden, soll verhindert werden, dass ein Zeuge oder der Richter Fehler begeht. Ob sich dies als sinnvoll erweist, soll im folgenden Abschnitt unter Berücksichtigung der Ergebnisse aus dem „Common Law" beurteilt werden. Liegen nun zwei glaubhafte Zeugenaussagen vor, kann (oder im Falle einer hinreichenden Bedingung: soll) aufgrund der Zeugenmehrheit davon ausgegangen

---

750 *Meurer*, FS Oehler, S. 357, 376 Fn. 57. Auch heute bestehe demnach noch die Gefahr, dass die Gerichte das Beweisminimum verkennen und bei Vorliegen eines bloßen Verdachts verurteilen.

751 *Guerra Thompson*, UC Davis Law Review 41 (2008), 1487, 1529.

752 Carloway Review, Report, 7.1.10.

753 *Schott*, FS Elsener, S. 222, 226.

754 *Redmayne*, Juridicial Review 4 (2006), 309, 311: das Erfordernis von drei oder mehr Zeugen führe zu einem überobligatorischen Schutz des Angeklagten.

werden, dass ausreichend Beweis erbracht wurde und somit das verbleibende Restrisiko in Kauf genommen werden kann. Darin dürfte überdies der Gedanke der Legitimation von Fehlverurteilungsrisiken zum Ausdruck kommen. Denn wenn zwei integre Zeugen vorhanden sind, dürfte das Urteil für alle Beteiligten überzeugend begründet sein.[755]

2. Die „Corroboration"-Regel im „Common Law"

Ein der historischen „Zwei-Zeugen-Regel" vergleichbares Rechtsinstitut ist aus dem „Common Law" bekannt. „Corroboration", „Corroborative Evidence" oder „Corroborating Evidence" bedeutet, dass ein Beweismittel durch andere Beweismittel zumindest bestätigt werden muss.[756] In der Ausprägung des „Common Law" handelt es sich um eine notwendige Bedingung für den rechtsgenügenden Beweis. Anders als die historische „Zwei-Zeugen-Regel" ist „Corroboration" nicht zwangsläufig auf den Zeugenbeweis beschränkt. Im schottischen Strafverfahren findet dieses Prinzip uneingeschränkte Anwendung. Im US-amerikanischen Rechtsraum gilt es nur in manchen Rechtsordnungen bezogen auf manche Prozesssituationen oder Delikte. Bereits im 19. Jahrhundert wurde in Deutschland diskutiert, ob unter Geltung der freien richterlichen Beweiswürdigung eine Beweistheorie erarbeitet werden könnte, bei der die englischen Beweisregeln zwar keinesfalls rezipiert, wohl aber als Ideen herangezogen werden könnten.[757] Dabei muss sorgfältig herausgearbeitet werden, auf welchen historischen und systematischen Gegebenheiten die jeweilige Regel beruht und ob ein Bedürfnis nach deren Übertragung besteht.[758] Dieser Gedanke soll im Folgenden aufgegriffen werden. Die „Corroboration"-Regel soll näher untersucht und die Frage aufgeworfen werden, ob die Ergebnisse auf die Aussage gegen Aussage-Fälle im deutschen Strafverfahren übertragen werden können.

---

755 Eine ausführlichere Untersuchung der Regel, nach der bei Vorliegen zweier Zeugen grundsätzlich eine Verurteilung erfolgen muss, soll an dieser Stelle unterbleiben, da es sich insoweit nicht mehr um eine Aussage gegen Aussage-Situation handelt. Unter D. V. wird zum Teil auf diese klassische „Zwei-Zeugen-Regel" zurückgekommen.

756 S. ausführlich zu den Definitionen sogleich unten D. IV. 2. a) cc) und D. IV. 2. b) bb).

757 *Ortloff*, GA 8 (1860) 461, 595.

758 *Ortloff*, GA 8 (1860) 461, 596.

a) „Corroboration“ im schottischen Recht

aa) Allgemeines zum schottischen Strafverfahrensrecht

Das schottische Strafverfahrensrecht ist dem Rechtsraum des „Common Law“ zuzuordnen. Für diesen ist charakteristisch, dass er zu einem Großteil nicht kodifiziert ist. Allerdings besteht für das Strafverfahrensrecht der Criminal Procedure Act von 1995 und 2010 als Rechtsgrundlage.[759] Ein grundlegender Unterschied zum deutschen Strafverfahren liegt darin, dass es sich um einen Parteienprozess handelt und dieser in Gestalt von Schwurgerichtsprozessen stattfindet. Die Geschworenen befinden darüber, ob die Staatsanwaltschaft einen Beweis für die Schuld des Angeklagten erbringen konnte, an dem keine vernünftigen Zweifel bestehen („Proof Beyond Reasonable Doubt“).[760] Das schottische Strafverfahren unterscheidet sich von anderen „Common Law“-Systemen durch die Zusammensetzung der Gerichte. Für eine Verurteilung ist keine Einstimmigkeit erforderlich, sondern es genügt bereits eine einfache Mehrheit. Die Jury besteht grundsätzlich aus 15 Mitgliedern, wobei bei einem Ausfall einzelner Mitglieder mindestens zwölf verbleiben müssen.[761] Für eine Verurteilung ist bereits ausreichend, dass sich acht Geschworene für diese aussprechen.[762]

bb) Die Besonderheit des „Corroboration“-Grundsatzes

Eine Besonderheit des schottischen Strafverfahrens ist ferner die uneingeschränkte Geltung des Grundsatzes, dass eine Tat durch mindestens zwei unabhängige Beweismittel bewiesen werden muss.[763] Die Ursachen für die Geltung dieser Regelung sind nicht abschließend geklärt. Ihren Ursprung findet die Regel im römisch-kanonischen Recht.[764] In Schottland wurde sie erstmalig im Jahr 1699 schriftlich aufgefunden.[765] Es wurde eingangs bereits dargelegt, dass in Kontinentaleuropa vor dem Hintergrund der Abschaffung der Folter die starren Beweismittel nicht mehr für zeitgemäß erachtet wurden.[766] Diese Entwicklung blieb

---

759 *Crowe*, Scots Law Times 25 (2011), 179.

760 *Ross/Chalmers*, The Law of Evidence in Scotland, 2.12.1.

761 *Sheehan/Dickson/Vannet/Crowe*, Criminal Procedure, Abschnitt 253 S. 189 und Abschnitt 255 S. 192.

762 *Davidson/Ferguson*, Int. Journal of Evidence & Proof 18 (2014), 1, 5.

763 *Sheehan/Dickson/Vannet/Crowe*, Criminal Procedure, Abschnitt 89 S. 58.

764 *Chalmers*, Scots Law Times 2 (2014), 7, 8.

765 *Thomson*, Scots Law Times 2 (2012), 7.

766 S. dazu B. I. 2. a).

in Schottland allerdings aus.[767] Einige sehen die Ursache für diese Besonderheit darin, dass Schottland in modernen Zeiten nie militärisch besetzt gewesen sei.[768]

Die moderne Grundlage für die Regel wird in den Ausführungen des schottischen Juristen *Hume* aus dem Jahr 1797 („no one shall in any case be convicted on the testimony of a single witness“) und dessen Bestätigung in dem Urteil *Morton v HM Advocate* aus dem Jahr 1938 gesehen.[769] Obwohl die Regel zu einer Zeit entstand, in der Korruption der Justiz jedenfalls nicht völlig undenkbar und die Wissenschaft weit weniger entwickelt gewesen sei, bestehe bis heute ein Geltungsanspruch der Regel.[770] „Corroboration“ wird auch als Grundstein des schottischen Rechts („Cornerstone of Scots Law“)[771] bezeichnet, was den Stellenwert in dem Rechtssystem verdeutlicht. Trotzdem wurde seine Geltung hinterfragt. Die sogenannte Carloway Review hat sich damit auseinandergesetzt, ob eine allgemein gültige „Corroboration“-Regel noch zeitgemäß ist.[772] Im Folgenden soll der Grundsatz dargestellt werden. Dabei soll darauf eingegangen werden, welche Erwägungen für und gegen die umfassende Geltung sprechen und ob eine Übertragung auf das deutsche Recht denkbar erscheint.

cc) Definition von „Corroboration“ im schottischen Recht

„To corroborate“ bedeutet wörtlich „etwas zu verstärken“.[773] „Corroborating evidence“ wird als ein Beweismittel definiert, das die Verlässlichkeit eines anderen Beweismittels bestätigt.[774] Demnach müssen Beweise dafür, dass das Delikt begangen wurde und dass der Angeklagte der Täter war, von mehr als einer Quelle stammen.[775] Dabei soll es nicht darauf ankommen, ob das Beweismittel direkt (der Zeuge bekundet, die Tat beobachtet zu haben) oder indirekt (bezogen auf Umstände im Zusammenhang mit dem Tatgeschehen) ist. Ein indirektes Beweismittel

---

767 Carloway Review, Report, 7.1.13.

768 *Lindhorst/Merk,* Scots Law Times 21 (2013), 147.

769 *Hume,* Commentaries, ii 383, zitiert nach *McCannell,* Scots Law Times 35 (1996), 347 und *Nicolson/Blackie,* Edinburgh Law Review 17/2 (2013), 152, 155; zu den Ursprüngen der Regel auch ausführlich *Hope,* Corroboration and Distress, S. 5 ff.

770 *Thomson,* Scots Law Times 2 (2012), 7, 8.

771 *Crowe,* Scots Law Times 25 (2011), 179.

772 Carloway Review, Report, 7.2.

773 Carloway Review, Report, 7.1.

774 *Law/Martin,* A Dictionary of Law, Corroboration: „Evidence that confirms the accuracy of other evidence ‚in a material particular‘“.

775 *Sheehan/Dickson/Vannet/Crowe,* Criminal Procedure, Abschnitt 89 S. 58 f.; *Hope,* Corroboration and Distress, S. 1; vgl. auch *Redmayne,* Juridicial Review 4 (2006), 309, 310.

bezieht sich in der Regel auf eine Tatsache (z.B. Fingerabdrücke) oder Tatsachen, von denen auf andere Tatsachen geschlossen werden kann (z.B. die Anwesenheit des Angeklagten am Tatort).[776] Die bestätigenden Beweismittel können sich dabei entweder auf dieselben oder andere Tatsachen beziehen.[777] Ausreichend ist, dass das Beweismittel insgesamt im Zusammenhang mit der Zeugenaussage dem Verurteilungsmaßstab genügt. Als bestätigende Beweismittel können beispielsweise Fingerabdrücke, DNA oder Material aus Videoüberwachung dienen.[778] Mit anderen Worten erfordert „Corroboration" zwei unabhängige Beweismittel dafür, dass die Tat begangen wurde und dass der Angeklagte der Täter war.[779] Eine wichtige Voraussetzung ist ferner, dass die Jury eine zu bestätigende Zeugenaussage für glaubhaft und den Zeugen für glaubwürdig erachten muss.[780] Das Vorliegen eines bestätigenden Beweismittels kann nicht die fehlende Glaubwürdigkeit oder Glaubhaftigkeit des ersten Beweismittels ersetzen.

Zusammengefasst setzt „Corroboration" demnach Folgendes voraus:

1. Es bedarf mindestens einer Beweisquelle, welche die Tatbegehung beschreibt und darauf hinweist, dass der Angeklagte der Täter ist.
2. Hinzukommen muss mindestens eine weitere Beweisquelle, welche die erste Quelle bezüglich dieser beiden Punkte bestätigt oder unterstützt.[781]

dd) Anwendungsbereich und Umfang von „Corroboration"

Es erscheint wenig überraschend, dass sich die schottische Rechtsprechung in unzähligen Urteilen mit dem Umfang und dem Anwendungsbereich der „Corroboration"-Regel befasst hat. Im Folgenden sollen die bedeutendsten Entwicklungen skizziert werden. Wichtigste Voraussetzung für die Anwendbarkeit des Grundsatzes ist die sogenannte „conjunction of testimony", welche die Rechtsprechung in *McDonald v Scott* (1994) herausstellte.[782] Dieser Grundsatz besagt, dass sich zwei Zeugenaussagen nicht widersprechen dürfen. Eine Verurteilung ist demnach nicht möglich, wenn sich die Darstellungen der Zeugen deutlich unterscheiden. Vielmehr muss immer gewährleistet sein, dass durch

776 Carloway Review, Report, 7.2.6.

777 *Sheehan/Dickson/Vannet/Crowe,* Criminal Procedure, Abschnitt 89 S. 59.

778 *Lindhorst/Merk,* Scots Law Times 21 (2013), 147.

779 *Davidson/Ferguson,* Int. Journal of Evidence & Proof 18 (2014), 1, 2.

780 Carloway Review, Consultation, 3.1.9.

781 Carloway Review, Consultation, 3.1.3; *Davidson/Ferguson,* Int. Journal of Evidence & Proof 18 (2014), 1, 2; zur Identität des Angeklagten auch *Ferguson,* Scots Law Times 34 (1996), 339, 340.

782 Vgl. zu diesem Grundsatz *McCannell,* Scots Law Times 35 (1996), 347.

die zweite Quelle ein Rückschluss auf die Schuld des Angeklagten („guilty inference") gezogen werden kann.[783]

Vermutlich aufgrund der Befürchtung, dass eine Strafverfolgung erschwert werden könnte, entwickelte die Rechtsprechung auch einige Ausnahmen und Einschränkungen vom „Corroboration"-Grundsatz. So soll er keine Anwendung auf Straßenverkehrsdelikte[784] oder minder schwere Vergehen wie Jagdwilderei[785] finden. Des Weiteren wurde der Umfang dessen, was noch als bestätigendes Beweismittel aufgefasst werden kann, deutlich erweitert. Dies gilt beispielsweise für den Bereich der Wiedererkennung durch Augenzeugen. Demnach soll es genügen, wenn die eindeutige Identifikation durch den ersten Zeugen durch allgemeinere Angaben eines weiteren Zeugen bestätigt wird.[786] Dieser muss nur eine generelle Beschreibung einer Person geben können, auf welche die Täterbeschreibung zutrifft.[787] Generell bedeutet dies, dass immer dann geringere Anforderungen an die zweite Beweisquelle gestellt werden dürfen, wenn die Glaubwürdigkeit eines Zeugen besonders stark ausgeprägt ist und nicht erschüttert werden kann.[788] Weitere Beispiele für bestätigende Beweismittel sind das Einschüchtern des Zeugen durch den Angeklagten nach dem Prozess,[789] die Anwesenheit des Angeklagten am Tatort bei erwiesener gemeinschaftlicher Tatbegehung,[790] ein verdächtiges Verhalten am Tatort[791] sowie das Weglaufen von selbigem.[792] Ferner können Wiedererkennungen im Gerichtssaal selbst dann als Bestätigung dienen, wenn ihnen keine Gegenüberstellung vorausgegangen ist oder der Angeklagte zuvor fälschlich eine der Vergleichspersonen identifiziert hatte.[793]

Eine Einschränkung des strikten Grundsatzes der Beweismittelmehrheit ergibt sich ferner aus dem Urteil *Moorov v HM Advocate* aus dem Jahr 1930. Gegenstand

---

783 *McCannell,* Scots Law Times 35 (1996), 347, 348.

784 Carloway Review, Consultation, 3.1.5.

785 *Redmayne,* Juridicial Review 4 (2006), 309, 310 zum „poaching prevention act" von 1862.

786 Vgl. *McCannell,* Scots Law Times 35 (1996), 347, 348 und 350; *Redmayne,* Juridicial Review 4 (2006), 309, 310.

787 Carloway Review, Consultation, 3.1.27.

788 *McCannell,* Scots Law Times 35 (1996), 347, 348.

789 *McCannell,* Scots Law Times 35 (1996), 347, 348.

790 *McCannell,* Scots Law Times 35 (1996), 347, 349.

791 „acting suspiciously", vgl. dazu *McCannell,* Scots Law Times 35 (1996), 347, 349.

792 *McCannell,* Scots Law Times 35 (1996), 347, 348; zweifelnd *Hope,* Corroboration and Distress, S. 9 f.

793 *Nicolson/Blackie,* Edinburgh Law Review 17/2 (2013), 152, 162; zu ersterem auch kritisch *Davidson/Ferguson,* Int. Journal of Evidence and Proof 18 (2014), 1, 9.

war hier der Vorwurf der Vergewaltigung. Dem Angeklagten wurden mehrere Taten zur Last gelegt, die allesamt im privaten Lebensbereich ohne weitere Zeugen stattfanden. Nach der „Moorov-Doctrine" soll es genügen, wenn die Taten zeitlich sowie hinsichtlich der Umstände eng miteinander verknüpft sind.[794] Dieser Trend wurde schließlich aber wieder durch das Urteil *Morton v HM Advocate* aus dem Jahr 1938 eingedämmt, in dem das Gericht die universale Geltung des „Corroboration"-Grundsatzes betonte.[795]

Im Zusammenhang mit Straftaten unter Gewaltanwendung nimmt die Rechtsprechung zum Nachtatverhalten des Opferzeugen eine breite Diskussion ein. Nach Ansicht der Gerichte genügt es bei Vorwürfen wie denen der Vergewaltigung, Körperverletzung oder Entführung grundsätzlich, wenn die Zeugenaussage dadurch bestätigt wird, dass das Opfer nach der Tat ein starkes Leiden („Distress") erkennen ließ.[796] In diesen Fällen soll das Leiden des Zeugen nur dann keine ausreichende Bestätigung darstellen, wenn „keine vernünftige Jury" davon ausgehen dürfte.[797] Da der Tatbestand der Vergewaltigung seit 2001 keine über den Geschlechtsverkehr hinausgehende Gewaltanwendung mehr voraussetzt, geht es in der Regel um Fragen des Vorsatzes.[798] Insofern kann das Leiden des Opfers bestätigen, dass entgegen der Einlassung des Angeklagten keine Einwilligung vorlag.[799]

Eine Bestätigung soll jedenfalls dann nicht möglich sein, wenn es sich bloß um „neutral evidence" handelt. Dies wurde beispielsweise für den Fall angenommen, dass dem Angeklagten neben einem Einbruch auch eine Körperverletzung zur Last gelegt wurde und auf letztere ein Zittern der Zeugin bei Eintreffen der Polizei hingedeutet haben soll. Nach Ansicht der Rechtsprechung konnte dieses auch durch den Einbruch an sich ausgelöst worden sein.[800] Die schottischen Gerichte arbeiten anscheinend mit einem Alternativenausschlussverfahren. Dabei kommt

---

794 *Crowe,* Scots Law Times 25 (2011), 179, 180; Carloway Review, Consultation, 3.1.25.

795 *Crowe,* Scots Law Times 25 (2011), 179, 180. Danach äußerte der Gerichtsassistent: „It is a firmly established rule of our criminal law that a person cannot be convicted of a crime, or a statutory offence, on the uncorroborated testimony of one witness.".

796 *McCannell,* Scots Law Times 35 (1996), 347, 350; zum Vorwurf der Vergewaltigung Carloway Review, Consultation, 3.1.25.

797 *Stobo v HM Advocate* (1994), vgl. dazu *McCannell,* Scots Law Times 35 (1996), 347, 350. Das Leiden des Opfers müsse mit der Erstaussage vereinbar sein. Dabei handelt es sich um eine recht weitgehende Definition, die im Einzelnen durch die Rechtsprechung ausgefüllt werden muss.

798 Vgl. hierzu ausführlich *Redmayne,* Juridicial Review 4 (2006), 309 und 320 ff.

799 *Nicolson/Blackie,* Edinburgh Law Review 17/2 (2013), 152, 162; *Hope,* Corroboration and Distress, S. 4.

800 Vgl. *McCannell,* Scots Law Times 35 (1996), 347, 351.

es – wohl weil es sich um einen Parteienprozess handelt – auch maßgeblich auf die Einlassung des Angeklagten an. Trägt dieser einen Sachverhalt vor, der mit dem Leiden des Opfers vereinbar ist, aber keine Strafbarkeit begründen würde, kommt es zu keiner Verurteilung. So musste sich das Gericht in *Fox v HM Advocate* (1998), der eine Vergewaltigung zum Gegenstand hatte, mit folgender Einlassung auseinandersetzen:[801] Der Angeklagte trug vor, die Zeugin habe zunächst in den Geschlechtsverkehr eingewilligt. Währenddessen sei ihr aber aufgefallen, dass sie den Angeklagten zuvor für eine andere Person gehalten habe. Dadurch bedingt habe sie ein Leiden entwickelt. Das Gericht führte hierzu richtig aus, dass das Leiden nur durch eine Vergewaltigung erklärt werden könne und die Ausführungen des Angeklagten einer Verurteilung nicht entgegenstünden. Damit stellt sich die Frage, anhand welcher Kriterien der vorgetragene alternative Sachverhalt beurteilt werden soll. *Redmayne* schlägt vor, hinsichtlich des Grades oder der Art des Leidens zu differenzieren.[802] Dabei will er auch Wahrscheinlichkeiten heranziehen. Nach dem hier vertretenen Ansatz dürfte es sich allerdings als vorzugswürdig erweisen, auf objektiv fundierte Erfahrungssätze zurückzugreifen. Angesichts der erheblichen psychischen Belastungen, denen Opfer sexuellen Missbrauchs ausgesetzt sind, wird der in *Fox v HM Advocate* vom Angeklagten vorgetragene Tathergang wohl kaum derart belastend sein, dass er mit einer Vergewaltigung verglichen werden kann.

Schwieriger wird die Beurteilung allerdings schon beim verspätet auftretenden Leiden („Delayed Distress"). Der High Court hat in einem umstrittenen Urteil entschieden, dass jedenfalls ein erst zwölf Stunden später auftretendes Leiden nicht ausreiche.[803] Diesbezüglich schlägt *Redmayne* vor, dass eine Bestätigung durch das Leiden jedenfalls dann möglich sein soll, wenn das Auftreten des Leidens wahrscheinlicher für eine Vergewaltigung als für die Ausführungen des Angeklagten spreche.[804] Es wurde zu Beginn der Untersuchung dargelegt, dass es aus verschiedenen Gründen nicht maßgeblich auf derartige Rechenergebnisse ankommen kann. Die Grenzziehung würde hier ebenfalls beliebig ausfallen und keine Berücksichtigung des Einzelfalls ermöglichen. So müsste man sich konsequenterweise die Frage stellen, ob zwölf Stunden tatsächlich die Grenze darstellen sollen und warum gerade diese Zäsur maßgeblich sein soll.

801 Vgl. dazu *Redmayne,* Juridicial Review 4 (2006), 309, 318.

802 *Redmayne,* Juridicial Review 4 (2006), 309, 318.

803 *McCrann v H.M. Advocate;* vgl. dazu *Redmayne,* Juridicial Review 4 (2006), 309, 318 f.

804 *Redmayne,* Juridicial Review 4 (2006), 309, 319.

Um auch diesen Fällen eine einheitliche Handhabung zukommen zu lassen, wird kritisch diskutiert, ob allgemeine Sachverständigengutachten über das Verhalten von Zeugen in Vergewaltigungsprozessen („general expert evidence"), gegebenenfalls in Verbindung mit belehrenden Hinweisen für die Jury, in das Verfahren eingeführt werden sollten.[805] Diese sind jedoch nicht ganz ungefährlich. Zunächst einmal ist es problematisch, dass es sich dabei nur um abstrakte Ausführungen ohne Ansehung des jeweiligen Zeugen handeln würde. Es ist nur schwer möglich, allgemein gültige Aussagen zum Nachtatverhalten von Opfern sexueller Gewalt zu treffen. Ferner wird befürchtet, dass auf diese Weise ein Pool an Gutachtern durch die Staatsanwaltschaft erstellt werden könnte, die regelmäßig zur Unterstützung der Opferseite eingeholt werden.[806] Dieser Einwand ist vor allem deshalb von Interesse, weil die Hinzuziehung sogenannter „Hausgutachter" in Deutschland heftig kritisiert wird.[807]

Demnach lässt sich festhalten, dass der „Corroboration"-Grundsatz nach wie vor umfassende Geltung im schottischen Strafverfahren hat. Dennoch wurde der Umfang dessen, was noch als bestätigendes Beweismittel gelten darf, deutlich ausgeweitet. Dadurch hat sich eine relativ genaue Rechtsprechung zu den Anforderungen an das bestätigende Beweismittel entwickelt, die bisweilen mit einem Alternativenausschlussmodell arbeitet. Welche Vor- und Nachteile das mit sich bringt, soll im Folgenden erörtert werden.

ee) Regelungszweck und Vorteile einer allgemein geltenden „Corroboration"-Regel

(1) Verringerung des Fehlverurteilungsrisikos

Ganz allgemein soll das Fordern weiterer Beweismittel im „Common Law" bezwecken, das Fehlverurteilungsrisiko gering zu halten.[808] Der Grund hierfür wird in der bereits ausführlich dargelegten Unzuverlässigkeit des Zeugenbeweises gesehen.[809] Sowohl im US-amerikanischen als auch im schottischen Recht wird

805 Vgl. dazu kritisch *Redmayne,* Juridicial Review 4 (2006), 309, 309, 319 f.

806 *Redmayne,* Juridicial Review 4 (2006), 309, 320.

807 S. dazu bereits oben D. II. 3. a).

808 *Stewart,* Collins Dictionary of Law, Corroboration; *Worral/Hemmens/Nored,* Criminal Evidence, S. 210; *Jain,* Journal of Criminal Law and Criminology 91/3 (2001), 761, 765; *Sangero/Halpert,* Jurimetrics 48 (2007), 43, 46 ff.; speziell zum schottischen Recht *Thomson,* Scots Law Times 2 (2012), 7, 8; *Nicolson/Blackie,* Edinburgh Law Review 17/2 (2013), 152, 155; *Redmayne,* Juridicial Review 4 (2006), 309, 311.

809 *Nicolson/Blackie,* Edinburgh Law Review 17/2 (2013), 152, 155.

stets betont, dass es grundsätzlich eher hinzunehmen sei, einen Schuldigen freizusprechen als einen Unschuldigen zu verurteilen.[810] Auch im Zusammenhang mit der „Corroboration"-Regel wird diese Erwägung oftmals zur Begründung herangezogen. Dies führt zu Diskussionen darüber, wie viele Fehlfreisprüche erfolgen dürfen, um eine Fehlverurteilung zu verhindern.[811] Hierfür werden Zahlenverhältnisse von 1:1, 1:10, 1:20 oder gar 1:100 diskutiert.[812]

Diese Frage scheint jedoch vor allem philosophischer Natur und einer praktischen Antwort schwer zugänglich zu sein. Jedenfalls wird man sie kaum für eine Regel über den rechtsgenügenden Beweis nutzbar machen können. Um aus einem irgendwie gearteten Zahlenverhältnis Konsequenzen ziehen zu können, müsste es überhaupt messbar sein, wie viele Schuldige in einem bestimmten Fall nicht bestraft bzw. wie viele Unschuldige bestraft würden. Geht man beispielsweise von einem Maßstab 1:10 aus, müsste feststellbar sein, dass bei Anwendung der Regel höchstens ein Unschuldiger verurteilt wird, wenn zehn Schuldige freigesprochen werden. Dies wird jedoch kaum möglich sein. Könnte man diesen einen Unschuldigen und die zehn Schuldigen ermitteln, so müsste man sie aber auch entsprechend verurteilen bzw. freisprechen. Es gäbe gar keinen Grund von der Verurteilung der zehn Schuldigen abzusehen und diese Fehlentscheidung hinzunehmen.[813]

Der Regelungsinhalt einer „Corroboration"-Regel kann daher nicht in Zahlen gemessen werden. Er kann vielmehr nur damit begründet werden, dass Zweifel an der Zuverlässigkeit des einzigen Beweismittels, hier des Zeugen, bestehen. Dies kann sich aus der Schwäche des Zeugenbeweises im Allgemeinen und der gleichzeitig schlechten Beweislage des Angeklagten ergeben. Die Kombination dieser beiden Umstände könnte dazu führen, dass man Nachteile auf Seiten des Angeklagten durch eine entsprechende Regel korrigieren möchte.

---

810 *Guerra Thompson,* UC Davis Law Review 41 (2008), 1487, 1524; *Nicolson/Blackie,* Edinburgh Law Review 17/2 (2013), 152, 158.

811 Die „n Controversy", *Volokh,* University of Pennsylvania Law Review 146 (1997), 173 ff.; *Crump,* Ohio St. J. Crim. L. 7 (2009), 361, 372 f.

812 Vgl. zu den vorgetragenen Zahlenwerten *Volokh,* University of Pennsylvania Law Review 146 (1997), 173 ff.; zur Diskussion im deutschen Rechtsraum auch *Sancinetti,* FS Frisch, S. 1233, 1234 f.

813 Auch Versuche dahingehend, aus dem Verhältnis 1:20 Konsequenzen für den rechtsgenügenden Beweis zu ziehen, können nicht überzeugen, vgl. dazu *Hoyer,* ZStW 105 (1993), 523, 539 ff. Unter B. II. 2. b) wurde bereits dargelegt, dass die so ermittelte „Schuldwahrscheinlichkeit" mit dem Schuldprinzip nicht vereinbar ist.

Dem Argument, „Corroboration" könne das Fehlverurteilungsrisiko verringern, wird jedoch vielfach auch Kritik entgegengehalten. Insbesondere wenn beide Beweismittel Zeugen sind, könne nicht ausgeschlossen werden, dass diese sich absprechen.[814] Dies wiederum könne dazu führen, dass die Jury eher geneigt sein könnte, zu verurteilen, da zwei Zeugen eine größere Autorität in Anspruch nehmen könnten als einer.[815] Dieser Zweifel muss indes ausgeblendet werden. Würde man sich nicht auf die Aussagen zweier zuverlässiger Zeugen verlassen, würde dies den Angeklagten übermäßig schützen und eine Strafverfolgung deutlich erschweren. Die Gefahr, dass zwei Zeugen auch lügen könnten, wird zudem dadurch relativiert, dass es oftmals leichter sein kann, zwei lügende Zeugen zu entlarven als einen.[816] Liegen allerdings Anhaltspunkte für eine Absprache vor, muss sich das Gericht mit diesen selbstverständlich auseinandersetzen.

Das Argument der Verringerung von Fehlverurteilungsrisiken wird ferner durch den praktischen Hinweis angezweifelt, dass es in Schottland keine nachweisbar niedrigere Fehlverurteilungsquote als in anderen Ländern gebe.[817] Allerdings wird dem wiederum entgegengehalten, es sei gar nicht möglich, zuverlässige Aussagen über die Fehlverurteilungsrate in Schottland zu treffen.[818] Insbesondere in den Aussage gegen Aussage-Fällen seien die Verurteilungsraten in ganz Großbritannien gleichermaßen niedrig.[819] Tatsächlich ist es so, dass im Zuge der Entwicklung des DNA-Nachweises zahlreiche Fehlverurteilungen – insbesondere solche, die aufgrund falscher Geständnisse erfolgt waren – aufgedeckt werden konnten.[820] Dabei handelt es sich aber um eine Ausnahme. Selbst wenn Unterschiede ermittelt werden können, ist es nicht möglich, diese allein auf das Fehlen oder Vorhandensein einer „Corroboration"-Regel zurückzuführen.[821] Es können daher weder empirische Nachweise dafür erbracht werden, dass die „Corroboration"-Regel das Fehlverurteilungsrisiko erhöht noch dass sie es verringert.[822] Dennoch spricht

---

814 *Stewart,* Collins Dictionary of Law, Corroboration; *Hamm,* StraFo 2000, 253, 254.

815 *Stewart,* Collins Dictionary of Law, Corroboration.

816 *Stewart,* Collins Dictionary of Law, Corroboration.

817 *Crowe,* Scots Law Times 25 (2011), 179, 184; Carloway Review, Consultation, 3.1.23.

818 *Chalmers,* Scots Law Times 2 (2014), 7, 9; *Nicolson/Blackie,* Edinburgh Law Review 17/2 (2013), 152, 159 und 163.

819 *Redmayne,* Juridicial Review 4 (2006), 309; hinsichtlich Verurteilungen wegen Vergewaltigung auch *Crowe,* Scots Law Times 25 (2011), 179, 184.

820 *Chalmers,* Scots Law Times 2 (2014), 7, 9; *Sangero/Halpert,* Jurimetrics 48 (2007), 43, 46 f.

821 *Nicolson/Blackie,* Edinburgh Law Review 17/2 (2013), 152, 164.

822 So wohl auch *Chalmers,* Scots Law Times 2 (2014), 7, 9.

einiges dafür, dass eine entsprechende Regel über den rechtsgenügenden Beweis der *Legitimation von Fehlverurteilungsrisiken* dienen kann. Durch das Kriterium eines bestätigenden Beweismittels werden die Anforderungen an eine Verurteilung nämlich deutlich erhöht. Durch die Beweismittelmehrheit werden eventuelle Defizite des Zeugenbeweises, wie eingangs dargelegt, kompensiert. Das verbleibende Restrisiko, dass trotz zweier Beweismittel noch eine Fehlverurteilung nicht mit absoluter Sicherheit ausgeschlossen werden kann, darf und muss dann in Kauf genommen werden.

(2) Ausgleich eines Ungleichgewichts bei der Sachverhaltsermittlung

Als weiteres Ziel einer „Corroboration"-Regel wird es angesehen, ein mögliches Ungleichgewicht bei den Ermittlungen zu kompensieren.[823] Der Staat könne sich der Polizei, der Mitwirkung der Öffentlichkeit, Festnahmen, Vernehmungen sowie erheblicher finanzieller Ressourcen bedienen.[824] Dem Angeklagten bliebe dagegen meist nur das eigene Wort. Diese Nachteile sind nicht von der Hand zu weisen. Das Charakteristische an den Aussage gegen Aussage-Fällen ist jedoch, dass die Möglichkeiten des Staates zur Ermittlung des Sachverhalts meist gleichermaßen begrenzt sind. Gerade in Sexualstrafverfahren spielt sich das Geschehen oftmals im privaten Lebensbereich ab. Sofern sich das Opfer nicht unmittelbar nach der Tat einer ärztlichen Untersuchung unterzieht, eröffnen sich meist auch wenig weitere Ermittlungsoptionen. Auch dem Staat verbleibt daher als Beweismittel nur noch die Zeugenaussage. Deshalb spielt das ansonsten sicherlich vorhandene Ungleichgewicht gerade in den Aussage gegen Aussage-Fällen nur eine untergeordnete Rolle.

Einzig durch die Begutachtung der Zeugenaussage im Auftrag der Staatsanwaltschaft kann sich die Beweislage aufgrund der staatlichen Ermittlungsbefugnisse zu Lasten des Angeklagten verschlechtern. Nach dem oben befürworteten Ansatz muss aber auch dem Angeklagten die Möglichkeit verschafft werden, die eigene Einlassung begutachten zu lassen, sofern er dies wünscht. Auf diese Weise könnte eine defizitäre Beweislage bereits durch formale Voraussetzungen wieder ausgeglichen werden. Deshalb kann das Ungleichgewicht nicht als Argument für das Erfordernis bestätigender Beweismittel in den Aussage gegen Aussage-Fällen herangezogen werden.

823 *Nicolson/Blackie,* Edinburgh Law Review 17/2 (2013), 152, 159 f.
824 *Nicolson/Blackie,* Edinburgh Law Review 17/2 (2013), 152, 159 f.

(3) Beruhigung der Verfahrensbeteiligten

Zum Teil wird davon ausgegangen, dass die Regel letztlich sogar dem Schutz des mutmaßlichen Opfers dienen könne. Denn lasse man einen Zeugen für eine Verurteilung grundsätzlich genügen, komme man nicht umhin, dessen Aussage derart intensiv zu würdigen, dass dadurch die Glaubwürdigkeit und die Persönlichkeit des Zeugen ausgeforscht würden.[825] Dadurch würde intensiv versucht, den Zeugen zu diskreditieren.[826] Komme es dann zu einem Freispruch, würde der Belastungszeuge diesen persönlicher nehmen als einen Freispruch, der durch das Fehlen weiterer Beweismittel bedingt sei.[827]

Diese Erwägungen können jedoch nicht überzeugen. Zum einen wird die Glaubwürdigkeit des Zeugen immer eine bedeutende Rolle spielen. Selbst wenn zusätzlich bestätigende Beweismittel vorhanden sind, werden die Anschuldigungen zu einem Großteil auf der Zeugenaussage beruhen. Dies gilt umso eher, als auch unter Geltung des „Corroboration"-Grundsatzes mitunter ein schwaches zweites Beweismittel ausreicht und der Zeugenaussage maßgebliche Bedeutung zukommt. Zum anderen erhöht die Forderung nach weiteren Beweismitteln die Hürde für den Nachweis der Schuld des Angeklagten. Es erscheint nicht im Interesse des Zeugen, die Chancen für eine Verurteilung von vornherein mit der Begründung herabzusetzen, dann fühle er sich besser. Drastisch formuliert würde dies bedeuten, dass der Angeklagte am besten von vornherein nicht verurteilt werden kann, anstatt überhaupt eine Verurteilungsmöglichkeit zu schaffen, damit sich das mutmaßliche Opfer vermeintlich besser fühlt.

Insbesondere für den deutschen Rechtsraum können entsprechende Erwägungen nicht durchgreifen. Denn im „Common Law" ist der Strafprozess ein Parteienprozess. Der Zeuge wird im Wege des Kreuzverhörs befragt.[828] Bei diesem versucht die Verteidigung intensiv, die Glaubwürdigkeit des Zeugen in Zweifel zu ziehen. Im deutschen Strafverfahren wird der Zeuge hingegen in erster Linie durch das Gericht vernommen. Ergänzend besteht sodann die Möglichkeit für Staatsanwaltschaft und Verteidigung, dem Zeugen Fragen zu stellen. Gerade in Sexualstrafverfahren wird das Kreuzverhör für den Zeugen auch mit einer erheblichen Belastung verbunden sein. Dennoch lässt der Unterschied zwischen den

---

825 *Nicolson/Blackie,* Edinburgh Law Review 17/2 (2013), 152, 166.

826 *Crowe,* Scots Law Times 25 (2011), 179, 183.

827 *Nicolson/Blackie,* Edinburgh Law Review 17/2 (2013), 152, 166; *Crowe,* Scots Law Times 25 (2011), 179, 181.

828 Vgl. ausführlich zur Praxis des Kreuzverhörs *Worral/Hemmens/Nored,* Criminal Evidence, S. 238.

Vernehmungsweisen vermuten, dass insoweit auch im Rechtsraum des „Common Law“ eine höhere Belastung des Zeugen durch die Befragung entsteht als dies in Deutschland der Fall ist. Dadurch ist die Gefahr, dass sich der Zeuge durch den Freispruch persönlich angegriffen fühlt, wesentlich höher. Ohnehin dürften derartige Befürchtungen abwegig sein, denn bei einer wirklichen Tatbegehung wird der Zeuge auch kein schlechtes Gewissen wegen seiner Aussage haben.

Ebenso wenig kann das Argument überzeugen, dass es den Zeugen beunruhigen könne, wenn die Verurteilung lediglich aufgrund seiner Aussage erfolge.[829] Die Gefühle des mutmaßlichen Opfers können kein zulässiges Kriterium für die Anforderungen an den rechtsgenügenden Beweis darstellen. Denn diese betreffen auch Belange des Angeklagten und des Allgemeinwohls, wie etwa die effektive Strafrechtspflege.

(4) Ausgleich für das Fehlen von Sicherungsmechanismen gegen Fehlverurteilungen im schottischen Strafverfahrensrecht

Der Geltungsgrund für eine umfassende „Corroboration“-Regel in Schottland wird auch darin gesehen, dass sie das Fehlen von Sicherungsmechanismen gegen Fehlverurteilungen im schottischen Recht ausgleichen soll. Diesbezüglich ist insbesondere der Aufsatz von *Lindhorst* und *Merk* hervorzuheben, in dem die Autoren die Besonderheiten des schottischen Rechts untersuchen und dem europäischen, insbesondere dem deutschen Recht gegenüberstellen.[830] Sie nennen einige Besonderheiten des schottischen Rechts, aus denen sich das Fordern weiterer Beweismittel rechtfertige.

(a) Fehlende Haftentschädigung

Die Autoren legen zunächst dar, dass das schottische Recht nur in begrenztem Umfang Entschädigungen für zu Unrecht erlittene Haft vorsehe. Über Entschädigungsleistungen wird in einem Verfahren der Exekutive entschieden, das lediglich freiwillige Zahlungen nach sich ziehen kann.[831] Das deutsche Recht sieht demgegenüber in §§ 1, 7 Abs. 3 StrEG vor, dass der Geschädigte Schmerzensgeld in Höhe von 25 € pro Tag für strafgerichtliche Verurteilungen erhält, soweit die Verurteilung im Wiederaufnahmeverfahren oder sonst, nachdem sie rechtskräftig geworden ist, in einem Strafverfahren fortfällt oder gemildert wird. Es

829 Zu diesem Argument auch ohne Stellungnahme Carloway Review, Consultation, 3.1.21.

830 *Lindhorst/Merk,* Scots Law Times 21 (2013), 147 ff.

831 *Lindhorst/Merk,* Scots Law Times 21 (2013), 147, 148.

steht allerdings außer Zweifel, dass diese Zahlung die Haftzeit nur symbolisch entschädigen kann. Eine zu Unrecht erlittene Haft geht mit derart massiven Freiheitseinbußen sowie persönlichen wie auch gesellschaftlichen Konsequenzen (z.B. durch die Eintragungen im Bundeszentralregister oder den Verlust des Arbeitsplatzes, der Wohnung und des Gehalts während der Haftzeit) einher, dass 25 € dies niemals tatsächlich kompensieren können.[832]

(b) Fehlende Verjährungsregeln und andere Strafverfolgungshindernisse

Ferner bestünden in Schottland keine Verjährungsregeln. Nur in Härtefällen, in denen die Strafverfolgung als übermäßig erdrückend empfunden wird, kann von einer Strafverfolgung abgesehen werden.[833] In Deutschland ist die Verfolgungsverjährung hingegen in §§ 78 ff. StGB geregelt. Verjährungsregeln schützen allerdings nicht denjenigen, der innerhalb der bisweilen langen Frist angeklagt wird. Des Weiteren ist der Sinn und Zweck der Verjährungsregeln von Bedeutung. Dieser ist nicht unumstritten. Die wohl h.M. geht davon aus, dass nach Ablauf einer gewissen Zeit Rechtsfrieden eintreten soll.[834] Mit dem Zeitablauf nehme die präventive Wirksamkeit der Sanktion ab[835] und das Bedürfnis nach gerechtem Schuldausgleich lasse nach.[836] Sie soll jedenfalls nicht eventuellen Beweisverlusten entgegenwirken.[837] Damit wird deutlich, dass Verjährungsregeln gerade nicht vor Fehlverurteilungen schützen bzw. diese kompensieren können. Somit kann auch das Bestehen von Verjährungsfristen allein nicht als ausreichender Schutz gegen Fehlverurteilungen herangezogen werden, der Regeln über den rechtsgenügenden Beweis entbehrlich machen würde. Ähnlich verhält es sich mit der Tatsache, dass in Schottland keine unbedingte *ne bis in idem*-Regel vorhanden sei.[838] Sie schützt vor doppelter Strafverfolgung, greift allerdings auch erst sekundär ein.

---

832 Es lässt sich freilich darüber streiten, ob die Höhe der Haftentschädigungen angemessen ist. Dennoch würde auch eine Erhöhung des Betrags wohl nichts an der Bewertung ändern.

833 *Lindhorst/Merk*, Scots Law Times 21 (2013), 147, 148.

834 BeckOK.StGB/*Dallmeyer*, § 78 Rn. 2 (Stand: 1.9.2016).

835 BeckOK.StGB/*Dallmeyer*, § 78 Rn. 2 (Stand: 1.9.2016); MünchKomm.StGB/*Mitsch*, § 78 Rn. 3.

836 BeckOK.StGB/*Dallmeyer*, § 78 Rn. 2 (Stand: 1.9.2016).

837 BeckOK.StGB/*Dallmeyer*, § 78 Rn. 2 (Stand: 1.9.2016); MünchKomm.StGB/*Mitsch*, § 78 Rn. 2.

838 *Lindhorst/Merk*, Scots Law Times 21 (2013), 147, 149.

(c) Besetzung der Gerichte durch Laien-Richter und fehlende Begründungspflicht

Vielfach wird die „Corroboration"-Regel vor dem Hintergrund gerechtfertigt, dass in Schottland Laien-Jurys anstelle von Berufsrichtern entscheiden. Es wird teils angedeutet, dass Rechtsordnungen, die Prozesse unter Teilnahme von Berufsrichtern vorsehen, keiner solchen Regelung bedürften.[839] Denn bei Laien-Jurys sei die Gefahr unrichtiger Entscheidungen größer als bei mit Berufsrichtern besetzten Gerichten. In schottischen Strafverfahren kommt gegenüber anderen Rechtsordnungen des „Common Law" hinzu, dass es für eine Verurteilung bereits genügt, wenn acht von 15 Geschworenen von der Schuld des Angeklagten überzeugt sind.[840] Es reicht folglich eine einfache Mehrheit aus. Dabei handelt es sich sicherlich um ein angreifbares Konzept. Auch ist die Annahme nicht fernliegend, dass sich Mitglieder einer Laien-Jury in der Mehrzahl der Fälle noch nie mit aussagepsychologischen Fragestellungen und der Rechtsprechung zur „Corroboration"-Regel auseinandergesetzt haben. Dass Laien-Jurys hier Defizite gegenüber Berufsrichtern haben können, bedeutet aber nicht im Umkehrschluss, dass alle Berufsrichter in diesem Bereich über fundierte Kenntnisse verfügen. Es wurde im Teil D. II. 3. c) bb) ausführlich dargelegt, dass die Aussagepsychologie kaum Eingang in die rechtswissenschaftliche Ausbildung erlangt hat und sich Richter ihre Kenntnisse im Laufe ihrer Tätigkeit selbst aneignen müssen. Aber auch dann sind sie nicht frei von Beeinflussungen, denn gerade durch diese Berufserfahrung können auch die eingangs genannten psychologischen Effekte auftreten. Auch unter Berufsrichtern kommt es daher unter dem Konzept der Kombinationstheorie zum Beweismaß keineswegs stets zu richtigen Ergebnissen.[841] Aus diesem Grund spricht auch die Tatsache, dass deutsche Gerichte

839 *Davidson/Ferguson,* Int. Journal of Evidence & Proof 18 (2014), 1, 5; *Lindhorst/Merk,* Scots Law Times 21 (2013), 147, 149.

840 *Davidson/Ferguson,* Int. Journal of Evidence & Proof 18 (2014), 1, 5. Dagegen wird in US-amerikanischen Strafverfahren in der Regel Einstimmigkeit der Geschworenen gefordert. Der Supreme Court sieht ein anderes Vorgehen zwar nicht als Verstoß gegen den sechsten Zusatzartikel der Verfassung an. Dennoch setzen sowohl die Bundesgerichte als auch die meisten anderen Rechtsordnungen einstimmige Entscheidungen voraus. Vgl. dazu *Broyles,* Criminal Law in the USA, Abschnitt 407.

841 Nach der Kombinationstheorie setzt eine Verurteilung die subjektive Überzeugung des Gerichts von der Wahrheit voraus. Zu dieser muss eine objektive Grundlage hinzukommen, die aus rationalen Gründen den Schluss erlaubt, dass das festgestellte Geschehen mit hoher Wahrscheinlichkeit mit der Wirklichkeit übereinstimmt, s. dazu bereits oben B. II. 2. c).

mehrheitlich mit Berufsrichtern besetzt sind, nicht zwingend gegen die Heranziehung einer „Corroboration"-Regel.

Von Relevanz ist indes der Verweis darauf, dass die Jury-Mitglieder ihre Entscheidung nicht begründen müssen.[842] Unter Beachtung der diskursiven Elemente des Strafverfahrens wurde herausgearbeitet, dass der Begründung eine erhebliche Bedeutung für die Akzeptanz des Urteils zukommt. Eine geheime Entscheidung kann unter diesem Aspekt nicht überzeugen. Dabei handelt es sich mithin um einen bedeutenden Vorteil des deutschen gegenüber dem schottischen Strafverfahren. Wie eingangs erläutert, wird damit allerdings auf eine höhere Instanz verwiesen. Der Angeklagte ist zwar deutlich besser geschützt, da die Begründung überprüft werden kann. Diese Überprüfbarkeit unterliegt jedoch den dargestellten Grenzen. Soweit es keine Regeln gibt, kann auch deren Einhaltung nicht überprüft werden. Daher muss angestrebt werden, bereits in erster Instanz eine einheitliche Handhabung gleicher Sachverhalte durch eine entsprechende Regelbildung zu gewährleisten.

(d) Fehlende Ermessensbegrenzung durch Regelungen wie die RiStBV

Ferner wird von *Thomson* hervorgehoben, dass in Deutschland das behördliche Ermessen durch die RiStBV begrenzt sei.[843] Er gesteht allerdings sogleich ein, dass die RiStBV keine Verbindlichkeit in Anspruch nehmen. Sie beinhalten lediglich unverbindliche Vorgaben für die Entscheidung. Überdies treffen die Richtlinien gerade keine Aussagen über den rechtsgenügenden Beweis, sondern beinhalten überwiegend formale Voraussetzungen. Die hier interessierende Frage, wie Gerichte in Aussage gegen Aussage-Situationen zu entscheiden haben, kann mithilfe der RiStBV nicht beantwortet werden.

(e) Hohe Hürden für Rechtsmittel

Von manchen wird ein Zusammenhang zwischen dem „Corroboration"-Erfordernis und den Anforderungen an Berufung und Revision gesehen.[844] Deshalb stellt sich die Frage, ob die Regel über bestätigende Beweismittel gegebenenfalls schwächer ausgestaltete Möglichkeiten zur Einlegung von Rechtsmitteln kompensieren soll und deshalb nicht auf andere Rechtsordnungen übertragbar ist. Nach der Rechtsprechung des High Court soll ein Urteil aufgehoben werden können, wenn

842 *Lindhorst/Merk*, Scots Law Times 21 (2013), 147, 150.

843 *Thomson*, Scots Law Times 2 (2012), 7, 9.

844 Carloway Review, Consultation, 3.1.17.

keine vernünftige Jury zu einer Verurteilung gelangt wäre.[845] Eine Verurteilung setzt ihrerseits das Ausbleiben von vernünftigen Zweifeln an der Schuld voraus.[846] Dagegen genüge es nicht, wenn das Berufungs- oder Revisionsgericht selbst vernünftige Zweifel habe, weshalb der High Court zurückhaltend bei der Zulassung von Rechtsmitteln sei.[847] Darin kommen zwei wichtige Aspekte zum Ausdruck. Zum einen wird überzeugend auf eine vernünftige Beurteilung abgestellt. Individuelle Defizite der konkret urteilenden Personen müssen außer Betracht bleiben. Zum anderen ändert es nichts am Vorliegen eines Rechtsfehlers, wenn die konkret urteilenden Personen subjektiv von etwas überzeugt sind. Damit unterscheidet sich die schottische Rechtsprechung von der deutschen, nach der keine Verletzung des in dubio pro reo-Grundsatzes vorliegen soll, wenn das Gericht subjektiv keine Zweifel hat. Insofern ist die schottische Herangehensweise vorzugswürdig, da sie der unter B. II. 3. b) aa) getätigten Forderung nach einer entsprechenden Berücksichtigung des in dubio pro reo-Grundsatzes Rechnung trägt.

Eine abschließende Beurteilung der Frage, ob in Schottland höhere Voraussetzungen für Rechtsmittel vorliegen, würde eine genaue Analyse der Anforderungen an eine erfolgreiche Berufung oder Revision voraussetzen. Festzuhalten ist aber, dass jedenfalls dem in dubio pro reo-Grundsatz nach den dargestellten Anforderungen des High Court im schottischen Recht sogar größere Bedeutung zukommt als im deutschen. Ferner ist die Einlegung von Rechtsmitteln auch nach der StPO an das Vorliegen von Verfahrens- oder Rechtsfehlern gebunden. Höhere Hürden für die Einlegung von Rechtsmitteln, die für eine Besonderheit des schottischen Rechts und gegen eine Anwendung der Regel im deutschen Recht sprechen, sind demnach nicht erkennbar.

(f) Veraltete Vernehmungsmethoden

Ferner wird beobachtet, dass sich in Schottland keine modernen Vernehmungsmethoden durchgesetzt hätten.[848] Insoweit wird befürchtet, dass gerade das Bestehen des „Corroboration"-Erfordernisses dazu geführt habe, dass in die finanziellen Ressourcen der Strafverfolgungsbehörden wenig investiert worden sei. Einerseits sei ein „Corroboration"-Erfordernis nötig, um Defizite in der Polizeiarbeit zu kompensieren, andererseits könne es diese aber gerade auch herbeiführen. Jedenfalls im deutschen Rechtsraum sind vergleichbare Probleme in

845 Vgl. dazu Carloway Review, Consultation, 3.1.17 f.
846 „Proof beyond reasonable doubt", s. dazu D. IV. 2. a) aa).
847 Vgl. dazu Carloway Review, Consultation, 3.1.18.
848 *Crowe,* Scots Law Times 25 (2011), 179, 181 f.

diesem Ausmaß nicht bekannt. Dieses Argument ist daher eher für die Frage relevant, ob ein generelles „Corroboration"-Erfordernis Reformen im Bereich der polizeilichen Ermittlungsarbeit erforderlich macht. Für eine Einführung im deutschen Rechtsraum kann es aber nicht herangezogen werden.

(g) Zwischenfazit

Festzuhalten ist demnach, dass das schottische Ermittlungs- und Strafverfahren gegenüber dem deutschen einige zumindest anzweifelbare Elemente enthält. Insofern wird auch in Schottland angenommen, dass bei einer eventuellen Abschaffung des „Corroboration"-Erfordernisses entsprechende Reformen in den kritisierten Bereichen erfolgen sollten.[849] Zu diesen Problemstellungen wird aber auch geäußert, dass sich das „Corroboration"-Erfordernis lediglich als Pflaster darstelle, das diese Probleme abmildern solle.[850] Es bestehe nicht zwingend ein Zusammenhang zwischen dem „Corroboration"-Erfordernis und dem jeweiligen Problem. So wird beispielsweise die Frage aufgeworfen, ob die Regel wirklich kompensieren könne, dass ein Urteil durch einfache Mehrheit gefällt wird.[851] Ob man für eine Verurteilung regelmäßig eines bestätigenden Beweismittels bedarf oder nicht, sollte daher nicht unbedingt anhand dieser speziellen Fragestellungen diskutiert werden. Denn – wie gesehen – ist es fraglich, ob die deutschen Korrekturmechanismen tatsächlich von Bedeutung für die Legitimation von Fehlverurteilungsrisiken sein können. Vielmehr handelt es sich größtenteils um sekundäre Schutzmechanismen für den Angeklagten. Diese sind in der Summe nach der oben getätigten Bewertung in Schottland weniger stark ausgeprägt. Unabhängig von der Frage, ob hier ein Zusammenhang besteht, kann das „Corroboration"-Erfordernis in Schottland zumindest einen zusätzlichen Schutz für den Angeklagten darstellen und insofern gegebenenfalls auch sinnvoll sein. Daraus lassen sich aber nicht unbedingt Gründe herleiten, die gegen eine Geltung der Regel in Deutschland sprechen. Auch im deutschen Recht könnte eine „Corroboration"-Regel aufgrund der erhöhten Verurteilungsvoraussetzungen der Legitimation einer Verurteilung mit verbleibenden Fehlverurteilungsrisiken dienen.

849 *Crowe,* Scots Law Times 25 (2011), 179, 184.

850 *Nicolson/Blackie,* Edinburgh Law Review 17/2 (2013), 152, 178.

851 *Redmayne,* Juridicial Review 4 (2006), 309, 314.

ff) Reformvorhaben und Nachteile einer „Corroboration"-Regel

(1) Die „Carloway Review"

Es wird jedoch auch intensiv über die Sinnhaftigkeit eines solchen Grundsatzes diskutiert, da der Vorschlag gemacht wurde, das Erfordernis abzuschaffen. Dies geht zurück auf die sogenannte Carloway Review, in welcher der Richter Lord Carloway im Oktober 2010 auf Anfrage der schottischen Regierung das Strafverfahrensrecht, insbesondere das „Corroboration"-Prinzip, untersuchte.[852] Ursache für diesen Auftrag war das Urteil *Cadder v HM Advocate.*[853] Darin rügte der Supreme Court des Vereinigten Königreichs die schottische Vorgehensweise, einem Angeklagten vor einer polizeilichen Vernehmung den Kontakt zu einem Rechtsanwalt nicht zu ermöglichen.[854] Hierin sah es einen Verstoß gegen das Recht auf ein faires Verfahren nach Art. 6 Abs. 1 EMRK.

In seinem Bericht beschrieb Lord Carloway „corroboration" als:

> „an archaic rule that has no place in a modern legal system where judges and juries should be free to consider all relevant evidence and to answer the single question of whether they are satisfied beyond reasonable doubt that the accused person comitted the offence libelled".[855]

Die Initiative wurde von Staatsanwälten, Polizei und Opferverbänden begrüßt, während sich einige Rechtsanwälte, Richter und Menschenrechtler dem entgegenstellten.[856] Die Pläne, die „Corroboration"-Regel abzuschaffen, wurden vorerst aufgegeben, da die Regierung mehr Zeit zur Beurteilung der vorgeschlagenen Änderungen benötige.[857] Für die folgende Untersuchung darüber, ob eine vergleichbare Regel über den rechtsgenügenden Beweis sinnvoll sein kann, sind die angeführten Kritikpunkte allerdings überaus nützlich. Deshalb sollen diese im Folgenden vorgestellt werden.

---

852 Abrufbar unter http://www.scotland.gov.uk/About/Review/CarlowayReview (Abrufdatum: 18.7.2016).

853 *Crowe,* Scots Law Times 25 (2011), 179.

854 Vgl. dazu http://justice.org.uk/cadder/ (Abrufdatum: 18.7.2016). Das Recht sah vor, dass der Angeklagte zwar einen Rechtsanwalt über seine Verhaftung informieren durfte, er hatte aber kein Recht darauf, Zugang zu diesem zu erhalten.

855 Carloway Review, Report, 7.2.55.

856 *Nicolson/Blackie,* Edinburgh Law Review 17/2 (2013), 152, 153 f.

857 Plans to abolish corroboration in Scottish cases dropped, Meldung der BBC vom 21.4.2015, http://www.bbc.com/news/uk-scotland-scotland-politics-32398065 (Abrufdatum: 18.7.2016).

(2) Kritikpunkte

(a) Gefährdung Dritter durch die Inkaufnahme von fehlerhaften Freisprüchen

Dem Erfordernis weiterer Beweismittel wird oftmals entgegengehalten, dass damit der Freispruch in Wahrheit Schuldiger in Kauf genommen werde. Fehlurteile könnten auch dadurch entstehen, dass aufgrund fehlender weiterer Beweismittel zu Unrecht nicht verurteilt werde.[858] Dies begründe eine Gefährdung der Gesellschaft. Denn wenn der in Wirklichkeit Schuldige nicht verurteilt wird, bestünde die Gefahr, dass dieser weitere Schädigungen an Dritten vornehme.[859] Es stellt sich mithin die Frage, ob eine entsprechende Regel aus Gründen der Gefahrenabwehr abgelehnt werden kann. Dies muss jedoch eindeutig verneint werden. Das Schuldprinzip erfordert es, dass im Strafverfahren *auf den konkreten Fall bezogen* die Schuld des Angeklagten festgestellt wird. Dass der Angeklagte gegebenenfalls weitere Taten begehen könne, setzt voraus, dass seine Schuld festgestellt ist. Solange dies nicht geschehen ist, handelt es sich um eine bloße Vermutung. Die Frage nach dem Beweismaß kann daher nicht potentielle Drittschädigungen berücksichtigen.[860] Geringere Anforderungen an den rechtsgenügenden Beweis zu stellen, weil der Angeklagte *möglicherweise* (weitere?) Taten begehen könnte, würden ihn zum Objekt einer effektiven Strafrechtspflege machen. Dies kann jedoch wegen des in dubio pro reo-Grundsatzes nicht hingenommen werden.[861] Jedenfalls dieses häufig angeführte Argument kann nicht gegen eine generelle Geltung eines Erfordernisses mehrerer Beweismittel angeführt werden.

(b) Bloß zahlenmäßige Gewichtung von Beweismitteln

Als weiterer Nachteil einer solchen Regel wird es angesehen, dass diese die Quantität von Beweismitteln über deren Qualität stelle.[862] Zeugen würden lediglich gezählt, nicht aber entsprechend gewürdigt. Ohne ein „Corroboration“-Erfordernis seien die Gerichte möglicherweise eher geneigt, im Detail hinzusehen und sich mit den Beweismitteln intensiver auseinanderzusetzen.[863] Dem wird wiederum

858 Carloway Review, Report, 7.2.

859 Zu dieser Ansicht *Crump,* Ohio St. J. Crim. L. 7 (2009), 361, 366, 375; ablehnend *Sancinetti,* FS Frisch, S. 1233, 1252, der in diesem Argument eine Gefahr für das Gleichheitsprinzip und die Unschuldsvermutung sieht.

860 So auch *Sancinetti,* FS Frisch, S. 1233, 1252.

861 *Sancinetti,* FS Frisch, S. 1233, 1252.

862 Carloway Review, Report, 7.2.43.

863 *Crowe,* Scots Law Times 25 (2011), 179, 184.

entgegnet, dass das „Corroboration“-Erfordernis nicht von einer Auseinandersetzung mit den Beweismitteln entbinde.[864] Vielmehr gelte immer der Beweisstandard des „Reasonable Doubt“. Dies veranschaulicht beispielhaft die Vorgabe, dass bei einer besonders starken Wiedererkennung niedrigere Anforderungen an das bestätigende Beweismittel gestellt werden dürften.[865] Es handelt sich dabei um flexible Anpassungen, die im Folgenden noch näher beleuchtet werden sollen.[866] Die „Corroboration“-Regel setzt voraus, dass mindestens eine Beweisquelle die Tatbegehung beschreibt und auf die Täterschaft des Angeklagten hinweist und mindestens ein weiteres Beweismittel diese beiden Punkte bestätigt oder unterstützt.[867] Ein bloßes Zählen von Beweismitteln ist demnach gerade nicht zulässig.

(c) Notwendigkeit extensiver Auslegung der Regel

Ferner wird kritisiert, dass die Definition von „Corroboration“ über die Jahre konturlos geworden sei.[868] Dies würden die Einschränkungen des Anwendungsbereichs verdeutlichen, die oben bereits dargelegt worden sind und unter dem Stichwort „flexible approach“ diskutiert werden. Deshalb bezeichnen einige die Regel als im Grunde unflexibel, beklagen aber gleichzeitig, dass der Anwendungsbereich immer weiter ausgedehnt werde und die Regel deshalb ganz abgeschafft werden solle.[869] Dem Argument könnte allerdings entgegengehalten werden, dass eine weite Auslegung der Regel nicht unbedingt gegen deren generelle Zweckmäßigkeit spricht. Denn die Beweiswürdigung muss unendlich viele Fälle der Lebenswirklichkeit erfassen. Dass eine zu starre Beweisregel nicht sinnvoll sein kann, wurde bereits ausführlich erläutert. Eine flexibel gestaltete Regel wäre in der Lage, neue Erkenntnisse und moderne Erscheinungen angemessen zu erfassen. Es mag spezielle Lebensbereiche – wie etwa den Straßenverkehr – geben, in denen eine Einhaltung des „Corroboration“-Erfordernisses unangemessen ist. Gleichwohl spricht dies nicht etwa für einen vollumfänglichen Verzicht auf diese Regel. Denn sie gibt immerhin eine Leitlinie vor. Diese ist trotz einschränkender Auslegungen weiterhin erkennbar. Unabhängig davon, ob jede einzelne Ausnahme auch

---

864 *Thomson,* Scots Law Times 2 (2012), 7, 10.

865 *McCannell,* Scots Law Times 35 (1996), 347, 348.

866 Allerdings stellt sich dann sicherlich die Frage, ob gerade im Bereich der Wiedererkennung eine Aufweichung der Regel stattfinden sollte. Gerade diese Fälle sind besonders problematisch. S. dazu näher unten D. IV. 2. b) cc) (2) (a).

867 S. dazu D. IV. 2. a) cc).

868 Carloway Review, Report, 7.2.

869 Vgl. zu dieser Sichtweise auf die Regel kritisch *Raitt,* Edinburgh Law Review 18 (2014), 93, 95.

sinnvoll ist, spricht jedenfalls alleine die Tatsache, dass Ausnahmen benötigt werden, nicht gegen die Anwendung der Regel im schottischen Rechtssystem. Ferner wird zu Recht der Hinweis erhoben, dass die meisten juristischen Regeln komplex sind.[870] Dies zeigt insbesondere der Vergleich mit der deutschen Rechtsordnung. Auch wenn diese vorgibt, völlig frei von Beweisregeln zu sein, hat der BGH sehr engmaschige Vorgaben für bestimmte Prozesssituationen entwickelt.

So lässt sich im Zusammenhang mit dem „flexible approach" eine interessante Beobachtung im Vergleich zum deutschen Recht machen. Die Entwicklung in Schottland kann dergestalt zusammengefasst werden, dass es zwar grundsätzlich ein Erfordernis mindestens zweier Beweismittel gibt, von diesem aber in vielen Fällen Ausnahmen gemacht werden können. Gerade im Bereich der Sexualstrafverfahren, die oftmals Aussage gegen Aussage-Konstellationen beinhalten, wurde die Definition vom bestätigenden Beweismittel derart ausgeweitet, dass es doch möglich ist, Sexualstraftaten zu verfolgen. Dies gilt sogar dann, wenn es sich nicht um ein zweites Beweismittel im Sinne des klassischen zweiten Zeugen handelt, sondern beispielsweise das Leiden des Opfers dessen eigene Aussage bestätigen soll. So kann es schlussendlich auch in bestimmten Aussage gegen Aussage-Fällen zu einer Verurteilung zu kommen. Gleichermaßen wurde dargelegt, dass eine starke Identifizierung bereits durch eine schwache zweite Aussage bestätigt werden kann.

Im deutschen Strafverfahren liegt indes genau die gegenteilige Ausgangslage vor. Grundsätzlich werden Regeln über den rechtsgenügenden Beweis von der h.M. abgelehnt. Die Rechtsprechung hat aber erkannt, dass auch der Angeklagte des Schutzes bedarf. So wurden über die Konstruktion der Erfahrungssätze Vorgaben geschaffen, mit deren Hilfe die Regellosigkeit doch wieder eingegrenzt werden sollte. Dies gilt allen voran für das Erfordernis eines „Außenkriteriums von Gewicht" in den Fällen des „kranken Zeugen". So entwickelte sich aus einem grundsätzlich regellosen Bereich eine Prozesssituation, die nach der hier vertretenen Auffassung höchstrichterlichen Regeln über den rechtsgenügenden Beweis unterliegen dürfte. Ferner stellen die Anforderungen an eine zulässige und prozessual verwertbare Wiedererkennung ein Beispiel dafür dar, dass die Rechtsprechung ein immer engeres Netz an Voraussetzungen für bestimmte Bereiche der Beweiswürdigung gespannt hat.

Diese beiden Ergebnisse nähern sich an. Während in Schottland in den Aussage gegen Aussage-Fällen und dem Wiedererkennen die strikte schottische „Corroboration"-Regel immer weiter aufgelockert wurde, wurde die deutsche

---

870 *Nicolson/Blackie,* Edinburgh Law Review 17/2 (2013), 152, 161.

freie Beweiswürdigung immer mehr reglementiert.[871] Aus diesem Grund erstaunt es auch nicht, wenn keine eklatanten Unterschiede in der Fehlverurteilungsquote festgestellt werden können. Obwohl beide Rechtsordnungen von unterschiedlichen Ansätzen ausgehen, stellen sich ähnliche Probleme. Dabei wird bei beiden eine Abwägung zwischen der effektiven Strafrechtspflege einerseits und den Rechtsgütern des Angeklagten andererseits vorgenommen. Eine flexible Regelung stellt sich mithin nicht zwangsläufig als schlechte Regelung dar, sie zeigt vielmehr konkrete Fragestellungen auf. Diese sind nicht weniger ohne die Regel vorhanden, sondern stellen sich auch ohne deren Existenz. Dass der BGH für die Fälle des „kranken Zeugen" richtige Regeln über den rechtsgenügenden Beweis entwickelt hat, zeigt, dass diese in bestimmten Fällen benötigt werden. Der Vorteil einer als solche bezeichneten Regel über den rechtsgenügenden Beweis liegt aber darin, dass diese zur allgemeinen Diskussion gestellt werden kann. Während in Deutschland – mit Ausnahme der Regeln zum „kranken Zeugen" – hauptsächlich formale Voraussetzungen aufgestellt werden, trifft das schottische Konzept weitreichende Aussagen über den rechtsgenügenden Beweis. Die Vorgehensweise der schottischen Rechtsprechung hat damit den Vorteil, dass sie die Anforderungen an den rechtsgenügenden Beweis und die Voraussetzungen für die Legitimation von Fehlverurteilungsrisiken näher herausarbeitet.

(d) Erschwernisse im Rahmen der Strafverfolgung

Des Weiteren wird kritisch beurteilt, dass bei Einführung der Regel Erschwernisse im Rahmen der Strafverfolgung auftreten können. Beispielweise könne Kleinkriminalität nicht mehr effektiv verfolgt werden.[872] Handele es sich um weniger bedeutende Vergehen, entstünde die Gefahr, dass Ermittlungen vorzeitig eingestellt werden. Dieses Risiko tritt aber auch ohne das Bestehen eines „Corroboration"-Erfordernisses auf. So kann vermutet werden, dass die Ermittlungen in minder schweren Vergehen in der praktischen Polizeiarbeit weniger intensiv durchgeführt werden. Zum Teil kann dies sogar sinnvoll sein, wenn eine Einstellung aus Opportunitätsgründen in Betracht kommt. Keineswegs dürfen aber allein aus dem Grund, dass das Delikt weniger schwer ist, von vornherein

---

871 In Bezug auf den Unterschied zwischen schottischem und englischem Recht konstatiert *Alison*, Criminal Law, i 243, zitiert nach *Hope*, Corroboration and Distress, S. 10 f. ebenfalls, dass die Ergebnisse in bestimmten Fällen in der Praxis ähnlich ausfielen.

872 Carloway Review, Report, 7.1.17.

geringere Anforderungen an den rechtsgenügenden Beweis gestellt werden. Dies gilt unabhängig vom Bestehen einer „Corroboration"-Regel.

Ferner wird befürchtet, die „Corroboration"-Regel könne willkürliche Ergebnisse provozieren. Denn ob ein weiteres Beweismittel vorhanden sei oder nicht, hänge oftmals nur vom Zufall ab.[873] Es sind sicherlich Situationen vorstellbar, in denen dies der Fall sein kann. Allerdings spielt so gesehen für den Erfolg des Tatnachweises immer der Zufall eine Rolle. Ob beispielsweise ein Zeuge den Täter eindeutig identifiziert oder nicht, hängt auch von den Zufälligkeiten der Lichtverhältnisse, der Entfernung zum Tatgeschehen usw. ab.

Besondere Schwierigkeiten im Rahmen der Strafverfolgung treten indes unter dem Gesichtspunkt auf, dass eine „Corroboration"-Regel die Verfolgung bestimmter Deliktsarten erschweren und bestimmte Opfergruppen systematisch benachteiligen könnte. Manche Verbrechen werden eher im privaten Bereich begangen, in denen keine weiteren Beweismittel vorhanden sind. Dies gilt besonders für Sexualstraftaten. In Schottland kritisieren Opferschutzverbände die Regelung vehement,[874] da es gerade bei Delikten wie Vergewaltigung zu Erschwernissen bei der Strafverfolgung komme. Dies führe dazu, dass insbesondere Frauen durch die Regelung diskriminiert würden und es so zu einer gender-spezifischen Benachteiligung kommen könne.[875] Eine Untersuchung dieser Art von Verbrechen lohnt sich besonders vor dem Hintergrund, dass es sich dabei oftmals um Aussage gegen Aussage-Situationen handelt.

Bei einer strikten Anwendung kann der Grundsatz dazu führen, dass Delikte aus dem häuslichen Bereich schwerer verfolgt werden können. Die mit dem „Corroboration"-Erfordernis einhergehenden geschlechterbezogenen Benachteiligungen wurden jedenfalls durch die oben dargestellte Rechtsprechung eingedämmt, dass das Leid des Opfers („Distress") ein bestätigendes Beweismittel darstellen könne.[876] Allerdings muss bereits die Grundhypothese, dass ein verspätet auftretendes Leiden gegen eine Vergewaltigung spricht, hinterfragt werden. Es ist durchaus vorstellbar, dass ein Vergewaltigungsopfer zunächst in eine Art Schockzustand verfällt und erst nach mehreren Stunden beginnt, das Geschehene zu verarbeiten. Problematisch ist überdies, dass durch das „Distress"-Erfordernis gerade das Leiden des mutmaßlichen Opfers zum Kernpunkt des Prozesses gemacht wird. Dies wirft Fragen im Zusammenhang mit dem Persönlichkeitsrecht

873 Carloway Review, Consultation, 3.1.24.

874 Vgl. dazu *Nicolson/Blackie*, Edinburgh Law Review 17/2 (2013), 152, 153.

875 Mit den gender-bezogenen Fragestellungen setzt sich *Raitt*, Edinburgh Law Review 18 (2014), 93 ff. auseinander.

876 *Raitt*, Edinburgh Law Review 18 (2014), 93 ff.

des Zeugen auf. Je robuster das Opfer und je weniger es unter dem Vorfall leidet, desto geringer sind die Chancen der Strafverfolgung. Dies führt zu dem paradoxen Ergebnis, dass es unter dem Gesichtspunkt einer effektiven Strafverfolgung am besten für das Opfer ist, wenn es möglichst stark leidet. Da ein verspätetes Leiden, das jedenfalls ab zwölf Stunden nach der Tat angenommen wird, nicht ausreichend sein kann, müsste das Leiden auch noch nach kurzer Zeit möglichst schnell aufgetreten und dokumentiert sein. Opfer, die in den ersten Stunden nach der Tat keinen Kontakt zu anderen Menschen suchen oder schlicht keine Familie um sich herum haben, können ihr Leiden kaum nachweisen. Denn dieses wird letztlich dadurch in den Prozess eingeführt, dass beispielsweise Familienmitglieder das Verhalten beobachtet haben wollen. Dieses Problem wird besonders akut bei Vergewaltigung in der Ehe. Ein nachweisbares Leiden kurz nach der Tat setzt voraus, dass sich das Opfer sofort an Dritte wendet. Ist eine Verurteilung aus den genannten Gründen nicht möglich, bestehen Zweifel daran, ob die Entscheidung von allen Beteiligten akzeptiert wird. Eine Begründung der Entscheidung und deren allgemeine Akzeptanz sind indes unabdingbare Voraussetzungen für die diskursive Anerkennung des Prozessergebnisses.

Es wird deshalb auch die Frage aufgeworfen, ob von dem „Corroboration"-Erfordernis in Sexualstrafverfahren eine generelle Ausnahme geschaffen werden müsse. Als Argument wird diskutiert, dass der Vorwurf der Vergewaltigung ausreichende Zuverlässigkeit für sich in Anspruch nehmen und die Jury-Mitglieder falsche Anschuldigungen leichter erkennen könnten.[877] Ferner würden Jury-Mitglieder dazu neigen, dem Opfer nicht zu glauben, da dessen Glaubwürdigkeit im Kreuzverhör in Frage gestellt würde. Die Kritik gegen derartige Argumente liegt auf der Hand. Es gibt keinerlei aussagepsychologische Ansatzpunkte dafür, dass falsche Anschuldigungen gerade in Vergewaltigungsfällen besser erkannt werden könnten. Dies klingt eher nach einer kaum begründbaren Umgehung des „Corroboration"-Erfordernisses. Für das deutsche Recht würde eine solche Regel, die ausgerechnet in Sexualstrafverfahren und damit in der Mehrzahl der Aussage gegen Aussage-Fälle eine Ausnahme macht, erst Recht keinen Sinn ergeben, da die Glaubwürdigkeit von Zeugen nicht im Kreuzverhör in Zweifel gezogen wird.

Auch in der Literatur wird eine Ausnahme für Sexualstrafverfahren von manchen kritisch gesehen. So folge allein aus der Tatsache, dass bei bestimmten Delikten typischerweise keine bestätigenden Beweismittel auffindbar seien,

---

877 Vgl. kritisch zu diesem und dem folgenden Argument *Redmayne*, Juridicial Review 4 (2006), 309, 315 f.

nicht ohne Weiteres eine höhere Zuverlässigkeit des einzigen Beweismittels.[878] Dabei dürfte es sich allerdings um eine einseitige Betrachtungsweise handeln. Umgekehrt kann man nicht ohne Weiteres davon ausgehen, dass in Sexualstrafverfahren weniger tatsächlich Schuldige vor Gericht stehen. Diese können aber lediglich deshalb nicht effektiv verfolgt werden, weil es sich um Straftaten aus dem privaten Lebensbereich handelt.

Insgesamt kann daher festgehalten werden, dass eine Ausnahme gerade für Sexualstrafverfahren nicht befürwortet werden kann. Eine weite Auslegung des „Distress"-Erfordernisses scheint dogmatisch am ehesten begründbar. Für die vorliegende Untersuchung bedeutet dies aber, dass die Regel ambivalent beurteilt werden muss. Einerseits wurde in Schottland eine genaue Definition des „Distress"-Erfordernisses herausgearbeitet. Dies führt dazu, dass eine genaue Auseinandersetzung damit erfolgte, in genau welchen Fällen eine Verurteilung möglich sein kann. Damit kommt sie dem Ziel nahe, einen regelhaften Umgang mit den Aussage gegen Aussage-Fällen zu ermöglichen. Andererseits führt aber gerade diese Ausnahme zu dem bedenklichen Ergebnis, dass das Leiden des Opfers in das Zentrum des Prozesses gerückt wird.

gg) Konsequenzen für das deutsche Strafverfahren

Die vorgenommenen Untersuchungen haben gezeigt, dass eine umfassend geltende „Corroboration"-Regel durchaus der Legitimation von Fehlverurteilungsrisiken dienen könnte. Sie stellt hohe Anforderungen an das Beweismaß, sodass ein verbleibendes Restrisiko in Kauf genommen werden muss. Die umfassende Rechtsprechung in diesem Bereich zeigt, dass die Regelung zu einer dezidierten Auseinandersetzung mit der Frage führen kann, wann der Beweis als erbracht angesehen werden kann. Dies gilt umso eher für die Aussage gegen Aussage-Fälle in Sexualstrafverfahren, in denen mit dem „Distress"-Erfordernis eine fundierte Rechtsprechung vorliegt. Die Rechtsprechung arbeitet hier teilweise mit einem Alternativenausschlussmodell. Auf diese Weise könnte bei konsequenter Anwendung ein intersubjektiv begründbares Verfahren zur Entscheidungsfindung entwickelt werden. Dies könnte sich als Vorteil gegenüber dem deutschen Recht darstellen. Darin werden zum Teil nur formale Voraussetzungen aufgestellt. Wo sich Regeln über den rechtsgenügenden Beweis andeuten, werden diese nicht als solche benannt. Dass das deutsche Strafverfahrensrecht größeren sekundären Schutz für den Angeklagten bietet, ist kein zwingender Grund dafür, eine solche Regelung nicht für Deutschland zu diskutieren. Allerdings stellt sie

878 *Redmayne*, Juridicial Review 4 (2006), 309, 316.

sich auch nicht als ideal dar. Denn die Strafverfolgung könnte selbst unter Berücksichtigung des „Distress"-Erfordernisses zu einer geschlechterspezifischen Diskriminierung im Bereich der Sexualstrafverfahren führen. Dies wiederum könnte dazu führen, dass das Urteil nicht allgemein akzeptiert wird. Grundsätzlich eine „Corroboration"-Regel zu fordern und für bestimmte problematische Fallgruppen Ausnahmen zu schaffen birgt indes die Gefahr, gerade diese Fälle von einer einheitlichen Handhabung auszunehmen. Deshalb lohnt sich auch eine Untersuchung des umgekehrten Ansatzes: Die „Corroboration"-Regel könnte auch nicht universal, sondern nur für spezifische problematische Delikte oder Prozesssituationen gelten. Diese Option wird im folgenden U.S.-amerikanischen Teil relevant werden.

b) „Corroboration" im US-amerikanischen Strafverfahrensrecht

aa) Allgemeines zum US-amerikanischen Strafverfahrensrecht

Das US-amerikanische Strafverfahren gehört dem Rechtsraum des „Common Law" an.[879] Deshalb findet der Strafprozess – wie in Schottland auch – in Gestalt eines Parteienprozesses statt. Um den Angeklagten verurteilen zu können, muss die Staatsanwaltschaft ebenfalls die Schuld „Beyond Reasonable Doubt" beweisen.[880] Als Teil des „Common Law" sieht auch das US-amerikanische Recht eine Präjudizienbindung vor.[881] Eine einheitliche Aussage zum US-amerikanischen Strafrecht kann nicht getroffenen werden, da es aufgrund der föderalistischen Struktur kein einheitliches Gesetz gibt.[882] Gesetze können nicht nur von Bund und Bundesstaaten, sondern auch von kleineren Verwaltungseinheiten erlassen werden; ferner bestehen zahlreiche Verordnungen der Exekutive.[883] Von besonderer Bedeutung für das materielle Recht ist das unverbindliche Muster-Strafgesetzbuch („Model Penal Code"), auf dessen Grundlage 40 Bundesstaaten ihr Strafrecht reformiert haben.[884]

Obwohl die Rechtsordnungen des „Common Law" von der Bindung an Präzedenzfälle geprägt sind, hat sich hier – umfassender als in Deutschland – ein eigenständiges Beweisrecht als Gesetzesrecht entwickelt. Es existiert ein Bundesgesetzbuch für Beweisregeln („Federal Rules of Evidence"), das in jedem

---

879 *Worral/Hemmens/Nored,* Criminal Evidence, S. 23.

880 *Worral/Hemmens/Nored,* Criminal Evidence, S. 53; *Kotsoglou,* Erkenntnistheorie, S. 146; *Schweizer,* Beweiswürdigung und Beweismaß, S. 425.

881 *Hails,* Criminal Evidence, S. 17.

882 Vgl. hierzu ausführlich *Dubber,* Einführung in das US-amerikanische Strafrecht, S. 2 ff.

883 *Dubber,* Einführung in das US-amerikanische Strafrecht, S. 2 f.

884 *Dubber,* Einführung in das US-amerikanische Strafrecht, S. 16.

Bundesgericht Anwendung findet und ähnlich wie der „Model Penal Code" von mehr als 40 Bundesstaaten zumindest in weiten Teilen übernommen wurde.[885] Der Vorteil dieser Regeln gegenüber dem „Common Law" wird darin gesehen, dass sie sich bislang als erfolgreich erwiesen hätten, gut verfügbar und leicht verständlich seien.[886] Die „Federal Rules of Evidence" beinhalten aber größtenteils keine Regeln über den rechtsgenügenden Beweis, sondern Regeln über die Beweiserhebung. Sie dienen in erster Linie dazu, den juristisch nicht vorgebildeten Geschworenen eine Anleitung für die Entscheidungsfindung zu geben.[887] Problematische Beweismittel sollen von vornherein ausgeschlossen werden, da man die Inkompetenz der Jury befürchtet. Insoweit steht ein präventiver Gedanke im Vordergrund:[888] Der Richter kann Beeinflussungen nur schwer korrigieren. Deshalb soll schon dem möglichen Entstehen von Fehlern entgegengewirkt werden. Des Weiteren bezweckt das Beweisrecht die Schaffung einheitlicher Regeln.[889] Dies soll insbesondere hinsichtlich des Verfahrensgegenstands selbst gelten. Aber auch andere wichtige Belange, die keinen unmittelbaren Bezug zum Prozess haben, wie z.B. das Zeugnisverweigerungsrecht des Ehegatten als Schutz der Ehe, sollen einheitlich geregelt werden. Überdies zielen die Regeln auf die ordnungsgemäße Erhebung von Beweisen sowie die Garantie eines schnellen Prozesses ab.[890]

Obwohl das Jurysystem heute eine bedeutende Rolle für den Regelungsgehalt des Beweisrechts spielt, wird jenes aber nicht als Ursache für die historische Entwicklung eines eigenständigen Beweisrechts gesehen. Dieses entstand erst in der Mitte des 18. Jahrhunderts, als Jurys schon lange existierten.[891] Vielmehr geht man davon aus, dass im Zuge der Einführung des Parteienprozesses im späten 18. Jahrhundert ein Bedürfnis nach Regeln entstanden sei.[892] Dabei wird die „Corroboration"-Regel in Bezug auf Mittäter teils als erste Beweisregel angesehen.[893]

---

885 *Worral/Hemmens/Nored*, Criminal Evidence, S. 23 f.; *Mueller/Kirkpatrick*, Evidence under the Rules, S. 3.

886 *Mueller/Kirkpatrick*, Evidence under the Rules, S. 2.

887 *Mueller/Kirkpatrick*, Evidence under the Rules, S. 1 f.

888 *Langbein/Lerner/Smith*, History of the Common Law, S. 452.

889 *Mueller/Kirkpatrick*, Evidence under the Rules, S. 1 f.

890 *Mueller/Kirkpatrick*, Evidence under the Rules, S. 2.

891 *Langbein/Lerner/Smith*, History of the Common Law, S. 452.

892 *Langbein/Lerner/Smith*, History of the Common Law, S. 452.

893 *Langbein*, Eighteenth-Century Criminal Trial, S. 96 ff.; *Guerra Thompson*, UC Davis Law Review 41 (2008), 1487, 1529; zu den Fällen der Mittäterschaft näher unten D. IV. 2. b) cc) (2) (a).

Die Ziele der Warnung der Jury und der Regelung des Kreuzverhörs können auf das deutsche Recht offensichtlich nicht übertragen werden. Die Gewährleistung ordnungsgemäßer Ermittlungen dürfte zu einem Großteil auf dem Misstrauen der US-Amerikaner gegenüber ihren Polizeibehörden geschuldet sein.[894] Anders verhält es sich mit dem Zweck der einheitlichen Regelung von Fragestellungen, die den Strafprozess im Kern oder in Randbereichen betreffen. Insoweit bestehen Überschneidungen mit dem hier vertretenen Ansatz. Die US-amerikanischen Beweisregeln können deshalb keineswegs in ihrer Gänze übernommen werden. Vielmehr muss genau untersucht werden, was die jeweilige Regel bezweckt. Dies soll bei der Untersuchung des „Corroboration"-Grundsatzes im Folgenden berücksichtigt werden.

bb) Definition von „Corroboration" im US-amerikanischen Recht

„Corroboration" sieht das Recht zum Teil durch Bundes- oder Landesgesetze vor, zum Teil durch die Rechtsprechung des *Supreme Court of the United States* (im Folgenden *Supreme Court*). Um die Allgemeingültigkeit einer solchen Regel zu untersuchen, bedarf es zunächst einer genauen Analyse dessen, was im US-amerikanischen Recht unter „Corroborative Evidence" verstanden wird.

Nach *Stewart* bedeutet dies, dass Tatsachen durch zwei unabhängige Beweisquellen bewiesen werden müssen.[895] Bei *Hails* findet sich die Definition, dass „Corroborative Evidence" die vorangehende Aussage eines Zeugen unterstützen muss, indem es zusätzlichen Beweis dafür liefert, was der Zeuge zuvor ausgesagt hat, ohne dies lediglich zu wiederholen.[896] „Corroborative Evidence" umfasst daher sowohl Sachbeweise als auch den klassischen zweiten Zeugen.

„Corroborative Evidence" ist von „Cumulative Evidence" abzugrenzen. Letzteres wiederholt etwas, das bereits bekannt ist, während „Corroborative Evidence" unterstützende Funktion hat.[897] Von „Corroboration" kann demnach nur dann gesprochen werden, wenn vorhergehende Aussagen durch eine andere Quelle

---

894 Dazu näher unten D. IV. 2. b) cc) (2) (b) (bb).

895 *Stewart*, Collins Dictionary of Law, Corroboration: „The doctrine in the law of evidence that material facts require to be proved by evidence from two independent sources as, for example, two eyewitnesses or one witness and facts and circumstances".

896 *Hails*, Criminal Evidence, S. 551: „Corroborative Evidence supports the prior testimony of another witness by providing additional evidence to confirm what the previous witness said without merely duplicating it".

897 *Worral/Hemmens/Nored*, Criminal Evidence, S. 209: „Cumulative Evidence is evidence that repeats what is already known. (…). Corroborative Evidence is supportive, not duplicative".

bestätigt werden, also nicht bloß etwas wiederholt wird, das schon als Beweismittel zugelassen wurde.[898] Danach soll es sich also bloß um „Cumulative Evidence" handeln, wenn beispielsweise mehrere Zeugen die Aussage eines ersten Zeugen wiederholen, dass sie jeweils gesehen hätten, wie der Angeklagte die Tat begangen hat. „Corroborative Evidence" soll vorliegen, wenn beispielsweise Spuren an der Mordwaffe eine Zeugenaussage bestätigen.[899] Bei mehreren Zeugen kann es sich folglich entweder um die eine oder die andere Art von Zeugenbeweis handeln, je nachdem, ob beispielsweise alle Zeugen aussagen, den Mord beobachtet zu haben („Cumulative Evidence") oder jeder Zeuge für sich Geschehnisse beobachtet haben will, die in der Zusammenschau den Schluss zulassen, dass der Angeklagte die Tat begangen hat („Corroborative Evidence").[900] Insoweit unterscheidet sich die US-amerikanische Definition von „Corroboration" von derjenigen aus dem schottischen Recht. Letztere ist etwas weiter gefasst, indem sie auch das einschließt, was in den USA unter „Cumulative Evidence" verstanden wird. Die Unterscheidung ist von wesentlicher Bedeutung. Im Falle der „Cumulative Evidence" kann der Richter beschließen, nicht alle Zeugen zu hören.[901] Im Folgenden soll nur „Corroboration" untersucht werden, da es sich hierbei um eine Regel über den rechtsgenügenden Beweis handelt. Denn das US-amerikanische Recht fordert nie das Vorliegen von „Cumulative Evidence", um verurteilen zu können.

cc) Anwendungsbereiche von „Corroboration"

(1) Delikte, die weitere Beweismittel erfordern können

(a) Hochverrat

Art. 3 Abs. 3 der Verfassung der Vereinigten Staaten besagt, dass eine Verurteilung wegen Hochverrats nur möglich ist, wenn zwei Zeugen für die offenkundige Handlung oder ein Geständnis vor Gericht vorhanden sind. Begründet wird dies vor allem damit, dass Unschuldige geschützt und Verlässlichkeit erzeugt werden sollen.[902] Die Regel geht auf das englische Recht zurück. Der Wortlaut ist angelehnt an das „Statute of 25 Edward III", wobei es sich um eine Gesetzgebung zum Hochverrat aus dem Jahr 1350 handelt.[903] Die Gründe dafür, warum diese

---

898 *Hails,* Criminal Evidence, S. 93, 163.
899 Zu beiden Beispielen *Hails,* Criminal Evidence, S. 163.
900 *Hails,* Criminal Evidence, S. 94.
901 *Hails,* Criminal Evidence, S. 163, 551.
902 *Jain,* Journal of Criminal Law and Criminology 91/3 (2001), 761, 765.
903 *Jain,* Journal of Criminal Law and Criminology 91/3 (2001), 761, 775.

Regelung übernommen wurde, sind nicht wissenschaftlich erschlossen.[904] Die Vorschrift scheint demnach rein historisch begründet zu sein. Der Übernahme der Regelung lag wohl die Annahme zugrunde, dass es sich um ein schweres Delikt handelt, das unter der Androhung der Todesstrafe steht. Da für dieses ein besonderes Beweiserfordernis vorhanden war, erschien es sinnvoll, es beizubehalten. Es kann aber nicht ohne Weiteres davon ausgegangen werden, dass es ohne historische Vorlage eingeführt worden wäre. Deshalb erschließt sich auch nicht, warum eine Andersbehandlung gegenüber ähnlich schweren Delikten vorgenommen wird. So kann beispielsweise auch Mord die Todesstrafe nach sich ziehen, jedoch besteht hierfür kein Erfordernis zweier Zeugen. Hier eine Differenzierung gegenüber ähnlich schweren Delikten vorzunehmen, erscheint nur schwer nachvollziehbar. Die „Zwei-Zeugen-Regel" in den Fällen des Hochverrats ist demnach eine historische Besonderheit des US-amerikanischen Verfassungsrechts, die sich nicht auf das deutsche Strafverfahren übertragen lässt.

(b) Meineid

Einige Bundesstaaten der USA sehen eine „Corroboration"-Regel in ihren Kodifikationen für Anklagen wegen Meineids vor. Beispielsweise beinhaltet das Recht des Bundesstaats New York folgende Regelung:

> „In any prosecution for perjury, […], or in any prosecution for making an apparently sworn false statement, or making a punishable false written statement, falsity of a statement may not be established by the uncorroborated testimony of a single witness."[905]

Im Bundesrecht gilt der Grundsatz wegen der Rechtsprechung des Supreme Court für alle Fälle des Meineids im Sinne von § 1621 der bundesrechtlichen Kodifikation *United States Code.*[906] In der Entscheidung *Weiler v. United States*

---

904 *Jain,* Journal of Criminal Law and Criminology 91/3 (2001), 761, 778.

905 New York N.Y. PEN. LAW § 210.50: NY Code – Section 210.50, http://codes.findlaw.com/ny/penal-law/pen-sect-210-50.html (Abrufdatum: 18.7.2016). Eine vergleichbare Regelung sieht der Staat Oregon in § 162.115 der 2013 Oregon Revised Statutes ORS Vol. 4 vor: „In any prosecution for perjury or false swearing, falsity of a statement may not be established solely through contradiction by the testimony of a single witness.", http://www.oregonlaws.org/ors/162.115 (Abrufdatum: 18.7.2016). Das grundsätzliche Erfordernis zweier unabhängiger Beweismittel findet sich ferner in der Kodifikation von Alabama: Alabama Code - Section 13A-10-105, http://codes.lp.findlaw.com/alcode/13A/10/5/13A-10-105 (Abrufdatum 18.7.2016).

906 Ausdrücklich nicht der Fall ist dies für andere vereidigte Aussagen vor einer „Grand Jury" oder einem Gericht. Hierfür sieht § 1623 (e) des United States Code vor: „Proof beyond a reasonable doubt under this section is sufficient for conviction. It shall not

(1945) begründete der Supreme Court die Geltung der Regel mit der Erwägung, dass ehrliche Bürger vor voreiligen und boshaften Vergeltungsaktionen mittels unbegründeter Strafverfolgungen wegen Meineids geschützt werden sollten.[907] Nach dieser Rechtsprechung bedarf es entweder zweier unabhängiger Zeugen oder eines Zeugen und eines weiteren unabhängigen Beweismittels, das mit der Unschuld des Angeklagten unvereinbar ist.[908]

Die „Corroboration"-Regel für diese Deliktsart hängt eng mit der Vereidigungspraxis in den USA zusammen. Nummer 603 der *Federal Rules of Evidence* sieht vor, dass Zeugen immer vereidigt werden.[909] Demgegenüber müssen Zeugen in Deutschland gem. § 59 StPO nur dann einen Eid leisten, wenn es das Gericht wegen der ausschlaggebenden Bedeutung der Aussage oder zur Herbeiführung einer wahren Aussage nach seinem Ermessen für notwendig hält. Liegt als Beweismittel für die Schuld des Angeklagten nur eine Zeugenaussage vor, stünde im US-amerikanischen Recht demnach immer „Eid gegen Eid".[910] Dies genüge indes nicht, um dem Verurteilungsmaßstab „Beyond Reasonable Doubt" zu genügen.[911]

Die Reglung geht – wie auch diejenige zum Hochverrat – auf eine lange historische Tradition zurück. Als sie entstand, konnten Angeklagte in der Regel keine Aussagen unter Eid tätigen,[912] sodass es auch ausschließlich in Meineidprozessen zur Kollision zweier Eidesleistungen kam.[913] Während es sich zunächst um eine

---

be necessary that such proof be made by any particular number of witnesses or by documentary or other type of evidence."

907 Supreme Court, *Weiler v. United States* (1945).

908 Supreme Court, *Weiler v. United States* (1945), vgl. dazu auch United States Department of Justice, Offices of The United States Attorneys, http://www.justice.gov/usam/criminal-resource-manual-1750-comparison-perjury-statutes-18-usc-1621-and-1623 (Abrufdatum: 18.7.2016). Positiv hervorzuheben ist auch hier die negative Formulierung. Daraus dürfte hervorgehen, dass eine Verurteilung jedenfalls dann nicht möglich ist, wenn man die Einlassung des Angeklagten nicht widerlegen kann.

909 Regel 603, Federal Rules of Evidence: „Before testifying, a witness must give an oath or affirmation to testify truthfully. It must be in a form designed to impress that duty on the witness's conscience." Abgerufen unter http://www.law.cornell.edu/rules/fre/rule_603 (Abrufdatum: 18.7.2016), vgl. zur Regel auch *Mueller/Kirkpatrick,* Evidence under the Rules, S. 475.

910 Mr. Justice Thompson in einer abweichenden Meinung zur Entscheidung *United States v. Wood* (1840), zitiert nach *Orfield,* South Western Law Journal 17 (1963), 227 f.; *Newman,* Das englisch-amerikanische Beweisrecht, S. 84.

911 *Newman,* Das englisch-amerikanische Beweisrecht, S. 84.

912 Heute können Zeugen hingegen – sofern sie dies wünschen – auch in den Zeugenstand treten, vgl. dazu *Worral/Hemmens/Nored,* Criminal Evidence, S. 237.

913 *Newman,* Das englisch-amerikanische Beweisrecht, S. 84.

strikte „Zwei-Zeugen-Regel“ handelte, wurden die Anforderungen auf irgendein weiteres Beweismittel ausgedehnt.[914] Diese Entwicklung bestätigt die eingangs getätigten Erwägungen, dass für die Zweckmäßigkeit einer „Corroboration“-Regel nicht unbedingt zwei Zeugen gefordert werden müssen, sondern irgendein vergleichbares zweites Beweismittel genügt.

Die Geltungsgründe für die besonderen Meineid-Regeln können nicht dazu herangezogen werden, um auch in Deutschland weitere Beweismittel explizit in Meineidprozessen zu fordern. Die Begründung, dass ehrliche Bürger vor voreiligen und boshaften Vergeltungsaktionen mittels unbegründeter Strafverfolgungen geschützt werden sollten, kann genauso gut auf alle anderen Delikte übertragen werden. Beispielsweise im Falle von Sexual- oder Kapitaldelikten können die Konsequenzen für den Angeklagten viel weiter reichen, sowohl was das Strafmaß als auch das Ansehen des Angeklagten in der Gesellschaft betrifft.

Ferner ist zweifelhaft, ob die Abwägung „Eid gegen Eid“ überhaupt anders ausfallen muss als die Abwägung „Aussage gegen Aussage“. Für die normative Begründung dürfte es nicht darauf ankommen, ob der Zeuge vereidigt wurde oder nicht. Die strafbewehrte Wahrheitspflicht gilt unabhängig von der Vereidigung. Insbesondere unterliegt der Zeuge im Falle des § 154 StGB keiner gesteigerten Wahrheitspflicht.[915] Die eingangs ausführlich dargelegten Gefahren, dass sich der Zeuge falsch erinnert oder sogar bewusst lügt, bestehen sowohl bei der eidlichen als auch der uneidlichen Aussage. Die Vereidigung hat zudem an Bedeutung verloren.[916] Es kann sogar angezweifelt werden, ob der Nacheid überhaupt noch seinen Zweck erfüllt, da die Hemmschwelle für einen Zeugen, von der einmal getätigten Aussage wieder abzurücken, besonders hoch sein dürfte.[917] Wenn von der Vereidigung – wie dies regelmäßig der Fall ist – im Prozess abgesehen wird, ergibt sich die strafbewehrte Wahrheitspflicht bereits aus der Strafbarkeit der falschen uneidlichen Aussage nach § 153 StGB. Eine vereidigte Aussage ist demnach auch nicht abstrakt gewichtiger als eine nicht vereidigte Aussage.[918]

---

914 Vgl. zur Entwicklung der Rechtsprechung *Orfield*, South Western Law Journal 17 (1963), 227 ff.

915 Kindhäuser/Neumann/Paeffgen/*Vormbaum*, StGB, § 154 Rn. 18.

916 MünchKomm.StGB/*Müller*, § 154 Rn. 6.

917 Mit *Fischer*, StGB, Vor § 153 Rn. 4 kann bereits die erhöhte Strafandrohung durch § 154 StGB angezweifelt werden, da eine erhöhte Richtigkeitsgewähr nicht begründet werden kann. Das Abstellen auf die sakrale Eigenschaft des Eides sei insoweit überholt.

918 Kindhäuser/Neumann/Paeffgen/*Vormbaum*, StGB, § 154 Rn. 23.

Man könnte nun noch die Überlegung anstellen, ob eine „Corroboration"-Regel auf alle Aussagedelikte, eidlich wie uneidlich, Anwendung finden sollte. Aber auch unter diesem Aspekt rechtfertigt sich im deutschen Rechtssystem keine Alleinstellung gegenüber anderen Aussage gegen Aussage-Situationen. Es dürfte keinen Unterschied machen, ob es sich um einen einzigen Prozess handelt, in dem die Aussage des Zeugen gegen die des Angeklagten steht, oder aber ob sich die Aussage in dem Verfahren wegen falscher uneidlicher Aussage bzw. Meineides gegen die des Angeklagten in einem früheren Prozess richtet.

(c) Vergewaltigung

Das „Corroboration"-Erfordernis findet sich vereinzelt auch für Sexualstrafverfahren. Beispielsweise im Bundesstaat Ohio gilt die Regelung bis heute für bestimmte Sexualdelikte, es wird allerdings eine Diskussion in der Literatur über die Abschaffung der Vorschrift geführt.[919] In den meisten Bundesstaaten ist sie bereits außer Kraft getreten. Ebenso wird die diesbezügliche Regelung in § 213.6 (5) Model Penal Code von der zuständigen Institution aktuell überarbeitet, da die Vorschrift als nicht mehr zeitgemäß erachtet wird.[920] Im Bundesstaat Ohio stellen sich bei der Anwendung der Regel ähnliche Probleme wie in Schottland. In dem Fall *State v. Economo* (1996)[921] wurde dem Angeklagten zur Last gelegt, als Arzt eine Patientin im Rahmen einer Untersuchung sexuell genötigt zu haben. Die Zeugin war von ihrer Schwester zu dem Termin begleitet worden. Diese hatte beobachtet, dass die Zeugin weinend aus der Praxis kam. Das weitere Beweismittel bestand damit lediglich in der Aussage der Schwester und deren Beobachtungen. Der Ohio Supreme Court ließ dies als ausreichendes bestätigendes Beweismittel zu. Damit zeigt sich in der praktischen Handhabung eine ähnliche Entwicklung wie diejenige zum „Distress" in Schottland. Dies deutet auf ein Bedürfnis des Gerichts hin, die Regel weiter auszulegen.

---

919 Ohio Revised Code § 2907.6 (B), http://codes.ohio.gov/orc/2907 (Abrufdatum: 27.7.2016); vgl. zu Abschaffungsvorschlägen *Falk,* Cleveland State Law Review 62 (2014), 343 ff. Außer Kraft gesetzt wurde sie beispielsweise 1989 im Bundesstaat Nebraska, vgl. dazu http://nebraskalegislature.gov/laws/statutes.php?statute=29-2028 (Abrufdatum: 26.1.2016).

920 American Law Institute, Model Penal Code: Sexual Assault and Related Offences, https://www.ali.org/projects/show/sexual-assault-and-related-offenses/ (Abrufungsdatum: 27.7.2016); vgl. zu Abschaffungsvorschlägen hinsichtlich der bundesrechtlichen Regel *Denno,* Ohio St. J. Crim. L. 1 (2003), 207 ff.

921 Vgl. dazu *Falk,* Cleveland State Law Review 62 (2014), 343, 351.

Der wesentliche Unterschied zwischen den schottischen und den hier interessierenden Vorschriften besteht allerdings darin, dass hier das Erfordernis eines bestätigenden Beweismittels ausschließlich für Sexualstrafverfahren gilt. Eine derartige Alleinstellung ist jedoch nicht gerechtfertigt. Die Regel findet ihren Ursprung nicht im „Common Law".[922] Vielmehr lag ihr die Annahme *Lord Hales* zugrunde, dass es sich bei Vergewaltigung um einen Vorwurf handele, der leicht erhoben und schwer bewiesen werden könne, und gegen den sich der Angeklagte nur schwer wehren könne.[923] Vergewaltigung sei ein Delikt, bei dem Zeugen eher zu Falschaussagen neigen würden als in anderen Fällen.[924] Diese Begründung ist in höchstem Maße bedenklich. Sie lässt außer Acht, dass in allen Aussage gegen Aussage-Fällen fraglich ist, ob der Zeuge oder der Angeklagte die Wahrheit sagt. Die Situation, dass eine Tat leicht zu behaupten und gleichzeitig schwer zu widerlegen ist, kann genauso bei einem einfachen Diebstahl auftreten. Es gibt überhaupt keine wissenschaftlichen Belege für die Behauptung, dass Zeugen in Sexualstrafverfahren häufiger lügen als in anderen Prozessen.[925] Mit dem Erfordernis der Bestätigung ausschließlich in Sexualstrafverfahren werden die Schwierigkeiten der Beweisführung dem potentiellen Opfer solcher Delikte einseitig aufgebürdet. Dieses Ergebnis kann angesichts der Schwere solcher Taten kaum gewollt sein. Ferner stellt diese Begründung Opfer sexuellen Missbrauchs unter den Generalverdacht der Lüge.[926] Da die Zeugen oftmals weiblich sind, werden Frauen durch ein solches Erfordernis besonders benachteiligt.

Die Regelung hat demnach auch in den USA nur noch einen kleinen Anwendungsbereich und beruht auf einer überkommenen und falschen Vorstellung von der Aussagepsychologie, die sich nicht in die vorhandenen Rechtssysteme einfügt. Eine Sonderbehandlung der Sexualdelikte dergestalt, dass in diesen Fällen immer weitere Beweismittel gefordert werden müssen, kommt folglich nicht in Betracht. Insgesamt kann damit auch festgehalten werden, dass ein „Corroboration"-Erfordernis ausschließlich für bestimmte Deliktsarten im deutschen Recht nicht sinnvoll erscheint.

---

922 *Gregory,* Creighton Law Review 21 (1988), 601, 603.

923 Zitiert nach *Bacigal/Tate,* Criminal Law and Procedure, S. 92.

924 Vgl. zu diesen Argumenten sehr kritisch *Gregory,* Creighton Law Review 21 (1988), 601, 603.

925 *Falk,* Cleveland State Law Review 62 (2014), 343, 350.

926 *Falk,* Cleveland State Law Review 62 (2014), 343, 344 f.

(2) Prozesssituationen, die weitere Beweismittel erfordern können

Das „Corroboration"-Erfordernis besteht nicht nur in Bezug auf bestimmte Deliktsarten, sondern auch auf besondere Prozesssituationen.

(a) Mittäter

(aa) Ausprägungen und Begründung einer „Corroboration"-Regel in den USA

Bereits im englischen „Common Law" der 1740er Jahre wurde eine „Zwei-Zeugen-Regel" für diejenigen Fälle eingeführt, in denen das einzig vorhandene Beweismittel die Aussage eines Mittäters war.[927] In erster Linie wurde die Regel auf Bandendiebstähle angewandt.[928] Sie stellte eine Reaktion auf das zuvor übliche Verfahren zur Vernehmung mehrerer Täter dar. Dieses hatte vorgesehen, dass die Täter zunächst jeweils getrennt voneinander vernommen wurden und anschließend in einer Art Wettbewerb gegeneinander antreten mussten. Der Verlierer war auf der Basis der Aussage des Mittäters meist zum Tode verurteilt worden. Die Aussagen waren deshalb im Hinblick auf die fünfzigprozentige Überlebenschance überaus fehleranfällig gewesen. Dem sollte die „Corroboration"-Regel für Mittäter entgegenwirken. Damit hat sie einen Ursprung, der heute keineswegs allein als Geltungsgrund herangezogen werden kann. Auch hier bedarf es einer Analyse dessen, ob eine entsprechende Regel noch unter dem geltenden Recht der Legitimation einer Verurteilung unter Inkaufnahme der verbleibenden Fehlverurteilungsrisiken dienen kann.

Manche Rechtsordnungen der USA fordern bis heute (irgendend)ein weiteres Beweismittel für Fälle, in denen ein Mittäter gegen den anderen vor Gericht aussagt.[929] Dabei kann es sich grundsätzlich auch um Aussage gegen Aussage-Situationen handeln. Dem liegt auch nach geltendem Recht die Erwägung zugrunde, dass der Mittäter in der Hoffnung auf Vergünstigungen möglicherweise falsch

---

927 *Langbein/Lerner/Smith,* History of the Common Law, S. 457, 700.

928 Zum im Folgenden erläuterten historischen Hintergrund *Guerra Thompson,* UC Davis Law Review 41 (2008), 1487, 1529 f.

929 Nach Tex. Code Crim. Proc. Ann. Art. 38.14 darf eine Verurteilung nicht auf Basis der Aussage eines Mittäters erfolgen, wenn die Zeugenaussage nicht durch ein anderes Beweismittel bestätigt wurde. Das weitere Beweismittel muss den Angeklagten in Verbindung mit der Tat bringen, es reicht ausdrücklich nicht aus, wenn es nur die Tatbegehung bestätigt. Vgl. zu dieser Regel auch *Crump,* Ohio St. J. Crim. L. 7 (2009), 361, 373. Vgl. allgemein zur „Corroboration"-Regel für Mittäter *Worral/Hemmens/Nored,* Criminal Evidence, S. 209; *Guerra Thompson,* UC Davis Law Review 41 (2008), 1487, 1533.

aussagt.[930] Es wird befürchtet, dass sich manche Angeklagte einer Strafverfolgung entziehen könnten, indem sie andere Angeklagte der Mittäterschaft bezichtigen.[931] In diesen Rechtsordnungen wurden indes auch Ausnahmen geschaffen, die das Erfordernis nach einem weiteren Beweismittel wieder einschränken. Als problematisch werden zum Teil die Fälle der Hehlerei angesehen. Hier wird oftmals nur der Dieb als Zeuge gegen den Hehler aussagen können.[932] Es kann aber schwierig sein, dem Angeklagten die Kenntnis darüber nachzuweisen, dass die Sache gestohlen worden war. Deshalb sieht die texanische Strafverfahrensordnung eine Ausnahme für den subjektiven Tatbestand des Diebstahls bzw. der Hehlerei vor.[933] Danach muss zwar die Aussage eines Mittäters, dass der Angeklagte eine Verbindung zur Tat aufweist, durch weitere Beweismittel bestätigt werden. Nicht hingegen bedarf es einer Bestätigung des Vorsatzes. Nach der Vorschrift erfährt das grundsätzliche Erfordernis einer Bestätigung ferner dadurch eine deutliche Einschränkung, dass nur *eine Verbindung* zur Tat bestätigt werden muss. Trotzdem verbleibt ein Anwendungsbereich für die Regel. Es ist demnach nicht möglich, auf die bloße Behauptung eines Mittäters eine Verurteilung zu stützen, wenn es keine weiteren Anhaltspunkte dafür gibt, dass der Angeklagte am Tatort war oder sonst irgendwie mit der Tat verbunden ist.[934]

Die getätigten Ausnahmen verdeutlichen, dass auch in den Rechtsordnungen, die eine „Corroboration"-Regel für Mittäter kennen, die Regel keine strikte Anwendung findet. Auch hier scheint von einer starren Anwendung abgesehen zu werden. Vielmehr wird versucht, die Regel praktisch handhabbar zu machen. Im Zuge dessen werden in einigen Bundesstaaten bereits relativ schwache Indizien als weitere Beweismittel zugelassen.[935] Als Beispiel werden Telefondaten,

---

930 *Hails,* Criminal Evidence, S. 162; *Worral/Hemmens/Nored,* Criminal Evidence, S. 209; *Guerra Thompson,* UC Davis Law Review 41 (2008), 1487, 1533.

931 *Guerra Thompson,* UC Davis Law Review 41 (2008), 1487, 1533.

932 Vgl. zu diesem Problemfeld *Crump,* Ohio St. J. Crim. L. 7 (2009), 361, 374.

933 Tex. Penal Code Ann. § 31.03(b)(2): „the testimony of an accomplice shall be corroborated by proof that tends to connect the actor to the crime, but the actor's knowledge or intent may be established by the uncorroborated testimony of the accomplice", http://codes.lp.findlaw.com/txstatutes/PE/7/31/31.03#sthash.RSBG6cqd.dpuf (Abrufdatum: 18.7.2016).

934 Es ist aber ohnehin fraglich, ob in solchen Fällen überhaupt der geforderte Maßstab des „Beweises, bei dem keine vernünftigen Zweifel verbleiben" erfüllt wäre.

935 *Cassidy,* Northwestern University Law Review, 1129, 1164 mit Verweis auf NY Crim Pro L: „corroborative evidence tending to connect the defendant with the commission of such offence", letzteres abrufbar unter Justia US Law, http://law.justia.com/codes/new-york/2015/cpl/part-1/title-d/article-60/60.22 (Abrufdatum: 5.8.2016).

Ergebnisse polizeilicher Überwachungen sowie forensische Beweismittel, die den Angeklagten mit dem Tatort in Verbindung bringen, genannt.[936] Im Bundesrecht besteht indes keine „Corroboration"-Regel. Der Supreme Court geht davon aus, dass eine Verurteilung sogar dann auf die Aussage eines Mittäters gestützt werden kann, wenn ihm Vergünstigungen in Aussicht gestellt werden.[937] Voraussetzung dafür ist aber, dass die Aussage nicht unglaubhaft oder nicht offensichtlich unsubstantiiert war.[938]

(bb) Diskussion um die Einführung einer solchen Regel im deutschen Recht

Hinsichtlich der genannten Vorgaben bestehen Parallelen zum deutschen Recht. Nach der Rechtsprechung des BGH ist die Beweiswürdigung rechtsfehlerhaft, wenn das Gericht bei Aussagen von Mitangeklagten oder tatbeteiligten Zeugen nicht berücksichtigt, dass diese sich durch eine den Angeklagten belastende Aussage möglicherweise selbst entlasten möchten.[939] Das Tatgericht müsse die Verfahrensrollen berücksichtigen und alle relevanten Umstände in die Überlegungen einbeziehen.[940] Fehlt die Möglichkeit einer konfrontativen Verteidigerbefragung, müssen gegebenenfalls weitere Beweismittel gefordert werden.[941]

S. zu den relativ geringen Anforderungen an das bestätigende Beweismittel auch ausführlich unten D. IV. 2. b) dd).

936 *Cassidy,* Northwestern University Law Review, 1129, 1164.

937 Vgl. zur Rechtsprechung des Supreme Court auch *Jeßberger,* Kooperation, S. 286 ff.

938 „incredible or unsubstantial on ist face", vgl. dazu Haakinson v. United States, abrufbar unter Case Text, https://casetext.com/case/haakinson-v-united-states (Abrufdatum: 5.8.2016); zum Fehlen einer bundesrechtlichen Regel auch *Guerra Thompson,* UC Davis Law Review 41 (2008), 1487, 1534.

939 *Meyer-Goßner*/Schmitt, StPO, § 261 Rn. 11a; zum Zeugen BGH Urt. v. 5.8. 2008 – 3 StR 242/08, NStZ-RR 2008, 371, 372. S. dazu bereits ausführlich oben C. IV. 2. b). Das US-amerikanische Recht spricht materiell-rechtlich von „accomplice", was in etwa mit der deutschen Mittäterschaft vergleichbar ist, vgl. zum Begriff Cornell University Law School, Legal Information Service, https://www.law.cornell.edu/wex/accomplice (Abrufdatum: 18.7.2016). Für die Untersuchung des deutschen Rechts ist es jedoch genauer, wie die Rechtsprechung nach der Stellung des Aussagenden im Prozess zu unterscheiden, soweit diese betroffen ist. Deshalb soll die Regel hier für die Fälle der Mitangeklagten oder tatbeteiligten Zeugen diskutiert werden. In all diesen Fällen besteht die Gefahr falscher Angaben, sodass eine Gleichbehandlung gerechtfertigt ist.

940 MünchKomm.StPO/*Miebach,* § 261 Rn. 241 f.

941 BGH Urt. v. 8.6.2016 – 2 StR 539/15, juris Rn. 25. Der BGH fordert hier, dass die Verurteilung auf weitere aussagekräftige Indizien gestützt wird. Hier war die belastende

Aufgrund der Falschbelastungsrisiken wird von manchen erwogen, eine „Corroboration"-Regel für Kronzeugen in das deutsche Recht zu übertragen.[942] Diese Diskussion ist zu begrüßen, da es sich dabei um einen der wenigen Fälle handelt, in denen Entscheidungsnormen ausdrücklich thematisiert werden. Generell gilt aber, dass aufgrund der wesentlich weitergehenden Befugnisse zur Vornahme von Verständigungen im US-amerikanischen Recht ein direkter Vergleich erschwert wird.[943] Soweit eine US-amerikanische Regel herangezogen werden soll, muss differenziert werden. Wie sich gezeigt hat, gilt die „Corroboration"-Regel für Mittäter nicht im Bundesrecht. In den Staaten, in denen sie gilt, erfährt sie deutliche Einschränkungen. Ferner wird auch in den USA der Trend beobachtet, dass die Regelung für Mittäter in den letzten Jahrzehnten vielerorts abgeschafft wurde.[944]

Die Vorschläge zur Einführung einer gesetzlichen Norm, die insbesondere von *Weider* konkretisiert wurden, sind daher sehr weitgehend. Dieser stellt nämlich folgende Regelungen für Kronzeugen auf, die als Entscheidungsnormen bezeichnet werden können:

> „Eine Verurteilung eines gänzlich bestreitenden Angeklagten darf auf die Aussage eines Belastungszeugen nur dann gestützt werden, wenn die Aussage zur Person des Belasteten durch weitere Beweisanzeichen gestützt wird. Bestreitet der Angeklagte den ihm vorgeworfenen Tatbeitrag, räumt jedoch eine geringere Tatbeteiligung ein, so kann die Verurteilung auf die Aussage des einzigen Belastungszeugen hinsichtlich des Tatbe[i]trags des Mittäters nur dann gestützt werden, wenn die Aussage hinsichtlich des Tatbeitrags durch weitere Beweisanzeichen bestätitgt wird."[945]

Aussage aber besonders zweifelhaft, da es sich nur um eine Zeugin vom Hörensagen handelte.

942 *Weider*, FS Widmaier, S. 599, 603; *Frahm*, Kronzeugenregelung, S. 263 ff.; *Mühlhoff/Pfeiffer*, ZRP 2000, 121, 127; *König*, StV 2012, 113, 115; ferner wird häufig *Denny*, ZStW 103 (1991), 269, 304 zitiert, der allerdings keinen Vergleich zum US-amerikanischen Recht, sondern zum Vereinten Königreich zieht.

943 *Kotsoglou*, Erkenntnistheorie, S. 146 weist darauf hin, dass es statistisch gesehen in US-amerikanischen Prozessen nur in 10 Prozent der Fälle zu einer Hauptverhandlung zur Schuldfeststellung kommt; in den übrigen Fällen wird nach einer Verständigung sogleich ins Schuldfeststellungsverfahren übergegangen.

944 Dies hänge entweder mit einer zunehmenden Liberalisierung der Beweiswürdigung im 20. Jahrhundert oder aber einem erhöhten Bedürnis nach effektiver Strafvollstreckung seit den 1980er Jahren zusammen, vgl. dazu *Guerra Thompson*, UC Davis Law Review 41 (2008), 1487, 1534.

945 *Weider*, FS Widmaier, S. 599, 603.

Die Befürworter einer zwingenden „Corroboration"-Regel für die Kronzeugenfälle in Deutschland stützen ihre Argumentation im Wesentlichen auf die Nachteile im Zusammenhang mit der Beweiswürdigung. Die gewöhnlichen Methoden zur Beurteilung der Glaubhaftigkeit sind in den Fällen der Mittäterschaft nämlich beschränkt: Der Mittäter oder tatbeteiligte Zeuge kann seinen Beitrag herunterspielen (Rollentausch) oder gar eine ganz andere Person bezichtigen (Personentausch).[946] Er hat das Geschehen selbst miterlebt und kann es daher auch mit Erlebnisbezug schildern und Elemente ändern, ohne dass dies auffallen würde.[947] Ferner wird ein enorm erhöhtes Fehlverurteilungsrisiko konstatiert.[948] Deshalb schlagen die Befürworter vor, die Regelungen über den Zeugen vom Hörensagen zu übertragen, für welche die Rechtsprechung in bestimmten Situationen die Bestätigung durch weitere Beweismittel fordere.[949] Näherliegend, aber im Ergebnis gleich, erscheint der Vorschlag *Frahms,* eine Parallele zum kranken Zeugen zu ziehen.[950] In diesen Fällen handelt es sich nämlich ebenfalls um einen Zeugen, der unmittelbar Erlebtes berichten will, bei dem aber eine Lüge aufgrund von konkreten Anhaltspunkten weniger leicht ausgeschlossen werden kann.

Diese Regelung lässt keine Ausnahmen zu. Sie wäre daher wesentlich strenger als die bundesrechtliche Rechtsprechung zu Mittätern in den USA. Die US-amerikanische bundesweite Handhabung der Regelung zur „Corroboration" bei Mittätern ähnelt sogar der Begründung des deutschen Gesetzgebers für ein Absehen von einer Regel über bestätigende Beweismittel. Dieser hielt eine Normierung unter anderem mit folgenden Erwägungen für nicht zielführend:

> „Bereits nach geltendem Recht wird eine einschlägige Aussage allein (also ohne weitere tatsächliche Anhaltspunkte) für eine Verurteilung in der Regel nicht genügen. Andererseits ist kein durchgreifender Anlass vorhanden, durch eine abstrakt-generelle Regelung bereits die Möglichkeit einer Verurteilung allein auf der Grundlage einer solchen Aussage abzuschneiden. In Ausnahmefällen kann die Aussage nämlich durchaus so überzeugend sein, dass sie – gegebenenfalls gestützt durch weitere, für sich genommen „schwache" Indizien – für eine Verurteilung ausreicht."[951]

---

946 BGH Urt. v. 8.6.2016 – 2 StR 539/15, juris Rn. 24 f.; *Weider,* FS Widmaier, S. 599, 600; *Frahm,* Kronzeugenregelung, S. 265; *Schmandt,* StraFo 2010, 446, 451.

947 Vgl. *Jeßberger,* Kooperation, S. 285.

948 *Frahm,* Kronzeugenregelung, S. 265.

949 *Weider,* FS Widmaier, S. 599, 602; *Frahm,* Kronzeugenregelung, S. 265.

950 *Frahm,* Kronzeugenregelung, S. 267. Der im Interesse eigener Begünstigung Handelnde sei „chronisch krank", da sich dauerhaft Zweifel an der Zuverlässigkeit ergäben.

951 BT-Drucks., 15/2771, S. 10; BT-Drucks. 15/2333, S. 8.

Auch der deutsche Gesetzgeber ging demnach davon aus, dass eine Verurteilung die Ausnahme sein sollte und dann zumindest schwache Indizien regelmäßig vorliegen müssten. Der Regelfall sollte demnach eher das Unterbleiben einer Verurteilung sein. Aus der Entscheidung des Gesetzgebers, keine Regel zu normieren, folgt jedoch nicht, dass keine Entscheidungsnorm für das Gericht formuliert werden kann. Es wurde ausführlich dargelegt, dass die Gerichte an das Recht und somit auch an konkretisierte Entscheidungsnormen gebunden sind. Dennoch lehnen viele eine gesetzliche Regel – und wohl auch damit verbunden eine Entscheidungsnorm überhaupt – ganz ab. Sie sei nicht erforderlich, was zumeist kurz mit einem Verweis auf die Unvereinbarkeit von Regeln mit der Freiheit der Beweiswürdigung sowie einem ausreichenden Schutz durch die revisionrechtlich aufgestellten Grundsätze begründet wird.[952] Ferner wird befürchtet, dass der Kronzeugenregel auf diese Weise die Effektivität genommen werde.[953]

(cc) Stellungnahme

Grundsätzlich kann angenommen werden, dass das Interesse an der Verfolgung gemeinschaftlich begangener Straftaten besonders hoch ist. Vor allem von organisierter Kriminalität können große Gefahren für die Allgemeinheit ausgehen.[954] Mit der Kronzeugenregelung bezweckt der Gesetzgeber die Bekämpfung terroristischer oder sonst krimineller Strukturen.[955] Diese aufzubrechen stellt eine enorme Herausforderung an die Strafverfolgungsbehörden dar.[956] Gerade die Verfolgung solcher „Milieustraftaten" könnte durch entsprechende Vorgaben indes erschwert werden. Denn als Zeugen sind oftmals nur andere Täter vorhanden. Es besteht die Gefahr, dass es insoweit zu einer Ungleichbehandlung gegenüber dem Alleintäter

952 *Peglau*, ZRP 2001, 103, 105; *Endriß*, StraFo 2004, 151, 155 behauptet, eine Regelung sei nicht erforderlich, da es in den Aussage gegen Aussage-Fällen weiterer Beweismittel bedürfe. Dies erscheint allerdings undifferenziert. Denn die Rechtsprechung fordert im Regelfall der Aussage gegen Aussage-Fälle gerade keine bestätigenden Beweismittel. Nach *Jesberger*, Kooperation, S. 289 f. entfalte die Regelung keinen Schutz, da im amerikanischen Recht geringe Anforderungen an das bestätigende Beweismittel gestellt würden. *Jahrreiß*, FS Lange, S. 765, 772 sieht eine Kronzeugenaussage als grundsätzlich auchreichend an, da jede Zeugenaussage falsch sein könne und somit beim Kronzeugen allenfalls eine „gesteigerte Schwierigkeit" bestehe.

953 *Peglau*, ZRP 2001, 103, 105.

954 *Guerra Thompson*, UC Davis Law Review 41 (2008), 1487, 1533, 1534.

955 BT-Drucks. 15/277, S. 10; BT-Drucks. 15/2333, S. 8.

956 BT-Drucks. 15/277, S. 10; BT-Drucks. 15/2333, S. 8.

kommt, der von einem zwar nicht beteiligten, aber doch möglicherweise aus anderen Gründen am Ausgang des Verfahrens interessierten Zeugen belastet wird. Aus diesem Grund könnte ein „Corroboration"-Erfordernis für Mitangeklagte oder tatbeteiligte Zeugen zu Strafverfolgungserschwernissen in Bezug auf Gruppen von Straftätern führen. Dadurch bedingt entsteht auch ein rechtspolitisches Interesse daran, eine Strafverfolgung nicht mit übermäßigen Hindernissen zu belasten.

Die Inkaufnahme entsprechender Verfolgungserschwerungen dürfte nur durch eine deutliche Verschlechterung der Beweislage des Angeklagten in diesen Fällen begründet werden können. Auf dessen Seite ist zu berücksichtigen, dass die Inkaufnahme von Fehlverurteilungsrisiken legitimiert werden muss. Dieses Risiko beruht auf Zweifeln an der Glaubhaftigkeit der Aussage des einzigen Belastungszeugen. In den Fällen von Aussagen durch an der Tat beteiligte Personen bestehen somit einerseits die allgemeinen vielfältigen Gefahren der bewussten oder unbewussten Falschaussage, die eingangs erläutert wurden. Andererseits besteht das Eigeninteresse des Aussagenden als zusätzlicher Faktor, der hinsichtlich des Fehlverurteilungsrisikos zu berücksichtigen ist.

Aus diesem vorzunehmenden Abwägungsprogramm folgt zunächst, dass keine Differenzierung danach vorgenommen werden sollte, ob der Mitangeklagte oder tatbeteiligte Zeuge tatsächlich in den Genuss von Strafmilderungen kommt oder nicht. Auch wenn es sich um andere Fälle der Mittäterschaft – also nicht unbedingt um einen Kronzeugen – handelt, besteht immer die Möglichkeit, dass dieser eine falsche Aussage aus eigenem Interesse tätigt. Damit kann der Mittäter z.B. bezwecken, nur wegen eines Delikts anstatt mehrerer oder nur nach einem Grundtatbestand anstatt einer Qualifikation verurteilt zu werden.

Der Vorschlag, auf eine Entscheidungsnorm gänzlich zu verzichten, kann nicht überzeugen. Zu Recht wird darauf hingewiesen, dass die bestehenden Vorkehrungen der Rechtsprechung gerade nicht ausreichend sind.[957] Zu der Problematik um den Erlebnisbezug kommen ähnliche Erwägungen hinzu wie diejenigen, die auch in den gewöhnlichen Aussage gegen Aussage-Fällen Schwierigkeiten bereiten. Denn bei der Forderung nach „besonders sorgfältiger Beweiswürdigung" ist nicht erkennbar, wie sich diese im Einzelnen von einer gewöhnlichen Glaubwürdigkeitsprüfung unterscheiden soll.[958] Eine völlige Ablehnung von Regeln würde dem offensichtlich erhöhten Fehlverurteilungsrisiko nicht gerecht werden. Abgesehen davon, dass Entscheidungsnormen nach den eingangs dargelegten

957 *Frahm*, Kronzeugenregelung, S. 265; *Weider*, FS Widmaier, S. 599, 600.
958 S. dazu bereits C. IV. 1. b) aa).

Ausführungen ohnehin keinen Widerspruch zur Freiheit der Beweiswürdigung darstellen,[959] erscheint der Verweis auf § 261 StPO hier rein formal und auch nicht überzeugend. Mit der Kronzeugenregelung und Verständigungen greift der Gesetzgeber ohnehin enorm in die Beweiswürdigung ein, sodass eine starres Festhalten am Grundsatz der Freiheit der Beweiswürdigung widersprüchlich erscheint.[960]

Die eingangs zitierte zwingende Regel über weitere Beweismittel stellt sich daher in jedem Fall besser dar als ein gänzlicher Verzicht auf Regeln. Gemeinsamkeiten mit dem „kranken Zeugen" sind aufgrund der konkreten Gefahr einer Falschaussage durchaus vorhanden. Der wesentliche Unterschied besteht hier aber darin, dass das Strafverfolgungsinteresse gegenüber anderen Aussage gegen Aussage-Fällen aufgrund der organisierten Strukutren erhöht ist. Dem muss eine Entscheidungsnorm Rechnung tragen, um verhältnismäßig zu sein. Insofern kann von dem Erfordernis zusätzlicher Beweismittel bei „kranken Zeugen" nicht ohne Weiteres auf das Erfordernis auch bei Mittätern geschlossen werden. Vielmehr ist insofern ein vermittelnder Weg diskussionwürdig: Grundsätzlich bedarf es in den Fällen von Mittätern und tatbeteiligten Zeugen zur Verhinderung von Fehlverurteilungen weiterer bestätigender Beweismittel. Um nicht mehr hinnehmbare Strafverfolgunserschwernisse zu vermeiden, dürfen aber – entsprechend dem gesetzgeberischen Willen und den US-amerikanischen Regeln – hier nur relativ niedrige Anforderung an das zu fordernde Beweismittel gestellt werden. Wie sich die Anforderungen an das Beweismittel im Einzelnen bestimmten lassen, soll unten unter D. IV. 2. b) dd) nach einer abschließenden Bewertung zu allen Fällen beurteilt werden. Der Nachweis jedes einzelnen Beitrags wird aber nicht gefordert werden können. Sicherlich besteht damit ein Restrisiko, welches allerdings im Hinblick auf das deutlich erhöhte Strafverfolgungsinteresse legitimiert werden kann. Dass an das bestätigende Beweismittel niedrigere Anforderungen gestellt werden müssen, ist deshalb nicht – wie von *Jeßberger*[961] vorgetragen – ein Einwand gegen die Regel überhaupt. Im Gegenteil stellt die Entscheidungsnorm einen Kompromiss dar, mit dessen Hilfe die betroffenen Belange angemessen in Ausgleich gebracht werden können.

---

959 S. dazu B. III. 3. f).

960 Vgl. *Denny*, ZStW 103 (1991), 264, 304 f.; *König*, StV 2012, 113, 115.

961 Kooperation, S. 289. Immerhin gibt sie damit aber dem Gericht überhaupt ein Entscheidungsprogramm vor, indem sie Vorgaben zum Umgang macht.

(b) Diskussion in der Literatur: Wiedererkennung durch Augenzeugen

Im Rahmen der Darstellung der Rechtsprechung des BGH zu den Aussage gegen Aussage-Fällen wurde unter C. IV. 2. c) bereits darauf eingegangen, dass es sich bei der Wiedererkennung durch Augenzeugen um einen speziellen Fall der Aussage gegen Aussage-Situationen handeln kann. Es wurde erläutert, dass sich die Risiken fehlerhafter Erinnerungen hier besonders eklatant darstellen. Bei Delikten wie Raub handelt es sich um sehr schnelle Tathergänge, die der Zeuge unter dem Einfluss von Angst erlebt. Somit kann er Vorgänge falsch wahrnehmen oder die Erinnerung kann sich im Laufe der Zeit verändern. Dennoch sind Gegenüberstellungen unverzichtbar.[962] Diese völlig abzulehnen, würde die Verfolgung vieler gewichtiger Delikte erschweren oder sogar gänzlich unmöglich machen. Es müssen allerdings Mittel für einen sicheren Umgang mit den vorhandenen Risiken gefunden werden. Deshalb ist – vor allem in der US-amerikanischen Literatur – eine Diskussion darüber entstanden, ob eine „Corroboration"-Regel explizit für die Fälle der Wiedererkennung durch Augenzeugen eingeführt werden sollte.

(aa) Erfordernis weiterer Beweismittel für Delikte mit hoher abstrakter Strafandrohung?

In diesem Rahmen findet sich zunächst ein relativ eng umgrenzter Ansatz: Die aus Art. 3 Abs. 3 der Verfassung der Vereinigten Staaten bekannte „Zwei-Zeugen-Regel" könnte auf all diejenigen Delikte übertragen werden, für die das Gesetz die Todesstrafe vorsieht, wenn die Verurteilung nur auf einer Wiedererkennung Fußen würde.[963] Dahinter steht die Überlegung, dass das Gesetz für Hochverrat die Todesstrafe vorsieht und insofern für Delikte mit derselben Strafandrohung auch gleiche Schutzmechanismen geschaffen werden könnten. Dieser Forschungsansatz erscheint vor dem Hintergrund durchaus sinnvoll, dass es sich bei der Todesstrafe um den denkbar schwersten Eingriff in die Rechte des Angeklagten darstellt. Auf das deutsche Rechtssystem kann er wegen der Abschaffung der Todesstrafe nach Art. 102 GG nicht eins zu eins übertragen werden.

Es könnte allerdings erwogen werden, den Ansatz auf Delikte zu übertragen, die im Strafmaß lebenslange Freiheitsstrafe vorsehen. Eine Freiheitsstrafe ist allerdings in ihrer Intensität nicht mit der Todesstrafe vergleichbar. Hinzukommt, dass selbst die Verhängung der lebenslangen Freiheitsstrafe durch § 57 a StGB

962 *Crump,* Ohio St. J. Crim. L. 7 (2009), 361, 363.
963 *Jain,* Journal of Criminal Law and Criminology 91/3 (2001), 761 ff.

eine verfassungsrechtliche Korrektur erfährt.[964] Überdies spricht gegen derlei Überlegungen, dass die Anforderungen an den rechtsgenügenden Beweis nicht per se von der Art des Delikts abhängig gemacht werden sollten. Die Voraussetzungen dafür, wann eine Verurteilung erfolgen darf, und die Frage nach dem Strafmaß werden auf unterschiedlichen Stufen relevant. Der Angeklagte hat unabhängig von der Schwere des Delikts zunächst einen Anspruch darauf, dass die Fallnorm unter Anwendung allgemein gültiger, begründbarer Erwägungen ermittelt wird. Dies gilt auch für die Fälle, in denen vielleicht keine lebenslange, wohl aber überhaupt eine Freiheitsstrafe verhängt werden soll. Erst wenn das Gericht festgestellt hat, dass die Anforderungen an den rechtsgenügenden Beweis erfüllt sind, kann die Frage nach dem Strafmaß relevant werden. Eine besondere Behandlung von Delikten mit hoher Strafandrohung dürfte sich daher nicht als sinnvoll erweisen.

(bb) Erfordernis weiterer Beweismittel für alle Delikte?

In der Literatur wird aber auch die Frage aufgeworfen, ob eine „Corroboration"-Regel für nahezu alle Fälle der Wiedererkennung durch Augenzeugen eingeführt werden sollte.[965] Hierfür werden in erster Linie die genannten Erinnerungsfehler als Argument herangezogen.[966] Hinzu kommen aber auch weitere Erwägungen. So sei es von Vorteil, dass bei Vorhandensein einer solchen Regel die Staatsanwaltschaft kein schlechtes Gewissen wegen der Anklageerhebung haben müsse.[967] Solche Überlegungen sind zweifelhaft, weil die Befindlichkeiten der Staatsanwaltschaft keine bedeutende Rolle für den rechtsgenügenden Beweis spielen können. Des Weiteren entscheidet nicht die Staatsanwaltschaft den Fall, sondern die Jury bzw. in Deutschland das Gericht. Außerdem wird hier ein weiterer Unterschied zwischen dem deutschen und dem amerikanischen Rechtssystem deutlich: Während es sich in den USA um einen Parteienprozess handelt, nimmt die

---

964 Nach BVerfG Urt. v. 21.6.1977 1 BvL 14/76, BVerfGE 45, 187, 228 f. setzt ein menschenwürdiger Strafvollzug voraus, dass auch einem zu lebenslanger Freiheitsstraße Verurteilten grundsätzlich die Chance verbleiben muss, wieder in Freiheit entlassen zu werden.

965 *Guerra Thompson*, UC Davis Law Review 41 (2008), 1487 ff.; *Crump*, Ohio St. J. Crim. L. 7 (2009), 361 ff.

966 S. dazu C. II. 2.

967 *Guerra Thompson*, UC Davis Law Review 41 (2008), 1487, 1528. So könnten Staatsanwälte moralische Bedenken haben, jemanden vor Gericht zu stellen, insbesondere wenn die Gefahr der Gefängnisstrafe oder der Todesstrafe in Aussicht stehe.

Staatsanwaltschaft in Deutschland eine objektive Funktion ein. Deshalb müssen Erwägungen, die an den Schutz dieser Behörde anknüpfen, außer Acht bleiben.

Als weiterer Grund für das Erfordernis bestätigender Beweismittel wird die Motivation der Polizei genannt. Indem man mindestens ein weiteres Beweismittel fordere, würde ein Anreiz für die Ermittler geschaffen, den Sachverhalt besonders sorgfältig zu erarbeiten.[968] Diese Befürchtungen dürften aber in erster Linie aus einem generellen Misstrauen der U.S.-Amerikaner gegenüber den Strafverfolgungsbehörden resultieren. So wird beispielsweise eine detaillierte Vorgabe von Vorgehensweisen bei der Gegenüberstellung nicht für ausreichend erachtet, da angenommen wird, die Polizei könnte diese umgehen.[969] Eine derartig große Skepsis gegenüber der Polizeiarbeit ist dem deutschen Recht indes fremd. Zunächst einmal sollte man sich darauf verlassen können, dass sich die Polizei regelkonform verhält. Unter C. II. 3.-4. wurde erläutert, dass die Psychologie des Vernehmenden zwar zu Fehlern bei der Würdigung von Zeugenaussagen führen kann. Es sollte jedoch davon ausgegangen werden, dass dies seine Ursache in allgemeinen Defiziten der menschlichen Psychologie hat und nicht darin, dass die Polizei *bewusst* unvollständig ermittelt. Wenn aber angenommen werden kann, dass die Polizei grundsätzlich bereits nach bestem Wissen und Gewissen vorgeht, kann sie auch nicht dazu motiviert werden, noch genauer zu arbeiten. Überdies ist fraglich, ob die Regel für diesen Zweck überhaupt förderlich wäre. Die Ermittler könnten durch die Vorgabe eher noch unter Druck gesetzt werden und dazu neigen, übereifrig zu ermitteln.[970] Dies könnte die Gefahr geradezu erhöhen, dass bei der Vernehmungsperson Effekte wie die selektive Informationssuche oder der Perseveranzeffekt eintreten. Die Motivation der Strafverfolgungsbehörden muss daher bei der Überlegung, ob eine „Corroboration“-Regel im deutschen Recht zielführend ist, außer Betracht bleiben. Vielmehr ist die Frage zu beantworten, ob bzw. wie das aufgrund der genannten Vernehmungsfehler erhöhte Fehlverurteilungsrisiko bei Wiedererkennungen angemessen minimiert werden kann.

---

968 Im Kontext der Wiedererkennung *Guerra Thompson,* UC Davis Law Review 41 (2008), 1487, 1526; im Kontext der Geständnisse *Sangero/Halpert,* Jurimetrics 48 (2007), 43, 87.

969 Sogenanntes „Judicial Micromanagement“, dazu *Guerra Thompson,* UC Davis Law Review 41 (2008), 1487, 1528.

970 Diese Gefahr räumt auch *Guerra Thompson,* UC Davis Law Review 41 (2008), 1487, 1542 ein.

(cc) Möglicher Anwendungsbereich der Regel und formale Voraussetzungen für die Gegenüberstellung

Somit stellt sich die Frage, ob das Fehlverurteilungsrisiko in den Fällen der Wiedererkennung durch Augenzeugen derart erhöht ist, dass es eine Bestätigung des Zeugenbeweises durch weitere Beweismittel generell erforderlich macht. Sinnvoll erscheint es auch hier, sich mit einem Alternativenausschluss anzunähern. Es muss die Frage gestellt werden, ob im Einzelfall auch ohne eine „Corroboration"-Regel jeweils ausgeschlossen werde könnte, dass sich die erhöhten Fehlverurteilungsrisiken realisieren. Sobald dies nicht mehr möglich ist, dürfte ein weiteres Beweismittel verlangt werden, eine entsprechende Regel mithin erforderlich im Sinne des Verhältnismäßigkeitsgrundsatzes sein. Ob die Anforderungen an den rechtsgenügenden Beweis erfüllt sind, hängt in diesem Fall auch stark davon ab, ob die Voraussetzungen eines ordnungsgemäßen Verfahrens zur Gegenüberstellung erfüllt sind.

Insofern ist auf eine neue Studie von Psychologen der University of California, San Diego hinzuweisen.[971] Die Forscher untersuchten 2013 in einer Feldstudie bei der Polizei von Houston anhand von 717 Augenzeugen von Raubüberfällen die Wiedererkennung durch Augenzeugen.[972] Dabei handelte es sich um Lichtbildvorlagen,[973] die teilweise gleichzeitig und teilweise sukzessiv erfolgten, und der Zeuge hatte den Angeklagten vor der Tat weder gekannt noch gesehen. Teils kannte auch die durchführende Person die Identität des Beschuldigten nicht („doppelte Blindstudie"), teils kannte der durchführende Ermittler zwar die Identität des Angeklagten, nicht jedoch die Position im Rahmen der Gegenüberstellung. Die Studie stellt eine Besonderheit dar, da zuvor hauptsächlich Laborstudien zu dem Thema vorgenommen worden waren.[974]

---

971 *Wixted/Mickes/Dunn/Clark/Wells,* Eyewitness Idenfications, 1 ff.; vgl. dazu auch Spiegel Online vom 22.12.2015, Augenzeugen vor Gericht, http://www.spiegel.de/wissenschaft/mensch/augenzeugen-simpler-trick-schuetzt-vor-falschen-erinnerungen-a-1068976.html (Abrufdatum: 18.7.2016).

972 *Wixted/Mickes/Dunn/Clark/Wells,* Eyewitness Idenfications, 1, 2, 6; ausführlich zu den Ergebnissen dieser Studie ferner *Wells,* The Houston Police Departement eyewitness identification experiment: analysis and results, http://www.lemitonline.org/research/documents/Final%20Results%20Report_HPD%20eyewitness%20experiment_Final.pdf (Abrufdatum: 18.7.2016).

973 Die Studie hatte Lichtbildvorlagen zum Gegenstand, da diese in den USA häufiger als persönliche Gegenüberstellungen praktiziert werden.

974 *Wixted/Mickes/Dunn/Clark/Wells,* Eyewitness Idenfications, 1; *Bäuml, Karl-Heinz,* zitiert nach Spiegel Online vom 22.12.2015, Augenzeugen vor Gericht, http://www.

Unter Berücksichtigung der Ergebnisse der Studie sollte als wichtige Bedingung zunächst formuliert werden, dass es sich um eine faire Gegenüberstellung handeln muss.[975] Beispielsweise müssen die Vergleichspersonen dem Beschuldigten möglichst ähneln, um zu verhindern, dass der Zeuge allein aufgrund einzelner herausstehender Merkmale zu einer Identifikation gelangt. Ferner erwiesen sich doppelt blinde Verfahren als vorzugswürdig.[976] So könne ausgeschlossen werden, dass der Ermittelnde bewusst oder unbewusst versucht, den Zeugen in Bezug auf eine bestimmte Person zu beeinflussen. Dabei dürfte es sich um weitestgehend unstrittigen Forschungsstand handeln.

Besondere Aufmerksamkeit verdient die Studie aber vor allem aufgrund zweier bedeutender Ergebnisse. Zum einen wurde festgestellt, dass eine sichere Aussage darüber, ob die gleichzeitige oder die aufeinanderfolgende Vorlage von Fotos verlässlichere Ergebnisse erziele, nicht getroffen werden könne. Die Ergebnisse deuteten aber darauf hin, dass im Zweifel – entgegen der bereits unter C. IV. 2. c) dargelegten bislang vorherrschenden Annahme – die sukzessive Vorlage zuverlässiger sei als die gleichzeitige.[977] Eine formale Voraussetzung kann demnach nicht an die zeitliche Reihenfolge der Vorlage bzw. der Gegenüberstellung anknüpfen.

Die zweite bedeutende Erkenntnis der Studie ist diejenige, dass die Selbsteinschätzung des Zeugen hinsichtlich seiner Aussage von enormer Bedeutung sein könne.[978] Dabei sei es wichtig, die Zeugen zu einem möglichst frühen Zeitpunkt im Verfahren zu fragen, wie sehr sie von der Richtigkeit ihrer eigenen Angaben überzeugt seien. In der Feldstudie wurden die Teilnehmer um eine Differenzierung nach den Kriterien hoher, mittlerer oder geringer Zuversicht in Bezug auf ihre eigenen Angaben gebeten.[979] Damit könne der Gefahr entgegengewirkt werden, dass der Zeuge im Laufe des Verfahrens von einer relativ vagen Wiedererkennung zu der Annahme gelangt, den Angeklagten sicher wiedererkannt zu haben. Die Studie kam zu dem Ergebnis, dass die meisten Beschuldigten mit einer nach der Selbsteinschätzung des Zeugen hohen Zuverlässigkeit wiedererkannt wurden, während die meisten Vergleichspersonen mit niedriger Sicherheit

---

spiegel.de/wissenschaft/mensch/augenzeugen-simpler-trick-schuetzt-vor-falschen-erinnerungen-a-1068976.html (Abrufdatum: 18.7.2016).

975 Dazu und zur folgenden Voraussetzung fairer Gegenüberstellungen *Wixted/Mickes/Dunn/Clark/Wells*, Eyewitness Idenfications, 2.

976 *Wixted/Mickes/Dunn/Clark/Wells*, Eyewitness Idenfications, 1, 2.

977 *Wixted/Mickes/Dunn/Clark/Wells*, Eyewitness Idenfications, 1, 5 f.

978 *Wixted/Mickes/Dunn/Clark/Wells*, Eyewitness Idenfications, 1, 2, 6.

979 *Wixted/Mickes/Dunn/Clark/Wells*, Eyewitness Idenfications, 1, 2.

identifiziert wurden.[980] Das Verfahren deutet sich als zuverlässig an, sodass eine Berücksichtigung dieser neuesten Erkenntnisse auch für die deutsche Rechtswissenschaft empfohlen werden dürfte.[981] Werden diese formalen Voraussetzungen eingehalten, dürfte einiges dafür sprechen, dass das verbleibende Restrisiko gering gehalten werden kann und deshalb auch im Interesse einer funktionierenden Strafrechtspflege in Kauf genommen werden sollte. Eines weiteren Beweismittels bedürfte es folglich in diesen Fällen nicht.

Da sich in der Feldstudie Angeklagter und Zeuge vor der Tat nicht gekannt hatten, können die Ergebnisse nicht auf die gegenteilige Situation übertragen werden, in der zuvor ein Bekanntschaftsverhältnis bestanden hatte. Allerdings dürften die spezifischen Gefahren der Wiedererkennung durch Augenzeugen hier ebenfalls reduziert sein. Für diese Fälle wird eine Ausnahme von dem generellen Erfordernis weiterer Beweismittel auch von den Befürwortern der Regel gemacht.[982] Kennen sich Angeklagter und Zeuge, besteht gerade nicht die Besonderheit, dass aufgrund der Schnelligkeit des Geschehensablaufs eine zuverlässige Erinnerung der Äußerlichkeiten nicht gewährleitet werden kann. Vielmehr kennt der Zeuge das Erscheinungsbild des Angeklagten, sodass die Identifizierung weniger riskant sein dürfte. Diesbezüglich wird zwar darauf hingewiesen, dass die Abgrenzung, wann Kenntnis vorliegt und wann nicht, im Einzelfall unklar sein könne.[983] Dass sich Schwierigkeiten bei der Subsumtion unter eine Rechtsnorm stellen können, ist jedoch häufig der Fall und kein zwingender Grund gegen deren Anwendung. Regeln sollen lediglich Komplexität reduzieren. Diese insgesamt zu beseitigen und abschließende Antworten auf alle denkbaren Fallgestaltungen zu bieten, wird jedoch nie gänzlich möglich sein.

In anderen als den genannten Fällen dürfte allerdings eine Verurteilung ausschließlich auf Basis der Zeugenaussage infolge Wiedererkennung nicht mehr

---

980 *Wixted/Mickes/Dunn/Clark/Wells,* Eyewitness Idenfications, 1, 2.

981 *Bäuml, Karl-Heinz,* zitiert nach Spiegel Online vom 22.12.2015, Augenzeugen vor Gericht, http://www.spiegel.de/wissenschaft/mensch/augenzeugen-simpler-trick-schuetzt-vor-falschen-erinnerungen-a-1068976.html (Abrufdatum: 18.7.2016).

982 *Guerra Thompson,* UC Davis Law Review 41 (2008), 1487, 1495. Dazu auch *Crump,* Ohio St. J. Crim. L. 7 (2009), 361, 374. Letzterer sieht hinsichtlich einer umfassenden Regel ohne diese Ausnahme die Gefahr, dass häusliche Gewalt nicht mehr verfolgt werden könnte. Dabei dürfte aber schon fraglich sein, ob es sich hier überhaupt noch um einen Fall des Wiedererkennens handelt. Denn bei häuslicher Gewalt steht nicht die Identifikation des Täters in Frage. Vielmehr dürfte es sich um eine „klassische" Aussage gegen Aussage-Situation handeln.

983 *Crump,* Ohio St. J. Crim. L. 7 (2009), 361, 374.

hinnehmbar sein. Dies gilt insbesondere für die Situationen, in denen die Rechtsprechung von bloß „eingeschränktem“ oder „äußerst geringem“ Beweiswert spricht.[984] Mit derartig offenen Formulierungen wird die Frage, ob es eines weiteren Beweismittels bedarf, letztlich umgangen. Denn wenn ein Beweismittel nur eingeschränkten oder geringen Beweiswert hat, dürfte dies im Umkehrschluss bedeuten, dass es alleine eine Verurteilung nicht tragen kann. Dennoch erscheint es vorzugswürdig, dies als konkrete Anforderung so zu formulieren, um – wie eingangs gefordert – eine offene Diskussion hinsichtlich der Regeln über den rechtsgenügenden Beweis führen zu können.

Damit lässt sich folgendes Zwischenergebnis formulieren: Eine Verurteilung aufgrund der Aussage nur eines Zeugen, der den ihm zuvor unbekannten Angeklagten wiedererkannt haben will, kommt in den Aussage gegen Aussage-Fällen nur dann in Betracht, wenn Wahrnehmungs- und Erinnerungsfehler nach dem aktuellen aussagepsychologischen Forschungsstand weitestgehend ausgeschlossen werden können. Das dürfte jedenfalls dann der Fall sein, wenn eine faire Gegenüberstellung erfolgte und der Zeuge bereits frühzeitig zur Selbsteinschätzung aufgefordert wurde. Eine Verurteilung kann nur erfolgen, wenn der Zeuge den Angeklagten mit einer nach seiner Selbsteinschätzung hohen Zuverlässigkeit wiedererkannte. Nicht ausreichend ist eine einzige Zeugenaussage, wenn der Zeuge zuvor eine andere Beschreibung des Täters abgegeben hatte oder es sich um ein wiederholtes Wiedererkennen handelt. In diesen Fällen bedarf es für eine Verurteilung eines weiteren Beweismittels.

(c) Geständnis

Die einzigen Fälle, in denen das US-amerikanische Recht durchweg ein „Corroboration“-Erfordernis statuiert, sind diejenigen des Geständnisses. Ohne bestätigende Beweismittel kann eine Verurteilung allein auf der Grundlage eines Geständnisses nicht erfolgen.[985] Begründet wird das Erfordernis damit, dass falsche Geständnisse nicht selten aufträten.[986] Die Ursachen dafür können darin liegen, dass sich der Angeklagte durch die Verhörsperson unter Druck gesetzt

984 S. dazu C. IV. 2. c). Dabei handelt es sich um die Fälle des wiederholten Wiedererkennens sowie diejenigen, in denen der Zeuge zuvor eine andere Beschreibung des Täters abgegeben hatte.

985 Supreme Court, *Opper v. United States* (1954), Zusammenfassung abrufbar unter https://supreme.justia.com/cases/federal/us/348/84/ (Abrufdatum: 18.7.2016); *Bacigal/Tate,* Criminal Law and Procedure, S. 239; *Worral/Hemmens/Nored,* Criminal Evidence, S. 209 f.

986 *Worral/Hemmens/Nored,* Criminal Evidence, S. 210.

fühlt oder aber aus anderen, persönlichen Gründen lügt.[987] Die Fälle der Geständnisse sollen hier allerdings nicht im Detail untersucht werden, da es sich dabei nicht um Aussage gegen Aussage-Situationen handelt. Allerdings besteht in diesem Zusammenhang eine Rechtsprechung des Supreme Court zum Umfang des bestätigenden Beweismittels, auf die sogleich eingegangen werden soll.

dd) Anforderungen an das bestätigende Beweismittel

Nach dem Ergebnis der Untersuchung bedarf es eines weiteren Beweismittels in den Fällen des „kranken Zeugen", der Mittäterschaft sowie in manchen Situationen der Wiedererkennung. Bejaht man das Erfordernis einer Besätigung für bestimmte Fallgestaltungen, stellt sich die Frage nach den Anforderungen an dessen Qualität. Hinsichtlich solcher Beweismittel wie einem DNA-Nachweis, Finger- oder Schuhabdrücken dürfte dies angesichts der wissenschaftlichen Erkenntnisse noch relativ unproblematisch zu bejahen sein.[988] Schwieriger stellt sich schon die Überlegung dar, ob die Aussage eines Augenzeugen diejenige eines anderen Augenzeugen bestätigen kann, es sich mithin bei dem bestätigenden Beweismittel um einen zweiten Zeugen handeln kann.[989] Insofern ergäben sich bei beiden dieselben Schwierigkeiten hinsichtlich der Wahrnehmung und der Erinnerung. Entsprechende Bedenken dürften angesichts der schon zur „Zwei-Zeugen-Regel" getätigten Erwägungen jedoch unbeachtlich sein. Aufgrund der Zeugenpluralität verringert sich das Risiko, dass beide Augenzeugen denselben Defiziten unterliegen. Ein verbleibendes Restrisiko muss auch hier im Interesse der Strafrechtspflege hingenommen werden.[990]

Indes dürfte die Begehung weiterer Taten durch den Angeklagten nicht als Bestätigung ausreichen.[991] Dabei handelt es sich um andere prozessuale Taten, die keinen Bezug zur angeklagten Tat aufweisen. Allein die Tatsache, dass der

---

987 *Sangero,* Cardozo Law Review 28/6 (2007), 2791, 2795 f.

988 Auch diese vermeintlich sicheren Beweismittel sollten jedoch immer mit der notwendigen Vorsicht betrachtet werden. So weisen *Sangero/Halpert,* Jurimetrics 48 (2007), 43, insb. 52 ff. darauf hin, dass auch diese Beweismittel keine absolute Sicherheit für sich in Anspruch nehmen können. Als bestätigende Beweismittel für eine bereits vorhandene glaubhafte Zeugenaussage genügen sie aber, da eine Berücksichtigung des geringen Restrisikos die Strafverfolgung nahezu unmöglich machen würde.

989 *Crump,* Ohio St. J. Crim. L. 7 (2009), 361, 366.

990 So auch bezüglich der Wiedererkennung bei Delikten, die die Todesstrafe vorsehen, *Jain*, Journal of Criminal Law and Criminology 91/3 (2001), 761, 784.

991 Die Frage wirft *Crump,* Ohio St. J. Crim. L. 7 (2009), 361, 366 auf, lässt sie aber im Ergebnis offen. Für das deutsche Recht BGH Urt. 8.6.2016 – 2 539/15, juris Rn. 27.

Angeklagte schon einmal ähnliche Delikte begangen hat, würde sich eher als Verdacht darstellen. Eine Verdachtsstrafe würde aber dem Schuldgrundsatz widersprechen. Einschlägige Vorstrafen können zwar beim Strafmaß berücksichtigt werden. Auch hier gilt aber, dass das Strafmaß erst dann diskutiert werden darf, wenn die Frage nach dem rechtsgenügenden Beweis beantwortet ist.

Dazwischen gibt es allerdings auch Fallgruppen, die nicht auf den ersten Blick eindeutig beantwortet werden können. So wird erwogen, ob beispielsweise die Tatsache, dass der Angeklagte in der Nähe des Tatorts zugegen war, ausreichen kann, um die Augenzeugenaussagen zu bestätigen.[992] Genügt folglich bereits ein weiterer Umstand von relativ geringem Beweiswert oder bedarf es eines vollwertigen Beweismittels? In den USA wurde die Beobachtung gemacht, dass zum Teil relativ niedrigschwellige Anforderungen gestellt würden, die lediglich einen „zusätzlichen Umstand, der auf die generelle Richtung hinweist“ erforderlich machen würden.[993] Auch der Model Penal Code sah in den Bestimmungen, nach denen für Vergewaltigung ein weiteres Beweismittel gefordert wurde, *„circumstantial evidence“* als ausreichend an (§ 213.6 (5)).[994]

Hinsichtlich der Rechtsprechung zu den Geständnissen ist ebenfalls die Entwicklung zu beobachten, dass im Laufe der Zeit geringere Anforderungen an das bestätigende Beweismittel gestellt wurden. In *Smith v United States* (1954) forderte der Supreme Court noch, dass alle Elemente der Tat bewiesen werden müssen.[995] In *Wong Sun v. United States* (1963) ließ er es genügen, dass nur noch der sogenannte „Corpus Delicti“ bestätigt werden muss.[996] Dabei handelt es sich um den Nachweis dafür, dass überhaupt ein Rechtsgut in strafrechtlich relevanter Weise verletzt wurde.[997] Dass der Angeklagte der Täter ist, ist nicht Teil des „Corpus Delicti“. Dieses Element muss die Staatsanwaltschaft zwar beweisen,

---

992 Vgl. dazu *Crump*, Ohio St. J. Crim. L. 7 (2009), 361, 366.

993 *Crump*, Ohio St. J. Crim. L. 7 (2009), 361, 367.

994 Bei „Circumstantial Evidence“ handelt es sich um ein solches Beweismittel, mit dem eine Tatsache nur indirekt bewiesen wird. Dies bedeutet, dass jedes Jury-Mitglieder selbst aus dem Beweismittel die Schlussfolgerung ziehen muss, ob es für eine Verurteilung genügen soll oder nicht. Vgl. dazu *Worral/Hemmons/Nored*, Criminal Evidence, S. 72.

995 Supreme Court, *Smith v. United States* (1954), Zusammenfassung abrufbar unter https://supreme.justia.com/cases/federal/us/348/147/ (Abrufdatum: 18.7.2016); vgl. dazu auch *Worral/Hemmens/Nored*, Criminal Evidence, S. 210.

996 Supreme Court, *Wong Sun v. United States* (1963), S. 490 Fn. 15, Zusammenfassung abrufbar unter https://supreme.justia.com/cases/federal/us/371/471/case.html (Abrufdatum: 18.7.2016).

997 *Sangero/Halpert*, Jurimetrics 48 (2007), 43, 85.

allerdings nicht mittels weiterer Beweismittel bestätigen.[998] In der Entscheidung *Opper v. United States* lockerte der Supreme Court schließlich erneut die Anforderungen an die Qualität, indem er nur noch forderte, dass die Staatsanwaltschaft unabhängige Beweise vorlegt, welche die Glaubwürdigkeit des Geständnisses belegen und die wesentlichen Tatsachen unterstützen.[999]

Im Hinblick auf die „Corroboration"-Regel bei Mittätern können ähnliche Beobachtungen gemacht werden. Nach der Regelung des Bundesstaats New York genügt es für eine Bestätigung, wenn es sich um ein Indiz handelt, das dazu geeignet ist, den Angeklagten mit der Tat in Verbindung zu bringen.[1000] Sofern dem entgegengehalten werden sollte, dass es sich dabei um eine weite Definition handele, so ist diese dennoch besser als die Frage nach dem rechtsgenügenden Beweis vollständig in das Ermessen des Gerichts zu stellen. Gegenüber der bloßen Forderung nach „Außenkriterien" von Gewicht beinhaltet sie immerhin eine Aussage zu den Anforderungen an eben dieses Kriterium. Ferner hat sie den Vorteil, dass sie sowohl das erhöhte Fehlverurteilungsrisiko als auch das Strafverfolgungsinteresse angemessen berücksichtigt. Demnach könnte jedenfalls für Mittäter folgende Entscheidungsnorm festgehalten werden:

> *Eine Verurteilung kann nur dann auf die Aussage eines Mitangeklagten oder tatbeteiligten Zeugen gestützt werden, wenn weitere Indizien vorhanden sind, die den Angeklagten mit der Tat in Verbindung bringen.*

Insgesamt muss daher festgehalten werden, dass die Frage nach dem Umfang nicht abschließend beantwortet werden kann. Als Mindestvoraussetzung kann jedoch formuliert werden, dass das Beweismittel einen Bezug zur angeklagten Tat haben muss. Des Weiteren wird es sich jedenfalls bei Beweismitteln wie einer weiteren Zeugenaussage, DNA oder Fingerabdrücken problemlos um weitere Beweismittel handeln. Im Übrigen ist die Abgrenzung nicht ganz eindeutig. Die Frage, ob ein solches vorliegt, muss sich an folgender Abwägung orientieren: Einerseits dürfen die Anforderungen nicht zu hoch sein, damit eine effektive Strafverfolgung noch möglich ist. Andererseits darf es sich auch nicht um

---

998 *Sangero/Halpert,* Jurimetrics 48 (2007), 43, 85.

999 Supreme Court, *Opper v. United States* (1954), Zusammenfassung abrufbar unter https://supreme.justia.com/cases/federal/us/348/84/ (Abrufdatum: 18.7.2016); *Bacigal/Tate,* Criminal Law and Procedure, S. 239.

1000 NY Crim Pro L § 60.22 (2015): „A defendant may not be convicted of any offence upon the testimony of an accomplice unsupported by corroborative evidence tending to connect the defendant with the commission of such offence."; abrufbar unter http://law.justia.com/codes/new-york/2015/cpl/part-1/title-d/article-60/60.22 (Abrufdatum: 19.7.2016).

derartig geringe Voraussetzungen handeln, dass das Erfordernis praktisch zu keiner Eingrenzung führt. Unter Berücksichtigung dieser Belange dürfte dann auch im deutschen Recht ermittelt werden können, ob ein bestätigendes Beweismittel – in der höchstrichterlichen Rechtsprechung „Außenkriterium von Gewicht" genannt – vorliegt. Die Frage soll hier nicht abschließend beantwortet werden, da insoweit eine weitere Diskussion erforderlich ist und sich gegebenenfalls auch der Gesetzgeber mit den konkreten Ausgestaltungen befassen sollte. Die Untersuchungen haben aber gezeigt, dass im US-amerikanischen Recht aufgrund des Erfordernisses bestätigender Beweismittel, insbesondere bei Geständnissen, eine Diskussion über deren Umfang erfolgt, die in Deutschland in vielen Bereichen unterbleibt. Insoweit sollte auch die deutsche Rechtsprechung anhand der vorgegebenen Abwägungsinhalte im Einzelfall diskutieren, ob es sich jeweils um ein „Außenkriterium" handelt, anstatt dies – ohne überhaupt eine Definition hierfür zu nennen – einfach zu bejahen oder abzulehnen.

ee) Alternative verfahrensrechtliche Lösungen

Ein rechtsvergleichender Blick in die USA ist auch vor dem Hintergrund lohnenswert, dass im Zusammenhang mit der Frage nach dem bestätigenden Beweismittel auch alternative Lösungsmöglichkeiten diskutiert werden. Zum Teil wird insoweit eine Belehrung der Jury-Mitglieder über das Erfordernis weiterer Beweismittel gefordert („Jury Instructions").[1001] Das Gericht würde dann die Jury-Mitglieder über aussagepsychologisch bedingte Fehlverurteilungsrisiken und die Anforderungen der „Corroboration"-Regel informieren. Entsprechende Überlegungen hängen mit der Besetzung der Gerichte durch Laien sowie der Trennung von Richter und Jury zusammen und können insofern nicht übertragen werden. Die Gefahr, dass potentielle Fehlerquellen als solche nicht erkannt werden, ist bei Laienjurys sicherlich höher als bei Berufsrichtern. Allerdings verfügen letztere vor allem als Berufsanfänger oftmals auch nicht über ausreichende Kompetenzen auf dem Gebiet der Aussagepsychologie. Insoweit wurde bereits dargelegt, dass eine entsprechende Erweiterung der Ausbildung um aussagepsychologische Kenntnisse eine sinnvolle Maßnahme sein könnte, um dem Entstehen von Beweiswürdigungsfehlern präventiv entgegenzuwirken.

1001 Vgl. dazu *Saltzburg*, Criminal Justice 15 (2000) 65, 69; vgl. auch jedenfalls als Ergänzung für eine „Corroboration"-Regel *Guerra Thompson*, UC Davis Law Review 41 (2008), 1487, 1514 ff.

Des Weiteren wird diskutiert, ob man Sachverständige zu Zeugenaussagen hören sollte, die eine Wiedererkennung zum Gegenstand haben.[1002] Dabei würden die Sachverständigen weniger zum konkreten Fall aussagen, als zu allgemeinen wissenschaftlichen Erkenntnissen über Augenzeugen.[1003] Entsprechende Vorstöße sind aber kritisch zu sehen. Im Jury-System könnten sie allenfalls vor dem Hintergrund sinnvoll erscheinen, dass die konkreten Laien-Jurymitglieder erstmalig mit Wiederkennungen konfrontiert werden. Im Falle der deutschen Berufsrichter kann auf eine solche Vorgehensweise verzichtet werden, indem der Richter selbst eine entsprechende aussagepsychologische Aus- und Fortbildung erhält, die er in jedem Prozess anwenden kann.

Ferner wird darauf hingewiesen, dass sogenannte „Exclusionary Rules" die „Corroboration"-Regel ergänzen könnten.[1004] Dabei geht das US-amerikanische Recht davon aus, dass Beweismittel, die unter Verletzung der Verfassung erlangt worden sind, keinen Eingang in den Prozess finden sollen.[1005] Auch das deutsche Strafverfahren kennt den „Exclusionary Rules" im Grundsatz vergleichbare Beweisverwertungsverbote.[1006] Diese sind für ein rechtsstaatliches Strafverfahren unverzichtbar. Allerdings können sie die Entscheidungsnormen tatsächlich nur ergänzen, deren Fehlen insgesamt jedoch nicht kompensieren. Denn sie geben ausschließlich Auskunft darüber, welche Beweismittel im Einzelfall nicht berücksichtigt werden dürfen. Demgegenüber beinhalten sie keine allgemeine Aussage darüber, wann der Beweis als erbracht angesehen werden darf. Die genannten formalen Lösungen können demnach keine Alternative zu Regeln über den rechtsgenügenden Beweis darstellen.

ff) Umsetzungsmöglichkeiten

Für die Umsetzung einer solchen Regel werden mehrere Möglichkeiten diskutiert. So wird vorgeschlagen, dass die höchstinstanzlichen Gerichte die Regeln in

1002 *Guerra Thompson,* UC Davis Law Review 41 (2008), 1487, 1514 ff. sieht diese Möglichkeit jedenfalls nicht als Erstatz für eine „Corroboration"-Regel an; zum schottischen Recht im Ergebnis ablehnend *Davidson/Ferguson,* Int. Journal of Evidence & Proof 18 (2014), 1, 13.

1003 Vgl. *Guerra Thompson,* UC Davis Law Review 41 (2008), 1487, 1515.

1004 *Guerra Thompson,* UC Davis Law Review 41 (2008), 1487, 1531.

1005 Legal Information Institute, Stichwort Exclusionary Rule, https://www.law.cornell.edu/wex/exclusionary_rule (Abrufdatum: 18.7.2016).

1006 S. dazu bereits oben B. II. 3. b) aa).

ihre Rechtsprechung als Interpretation des jeweiligen Landes- oder Bundesverfassungsrechts integrieren könnten.[1007] Die Gerichtsentscheidungen im „Common Law" entfalten Bindungswirkung, was im deutschen Rechtsraum nicht der Fall ist. Allerdings sind die hiesigen Gerichte ebenfalls an das Recht gebunden. Auch eine richterrechtliche Konkretisierung könnte deshalb den Klarstellungsbedürfnissen der Praxis genügen. Bereits jetzt nennt der BGH in seiner Rechtsprechung Ansätze von Regeln über den rechtsgenügenden Beweis. Diese müssen aber als solche anerkannt und verbindlich formuliert werden. Es genügt nicht, bloß eine „besonders sorgfältige Beweiswürdigung" zu verlangen.

Näherer Betrachtung bedarf auch der Ansatz, die Regel als „Rule of Criminal Procedure" schriftlich zu formulieren.[1008] Damit dürfte es sich letztlich um den Vorschlag einer schriftlichen Regel über den rechtsgenügenden Beweis handeln, wie sie für die eingangs genannten Deliktsgruppen oder Prozesssituationen zum Teil bereits bestehen. Interessanterweise sieht das US-amerikanische Beweisrecht keinen Widerspruch zwischen dem Maßstab „Beyond Reasonable Doubt" und dem Bestehen von Regeln. Dies verdeutlicht, dass die in Deutschland überbetonte Differenzierung zwischen der freien Beweiswürdigung und einem System, das Regeln vorsieht, nicht zwingend ist. Ob eine entsprechende Regel eingeführt werden könnte, wird damit in den USA eher an der jeweiligen Fragestellung entschieden und nicht von vornherein abgelehnt.

Auch im deutschen Recht wäre es durchaus denkbar, bestimmte Regeln zu formulieren. Hierfür kommen zwei Vorgehensweisen in Betracht: Eine Formulierung in der RiStBV als Verwaltungsvorschrift oder eine gesetzliche Normierung in der StPO. Ersteres würde nur eine Richtlinie vornehmlich für Staatsanwälte darstellen. Besonders für Details, wie etwa die Frage, wann ein „Außenkriterium" genügen soll, wäre eine Konkretisierung durch die RiStBV aber möglich. Eine Normierung sämtlicher Entscheidungsnormen in der StPO ist wegen der Bindung der Gerichte an das konkretisierte Recht indes nicht erforderlich. Eine Positivierung könnte nur für solche Fälle sinnvoll sein, in denen eine Entscheidungsnorm einer besonderen Begründung durch den Gesetzgeber bedarf.[1009]

1007 *Guerra Thompson,* UC Davis Law Review 41 (2008), 1487, 1541.

1008 *Guerra Thompson,* UC Davis Law Review 41 (2008), 1487, 1541.

1009 Dies wird man annehmen müssen, wenn man grundsätzlich einen Zeugen für eine Verurteilung als ausreichend erachtet, jener aber strafunmündig ist. S. dazu unten D. V. 3. d).

gg) Konsequenzen für das deutsche Strafverfahren

Nach dem oben Gesagten lässt sich festhalten, dass die Rechtslage in den USA in weiten Teilen nicht auf das deutsche Recht übertragbar ist. Eine besondere Beurteilung der Sexualdelikte, des Meineids oder des Hochverrats ist im deutschen Rechtssystem gegenüber anderen Delikten nicht zu rechtfertigen. Der spezielle Umgang mit diesen Straftatbeständen beruht auf Besonderheiten innerhalb eines Rechtssystems und ist nicht verallgemeinerbar. Hinsichtlich der besonderen Prozesssituationen ist festzuhalten, dass das Erfordernis weiterer Beweismittel bei Mitangeklagten oder tatbeteiligten Zeugen vor dem Hintergrund des konkret deutlich erhöhten Fehlverurteilungsrisikos durchaus gerechtfertigt werden kann. Dies ist der Fall, wenn dem Mitangeklagten oder tatbeteiligten Zeugen eine Verständigung oder Strafmilderung in Aussicht gestellt wurde. Eine Verurteilung kann in diesen Fällen nur erfolgen, wenn die Aussage des Zeugen durch weitere Beweismittel bestätigt wurde, die den Angeklagten in Verbindung mit der Tat bringen. Hinsichtlich der Wiedererkennung durch Augenzeugen ist ebenfalls zu differenzieren. Hat das Gericht alles ihm Mögliche getan, um die erhöhten Fehlverurteilungsrisiken zu minimieren, wird man kein weiteres Beweismittel fordern müssen. Dies dürfte jedenfalls dann der Fall sein, wenn sich Zeuge und Angeklagter vor der Tat kannten oder bei der Wiedererkennung nach dem aktuellen aussagepsychologischen Forschungsstand möglichst einwandfrei vorgegangen wird. Dabei wird man eine faire Verfahrensweise beachten und eine Selbsteinschätzung des Zeugen mit dem Ergebnis einer hohen Zuverlässigkeit einholen müssen. Ferner sollte der Ermittler über die Identität des Beschuldigten nicht Bescheid wissen. Ergeben sich jedoch aus besonderen Gründen Zweifel an der Reduktion der Fehlerquellen – wie es etwa bei der wiederholten Wiedererkennung oder beim Abweichen von vorher getätigten Beschreibungen der Fall ist – dürfte eine einzige Zeugenaussage für die Verurteilung nicht genügen.

Die Untersuchung des US-amerikanischen Rechts hat daher zumindest für eng umgrenzte Fälle Denkanstöße gegeben. Auch wenn große Teile nicht übernommen werden können, ist positiv zu beachten, dass überhaupt Diskussionen über den rechtsgenügenden Beweis geführt werden. Diese zeigen auf, an welchen Kriterien sich die Frage nach dem rechtsgenügenden Beweis orientieren kann. Insbesondere könnten mit Hilfe der gewonnenen Erkenntnisse Abwägungskriterien entwickelt werden, um die im deutschen Recht bedeutsamen „Außenkriterien von Gewicht“ näher zu bestimmen. Allen untersuchten Regeln ist gemein, dass sie jedenfalls im Zweifel eher weit ausgelegt werden, um eine einzelfallgerechte Beweiswürdigung zu gewährleisten. Dennoch sind sie als wichtig anzusehen, da sie ein „Programm“ für die Beweiswürdigung vorgeben. Ob man eine grundsätzliche

„Corroboration"-Regel letztendlich für sinnvoll erachtet, hängt davon ab, ob man den Interessen des Angeklagten den Vorrang vor der effektiven Strafrechtspflege einräumen möchte. Im Folgenden soll die umgekehrte Regel untersucht werden, nach der eine Verurteilung grundsätzlich auch bei Vorliegen nur einer Zeugenaussage erfolgen kann und bei der die Abwägung eher zu Gunsten der effektiven Strafrechtspflege ausfällt.

V. Erfordernis eines Zeugen, bei dem keine besonderen Gründe vorliegen, an der Glaubhaftigkeit seiner Aussage zu zweifeln

Im Abschnitt D. IV. wurde bereits untersucht, ob eine „Zwei-Zeugen-Regel" in Betracht kommt. Hierzu wird in der Literatur folgende Regel für möglich erachtet:

> „Wenn sich trotz gehöriger Ermittlungen keine besondere Gründe dafür finden lassen, zwei „klassische" Zeugen zu entwerten, dürfte damit durchaus eine rechtlich tragfähige Grundlage für entsprechende verurteilungsgeeignete Tatsachenfeststellungen gegeben sein."[1010]

Eine derartige Regel könnte auch dahingehend diskutiert werden, ob bereits bei Vorliegen nur eines Zeugen eine Verurteilung in Betracht kommen kann, wenn keine besonderen Gründe die Zeugenaussage entwerten. Die Möglichkeit einer solchen Regelung soll im Folgenden zur Debatte gestellt werden.

1. Die einzige Zeugenaussage als vollwertiges Beweismittel

Eine solche Regel müsste den eingangs genannten Anforderungen der Verhältnismäßigkeit genügen. Dies setzt zunächst voraus, dass die Regel normativ begründet werden kann. Hierfür ist die Frage zu stellen, ob sich das Gericht aufgrund der strafbewehrten Wahrheitspflicht darauf verlassen darf, dass ein Zeuge im Prozess tatsächlich eine unverfälschte, vollständige Aussage macht. Das Gesetz sieht in §§ 153 ff. StGB vor, dass Falschaussagen vor Gericht mit Strafe bedroht werden. Dabei handelt es sich um Sanktionsnormen. Die dahinter stehenden Verhaltensnormen beinhalten das Gebot, vor Gericht richtige Aussagen zu machen, oder negativ formuliert, das Verbot zu lügen oder unvollständig Zeugnis abzulegen. Der Zweck der strafbewehrten Wahrheitspflicht besteht in der Absicherung der wahrheitsgemäßen Tatsachenfeststellung im Beweisverfahren.[1011] Es handelt sich

---

1010 *Freund*, FS Meyer-Goßner, S. 409, 426.
1011 MünchKomm.StGB/*Müller*, Vor §§ 153 ff. Rn. 7.

somit bei den Aussagedelikten um Delikte gegen die Rechtspflege.[1012] Daraus folgt sekundär auch, dass die Rechtspositionen der durch die falsche Entscheidung beeinträchtigten Personen, also auch des Angeklagten, geschützt werden sollen.[1013] Allerdings ist zu berücksichtigen, dass eine wahrheitsgemäße Tatsachenfeststellung niemals absolut garantiert werden kann. Es geht entsprechend den eingangs angestellen Überlegungen zu den Zielen des Strafprozesses nur um die Ermöglichung einer optimal richtigen Entscheidung. Hierzu soll der Zeuge beitragen, indem er vollständig und unverfälscht vorträgt und keine wesentlichen Informationen zurückhält.

Dem Strafverfahren liegt damit der Gedanke zugrunde, dass Zeugen eine rechtstaatlich begründbare, optimal richtige Entscheidung mittels zutreffender Angaben ermöglichen sollen. Hierin bestätigen sich auch allgemein diskursanalytische Erwägungen. Oben B. III. 3. e) dd) (2) wurde erläutert, dass den Äußerungen in einem Diskurs der Anspruch auf Richtigkeit einer eigenen Aussage zugrunde liegt. Das Ziel des strafverfahrensrechtlichen Diskurses ist darin zu sehen, eine rechtstaatlich begründete Entscheidung zu finden.[1014] Es ist daher zunächst einmal anzunehmen, dass die am Diskurs Beteiligten auch mit ihrer richtigen Aussage auf eine vernünftig begründbare Entscheidung hinwirken möchten. Vor diesem Hintergrund erscheint auch die Wahrheitspflicht als Element des strafprozessualen Diskurses sinnvoll.

Nun könnte dem entgegen gehalten werden, dass eine Wahrheitspflicht nicht bedeutet, dass alle Zeugen tatsächlich die Wahrheit sagen. Gerade die Anordnung der Sanktionsnorm verdeutlicht, dass die Wahrheitspflicht nicht immer beachtet wird und somit ein Bedürfnis vorhanden ist, Verstöße gegen die Verhaltensnorm unter Strafe zu stellen. Dies ändert jedoch nichts daran, dass die Wahrheitspflicht eine elementare Regel des strafprozessualen Diskurses darstellt. Dass die Norm von einzelnen nicht berücksichtigt wird, steht ihrer Geltung nicht entgegen. Vielmehr wird deutlich, dass die am Diskurs beteiligten Personen den Wahrheitsgehalt der Angaben erwarten.[1015] Das Vorhandensein der strafbewehrten Verhaltensnorm kann daher zu der Annahme führen, dass Zeugenaussagen

---

1012 Kindhäuser/Neumann/Paeffgen/*Vormbaum*, StGB, Vor §§ 153 ff. Rn. 1; *Fischer*, StGB, Vor § 153 Rn. 2; L-R/*Ruß*, StPO, Vor § 153 Rn. 2.

1013 L-R/*Ruß*, StPO, Vor § 153 Rn. 6.

1014 S. dazu bereits oben B. III. 3. e) dd) (2).

1015 Insofern kann auf die Ausführungen zu den diskursiven Elementen des Strafverfahrens verwiesen werden. Unter B. III. 3. e) dd) (2) wurde dargelegt, dass nach *Habermas'* Theorie des kommunikativen Handelns im Diskurs Geltungsansprüche auf Wahrheit und Richtigkeit erhoben werden.

grundsätzlich als vollwertige Beweismittel angesehen werden können. Liegen diese vor, kann auch eine Verurteilung auf sie gestützt werden.

Diese Fragen sind von derjenigen zu trennen, ob eine Zeugenaussage im Einzelfall widerlegt werden kann. Der hier untersuchte Ansatz ist keineswegs dahingehend zu verstehen, dass jeder Zeugenaussage immer ohne Weiteres gefolgt werden muss. In dieser Absolutheit kann dies sicherlich nicht der Fall sein. Eine Regel über den rechtsgenügenden Beweis, die immer der Aussage des Zeugen den Vorrang einräumen würde, stünde nicht im Einklang mit den Rechten des Angeklagten auf ein faires Verfahren sowie dem in dubio pro reo-Grundsatz. Es muss vielmehr immer zuerst geprüft werden, ob die Aussage unwiderlegbar ist und deshalb grundsätzlich durch sie voller Beweis erbracht werden kann. Insoweit besteht auch kein Widerspruch zum Vorgehen unter Heranziehung der sogenannten „Nullhypothese“. Nach dieser soll zunächst einmal davon ausgegangen werden, dass die Zeugenaussage unwahr ist. Sodann wird überprüft, ob die Hypothese der Unwahrheit nicht mehr mit den feststehenden Fakten übereinstimmen kann.[1016] Die hier interessierende Fragestellung wird indes erst dann bedeutend, wenn sich aus den Feststellungen keine Anzeichen für die Unwahrheit der Aussage ergeben. Demnach könnte eine Regel formuliert werden, nach der eine Verurteilung grundsätzlich auf *eine* Aussage gestützt werden kann, wenn diese stimmig ist und sich aus ihr keine Anhaltspunkte für Zweifel ergeben. Diese Erwägungen dürften unabhängig davon gelten, ob es sich nur um einen oder mehrere Zeugen handelt. Eine Zeugenpluralität wäre zwar durchaus geeignet, eine zusätzliche Absicherung gegen fehlerhafte Wahrnehmungen oder Erinnerungen zu gewährleisten. Bereits eine einzige Zeugenaussage könnte sich aber nach den soeben getätigten Ausführungen zunächst als vollwertiges Beweismittel darstellen.

2. Korrektiv durch die Erfassung besonderer Umstände

Es sind jedoch auch Fallgruppen denkbar, in denen eine Verurteilung nicht erfolgen kann, auch wenn die Aussage insgesamt nicht eindeutig zu widerlegen ist. Daher bedürfte eine derartige Regel über den rechtsgenügenden Beweis eines notwendigen Korrektivs. Eine auf diese Weise eingeschränkte Regel wird in folgender Weise vorgeschlagen:

1016 S. zur Nullhypothese bereits D. II. 2.

Liegt eine glaubhafte Zeugenaussage vor, die nicht nach dem Ergebnis der Ermittlungen widerlegt werden kann, so dürfte dies eine tragfähige Verurteilungsgrundlage darstellen, sofern keine besonderen Gründe dagegen sprechen.[1017]

Mit dieser Regel würden gleiche Fälle mit zumindest vertretbarer Begründung auch gleich entschieden. Diese Regel muss aber auch angemessen sein. Dazu muss sie alle entscheidungsrelevanten Belange der Beteiligten berücksichtigen. Um dies zu ermitteln, muss man sich beispielhaft alle denkbaren gängigen Konstellationen der Aussage gegen Aussage-Fälle vor Augen führen.

3. Fallgruppen

Hinsichtlich der denkbaren Konstellationen wurden oben im Zusammenhang mit der Verwendung von Glaubwürdigkeitsgutachten einzelne Fallgruppen untersucht. Dabei wurde darauf hingewiesen, dass diese Fragestellungen unabhängig von der Verwendung von Gutachten auftreten. Im Folgenden sollen daher die einzelnen Prozesssituationen analysiert werden, in denen die Regel relevant werden kann. Der Übersicht halber soll danach differenziert werden, ob sich der Angeklagte zu den Tatvorwürfen einlässt (a)) oder schweigt (b)). Ferner sind Fallgruppen vorstellbar, die unabhängig vom Prozessverhalten des Angeklagten auftreten können (c)). Der Umgang mit strafunmündigen Zeugen (d)) stellt einen Sonderfall dar.

a) Der Angeklagte lässt sich zu den Tatvorwürfen ein

Zunächst sind die Fälle zu betrachten, in denen sich der Angeklagte zur Sache einlässt. Dessen Angaben müssen berücksichtigt werden. Sie sind nicht grundsätzlich weniger wert, nur weil den Angeklagten keine (strafbewehrte) Wahrheitspflicht trifft. Ihm kann nicht einerseits eine Selbstbelastungsfreiheit garantiert werden, andererseits diese aber zum Verhängnis gereichen, indem man seiner Einlassung grundsätzlich einen geringeren Beweiswert zuspricht. Deshalb soll im Folgenden untersucht werden, wie sich die Zeugenaussage und die Einlassung des Angeklagten jeweils zueinander verhalten.

1017 Für eine solche Regel bei Vorhandensein zweier Zeugen *Freund*, FS Meyer-Goßner, S. 409, 426. Eine Regel dieses Inhalts darf aber keinesfalls derart missverstanden werden, dass auf eine Beurteilung der Glaubhaftigkeit und Glaubwürdigkeit verzichtet werden darf. Diese wäre, wie Baumgärtel/*Laumen*, Handbuch der Beweislast, Kap. 4 Rn. 20 zutreffend konstatiert, pauschal und damit unzulässig.

aa) *Die Einlassung des Angeklagten kann widerlegt werden, die Zeugenaussage nicht*

Unproblematisch ist sicherlich die Konstellation, in der die Einlassung des Angeklagten unter Berücksichtigung aller objektiv gegebenen Umstände widerlegt werden kann, während die Zeugenaussage nicht entkräftet werden kann. Hier liegen keine besonderen Gründe dafür vor, die einer Verurteilung entgegenstehen würden.

bb) *Die Zeugenaussage kann widerlegt werden*

Ebenso leicht zu beurteilen ist der Fall, in dem die Zeugenaussage widerlegt werden kann. Dies kann beispielsweise der Fall sein, wenn sie mit übrigen Umständen nicht übereinstimmt oder naturgesetzlich nicht stimmen kann. Bei dieser Sachlage kommt es nicht darauf an, ob bzw. wie sich der Angeklagte äußert. Hier ist der Beweis nicht als erbracht anzusehen, der Angeklagte ist freizusprechen.

cc) *Weder die Zeugenaussage noch die Einlassung des Angeklagten kann eindeutig widerlegt werden*

Schwierigkeiten bereiten allerdings diejenigen Fälle, in denen weder die Einlassung des Angeklagten noch die Zeugenaussage eindeutig widerlegt werden kann. In dieser Fallkonstellation äußert sich der Angeklagte zum Tatvorwurf. Er nimmt also aktiv am strafprozessualen Diskurs teil. Zunächst einmal gilt, dass die Einlassung des Angeklagten genauso wie andere Beweismittel gewürdigt wird.[1018] Sie muss daher auf ihre Glaubhaftigkeit überprüft werden. Insbesondere muss das Gericht einen Wechsel der Einlassung im Laufe des Verfahrens berücksichtigen. Dem Angeklagten steht demnach selbstredend das Schweigerecht zu. Entscheidet er sich allerdings für eine Äußerung, wird diese auf deren Glaubhaftigkeit überprüft.

Den Angaben des Angeklagten kommt daher entscheidende Bedeutung zu. Trägt er substantiiert vor und kann die Einlassung dergestalt nicht widerlegt werden, dass ihr Inhalt tatsächlich stimmen kann, muss der Zweifelssatz zum Tragen kommen. Die Rechtsprechung überprüft in diesen Fällen, ob sich der Sachverhalt so zugetragen haben kann, wie vom Angeklagten vorgetragen. Dass die Einlassung des Angeklagten relevant wird, wird in der Strafrechtswissenschaft so zum Teil in Bezug auf die Feststellung des subjektiven Tatbestands vertreten.[1019] Danach darf der Angeklagte nicht wegen einer Vorsatztat verurteilt werden, wenn er z.B. nach der Beweislage zwar hochwahrscheinlich vorsätzlich getötet hat, aber zu seiner

1018 BGH Beschl. v. 6.11.2003 – 4 StR 270/03, NStZ-RR 2004, 88.

1019 *Freund*, FS Meyer-Goßner, S. 409, 426.

Entlastung eine mögliche Alternativerklärung hinsichtlich des fehlenden Vorsatzes in einer von ihm allenfalls erwartbaren substantiierten Form gibt.[1020] Dieser Ansatz trägt der Erwägung Rechnung, dass es nicht möglich sein soll, ohne die Einbeziehung des Angeklagten in den strafprozessualen Diskurs eine Entscheidung zu treffen. Dieser auf den subjektiven Tatbestand bezogene Ansatz ist allgemein auf die Fälle anwendbar, in denen Aussage gegen Aussage steht.

Zur Substantiierung der Aussage kann es auch beitragen, wenn sich der Angeklagte aussagepsychologisch begutachten lässt. Dieser Umstand unterstützt den oben entwickelten Vorschlag, dem Angeklagten immer die Möglichkeit einer freiwilligen Begutachtung zu eröffnen. Durch die Substantiierung der Einlassung kann der Angeklagte auf den Diskurs – und somit auch auf die Entscheidung – Einfluss nehmen. Aus diesem Grund muss ihm auch die Möglichkeit gegeben werden, seinen Vortrag mit allen Mitteln zu unterstützen. Er darf hierzu wegen des nemo tenetur se ipsum accusare-Grundsatzes allerdings nicht gezwungen werden.

Für das Gericht gilt, dass es die Widersprüche in der Einlassung auch substantiiert begründen muss. Insofern reichen bloß individuelle „Erfahrungssätze" nicht aus.[1021] Dieses Erfordernis der substantiierten Begründung korrespondiert mit den obigen Ausführungen zum strafprozessualen Diskurs. Das Urteil muss rechtsstaatlich begründet sein. Dazu gehört es auch, jedes einzelne Beweismittel detailliert zu würdigen, anstatt auf pauschale Ausführungen zurückzugreifen.

Ist die Einlassung des Angeklagten nach den aufgeführten Maßstäben nicht zu widerlegen, ist der Anwendungsbereich des in dubio pro reo-Grundsatzes eröffnet. In diesem Fall ist die Beweiswürdigung abgeschlossen und es kann nicht zweifelsfrei festgestellt werden, dass sich der Sachverhalt nicht so abgespielt hat, wie es der Angeklagte ausgeführt hat. Eine andere Lösung würde eine Beweislastumkehr zu Lasten des Angeklagten bedeuten. Wenn die Richtigkeit der Einlassung des Angeklagten nun genauso denkbar wie die Richtigkeit der Zeugenaussage wäre, würde eine Verurteilung unter Eingehung eines hohen Fehlverurteilungsrisikos erfolgen. Denn bei der Bestimmung dieses Risikos hat eine Güterabwägung stattzufinden. Hier stehen sich das Interesse an einer effektiven Strafverfolgung einerseits sowie der Tatschuldgedanke andererseits gegenüber. Die effektive Strafverfolgung überwiegt hier aber nicht eindeutig gegenüber dem Tatschuldgedanken. Im Gegenteil würde eine Verurteilung erfolgen, obwohl der Tathergang nicht in rechtsgenügender Weise feststeht. Das Vorhandensein einer

---

1020 *Freund,* FS Meyer-Goßner, S. 409, 426; vgl. auch ausführlich *ders.,* Normative Probleme der „Tatsachenfeststellung", S. 1, insb. 127 ff.

1021 BGH Beschl. v. 12.11.1998 – 4 StR 511/98, NStZ-RR 1999, 139; vgl. auch *Freund,* FS Meyer-Goßner, S. 409, 429.

nicht widerlegbaren Aussage des Angeklagten ist daher ein besonderer Grund, der einer Verurteilung entgegenstehen würde.

b) Der Angeklagte schweigt

Ferner sind diejenigen Fälle zu untersuchen, in denen sich der Angeklagte nicht zur Sache einlässt. Kann die Zeugenaussage widerlegt werden, wird man den Beweis nicht als erbracht ansehen dürfen. Dies ist der Fall, wenn sich der Angeklagte zwar nicht einlässt, sich aber aus den übrigen Ermittlungsergebnissen Zweifel an der Zuverlässigkeit der Zeugenaussage ergeben. Beispielhaft kann die Situation genannt werden, in der die Zeugenaussage mit anderen Feststellungen nicht übereinstimmt. Hier ist die Zeugenaussage widerlegbar, auch wenn der Angeklagte schweigt. Der BGH hat es ferner für nicht ausreichend erachtet, eine Verurteilung auf die Aussage eines Kindes zu stützen, ohne die Entstehungsgeschichte und die Persönlichkeit des Opfers sowie Unsicherheiten hinsichtlich der Anzahl und zeitlichen Einordnung der Taten zu erläutern.[1022]

Fraglich ist aber der Umgang mit den Fällen, in denen die glaubhafte Zeugenaussage nach dem Ergebnis der Ermittlungen nicht widerlegt werden kann, der Angeklagte sich allerdings nicht einlässt. Hier dürften keine besonderen Gründe dafür vorhanden sein, nicht zu verurteilen. Dem dürfte auch nicht per se entgegenstehen, dass es dem Angeklagten zusteht, im Prozess zu schweigen. Aus dem Schweigerecht folgt nicht zwingend, dass ein Schweigen immer zu Gunsten des Angeklagten gewertet werden müsste. Es ist letztlich im Interesse einer allgemeinen Akzeptanz von Strafurteilen, wenn diese intersubjektiv begründbaren Regeln über den rechtsgenügenden Beweis folgen. Dem Richter müssen sorgfältig abgewogene Entscheidungsnormen zur Verfügung gestellt werden. Es ist solchen Güter- und Interessenabwägungen immanent, dass sie Kompromisse enthalten. Dem Angeklagten stünde hier gegebenenfalls die Möglichkeit offen, die ihn belastende Beweissituation zu entkräften, sofern er am Prozess teilnimmt.

Eine solche Regel hätte allerdings zur Konsequenz, dass den Angeklagten de facto eine Art Mitwirkungsobliegenheit trifft. Um diese effektiv wahrnehmen zu können, muss er überhaupt in der Lage sein, die Einlassung verständlich und substantiiert vorzutragen. In praktischer Hinsicht besteht insoweit das Problem, dass nicht jeder Angeklagte hierzu ohne Weiteres in der Lage ist. Die Regel darf nicht so ausgestaltet sein, dass Angeklagte wegen niedriger Eloquenz benachteiligt werden. Im Diskurs wird eine Mitwirkung zwar grundsätzlich von den Teilnehmern erwartet. Allerdings ist hier zu berücksichtigen, dass der strafverfahrensrechtliche

---

1022 BGH Beschl. v. 17.12.1997 – 2 StR 591/97, StV 1998, 250 f.

Diskurs nicht herrschaftsfrei stattfindet. Dem Angeklagten wird eine Beweislage präsentiert, die mit staatlichen Strafverfolgungsmaßnahmen ermittelt wurde. Indes steht dem Angeklagten kein solcher Apparat zur Verfügung. Er kann sich allenfalls eines Verteidigers bedienen, der aber ebenso wenig polizeiliche Ermittlungsbefugnisse in Anspruch nehmen kann. Die Einlassung derart substantiiert vorzutragen, dass sie die Zeugenaussage entkräften kann, die gegebenenfalls sogar begutachtet wurde, ist daher keineswegs ein leichtes Unterfangen. Diese Bedenken können indes aufgrund der prozessualen Fürsorgepflicht ausgeräumt werden. Ihre Grundlage wird in dem Rechtsstaatsprinzip sowie dem Recht auf ein faires Verfahren gesehen.[1023] Sie macht es erforderlich, dass das Gericht den Angeklagten bei der sachgemäßen und zielgerichteten Formulierung seiner Einlassung unterstützt.[1024] Demnach muss das Gericht darauf achten, dass die Anforderungen an die Entlastung nicht zu hoch gesetzt werden, sondern dem Angeklagten nur Zumutbares abverlangt wird.

Die Annahme von Mitwirkungsobliegenheiten ist auch der Rechtsprechung nicht völlig fremd. Es wurde unter C. III. bereits dargelegt, dass ein Teilschweigen des Angeklagten unter Umständen zu dessen Lasten gewertet werden kann. Äußert er sich demnach zu bestimmten Aspekten der Tat, wird erwartet, dass er sich auch zu anderen wichtigen Elementen äußert. Hat sich der Angeklagte bereits in Teilen eingelassen, trifft ihn hinsichtlich der übrigen wichtigen Aspekte eine Mitwirkungsobliegenheit. Der Unterschied besteht allerdings darin, dass sich der Angeklagte in den Fällen des Teilschweigens bereits „zum Beweismittel gemacht" hat, während es hier darum geht, überhaupt eine Äußerung des Angeklagten zu erwarten.

Eine entsprechende Regel müsste daher gegebenenfalls in Kauf nehmen, dass der Angeklagte zur Mitwirkung angehalten wird. Dem stehen allerdings auch positive Aspekte gegenüber. Dem Angeklagten wird durch die Berücksichtigung seiner Aussage auch die Möglichkeit eingeräumt, auf den Ausgang des Prozesses Einfluss zu nehmen. Nur der Angeklagte hat die Möglichkeit, auf Aspekte hinzuweisen, die bislang im Rahmen der Ermittlungen nicht festgestellt werden konnten. Seine Einbeziehung in den Prozess entspricht daher diskursanalytischen Grundsätzen.

1023 KK/*Fischer*, StPO[7], Einl. Rn. 165, *Meyer-Goßner*/Schmitt, StPO, Einl. Rn. 156.
1024 KK/*Fischer*, StPO[7], Einl. Rn. 166.

c) *Fallgruppen, die unabhängig vom Prozessverhalten des Angeklagten auftreten können*

aa) Der Zeugenaussage soll nur in Teilen gefolgt werden

Zu erwägen sind ferner die Fälle des sogenannten „kranken Zeugen". Das Gericht kann die Aussage zwar in Teilen nicht widerlegen. Es möchte aber die Verurteilung nicht insgesamt auf die Aussage stützen, weil sich die teilweise Unwahrheit herausgestellt hat, das Gericht nur Teile für glaubhaft erachtet oder der Zeuge die Aussage nur in Teilen aufrecht erhält. Diesbezüglich wurde oben bereits dargelegt, dass aufgrund konkreter Zweifel am Ausreichen des Beweismittels eine Verurteilung nicht auf die Zeugenaussage allein gestützt werden kann. Insofern liegen mithin besondere Umstände vor, aufgrund deren eine Verurteilung nicht ohne zusätzliche Beweismittel erfolgen kann.

bb) Wiedererkennung durch Augenzeugen

Als weiterer besonderer Grund, der gegen eine Verurteilung auf der Grundlage einer einzigen Zeugenaussage spricht, könnten die Fälle der Wiedererkennung genannt werden. Insoweit dürfte es nicht darauf ankommen, ob sich der Angeklagte einlässt oder nicht. Vielmehr dürfte in beiden Sachlagen auf das oben Gesagte zurückgegriffen werden können. Wurde der Stand der Forschung zur Wiedererkennung berücksichtigt, insbesondere eine Selbsteinschätzung des Zeugen mit dem Resultat der hohen Zuverlässigkeit vorgenommen, dürften auch keine besonderen Gründe für die Entkräftung der Zeugenaussage gegeben sein. War dies nicht der Fall – zum Beispiel weil die Identifikation von vorherigen Beschreibungen abweicht oder der Zeuge den Angeklagten zunächst nicht wiedererkannt hatte[1025] – dürften die Fehlverurteilungsrisiken derart erhöht sein, dass eine Verurteilung auch unter Zugrundelegung dieser Regel nicht ohne Weiteres in Frage kommt.

cc) Eigeninteresse des Mitangeklagten oder tatbeteiligten Zeugen

Ähnliches gilt für die Fälle des Mitangeklagten oder tatbeteiligten Zeugen. Auch wenn sich der Angeklagte nicht einlässt, bestehen hohe Zweifel an der Zuverlässigkeit der Aussage. Da nicht ausgeschlossen werden kann, dass diese maßgeblich durch das eigene Interesse am Verfahrensausgang geprägt ist, stellt sie keine allein tragfähige Verurteilungsgrundlage dar. Demnach bedarf es auch hier der Bestätigung durch weitere Beweismittel, wobei die Anforderungen an dieses aber nicht

---

1025 S. dazu bereits oben C. IV. 2. c).

zu hoch sein dürfen. Insofern kann ebenfalls auf die Untersuchungen zum US-amerikanischen Recht verwiesen werden.

Im Ergebnis würde diese Regel über den rechtsgenügenden Beweis notwendige und hinreichende Bedingungen verbinden. Liegen die besonderen Voraussetzungen für den „kranken Zeugen", die Wiedererkennung oder die Fälle Mitangeklagter oder tatbeteiligter Zeugen nicht vor, kann auch keine Verurteilung erfolgen (negative Regel). Ergeben sich aber nach Abschluss der Ermittlungen sonst keinerlei Ansätze dafür, dass die Zeugenaussage widerlegt werden kann, muss eine Verurteilung erfolgen (positive Regel).

d) Sonderfall des Strafunmündigen

Stellt man auf die strafbewehrte Wahrheitspflicht ab, könnten sich Begründungserschwernisse hinsichtlich Zeugen ergeben, die nicht strafmündig sind. Dies betrifft nach § 19 StGB alle Minderjährigen unter 14 Jahren. Man muss sich die Frage stellen, ob auch in diesen Fällen abstrakt davon ausgegangen werden darf, dass es sich um vollwertige Zeugenaussagen handelt. Hierfür kann es auf die Bedeutung der Strafmündigkeitsgrenze ankommen. Diese bezweckt, dass Ausführungen zu den Voraussetzungen der Schuldfähigkeit unterbleiben können.[1026] Des Weiteren wird es unter erzieherischen Gesichtspunkten für wenig zielführend erachtet, strafrechtliche Sanktionen für Kinder unter 14 Jahren zu verhängen.[1027] § 19 StGB soll dabei zwei Regelungstendenzen enthalten. In prozessualer Hinsicht begründet die Norm ein Verfahrenshindernis, materiellrechtlich kommt ihr die Bedeutung eines Schuldausschließungsgrunds zu.[1028] Der Strafunmündige handelt also trotzdem tatbestandmäßig und rechtswidrig.[1029] § 19 StGB enthält insoweit eine unwiderlegliche Vermutung der Schuldunfähigkeit.[1030] Die individuelle Entwicklung des Minderjährigen im konkreten Fall bleibt demnach unberücksichtigt.

Es fehlt insoweit an Sanktionsnormen für diese Zeugengruppe. Ebenso wenig dürften *hinreichend schuldhafte* Verhaltensnormverstöße vorliegen. Demnach kann die strafbewehrte Wahrheitspflicht nicht ohne Weiteres als dogmatische Absicherung für eine Entscheidung herangezogen werden. Dann stellt sich jedoch die Frage, wie mit diesen Fällen umgegangen werden muss. Lässt man eine

1026 MünchKomm.StGB/*Streng*, § 19 Rn. 1; Schönke/Schröder/*Perron/Weißer*, § 19 Rn. 1.
1027 MünchKomm.StGB/*Streng*, § 19 Rn. 1.
1028 S/S/W-StGB/*Kaspar*, § 19 Rn. 2.
1029 S/S/W-StGB/*Kaspar*, § 19 Rn. 3.
1030 S/S/W-StGB/*Kaspar*, § 19 Rn. 1.

Verurteilung auf der Grundlage der Aussage eines strafunmündigen Zeugen grundsätzlich genügen, würde man die Regel ohne die dogmatische Absicherung der sanktionierten Wahrheitspflicht anwenden. Überhaupt keine Regel zu formulieren hätte zur Konsequenz, dass letztlich die Entscheidung in das Ermessen oder gar Belieben des Gerichts gestellt würde. Nach dem hier vertretenen Ansatz soll indes auf intersubjektiv nachvollziehbare Kriterien zurückgegriffen werden. Es kann aber auch nicht ohne Weiteres die gegenteilige Regel herangezogen werden, nach der in diesen Fällen immer ein weiteres Beweismittel erforderlich ist. Ein solches Vorgehen würde im Vergleich zum strafmündigen Zeugen zu nicht rechtfertigungsfähigen Defiziten bei der Strafverfolgung – insbesondere im Bereich der Sexualdelikte an Minderjährigen – führen. Ferner birgt es aufgrund der starren Altersgrenze die Gefahr einer Ungleichbehandlung gleicher Sachverhalte bzw. der Unterbewertung der Aussage des minderjährigen Zeugen.

Eine Handhabung der Problemfälle könnte deshalb mit folgendem Ansatz erfolgen: Den strafunmündigen Zeugen trifft nach dem oben Gesagten zwar keine strafrechtlich sanktionierte Wahrheitspflicht. Ihm wird allerdings durchaus in der richterlichen Belehrung verdeutlicht, dass er vor Gericht die Wahrheit sagen muss. So könnte auch für unter 14-Jährige das Gebot formuliert werden, vor Gericht vollständig und wahr auszusagen. Allerdings ist fraglich, ob hieran alleine eine Regel des Inhalts angeknüpft werden kann, dass die Zeugenaussage zur Verurteilung grundsätzlich genügt. Da es sich bei der Altersgrenze nur um eine zahlenmäßige Festsetzung handelt, kann die volle Einsichtsfähigkeit des Zeugen durchaus schon früher vorhanden sein. Das Gericht müsste dann aber im Einzelfall überprüfen, ob Anhaltspunkte gegen die Zuverlässigkeit der Zeugenaussage vorhanden sind. Dazu könnte es sich eines aussagepsychologischen Gutachtens bedienen. Kommt es nach dieser Prüfung dazu, dass keine Gründe dafür sprechen, die Zeugenaussage zu entwerten, könnte dies für eine tragfähige Verurteilungsgrundlage sprechen. Auch der BGH verlangt insofern öfters, dass Tatgerichte bei Minderjährigen unter 14 Jahren in bestimmten Fällen die Einholung eines Gutachtens ernsthaft erwägen sollten.[1031]

Dabei ist aber zu bedenken, dass aussagepsychologische Begutachtungen nicht unfehlbar sind. Sie können zwar mittels der in dieser Arbeit untersuchten Lösungsvorschläge optimiert werden, beinhalten aber dennoch Unwägbarkeiten. Die Forderung nach einer Begutachtung Strafunmündiger dürfte jedenfalls diese Zeugen nicht unangemessen benachteiligen bzw. die Strafverfolgung nicht

---

1031 BGH Beschl. v. 2.9.2015 – 2 StR 101/15, NStZ-RR 2016, 87, 88; BGH Beschl. v. 24.4.2014 – 5 StR 113/14, NStZ-RR 2014, 219, 220.

unnötig erschweren. Anders als bei einer „Corroboration"-Regel speziell für Strafunmündige würde hier nur eine Begutachtung der Aussage und kein zusätzliches Beweismittel gefordert. Allerdings ist ungewiss, ob eine solche Vorgehensweise den schutzwürdigen Interessen des Angeklagten hinreichend gerecht werden kann. Aufgrund der Fehleranfälligkeit von Gutachten bleibt fraglich, ob diese das Fehlen der dogmatischen Absicherung kompensieren und damit auch das Fehlverurteilungsrisiko minimieren können. Eine Entscheidung dafür, die begutachtete Aussage eines minderjährigen Zeugen grundsätzlich genügen zu lassen, würde daher eine deutliche Positionierung zu Gunsten des Strafverfolgungsinteresses darstellen. Hierfür bedürfte es letztlich einer Entscheidung des Gesetzgebers.

4. Bei der Beurteilung der Angaben nicht zu berücksichtigende Umstände

Der Entwicklung einer solchen Regel stünde jedenfalls nicht entgegen, dass sich im Einzelfall nach Abschluss des Verfahrens die Unwahrheit der Zeugenaussage herausstellen kann. Es wurde dargelegt, dass für die Entwicklung von Regeln über den rechtsgenügenden Beweis Parallelen zu den Verhaltensnormen, insbesondere in Gestalt der für die Fahrlässigkeitstat maßgeblichen Bestimmungsnormen, gezogen werden können. Die zeitliche Perspektive bestimmt sich danach ex ante. Dem Gericht kann es nur zugemutet werden, alle im Zeitpunkt der Entscheidungsfindung verfügbaren Umstände zu berücksichtigen. Stellt sich im Nachhinein die Unwahrheit der Aussage heraus, so kann das Urteil aufgehoben werden. Dem Gericht kann allerdings nicht der Vorwurf einer falschen Entscheidung gemacht werden.

Zum Teil wird davon ausgegangen, dass im Strafverfahren der Grundsatz gelte, einem Beschuldigten nicht zu glauben.[1032] Derjenige, der zuerst Anzeige erstatte, werde als glaubhaft angesehen, wohingegen der zweite als Beschuldigter gelte. Es komme dadurch zu einem Wettlauf um die erste Anzeige. Derartige Thesen sind allerdings nicht aussagekräftig mit aktuellen kriminologischen Studien belegt. Entsprechende Entwicklungen wären jedenfalls nicht hinnehmbar und sollen mit dem hier vertretenen Ansatz keinesfalls verfolgt werden. Es geht – um dies nochmals deutlich herauszustellen – keinesfalls darum, die Zeugenaussage ungeprüft zu übernehmen und die Nullhypothese aufzuheben. Die Glaubwürdigkeit ist vielmehr immer sorgfältig zu prüfen. Kann diese aber bejaht

---

1032 *Geipel,* AnwBl 2006, 784.

werden und sprechen auch sonst keine Anhaltspunkte gegen die Zuverlässigkeit der Aussage, ist diese ein vollwertiges Beweismittel.

Irrelevant ist es für die diskutierten Regeln auch, ob der Zeuge bereits einmal vor Gericht gelogen hat. Der Rechtsprechung ist darin zuzustimmen, dass es keine allgemeine Regel über den rechtsgenügenden Beweis gibt, nach der einer Verurteilung eine falsche Aussage des Zeugen in einem anderen Verfahren entgegenstehen muss.[1033] Die Glaubhaftigkeit der Aussage muss in jedem Prozess neu geprüft werden. Maßgeblich ist die konkrete Aussage. Für die frühere Falschaussage kann es unterschiedliche Gründe geben, die keinen Einfluss auf den zu entscheidenden Fall haben müssen.

5. Verhältnis des hier entwickelten Konzepts zum Ansatz der Rechtsprechung

Im Hinblick auf das oben untersuchte Erfordernis zweier Beweismittel unterschied sich die Regel offensichtlich stark von der deutschen Rechtsprechung. Anders liegt der Fall aber bei der soeben untersuchten Option. Hier sei noch einmal in Erinnerung gerufen, dass der BGH folgende Grundsätze vertritt:

> „Wenn Aussage gegen Aussage steht und die Entscheidung allein davon abhängt, welchen Angaben das Gericht folgt, muss die Aussage des Tatopfers nicht in jedem Fall durch weitere Umstände und sonstige Beweismittel belegt sein, um den Tatnachweis zu erbringen. Wird die Tat vom Opfer selbst in einer Zeugenaussage geschildert, so kann der Angekl. auf der Grundlage verurteilt werden, wenn das Tatgericht von der Glaubhaftigkeit der Aussage nach einer besonderen Glaubwürdigkeitsprüfung dieses einzigen Belastungszeugen überzeugt ist."[1034]

Grundsätzlich soll daher auch nach der Rechtsprechung des BGH eine einzige Zeugenaussage für die Verurteilung genügen können. Die Zeugenaussage wird demnach durchaus als fähig angesehen, die Einlassung des Angeklagten zu widerlegen, wobei dies nicht näher begründet wird. Der hier vertretene Ansatz bietet hierfür mit der Wahrheitspflicht aber eine dogmatische Herleitung an. Diese ist zwar sicherlich insoweit angreifbar, als Zeugen vor Gericht nicht immer die Wahrheit sagen. Aus den genannten Gründen kann sie aber durchaus zur Diskussion gestellt werden. Wird sie abgelehnt, muss man sich die Frage stellen, warum ansonsten die allseits als fehleranfällig bekannte und bemängelte Zeugenaussage alleine eine Verurteilung tragen kann.

1033 S. dazu bereits oben C. IV. 3.

1034 BGH Urt. v. 2.7.2003 – 2 StR 92/03, NStZ-RR 2003, 333, 334.

Die Ansätze unterscheiden sich ferner dadurch, dass für die Rechtsprechung die subjektive Überzeugung des Gerichts letztlich entscheidend ist. In welchen Fällen dann eine Verurteilung allein auf der Basis der Zeugenaussage möglich sein soll, wird nur teilweise konkretisiert. Insofern besteht nur die Kontrolle durch Denk- und Erfahrungssätze, aber kein positiv formuliertes Programm. Im Gegensatz dazu würde eine entsprechende Regel der vorliegenden Art eine Entscheidungsnorm dafür vorsehen, unter welchen Voraussetzungen das Gericht zu einer Verurteilung gelangen darf und welche Aspekte unbedingt berücksichtigt werden müssen. Insoweit ist der Gegensatz zwischen freier Beweiswürdigung und normativ begründeten Beweisregeln nur ein scheinbarer. Das Gericht muss auch nach dem hier untersuchten Ansatz die Beweise würdigen. Sind aber nach einer umfassenden Prüfung keine entsprechenden Anhaltspunkte für eine Entkräftung der Zeugenaussage und auch sonst keine besonderen Gründe vorhanden, darf nach dieser Regel keine Möglichkeit bestehen, lediglich aufgrund der subjektiven Überzeugung anders zu entscheiden. Ausnahmen lässt die normativ begründete Regel demnach nur zu, soweit diese ihrerseits normativ begründet sind. Auf diese Weise wird das Vorliegen besonderer Gründe nicht subjektiv in die Entscheidungskompetenz des Gerichts gestellt.

In der Praxis dürften die Rechtsprechung und die hier untersuchte Regel in nicht wenigen Fällen zu identischen Ergebnissen kommen. So ergibt sich aus einigen Urteilen des BGH, dass dieser der Einlassung des Angeklagten maßgebliche Bedeutung beimisst. Er geht dabei auch darauf ein, ob von ihm vorgetragene alternative Tathergänge entkräftet werden können. In einem Beschluss vom 3.12.2002[1035] hatte das Tatgericht den bestreitenden Angeklagten wegen Körperverletzung verurteilt, da dieser der Zeugin das Handgelenk gebrochen habe. Nach dem BGH hätte das Tatgericht berücksichtigen müssen, dass die von der Zeugin behaupteten Verletzungen nach dem Vortrag des Angeklagten und dem Sachverständigengutachten auch durch einen Sturz in der Badewanne entstanden sein könnten.

In einem Beschluss vom 3.4.2002[1036] wurde dem Angeklagten der Vorwurf der Vergewaltigung gemacht. Der Angeklagte bestritt, dass der Geschlechtsverkehr mit dem Opfer ohne dessen Einwilligung stattgefunden habe. Der BGH rügte hier, dass das LG die naheliegende Möglichkeit nicht erörtert habe, dass der Angeklagte den von der Zeugin artikulierten entgegenstehenden Willen als nicht ernst gemeint aufgefasst und auf Grund dieser Gesamtsituation von deren Einverständnis

1035 4 StR 461/02, BeckRS 2003, 00429.
1036 3 StR 33/02, NStZ 2002, 494.

mit sexuellen Handlungen ausgegangen sein könnte.[1037] Begründet der Angeklagte seine Einlassung substantiiert, kann dies nach dem BGH folglich ebenfalls einer Verurteilung entgegenstehen.

Die Rechtsprechung prüft ferner, ob ein Falschbelastungsmotiv und somit eine Unwahrhypothese relevant werden kann.[1038] Seien nach entsprechender Prüfung keine Anhaltspunkte dafür vorhanden, dass die Zeugenaussage unrichtig sei, müsse eine Verurteilung erfolgen.[1039] Anderenfalls stelle das Tatgericht überspannte Anforderungen an die Überzeugungsbildung. Eine bloß gedankliche Möglichkeit, dass der Geschehensablauf anders gewesen sein könne, sei nicht relevant. Damit deutet der BGH hier Voraussetzungen dafür an, wann eine Verurteilung erfolgen muss und zwar auf der Grundlage einer einzigen Zeugenaussage.

Der Rechtsprechung wird insoweit gefolgt, als die Fälle des „kranken Zeugen" sowie der Wiedererkennung durch Augenzeugen besonders gehandhabt werden müssen. Allerdings nennt der BGH bei den „kranken Zeugen" nur, dass eine Verurteilung in der Regel nicht möglich sein soll. Nach der hier untersuchten Regel dürfte dies jedoch einer Verurteilung immer entgegenstehen. Diesbezüglich wurde ferner herausgestellt, dass eine Auseinandersetzung mit der Definition von „Außenkriterien von besonderem Gewicht" erfolgen muss. Hinsichtlich der Wiedererkennung durch Augenzeugen sollte deren Bedeutung für den rechtsgenügenden Beweis eindeutig herausgestellt und ausdrücklich formuliert werden, wann eine Zeugenaussage hier nicht mehr genügt. Hinsichtlich der Aussagen von Mittäter und tatbeteiligten Zeugen muss gefordert werden, dass Indizien mindestens für eine Verbindung des Angeklagten zur Tat sprechen.

Festzuhalten bleibt demnach, dass die Rechtsprechung und der vorliegende Ansatz zwar in manchen Fällen zu ähnlichen Ergebnissen kommen, es sich dabei aber um dogmatisch andere Begründungsansätze handelt und eine detailliertere Auseinandersetzung mit den einzelnen Fallgruppen gefordert wird. Folgende Besonderheiten des untersuchten Ansatzes werden deutlich:

- Er bietet eine dogmatische Begründung dafür an, dass die allein verfügbare Zeugenaussage für eine Verurteilung in Aussage gegen Aussage-Fällen genügen kann.
- Er nähert sich mit intersubjektiv nachvollziehbaren normativen Gründen dem Urteil an, ohne dass es auf die subjektive Überzeugung ankommt.

1037 BGH Beschl. v. 3.4.2002 – 3 StR 33/02, NStZ 2002, 494.

1038 BGH Beschl. v. 23.8.2012 – 4 StR 305/12, BeckRS 2012, 20495.

1039 BGH Urt. v. 3.2.2005 – 4 StR 540/04, NStZ-RR 2005, 149.

- In bestimmten Fällen sind die Zweifel an der Zuverlässigkeit der Zeugenaussage bereits abstrakt so groß, dass eine Verurteilung nicht möglich sein darf („kranker Zeuge", bestimmte Situationen des Wiedererkennens sowie im Grundsatz bei Aussagen von Mittätern oder tatbeteiligten Zeugen).

VI. Konsequenzen für den Gesetzgeber

Für den Gesetzgeber ergeben sich aus dem oben Gesagten zwei Vorschläge. Zum einen sollte unter Berücksichtigung des hier entwickelten Ansatzes die aktuelle Formulierung des § 261 StPO überdacht werden. Zum anderen könnten die einzelnen Regeln selbst an geeigneter Stelle normiert werden.

Hinsichtlich des § 261 StPO wird in der Literatur beispielsweise in Erwägung gezogen, das Wort „frei" zu streichen, da es eine gänzlich freie Beweiswürdigung ohnehin nicht gebe.[1040] Deshalb findet sich in der juristischen Diskussion folgender Änderungsvorschlag:

> „Über das Ergebnis der Beweisaufnahme entscheidet das Gericht nach seiner aufgrund kriminalistischer Erfahrungen und Erkenntnisse aus dem Inbegriff der Verhandlung gewonnenen Überzeugung."[1041]

Diesem Vorstoß ist zu Gute zu halten, dass er auf die zu berücksichtigenden Erfahrungssätze eingeht und somit die intersubjektiv vermittelbare Beweisgrundlage in die Vorschrift einbezieht. Dies würde einen Fortschritt im Vergleich zu der aktuellen rein subjektiven Formulierung darstellen. Nachteilig ist indes, dass der Vorschlag weiterhin auf die Überzeugung des Gerichts und damit auf etwas Subjektives abstellt. Die Berücksichtigung von Erkenntnissen und Erfahrungen hat keinen messbaren Wert, wenn das Ergebnis letztlich doch von der subjektiv gebildeten Überzeugung des Gerichts abhängig gemacht wird. Der mit dieser Gesetzesänderung verbundene Fortschritt wäre also nur sehr bescheiden.

Vorgeschlagen werden soll daher folgende neue Formulierung:

> *Über das Ergebnis der Beweisaufnahme entscheidet das Gericht auf der Basis der vorhandenen empirischen Grundlage unter Beachtung des gesicherten Erfahrungswissens nach begründeten Entscheidungsregeln.*

Diese Fassung würde durch die Aufnahme der intersubjektiv vermittelbaren Beweisgrundlage zunächst verdeutlichen, dass die subjektive Überzeugung nicht entscheidend sein soll. Ebenso wenig ist das Gericht starren Beweisregeln, wie sie die CCC vorsah, unterworfen. Vielmehr muss es sich intersubjektiv nachvollziehbar

---

1040 *Fezer,* StV 1995, 95, 101.

1041 *Peters,* Strafprozeß, § 37 XI, S. 300; *ders.,* FS Gmür, S. 311, 321.

und durch einen Alternativenausschluss dem entscheidungsrelevanten Sachverhalt annähern und so zu einheitlichen Ergebnissen in vergleichbaren Fällen gelangen. Das Bedürfnis nach der Aufnahme von Entscheidungsregeln ergibt sich aus den eingangs angestellten Überlegungen zu deren Erforderlichkeit. Die Streichung des Wortes „frei" ist notwendig, weil keine echte Freiheit der Beweiswürdigung besteht. Stattdessen liegt eine Bindung an Regeln vor, die im Einzelfall konkretisierungsbedürftig sind.

Im Hinblick auf die Aussage gegen Aussage-Fälle können die allgemeinen Erwägungen zur Notwendigkeit von Regeln über den rechtsgenügenden Beweis sowie die im Rahmen des US-amerikanischen Rechts erläuterten Umsetzungsmöglichkeiten herangezogen werden. Konkrete Vorgaben könnten demnach im Kontext des Zeugenbeweises normiert werden. Dagegen würde nicht bereits sprechen, dass nicht jede Prozesssituation im Gesetz niedergeschrieben werden kann. Denn die Aussage gegen Aussage-Fälle treten derart häufig auf und sind schwierig in der Beurteilung, sodass eine Normierung durchaus sinnvoll erscheinen könnte. Hinsichtlich einzelner Elemente der Regeln – wie beispielsweise dem Umfang der „Außenkriterien" – könnte unter Umständen auch auf die RiStBV zurückgegriffen werden. Auch wenn diese Verwaltungsvorschriften für das Gericht nicht formell verbindlich sind, können sie immerhin eine Entscheidungshilfe liefern. In der vorliegenden Untersuchung wurden zwei mögliche generelle Regeln entwickelt, die zur Diskussion gestellt werden sollen. Auch deren Konkretisierung im Einzelfall erfordert eine weitere Diskussion sowie unter Umständen auch eine Abwägungsentscheidung des Gesetzgebers.

E. Zusammenfassung und Regelungsvorschläge

Die vorliegende Untersuchung hat Wege aufgezeigt, wie die Frage nach dem rechtsgenügenden Beweis in den Aussage gegen Aussage-Fällen beantwortet werden kann. Ausgangspunkt war die Untersuchung des Ziels von Strafprozessen. Dieses besteht darin, eine Entscheidung unter Berücksichtigung des Gebots der optimalen Richtigkeitsgewähr zu treffen. Aufgrund der Begrenztheit menschlicher Erkenntnis können Fehlverurteilungsrisiken allerdings niemals gänzlich ausgeschlossen werden. Um sie gegenüber den Prozessbeteiligten – insbesondere im Verhältnis zum Angeklagten – zu legitimieren, müssen deshalb intersubjektiv begründbare Regeln über den rechtsgenügenden Beweis aufgestellt werden. Diese sind hinsichtlich ihrer Struktur vergleichbar den Verhaltensnormen. Sie geben dem Gericht ein Entscheidungsprogramm für den konkreten Fall vor. Dabei muss dieses das Interesse an einer effektiven Strafrechtspflege sowie die Belange des Angeklagten gegeneinander abwägen. Das Strafverfahren, in dem diese Abwägung vorgenommen werden muss, stellt einen kommunikativen Prozess dar. Daher dürfen keine Entscheidungen ohne Einbeziehung der Beteiligten erfolgen. Vielmehr setzt eine Verurteilung voraus, dass insbesondere dem Angeklagten die Möglichkeit eingeräumt wurde, seinen Standpunkt zu kommunizieren. Maßgeblich für die Entscheidungsfindung ist demnach nicht die subjektive Überzeugung des Gerichts. Vielmehr muss dieses die Beweislage unter Beachtung von Regeln über den rechtsgenügenden Beweis würdigen.

Aus diesem Grund kommen – je nachdem, welchem Gesichtspunkt man größeres Gewicht beimisst – zwei Regeln über den rechtsgenügenden Beweis in Betracht. Legt man den Fokus auf die Rechte des Angeklagten, so könnte eine „Corroboration"-Regel – wie sie aus dem schottischen Recht bekannt ist – befürwortet werden. Sie würde eine Verurteilung immer nur dann zulassen, wenn neben der Zeugenaussage mindestens ein weiteres Beweismittel vorhanden ist. Allerdings weist sie die Schwierigkeit auf, dass sie in bestimmten Bereichen den Opferzeugen benachteiligen kann. Dies verdeutlicht die schottische Rechtsprechung zum „Distress"-Erfordernis in den Fällen der Sexualstrafverfahren. Denkbar wäre auch, eine „Corroboration"-Regel nur für bestimmte Prozesssituationen zu fordern, wie dies im U.S.-amerikanischen Recht bisweilen der Fall ist. Dies könnte sich für bestimmte Fälle der Wiedererkennung oder der Aussagen durch Mitangeklagte oder tatbeteiligte Zeugen anbieten. Eine solche partielle „Corroboration"-Regel trifft allerdings keine Aussage über die verbleibenden Aussage gegen Aussage-Fälle.

Andererseits wäre deshalb auch eine Regel vorstellbar, die grundsätzlich eher dem Strafverfolgungsinteresse Rechnung tragen würde. Diese könnte in etwa lauten:

> *Liegt eine glaubhafte Zeugenaussage vor, die nach dem Ergebnis der Ermittlungen nicht widerlegt werden kann, so ist diese eine tragfähige Verurteilungsgrundlage, sofern keine besonderen Gründe dagegen sprechen.*

Die positive Formulierung dürfte insoweit gerechtfertigt sein, als es sich bei der Zeugenaussage um ein vollwertiges Beweismittel handelt und der Zeuge dazu verpflichtet ist, im Prozess die Wahrheit zu sagen. Insoweit besteht mit der strafbewehrten Wahrheitspflicht ein normatives Kriterium, das grundsätzlich eine Verurteilung allein auf der Basis einer Zeugenaussage erlauben könnte. Allerdings besteht immer das Risiko, dass der Zeuge im konkreten Fall unwahr oder unbewusst verfälscht aussagt. Deshalb ist das Korrektiv der „besonderen Gründe" notwendig. Solche können sowohl auf Seiten des Zeugen wie auch des Angeklagten bestehen. Auf Zeugenseite gilt dies für die Fälle des sogenannten „kranken Zeugen". Gemeint sind die Prozesslagen, in denen der Zeuge in demselben Verfahren bewusst gelogen hat, dieser seine Aussage nur in Teilen aufrecht erhält oder das Gericht den Angaben nur in Teilen folgen möchte. Des Weiteren kann der an sich bereits mit deutlichen Unsicherheiten behaftete Zeugenbeweis nicht ausreichend sein, wenn der Zeuge den Angeklagten wiedererkannt haben will und die Gegenüberstellung nicht dem aktuellen Forschungsstand genügt. Hierzu zählt insbesondere die Vornahme einer Selbsteinschätzung vor der ersten Vernehmung. Ähnliches gilt für die Fälle, in denen die Verurteilung nur auf die Aussage eines Mitangeklagten oder eines tatbeteiligten Zeugen gestützt wird.

Auf Seiten des Angeklagten können Gründe gegen eine Verurteilung auftreten, wenn ein möglicher alternativer Tathergang vorstellbar ist, der nicht anhand von Erfahrungssätzen widerlegt werden kann. Der Sachverhalt wird selbstverständlich durch Staatsanwaltschaft und Gericht ermittelt. Die Aussage gegen Aussage-Fälle zeichnen sich aber dadurch aus, dass es ausschließlich auf die Angaben des Zeugen und – sofern er sich einlässt – des Angeklagten ankommt. Deshalb kann insbesondere eine substantiierte abweichende Sachverhaltsdarstellung durch den Angeklagten einer Verurteilung entgegenstehen. Einer solchen Regel stünde auch nicht bereits das Schweigerecht des Angeklagten entgegen. Denn dieses bleibt unberührt. Es verschafft ihm allerdings auch nicht den Vorteil, dass bei einem Schweigen das Verfahren zu seinen Gunsten entschieden wird. Insoweit besteht eine gewisse Mitwirkungsobliegenheit des Angeklagten.

Dem Angeklagten muss daher die Möglichkeit eingeräumt werden, seine Einlassung zu substantiieren. Auch muss in den Aussage gegen Aussage-Fällen ein

Pflichtverteidiger bestellt werden. Ferner ist einem Antrag der Verteidigung auf aussagepsychologische Begutachtung des Angeklagten stattzugeben – zumindest dann, wenn bereits der Zeuge aussagepsychologisch begutachtet wurde. Des Weiteren sind besondere Vorgehensweisen bei der Verwendung von Gutachten zu berücksichtigen. Insoweit gibt es *formale Voraussetzungen*, die in den Aussage gegen Aussage-Fällen berücksichtigt werden müssen. Einfach strukturierte Regeln können an die Begutachtung aber nicht geknüpft werden. Dafür sind zu viele Faktoren relevant.

Liegen die oben genannten Gründe vor, könnte die oben genannte Regel über den rechtsgenügenden Beweis um die folgende notwendige Bedingung ergänzt werden:

> *Liegen besondere Gründe vor, welche die Zeugenaussage entkräften, kann eine Verurteilung nur dann erfolgen, wenn mindestens ein weiteres Beweismittel vorhanden ist, das die Schwächen der Aussage kompensiert.*

Welche Anforderungen an dieses bestätigende Beweismittel zu stellen sind, muss anhand einer Bewertung erfolgen. Das Beweismittel muss einen Bezug zur Tat aufweisen. Gleichzeitig dürfen aber die Anforderungen an die Verurteilung nicht unverhältnismäßig erschwert werden. Hinsichtlich der Aussagen von Mittätern und tatbeteiligten Zeugen gilt aber aufgrund des deutlich erhöhten Strafverfolgungsinteresses, dass die Anforderungen an das bestätigende Beweismittel geringer sein müssen. Nur wenn keine solchen weiteren Beweismittel zur Verfügung stehen, kann von einem „non liquet" ausgegangen werden, welches den Anwendungsbereich des in dubio pro reo-Grundsatzes eröffnet.

Die vorgeschlagene Entscheidungsnorm setzt allerdings für den Angeklagten unter Umständen eine Mitwirkungsobliegenheit voraus. Denn wenn der Angeklagte schweigt, nimmt er sich selbst die Möglichkeit, „besondere Gründe" vorzutragen. Des Weiteren wirft die dogmatische Begründung im Falle strafunmündiger Zeugen Fragen auf. Vorteilhaft ist sie jedenfalls gegenüber einer nur auf bestimmte Fälle anwendbaren „Corroboration"-Regel, weil sie nicht nur regelt, wann nicht verurteilt werden darf, sondern umfassender gilt. Sie äußert sich mithin nicht nur zu den notwendigen, sondern auch zu den hinreichenden Bedingungen für den rechtsgenügenden Beweis.

Sicherlich kann man über die vorgestellten Ansätze diskutieren. So wird oftmals gegen Regeln über den rechtsgenügenden Beweis der Einwand vorgebracht, ob deren Voraussetzungen vorlägen, sei ebenfalls eine subjektive Entscheidung. Das Gericht kann sich nicht gänzlich selbst ausschalten und muss beispielsweise beurteilen, ob ein Gutachten stichhaltig ist. Eine derartige Ausschaltung des Gerichts war aber auch nicht Ziel dieser Untersuchung. Ein solcher Ansatz würde moderner rechtswissenschaftlicher Methodik widersprechen. Vielmehr ging es darum, eine Anleitung aufzuzeigen, wie mit der Beweiswürdigung in den Aussage gegen Aussage-Fällen regelhaft umgegangen werden kann. Dabei steht zu vermuten, dass die Rechtsprechung hinsichtlich beider Regeln in bestimmten Bereichen zu ähnlichen Ergebnissen kommen kann. In den Aussage gegen Aussage-Fällen hat sie bereits konkrete Fallgruppen herausgearbeitet, die auf das Vorhandensein von Regeln über den rechtsgenügenden Beweis hindeuten, die aber nicht als solche bezeichnet werden. Bedeutende Unterschiede des hier gewählten Ansatzes zu dem der h.M. bestehen jedoch vor allem im Umgang mit der Wiedererkennung durch Zeugen sowie mit Mitangeklagten oder tatbeteiligten Zeugen. Ferner werden Abwägungskriterien für die Anforderungen an die weiteren Beweismittel vorgeschlagen. Der Gewinn ist überdies darin zu sehen, dass es nicht möglich ist, wegen der bloßen subjektiven Überzeugung entweder zum Freispruch oder zur Verurteilung zu gelangen. Der hier gewählte Ansatz hat insoweit den Vorteil der dogmatisch eindeutigen Absicherung. Insofern sind Regeln in jedem Fall einem gänzlichen Verzicht auf diese vorzuziehen. Letztlich empfiehlt es sich daher, unter Zugrundelegung dieser Ergebnisse eine offene Diskussion über den rechtsgenügenden Beweis zu führen.

F. Literaturverzeichnis

Achenbach, Hans: Polygraphie pro reo?, NStZ 1984, 350 ff.

Albrecht, Peter-Alexis: Überzeugungsbindung und Sachverständigenbeweis in der neueren strafrechtlichen Judikatur zur freien Beweiswürdigung (§ 261 StPO), NStZ 1983, 486 ff.

Alexy, Robert: Theorie der juristischen Argumentation. Die Theorie des rationalen Diskurses als Theorie der juristischen Begründung, 2. Auflage, Frankfurt am Main 1991 (zit.: *Alexy,* Theorie der juristischen Argumentation).

Arntzen, Friedrich: Psychologie der Zeugenaussage. System der Glaubhaftigkeitsmerkmale, 5. Auflage, München 2011 (zit.: *Arntzen,* Psychologie der Zeugenaussage).

Bacigal, Ronald J./Tate, Mary Kelly: Criminal Law and Procedure, 4. Auflage, Stamford 2015 (zit.: *Bacigal/Tate,* Criminal Law and Procedure).

Barton, Stephan: Die Revisionsrechtsprechung des BGH in Strafsachen. Eine empirische Untersuchung der Rechtspraxis, Neuwied und Kriftel, 1999 (zit.: *Barton,* Die Revisionsrechtsprechung des BGH in Strafsachen).

Baumgärtel, Gottfried (Begr.)/Laumen, Hans-Willi/Prütting, Hanns (Fortf.): Handbuch der Beweislast. Grundlagen, 3. Auflage, Köln und München 2016 (zit.: Baumgärtel/*Bearbeiter,* Handbuch der Beweislast).

Baumhöfener, Jesko: Aktenkenntnis des Nebenklägers – Gefährdung des Untersuchungszwecks bei der Konstellation Aussage-gegen-Aussage, NStZ 2014, 135 ff.

Beck'scher Online-Kommentar StGB: von Heintschel-Heinegg, Bernd (Hrsg.), 32. Edition, München, Stand: 1.9.2016 (zit.: BeckOK.StGB/*Bearbeiter*).

Beck'scher Online-Kommentar StPO mit RiStBV und MiStra: Graf, Jürgen-Peter (Hrsg.), 26. Edition, München, Stand: 1.7.2016 (zit.: BeckOK.StPO/*Bearbeiter*).

Bender, Rolf/Nack, Armin/Treuer, Wolf-Dieter: Tatsachenfeststellung vor Gericht. Glaubwürdigkeits- und Beweislehre. Vernehmungslehre, 4. Auflage, München 2014 (zit.: *Bender/Nack/Treuer,* Tatsachenfeststellung).

Die Bibel: Projekt Gutenberg, abrufbar unter http://gutenberg.spiegel.de/buch/die-bibel-5560/1, Abrufdatum: 27.7.2016.

Bock, Joachim: Richterliche Beweiswürdigung und Sachverständigengutachten zur Glaubwürdigkeit eines Zeugen im Strafprozess, Vortrag anlässlich der 47. Reinhäuser Juristengespräche 2013, unveröffentlicht (zit.: *Bock,* Richterliche Beweiswürdigung und Sachverständigengutachten, unveröffentlicht).

Brause, Peter: Zum Zeugenbeweis in der Rechtsprechung des BGH, NStZ 2007, 505 ff.

–: Glaubhaftigkeitsprüfung und –bewertung einer Aussage im Spiegel der höchstrichterlichen Rechtsprechung, NStZ 2013, 129 ff.

Broyles, Scott: Criminal Law in the USA, 2. Auflage, Alphen aan den Rijn 2015 (zit.: *Broyles,* Criminal Law in the USA).

The Carloway Review, Report and Recommendations, abrufbar unter http://www.gov.scot/About/Review/CarlowayReview, Abrufdatum: 18.7.16 (zit.: Carloway Review, Report).

The Carloway Review, Consultation, abrufbar unter http://www.gov.scot/About/Review/CarlowayReview/Consultationprocess, Abrufdatum: 18.7.16 (zit.: Carloway Review, Consultation).

Cassidy, R. Michael: „Soft Words of Hope:" *Giglio,* Accomplice Witnesses, and the Problem of Implied Inducements, Northwestern University Law Review 98 (2004), 1129 ff.

Chalmers, James: Abolishing corroboration: three bad arguments, Scots Law Times 2 (2014), 7 ff.

Crowe, F.: A case for the abolition of corroboration in criminal cases?, Scots Law Times 25 (2011), 179 ff.

Crump, David: Eyewitness Corroboration Requirements As Protections Against Wrongful Convictions: The Hidden Questions, Ohio State Journal of Criminal Law 7 (2009), 361 ff. (zit.: *Crump,* Ohio St. J. Crim. L.).

Davidson, Fraser P./Ferguson, Pamela: The corroboration requirement in Scottish criminal trials: should it be retained for some forms of problematic evidence? The International Journal of Evidence and Proof 18 (2014), 1 ff. (zit.: *Davidson/Ferguson,* Int. Journal of Evidence & Proof).

Deckers, Rüdiger: Aussage gegen Aussage – Zur Entwicklung der revisionsgerichtlichen Rechtsprechung und der Aussagepsychologie, in: Michalke, Regina/Köberer, Wolfgang/Pauly, Jürgen/Kirsch, Stefan (Hrsg.), Festschrift für Rainer Hamm zum 65. Geburtstag am 24. Februar 2008, Berlin 2008, S. 53 ff. (zit.: *Deckers,* FS Hamm).

–: Höchstrichterliche Anforderungen an besondere Beweiskonstellationen – Aussage gegen Aussage, Aussage von Mitbeschuldigten oder des „Kronzeugen", StraFo 2010, 372 ff.

–: Korreferat: Antrag auf Einholung eines Sachverständigengutachtens, Antrag auf Einholung eines weiteren Sachverständigengutachtens, in: Deckers, Rüdiger/Köhnken, Günter (Hrsg.), Die Erhebung und Bewertung von Zeugenaussagen im Strafprozess. Juristische, aussagepsychologische und psychiatrische Aspekte,

2. Auflage, Berlin 2014 (zit.: *Deckers,* in: Deckers/Köhnken, Zeugenaussagen im Strafprozess).

Denno, Deborah W.: Why the Model Penal Code's Sexual Offense Provisions Should Be Pulled and Replaced, Ohio State Journal of Criminal Law 1 (2003), 207 ff. (zit.: *Denno,* Ohio St. J. Crim. L.).

Denny, Mark: Der Kronzeuge unter besonderer Berücksichtigung der Erfahrungen mit Kronzeugen in Nordirland, ZStW 103 (1991), 269 ff.

Detterbeck, Steffen: Öffentliches Recht, 10. Auflage, München 2015 (zit.: *Detterbeck,* Öffentliches Recht).

De With, Hans: In memoriam Bambergensis und Carolina, NJW 1982, 1440 ff.

Dierlamm, Alfred: Das rechtliche Gehör vor der Auswahl eines Sachverständigen im Ermittlungsverfahren, in: Jung, Heike/Luxenburger, Bernd/ Wahle, Eberhard (Hrsg.), Festschrift für Egon Müller, Baden-Baden 2008, S. 117 ff., (zit.: *Dierlamm,* FS Müller).

Dölp, Michael: Der Sachverständige im Strafprozess. Gedanken über eine nachhaltige strukturelle Veränderung im Verfahrensrecht, DS 2004, 366 ff.

Dubber, Markus D.: Einführung in das US-amerikanische Strafrecht, München 2005 (zit.: *Dubber,* Einführung in das US-amerikanische Strafrecht).

Eisenberg, Ulrich: Beweisrecht der StPO, 9. Auflage, München 2015 (zit.: *Eisenberg,* Beweisrecht der StPO).

Eisenberg, Ulrich/Zötsch, Bettina: Der Zeugenbeweis im Strafverfahren – Tendenzen in der höchstrichterlichen Rechtsprechung, NJW 2003, 3676 ff.

Eisenhardt, Ulrich: Deutsche Rechtsgeschichte, 6. Auflage, München 2013 (zit.: *Eisenhardt,* Deutsche Rechtsgeschichte).

Endriß, Rainer: § 31 BtMG – ein bewährtes Instrument in der Strafverfolgungspraxis?, StraFo 2004, 151 ff.

Engisch, Karl: Logische Studien zur Gesetzesanwendung, 3. Auflage, Heidelberg 1963 (zit.: *Engisch,* Logische Studien zur Gesetzesanwendung).

Epping, Volker: Grundrechte, 6. Auflage, Heidelberg u.a. 2015 (zit.: *Epping,* Grundrechte).

Erb, Volker: Zur „Legitimation" von Fehlverurteilungen, in: Hanack, Ernst-Walter/Mehle, Volkmar/Hilger, Hans/Widmaier, Gunter (Hrsg.), Festschrift für Peter Rieß zum 70. Geburtstag am 4. Juni 2002, München 2002, S. 77 ff. (zit.: *Erb,* FS Rieß).

–: Die Abhängigkeit des Richters vom Sachverständigen, ZStW 121 (2009), 882 ff.

Fabian, Thomas/Greuel, Lisa/Stadler, Michael: Möglichkeiten und Grenzen aussagepsychologischer Glaubwürdigkeitsbegutachtung, StV 1996, 347 ff.

Falk, Patricia J.: „Because Ladies Lie“: Eliminating The Vestiges Of The Corroboration And Resistance Requirements From Ohio's Sexual Offenses, Cleveland State Law Review 62 (2014), 343 ff.

Ferguson, Peter W.: Corroboration and Similar Fact Evidence, Scots Law Times 34 (1996), 339 ff.

Von Feuerbach, Paul Johann Anselm: Lehrbuch des gemeinen in Deutschland gültigen peinlichen Rechts, 2. Neudruck der 14. Auflage, Gießen 1847, Aalen 1986 (zit.: *Von Feuerbach,* Lehrbuch des gemeinen in Deutschland gültigen peinlichen Rechts).

Fezer, Gerhard: Tatrichterlicher Erkenntnisprozeß – „Freiheit“ der Beweiswürdigung, StV 1995, 95 ff.

Fischer, Thomas: Glaubwürdigkeitsbeurteilung und Beweiswürdigung – Von der Last der „ureigenen Aufgabe“, NStZ 1994, 1 ff.

–: Aussagewahrheit und Glaubhaftigkeitsbegutachtung. Anmerkungen zum Beweiswert von Glaubhaftigkeitsgutachten im Strafverfahren, in: Schöch, Heinz/Satzger, Helmut/Schäfer, Gerhard, Ignor, Alexander/Knauer, Christoph (Hrsg.), Strafverteidigung, Revision und die gesamten Strafrechtswissenschaften, Festschrift für Gunter Widmaier zum 70. Geburtstag, Köln und München 2008, S. 191 ff. (zit.: *Fischer,* FS Widmaier).

–: Strafgesetzbuch mit Nebengesetzen Kommentar, 64. Auflage, München 2017 (zit.: *Fischer,* StGB).

Frahm, Lorenz Nicolai: Die allgemeine Kronzeugenregelung. Dogmatische Probleme und Rechtspraxis des § 46 b StGB, Berlin 2014 (zit.: *Frahm,* Kronzeugenregelung).

Franzki, Harald: Die Reform des Sachverständigenbeweises in Zivilsachen, DRiZ 1976, 97 ff.

Freund, Georg: Normative Probleme der „Tatsachenfeststellung“, Heidelberg 1987 (zit.: *Freund,* Normative Probleme der „Tatsachenfeststellung“).

–: Richtiges Entscheiden – am Beispiel der Verhaltensbewertung aus der Perspektive des Betroffenen, insbesondere im Strafrecht, GA 1991, 387 ff.

–: Der Zweckgedanke im Strafrecht?, GA 1995, 4 ff.

–: Die Tatfrage als Rechtsfrage, „Persönliche Gewißheit“, „objektive Schuldwahrscheinlichkeit“ und rechtsgenügender Beweis, in: Eser, Albin/Goydke, Jürgen/Maatz, Kurt Rüdiger/Meurer, Dieter (Hrsg.), Strafverfahrensrecht in Theorie und Praxis, Festschrift für Lutz Meyer-Goßner zum 65. Geburtstag, München 2001, S. 409 ff. (zit.: *Freund,* FS Meyer-Goßner).

–: Strafrecht Allgemeiner Teil, 2. Auflage, Berlin/Heidelberg 2009 (zit.: *Freund,* Strafrecht AT).

Frisch, Wolfgang: Zum Wesen des Grundsatzes „in dubio pro reo", in: Roxin, Claus/Bruns, Hans-Jürgen/Jäger, Herbert (Hrsg.), Grundfragen der gesamten Strafrechtswissenschaft, Festschrift für Heinrich Henkel zum 70. Geburtstag am 12. September 1973, Berlin und New York 1974, S. 273 ff. (zit.: *Frisch,* FS Henkel).

–: Vorsatz und Risiko. Grundfragen des tatbestandsmäßigen Verhaltens und des Vorsatzes. Zugleich ein Beitrag zur Behandlung außertatbestandlicher Möglichkeitsvorstellungen, Köln u.a. 1983 (zit.: *Frisch,* Vorsatz und Risiko).

Frister, Helmut: Der Lügendetektor – Zulässiger Sachbeweis oder unzulässige Vernehmungsmethode?, ZStW 106 (1994), 303 ff.

–: Die persönliche Gewißheit als Verurteilungsvoraussetzung im Strafprozeß, in: Samson, Erich/Dencker, Friedrich/Frisch, Peter/Frister, Helmut/Reiß, Wolfram (Hrsg.), Festschrift Gerald Grünwald zum siebzigsten Geburtstag, Baden-Baden 1999, S. 169 ff. (zit.: *Frister,* FS Grünwald).

Geipel, Andreas: Ist freie Beweiswürdigung willkürliche Beweiswürdigung?, StraFo 2005, 135 ff.

–: Die geheimen contra legem Regeln im ordentlichen Prozess. Ein kritischer Bericht aus der Praxis zur geheimen Existenz von contra legem Regeln, AnwBl 2006, 784 ff.

–: Handbuch der Beweiswürdigung, 2. Auflage, Köln 2013 (zit.: *Geipel,* Handbuch der Beweiswürdigung).

Gmür, Rudolf/Roth, Andreas: Grundriss der deutschen Rechtsgeschichte, 14. Auflage, München 2014 (zit.: *Gmür/Roth,* Grundriss der deutschen Rechtsgeschichte).

Gössel, Karl Heinz: Über Beweisverwertung, Beweiswürdigung und Beweisregeln, in: Gedächtnisschrift für Dieter Meurer, Berlin 2002, S. 381 ff. (zit.: *Gössel,* GS Meurer).

Gregory, Patrick J.: An Evaluation Of Nebraska's Corroboration Requirement, Creighton Law Review 21 (1988), 601 ff.

Gropp, Walter: Strafrecht Allgemeiner Teil, 4. Auflage, Berlin und Heidelberg 2015 (zit.: *Gropp,* Strafrecht AT).

Guerra Thompson, Sandra: Beyond a Reasonable Doubt? Reconsidering Uncorroborated Eyewitness Idenfidication Testimony (Revised), UC Davis Law Review 41 (2008), 1487 ff.

Habermas, Jürgen: Theorie des kommunikativen Handelns. Band 1. Handlungsrationalität und gesellschaftliche Rationalisierung, 9. Auflage, Frankfurt am Main 2014 (zit.: *Habermas,* Theorie des kommunikativen Handelns, Bd. 1).

Hails, Judy: Criminal Evidence, Stamford 2014 (zit.: *Hails,* Criminal Evidence).

Hamm, Rainer: Zur Revisibilität der Beweiswürdigung in Fällen von „Aussage gegen Aussage", StraFo 2000, 253 ff.

Herdegen, Gerhard: Bemerkungen zur Beweiswürdigung, NStZ 1987, 193 ff.

–: Die strafprozessualen Beweiswürdigungstheorien des Bundesgerichtshofs, in: Ebert, Udo/Roxin, Claus/Rieß, Peter/Wahle, Eberhard (Hrsg.), Festschrift für Ernst-Walter Hanack zum 70. Geburtstag am 30. August 1999, Berlin/New York 1999, S. 311 ff. (zit.: *Herdegen,* FS Hanack).

–: Strafrichterliche Aufklärungspflicht und Beweiswürdigung, NJW 2003, 3513 ff.

–: Was ist unter „Beweiswürdigung" im Sinne von § 261 StPO zu verstehen?, in: Müller, Henning Ernst/Sander, Günther M./Válková, Helena (Hrsg.), Festschrift für Ulrich Eisenberg zum 70. Geburtstag, München 2009, S. 527 ff. (zit.: *Herdegen,* FS Eisenberg).

Hilgert, Peter: Aussagepsychologische Gutachten im Strafprozess, NJW 2016, 985 ff.

Hope, David, Lord Hope of Craighead: Corroboration and Distress: A Lecture in honour of Sir Gerald Gordon, Edinburgh – 12 June 2009, abrufbar unter https://www.supremecourt.uk/docs/speech_090612.pdf, Abrufdatum: 28.7.2017 (zit.: *Hope,* Corroboration and Distress)

Hoyer, Andreas: Beweiswürdigungsfreiheit und „in dubio pro reo", ZStW 105 (1993), 523 ff.

Ipsen, Jörn: Staatsrecht II. Grundrechte, 19. Auflage, München 2016 (zit.: *Ipsen,* Staatsrecht II).

Jahn, Matthias: Die Konsensmaxime in der Hauptverhandlung. Zur Rekonstruktion des Amtsermittlungsgrundsatzes in § 244 Abs. 2 StPO unter Berücksichtigung der aktuellen Gesetzesentwürfe zur Verständigung im Strafverfahren, ZStW 118 (2006), 427 ff.

Jahrreiß, Hermann: Der Ruf nach dem sogenannten Kronzeugen. Das Mitglied einer Bande von Schwerstverbrechern als „Staats-Zeuge" mit zugesicherter Belohnung für rechtsförderliche Aussage, in: Warda, Günter/Waider, Heribert/von Hippel, Reinhard/Meurer, Dieter (Hrsg.), Festschrift für Richard Lange zum 70. Geburtstag, Berlin u.a. 1976, S. 765 ff. (zit.: *Jahrreiß,* FS Lange)

Jain, Monika: Mitigating The Dangers Of Capital Convictions Based On Eyewitness Testimony Through Treason's Two-Witness Rule, Journal of Criminal Law and Criminology 91/3 (2001), 761 ff.

Jansen, Gabriele: Zeuge und Aussagepsychologie, 2. Auflage, Heidelberg u.a. 2012 (zit.: *Jansen,* Zeuge und Aussagepsychologie).

Jaworski, Ryszard: Polygraphische Untersuchungen in der polnischen Ermittlungspraxis, NStZ 2008, 195 ff.

Jerouschek, Günter: Wie frei ist freie Beweiswürdigung? Überlegungen zur Genese, Funktion und zu Perspektiven eines strafprozessualen Rechtsinstituts, GA 1992, 493 ff.

Jeßberger, Florian: Kooperation und Strafzumessung: Der Kronzeuge im deutschen und amerikanischen Strafrecht, Berlin 1999 (zit.: *Jeßberger,* Kooperation).

Jonakait, Randolph N.: Finding the Original Meaning of American Criminal Procedure Rights: Lessons from Reasonable Doubt's Development, University of New Hampshire Law Review 10/1 (2012), 97 ff.

Karlsruher Kommentar zur Strafprozessordnung mit GVG, EGGVG und EMRK: Hannich, Rolf (Hrsg.),

7. Auflage, München 2013 (zit.: KK/*Bearbeiter,* StPO⁷),

6. Auflage, München 2008 (zit.: KK/*Bearbeiter,* StPO⁶).

Keller, Reiner: Diskursforschung, Eine Einführung für SozialwissenschaftlerInnen, 4. Auflage, Wiesbaden 2011 (zit.: *Keller,* Diskursforschung).

Kindhäuser, Urs: Das Beweismaß des Strafverfahrens – Zur Auslegung des § 261 StPO, Jura 1988, 290 ff.

–: Strafrecht Allgemeiner Teil, 7. Auflage, Baden-Baden 2015 (zit.: *Kindhäuser,* Strafrecht AT).

–: Strafprozessrecht, 4. Auflage, Baden-Baden 2016 (zit.: *Kindhäuser,* Strafprozessrecht).

Kindhäuser, Urs/Neumann, Ulfrid/Paeffgen, Hans-Ullrich: Strafgesetzbuch, Band 2 (§§ 80–231), 4. Auflage, Baden-Baden 2013 (zit.: Kindhäuser/Neumann/Paeffgen/*Bearbeiter,* StGB).

Kleinkneckt, Th./Müller, H./Reitberger, L. (Begr.)/von Heintschel-Heinegg, Bernd/Stöckel, Heinz (Hrsg.): KMR StPO Kommentar, Band 1 (§§ 1–93), Band 4 (§§ 226–296), Loseblattsammlung, Köln, Stand: 81. Ergänzungslieferung November 2016 (zit.: KMR/*Bearbeiter,* StPO).

Koch, Rudolf: Process v. Outcome: The Proper Role Of Corroborative Evidence In Due Process Analysis Of Eyewitness Identification Testimony, Cornell Law Review 88/4 (2003), 1097 ff.

König, Stefan: Kronzeuge – abschaffen oder regulieren?, StV 2012, 113 ff.

Konze, Janina: Die Jugendstrafe wegen „schädlicher Neigungen" gem. § 17 II Fall 1 JGG – gemessen an den Grundsätzen angemessenen Strafens –, Frankfurt am Main 2015 (zit.: *Konze,* Jugendstrafe wegen „schädlicher Neigungen").

Kotsoglou, Kyriakos N.: Über die Bedeutungslosigkeit des Satzes „in dubio pro reo". Eine grammatisch-logische Rekonstruktion der Freispruchsdogmatik, ZIS 2014, 31 ff.

–: Forensische Erkenntnistheorie. Der Inferentielle Kontextualismus und die Funktion der kontextrelevanten Zweifel im Strafverfahren – Zugleich eine analytische Perspektive zur Sachverhaltsfeststellungsdogmatik, Berlin 2015 (zit.: *Kotsoglou,* Erkenntnistheorie).

Kühne, Hans-Heiner: Der Beweiswert von Zeugenaussagen, NStZ 1985, 252 ff.

–: Strafprozessrecht. Eine systematische Darstellung des deutschen und europäischen Strafverfahrensrechts, 9. Auflage, Heidelberg 2015, (zit.: *Kühne,* Strafprozessrecht).

Kroeschell, Karl/Cordes, Albrecht/Nehlsen-von Stryk, Karin: Deutsche Rechtsgeschichte, Band 2: 1250–1650, 9. Auflage, Köln u.a. 2008 (zit.: *Kroeschell/Cordes/Nehlsen-von Stryk,* Deutsche Rechtsgeschichte).

Küper, Wilfried: Historische Bemerkungen zur „freien Beweiswürdigung" im Strafprozeß, in: Wahrheit und Gerechtigkeit im Strafverfahren, Festgabe für Karl Peters aus Anlaß seines 80. Geburtstages, Heidelberg 1984, S. 23 ff. (zit.: *Küper,* FG Peters).

Lackner, Karl/Kühl, Kristian: Strafgesetzbuch Kommentar, 28. Auflage, München 2014 (zit.: *Lackner/Kühl,* StGB).

Lampe, Ernst-Joachim: Richterliche Überzeugung, in: Freiherr von Gamm, Otto Friedrich/Raisch, Peter/Tiedemann, Klaus (Hrsg.), Strafrecht, Unternehmensrecht, Anwaltsrecht, Festschrift für Gerd Pfeiffer zum Abschied aus dem Amt als Präsident des Bundesgerichtshofes, Köln u.a. 1988, S. 353 ff. (zit.: *Lampe,* FS Pfeiffer).

Langbein, John H.: Shaping the Eighteenth-Century Criminal Trial: A View from the Ryder Sources, in: Yale Law School Faculty Scholarship Series, Yale 1983, S. 1 ff. (zit.: *Langbein,* Eighteenth-Century Criminal Trial).

Langbein, John H./Lerner, Renée Lettow/Smith, Bruce P.: History of the Common Law. The Development of Anglo-American Legal Institutions, New York 2009 (zit.: *Langbein/Lerner/Smith,* History of the Common Law).

Law, Jonathan/Martin, Elisabeth A.: A Dictionary Of Law, Oxford Universtiy Press, Online-Version 2014, abrufbar unter http://www.oxfordreference.com/view/10.1093/acref/9780199551248.001.0001/acref-9780199551248-e-895, Zugang über Library of Congress, Abrufdatum: 8.10.2014 (zit.: *Law/Martin,* A Dictionary of Law).

Leipziger Kommentar Strafgesetzbuch: Laufhütte, Heinrich Wilhelm/Rissing-van Saan, Ruth/Tiedemann, Klaus (Hrsg.), Band 6 (§§ 146–210), 12. Auflage, Berlin 2010 (zit.: LK/*Bearbeiter,* StGB).

Lindhorst, Gordon/Merk, Sebastian: Corroboration revisted, Scots Law Times 21 (2013), 147 ff.

Löwe-Rosenberg: Die Strafprozessordnung und das Gerichtsverfassungsgesetz Großkommentar: Erb, Volker/Esser, Robert/Franke, Ulrich/ Graalmann-Scheerer, Kirsten/Hilger, Hans/Ignor, Alexander (Hrsg.),

Band 1 (Einleitung; §§ 1–47), 27. Auflage, Berlin 2016

Band 4 (§§ 112–150), 26. Auflage, Berlin 2007

Band 5 (§§ 151–212b), 26. Auflage, Berlin 2008

Band 6/Teil 1 (§§ 213–255a), 26. Auflage, Berlin 2010

Band 6/Teil 2 (§§ 256–295), 26. Auflage, Berlin und Boston 2013

(zit.: L-R/*Bearbeiter,* StPO).

Maier, Stefan: Aussage gegen Aussage und freie Beweiswürdigung, NStZ 2005, 246 ff.

Maier-Reimer, Georg: Schutzgesetze – Verhaltensnormen, Sanktionen und ihr Adressat, NJW 2007, 3157 ff.

Maul, Heinrich: Die Überprüfung der tatsächlichen Feststellungen durch das Revisionsgericht in der neueren Rechtsprechung des Bundesgerichtshofs, in: Strafrecht, Unternehmensrecht, Anwaltsrecht, FS für Gerd Pfeiffer zum Abschied aus dem Amt als Präsident des Bundesgerichtshofes, Köln 1988, S. 409 ff. (zit.: *Maul,* FS Pfeiffer).

–: Aussage gegen Aussage, StraFo 2000, 257 ff.

McCannell, Munro D.: Corroboration in Criminal Cases, Scots Law Times 35 (1996), 347 ff.

McElhaney, Jim: Burden of Reasonable Doubt. When a standard designed to protect defendents acutally can hurt them, ABA Journal 97/10 (2011), 22 ff.

Meurer, Dieter: Beweis und Beweisregel im deutschen Strafprozeß, in: Herzberg, Rolf Dietrich (Hrsg.), Festschrift für Dietrich Oehler zum 70. Geburtstag, Köln 1985, S. 357 ff. (zit.: *Meurer,* FS Oehler).

Meyer-Goßner, Lutz/Schmitt, Bertram: Strafprozessordnung mit GVG und Nebengesetzen, 59. Auflage, München 2016 (zit.: Meyer-Goßner/Schmitt, StPO).

Meyer-Lohkamp, Jens: Rechtsschutz gegen Entscheidungen über die Gewährung von Akteneinsicht nach § 406e StPO, jurisPR-StrafR 2/2016 Anm. 5 (zit.: *Meyer-Lohkamp,* jurisPR-StrafR).

Meyer-Mews: Die „in dubio contra reo"-Rechtsprechungspraxis bei Aussage-gegen-Aussage-Delikten, NJW 2000, 916 ff.

Miebach, Klaus: Der teilschweigende Angeklagte – materiell-rechtliche und prozessuale Fragen anhand der BGH-Rechtsprechung –, NStZ 2000, 234 ff.

–: Die freie Beweiswürdigung der Zeugenaussage in der neueren Rechtsprechung des BGH, NStZ-RR 2014, 233 ff.

Mösl, Albert: Sachverständigengutachten und freie Beweiswürdigung im Strafprozeß, DRiZ 1970, 110 ff.

Mueller, Christopher B/Kirkpatrick, Laird C.: Evidence under the Rules – Text, Cases and Problems, 7. Auflage, New York 2011 (zit.: *Mueller/Kirkpatrick*, Evidence under the Rules).

Mühlhoff, Uwe/Pfeiffer, Christian: Der Kronzeuge – Sündenfall des Rechtsstaats oder unverzichtbares Mittel der Strafverfolgung?, ZRP 2000, 121 ff.

Münchener Anwaltshandbuch Strafverteidigung: Widmaier, Gunter (Begr.)/Müller, Eckhart/Schlothauer, Reinhold (Hrsg.), 2. Auflage, München 2014 (zit.: MAH Strafverteidigung/*Bearbeiter*).

Münchener Kommentar zum Strafgesetzbuch: Joecks, Wolfgang/Miebach, Klaus (Hrsg.),

Band 1 (§§ 1–37), 3. Auflage, München 2017,

Band 2 (§§ 38–79b), 3. Auflage, München 2017,

Band 3 (§§ 80–184g), 2. Auflage, München 2012,

Band 6 (JGG, Nebenstrafrecht I), 2. Auflage, München 2013

(zit.: MünchKomm.StGB/*Bearbeiter*).

Münchener Kommentar zur Strafprozessordnung: Knauer, Wolfgang/Kudlich, Klaus, Schneider/Hartmut (Hrsg.),

Band 1 (§§ 1–150), München 2014,

Band 2 (§§ 151–332), München 2016 (zit.: MünchKomm.StPO/*Bearbeiter*).

Nack, Armin: Verteidigung bei der Glaubwürdigkeitsbeurteilung von Aussagen, StV 1994, 555 ff.

–: Abhängigkeit des Richters vom Sachverständigen, GA 2009, 201 ff.

Neumann, Ulfrid: Materiale und prozedurale Gerechtigkeit im Strafverfahren, ZStW 101 (1989), 52 ff.

Newman, Karl Max: Das englisch-amerikanische Beweisrecht, Heidelberg 1949 (zit.: *Newman*, Das englisch-amerikanische Beweisrecht).

Nicolson, Donald/Blackie, John: Corroboration in Scots Law: „Archaic Rule“ or „Invaluable Safeguard“?, Edinburgh Law Review 17/2 (2013), 152 ff.

Nobili, Massimo: Die freie richterliche Überzeugungsbildung. Reformdiskussion und Gesetzgebung in Italien, Frankreich und Deutschland seit dem Ausgang des 18. Jahrhunderts, Baden-Baden 2001 (zit.: *Nobili,* Die freie richterliche Überzeugungsbildung).

Offe, Heinz: Anforderungen an die Begutachtung der Glaubhaftigkeit von Zeugenaussagen, NJW 2000, 929 ff.

Orfield, Lester B.: Proof Of Perjury And The “Two Witnesses” Requirement In Federal Criminal Cases, South Western Law Journal 17 (1963), 227 ff.

Ortloff, Hermann: Beweisregeln und Entscheidungsgründe im Strafprozesse, GA 8 (1860), 461 ff.

Park, Tido: Die prozessuale Verwertbarkeit verschiedener Formen der Beschuldigteneinlassung im Strafverfahren, StV 2001, 589 ff.

Paul, Bettina/Egbert, Simon: Lügendetektion per Neuroimaging – Visuelle Verdachtstechnologien als soziotechnische Ensembles, KrimJ 2014, 153 ff.

Peglau, Jens: Überlegungen zur Schaffung neuer „Kronzeugenregelungen“, ZRP 2001, 103 ff.

Peters, Karl: Eine Antwort auf Undeutsch: Die Verwertbarkeit unwillkürlicher Ausdruckserscheinungen bei der Aussagewürdigung, ZStW 87 (1975), 663 ff.

–: „Übergänge“ im Strafprozess dargestellt am Grundsatz der freien Beweiswürdigung, in: Buschmann, Arno/Knemeyer, Franz-Ludwig/Otte, Gerhard (Hrsg.), Festschrift für Rudolf Gmür zum 70. Geburtstag am 28. Juli 1983, Bielefeld 1983, S. 311 ff. (zit.: *Peters*, FS Gmür).

–: Strafprozeß, 4. Auflage, Heidelberg 1985 (zit.: *Peters*, Strafprozeß).

–: Strafrechtspflege und Menschlichkeit. Ausgewählte Schriften, Heidelberg 1988 (zit.: *Peters*, Strafrechtspflege und Menschlichkeit).

Peth, Judith/Gamer, Matthias: Aktuelle Forschung zur Validität des Tatwissentests: Der Einfluss von Emotionen, Praxis der Rechtspsychologie 2013, 151 ff.

Pfeiffer, Gerd: Strafprozessordnung Kommentar, 5. Auflage, München 2005 (zit.: *Pfeiffer*, StPO).

Pfister, Wolfgang: Die Prüfung der Glaubhaftigkeit einer Aussage im Spiegel höchstrichterlicher Rechtsprechung, in: Deckers, Rüdiger/Köhnken, Günter (Hrsg.), Die Erhebung und Bewertung von Zeugenaussagen im Strafprozess. Juristische, aussagepsychologische und psychiatrische Aspekte, 2. Auflage Berlin 2014 (zit.: *Pfister*, in: Deckers/Köhnken, Zeugenaussagen im Strafprozess).

Prittwitz, Cornelius: Der Lügendetektor im Strafprozeß, MDR 1982, 886 ff.

Putzke, Holm: Entscheidungsbesprechung zu BGH, Beschluss vom 30.11.2010 – 1 StR 509/10, ZJS 2011, 557 ff.

Putzke, Holm/Scheinfeld, Jörg: Entlastungsbeweis: polygraphische Untersuchung – Taktisches zur Beweismittelerhebung im Strafverfahren –, StraFo 2010, 58 ff.

Putzke, Holm/Scheinfeld, Jörg/Klein, Gisela/Undeutsch, Udo: Polygraphische Untersuchungen im Strafprozess, ZStW 121 (2009), 607 ff.

Radtke, Henning: Praxiskommentar zu OLG Hamburg, Beschl. v. 24.10.2014 – 1 Ws 110/14, NStZ 2015, 108 f.

Radtke, Henning/Hohmann, Olaf: Strafprozessordnung Kommentar, München 2011 (zit.: Radtke/Hohmann/*Bearbeiter*, StPO).

Raitt, Fiona: Corroboration in Cases of Gender Violence: A Case for Special Treatment?, Edinburgh Law Review 18 (2014), 93 ff.

Redmayne, Mike: Corroboration and Sexual Offences, Juridicial Review 4 (2006), 309 ff.

Reus, Katharina: Das Recht in der Risikogesellschaft. Der Beitrag des Strafrechts zum Schutz vor modernen Produktgefahren, Berlin 2010, (zit.: *Reus,* Risikogesellschaft).

Riehm, Thomas: Die „Würdigung aller Umstände des Einzelfalls" – ein unbekanntes Phänomen, RW 2013, 1 ff.

Rill, Hans-Georg/Vossel, Gerhard: Psychophysiologische Täterschaftsbeurteilung („Lügendetektion", „Polygraphie"): Eine kritische Analyse aus psychophysiologischer und psychodiagnostischer Sicht, NStZ 1998, 481 ff.

Rill, Hans-Georg/Gödert, Werner/Vossel, Gerhard: Forensische Psychophysiologie („Lügendetektion"). Ein Plädoyer für den Tatwissentest, MschrKrim 2003, 165 ff.

Römpp, Georg: Habermas leicht gemacht, Eine Einführung in sein Denken, Köln u.a. 2015 (zit.: *Römpp,* Habermas).

Ross, Margaret L./Chalmers, James: Walker and Walker. The Law of Evidence in Scotland, 3. Auflage, West Sussex 2009 (zit.: *Ross/Chalmers,* The Law of Evidence in Scotland).

Rössner, Dieter: Der psychowissenschaftliche Sachverständige als notwendiger Subsumtionspartner der Juristen bei der Herstellung der Fallnorm, in: Schöch, Heinz/Satzger, Helmut/Schäfer, Gerhard, Ignor, Alexander/Knauer, Christoph (Hrsg.), Strafverteidigung, Revision und die gesamten Strafrechtswissenschaften, Festschrift für Gunter Widmaier zum 70. Geburtstag, Köln und München 2008, S. 191 ff. (zit.: *Rössner,* FS Widmaier).

Roxin, Claus: Strafverfahrensrecht, 25. Auflage, München 1998 (zit.: *Roxin,* Strafverfahrensrecht[25]).

Roxin, Claus/Schünemann, Bernd: Strafverfahrensrecht, 28. Auflage, München 2014 (zit.: *Roxin/Schünemann,* Strafverfahrensrecht[28]).

Rüping, Hinrich/Jerouschek, Günter: Grundriss der Strafrechtsgeschichte, 6. Auflage, München 2011 (*Rüping/Hinrichs,* Strafrechtsgeschichte).

Sacher, Mariana: Diskurstheorie als Legitimation für die Absprachen im Strafverfahren?, in: Hefendehl, Roland/Hörnle, Tatjana/Greco, Luís (Hrsg.), Streitbare Strafrechtswissenschaft, Festschrift für Bernd Schünemann zum 70. Geburtstag am 1. November 2014, Berlin und Boston 2014, S. 957 ff. (zit.: *Sacher,* FS Schünemann).

Salewski, Christel/Stürmer, Stefan: Qualitätsmerkmale in der familienrechtspsychologischen Begutachtung, Untersuchungsbericht I, abrufbar unter http://www.fernuni-hagen.de/psychologie/qpfg/pdf/Untersuchungsbericht1_FPRGutachten_2014.pdf, Abrufdatum: 27.7.2016 (zit.: *Salewski/Stürmer,* Qualitätsmerkmale in der familienrechtspsychologischen Begutachtung, Untersuchungsbericht I).

Saltzburg, Steven A.: Importance of Corroboration: Self-Defense as an Example, Criminal Justice 15 (2000), 65 ff.

Sancinetti, Marcelo A.: Die einzelne Zeugenaussage und das Zweifelsprinzip, in: Freund, Georg/Murmann, Uwe/Bloy, René/Perron, Walter (Hrsg.), Grundlagen und Dogmatik des gesamten Strafrechtssystems – Festschrift für Wolfgang Frisch zum 70. Geburtstag, Berlin 2013, S. 1233 ff. (zit.: *Sancinetti,* FS Frisch).

Sander, Günther: Zur Beweiswürdigung, vor allem bei Aussage gegen Aussage, StV 2000, 45 ff.

Sangero, Boaz: Miranda Is Not Enough: A New Justification For Demanding "Strong Corroboration" For A Confession, Cardozo Law Review 28/6 (2007), 2791 ff.

Sangero, Boaz/Halpert, Mordechai: Why A Conviction Should Not Be Based On A Single Piece Of Evidence: A Proposal For Reform, Jurimetrics 48 (2007), 43 ff.

Sarstedt, Werner: Beweisregeln im Strafprozeß, in: Berliner Festschrift für Ernst E. Hirsch, dargebracht von Mitgliedern der Juristischen Fakultät zum 65. Geburtstag, Berlin 1968, S. 171 ff. (zit.: *Sarstedt,* FS Hirsch).

Satzger, Helmut/Schluckebier, Wilhelm/Widmaier, Gunter: Strafgesetzbuch Kommentar, 3. Auflage, Köln 2016 (zit.: S/S/W-StGB/*Bearbeiter*).

–: Strafprozessordnung mit GVG und EMRK Kommentar, 2. Auflage, Köln 2016 (zit.: S/S/W-StPO/*Bearbeiter*).

Von Savigny, Friedrich Karl: Über Schwurgerichte und Beweistheorie im Strafprozesse, GA 6 (1858), 469 ff.

Schäfer, Gerhard: Freie Beweiswürdigung und revisionsrechtliche Kontrolle, StV 1995, 147 ff.

Schlosser, Hans: Neuere Europäische Rechtsgeschichte, 2. Auflage, München 2014 (zit.: *Schlosser,* Neuere Europäische Rechtsgeschichte).

Schmandt, Stefan: Höchstrichterliche Anforderungen an besondere Beweiskonstellationen – Aussage gegen Aussage, Aussagen von Mitbeschuldigten oder des „Kronzeugen", StraFo 2010, 446 ff.

Schmidt, Andrea: Grundsätze der freien richterlichen Beweiswürdigung im Strafprozeßrecht, Frankfurt am Main 1994 (*Schmidt,* Grundsätze der freien richterlichen Beweiswürdigung).

Schmitt, Jan (Regie): Die Gutachterrepublik. Wenn das Recht auf der Strecke bleibt, Manuskript zum Sendebeitrag der ARD und des WDR aus der Reihe die Story im Ersten, Erstausstrahlungsdatum: 15.6.2015, Uhrzeit: 22.45 (zit.: Die Gutachterrepublik, Sendebeitrag der ARD und des WDR, Erstausstrahlungsdatum: 15.6.2015)

Schmoeckel, Mathias/Stolte, Stefan: Examinatorium Rechtsgeschichte, München 2008 (zit.: Schmoeckel/Stolte/*Bearbeiter,* Rechtsgeschichte).

Schmuck, Markus/Brügge-Niemann, Larissa: Glaubwürdigkeitsgutachten "für" den Angeklagten: Neuer Gedanke oder einfach nur "Waffengleichheit"? – Verteidigungsansätze, NJOZ 2014, 601 ff.

Scholz, O. Berndt: Die nicht glaubhafte Zeugenaussage, StV 2004, 104 ff.

Schönke, Adolf/Schröder, Horst: Strafgesetzbuch Kommentar, 29. Auflage, München 2014 (zit.: Schönke/Schröder/*Bearbeiter*).

Schoreit, Armin: Einsatz von Polygraphen und Glaubhaftigkeits-Gutachten psychologischer Sachverständiger im Strafprozeß, StV 2004, 284 ff.

Schott, Clausdieter: Ein Zeuge, kein Zeuge, Zu Entstehung und Inhalt eines Rechtssprichworts, in: Carlen, Louis/Ebel, Friedrich (Hrsg.), Festschrift für Ferdinand Elsener zum 65. Geburtstag, Sigmaringen 1977, S. 222 ff. (zit.: *Schott,* FS Elsener).

Schroeder, Friedrich-Christian/Verrel, Torsten: Strafprozessrecht, 6. Auflage, München 2014 (zit.: *Schroeder/Verrel,* Strafprozessrecht).

Schünemann, Bernd: Der Richter im Strafverfahren als manipulierter Dritter? Zur empirischen Bestätigung von Perseveranz- und Schulterschlusseffekt, StV 2000, 159 ff.

Schwabe, Jürgen: Der „Lügendetektor" vor dem Bundesverfassungsgericht, NJW 1982, 367 f.

Schweizer, Mark: Beweiswürdigung und Beweismaß. Rationalität und Intuition, Tübingen 2015 (zit.: *Schweizer,* Beweiswürdigung und Beweismaß).

Seiterle, Stefan: Hirnbild und „Lügendetektion", Berlin 2010 (zit.: *Seiterle,* „Lügendetektion").

–: Zur Frage der „völligen Ungeeignetheit" (§ 244 Abs. 3 Satz 2 Var. 4 StPO) einer polygraphischen Untersuchung („Lügendetektor"). Zugleich eine Anmerkung zum Beschluss des BGH vom 30.11.2010 – 1 StR 509/10 und zum Urteil des AG Bautzen vom 26.3.2013 – 40 Ls 330 Js 6351/12, StraFo 2014, 58 ff.

Shealy, Miller W. Jr.: A Reasonable Doubt About Reasonable Doubt, Oklahoma Law Review 65/2 (2013), 225 ff.

Sheehan, Albert V./Dickson, David/Vannet, Alfred/Crowe, Frank R.: Criminal Procedure, 2. Auflage, London 2003 (zit.: *Sheehan/Dickson/Vannet/Crowe,* Criminal Procedure).

Siffert, John S.: Instructing on the Burden of Proof and Reasonable Doubt, University of Bridgeport Law Review 8/2 (1987), 365 ff.

Sommer, Ulrich: Lebenserfahrung – ein Kriterium richterlichen Beweiswürdigung, in: Hanack, Ernst-Walter/Mehle, Volkmar/Hilger, Hans/Widmaier, Gunter (Hrsg.), Festschrift für Peter Rieß zum 70. Geburtstag, Berlin und New York 2002, S. 585 ff. (zit.: *Sommer*, FS Rieß).

Stein, Ulrich: „Gewißheit" und „Wahrscheinlichkeit" im Strafverfahren – Entscheidungsnormen als Teil des Verhaltensnormensystems – in: Zur Theorie und Systematik des Strafprozeßrechts, Neuwied u.a. 1995, S. 233 ff. (zit.: *Stein*, „Gewißheit" und „Wahrscheinlichkeit").

Stewart, W.J.: Collins Dictionary of Law, Chicago u.a. 2006, abrufbar unter http://search.credoreference.com/content/entry/collinslaw/corroboration/0, Zugang über Library of Congress, Abrufdatum: 2.10.2014 (zit.: *Stewart*, Collins Dictionary of Law).

Stübinger, Stephan: Lügendetektor ante portas. Zu möglichen Auswirkungen neurowissenschaftlicher Erkenntnisse auf den Strafprozess, ZIS 2008, 538 ff.

Systematischer Kommentar zur Strafprozessordnung. Mit GVG und EMRK: Wolter, Jürgen (Hrsg.), 5. Auflage, Köln 2016 (zit.: SK/*Bearbeiter*).

Thielmann, Jochen: Das Urteil mit fadem Beigeschmack. Gedanken zum Freispruch, ZRP 2010, 89 ff.

Thomson, Douglas J.C.: A Defense of Corroboration in Criminal Law, Scots Law Times 2 (2012), 7 ff.

Timm, Frauke: Gesinnung und Straftat. Besinnung auf ein rechtsstaatliches Strafrecht, Berlin 2012 (zit.: *Timm,* Gesinnung und Straftat).

Trück, Thomas: Die Rechtsprechung des BGH zur Ablehnung von Beweisanträgen auf Vernehmung eines Sachverständigen, NStZ 2007, 377 ff.

Volk, Klaus/Engländer, Armin: Grundkurs StPO, 8. Auflage, München 2013 (zit.: *Volk/Engländer,* Grundkurs StPO).

Volokh, Alexander: n Guilty Men, University of Pennsylvania Law Review 146 (1997), 173 ff.

Wagner, Michaela: Polygraphie im Strafverfahren. Ein Plädoyer gegen die prozessuale Zulässigkeit des Lügendetektors, Wien, 2012 (zit.: *Wagner,* Polygraphie).

Weider, Hans-Joachim: Lücken in der revisionsgerichtlichen Beweiswürdigungskontrolle, in: Schöch, Heinz/Satzger, Helmut/Schäfer, Gerhard, Ignor, Alexander/Knauer, Christoph (Hrsg.), Strafverteidigung, Revision und die gesamten Strafrechtswissenschaften, Festschrift für Gunter Widmaier zum 70. Geburtstag, Köln und München 2008, S. 599 ff. (zit.: *Weider,* FS Widmaier).

Wille, Florian: Aussage gegen Aussage in sexuellen Missbrauchsverfahren, Heidelberg u.a. 2012 (zit.: *Wille*, Aussage gegen Aussage).

Wixted, John T./Mickes, Laura/Dunn, John C./Clark, Steven E./Wells, William: The Reliability of Eyewitness Identifications from Police Lineups, abrufbar unter http://wixtedlab.ucsd.edu/publications/wixted2015/PNAS_%28final_submitted%29.pdf, Abrufdatum: 15.2.16 (zit.: *Wixted/Mickes/Dunn/Clark/Wells*, Eyewitness Idenfications).

Worrall, John L./Hemmens, Craig/Nored, Lisa S.: Criminal Evidence, An Introduction, 2. Auflage, New York and Oxford 2012 (zit.: *Worral/Hemmens/Nored*, Criminal Evidence).

www.ingramcontent.com/pod-product-compliance
Ingram Content Group UK Ltd.
Pitfield, Milton Keynes, MK11 3LW, UK
UKHW021910290926
8980IPUK00015B/1171

9 783631 721308